관광통역안내사

2차 면접

핵심기출 문제집

SD에듀
(주)시대고시기획

2024 SD에듀 관광통역안내사 2차 면접 핵심기출 문제집

Always **with you**

사람의 인연은 길에서 우연하게 만나거나 함께 살아가는 것만을 의미하지는 않습니다.
책을 펴내는 출판사와 그 책을 읽는 독자의 만남도 소중한 인연입니다.
SD에듀는 항상 독자의 마음을 헤아리기 위해 노력하고 있습니다. 늘 독자와 함께하겠습니다.

저자/영어 번역
백문주
- 부흥고등학교 영어교사
- 스피치지도사 2급 자격 취득(한국사이버진흥원 발급, 2020)
- 문화유산체험학습지도사 자격 취득(궁궐문화원 발급, 2018)
- 한국사능력검정시험 고급(1급) 취득(2015)
- 관광통역안내사(영어) 자격 취득(2013)
- 경기도교육청 국제협력지원단(2012)
- 경기도교육청 협력수업 및 국제협력 지원 영역 표창 수상(2010)
- 숙명여자대학교 TESOL 자격 취득(2003)
- 공립 중등영어교사 임용(2002)

중국어 번역
손맹비
- 서울대학교 국어국문학과 박사 과정 재학 중
- 상해외대해외협력학원 한국어 예관반 초빙교사
- 제1차, 제2차 중국수출입박람회 통역

일본어 번역
김은애
- 現 장원교육 일본어 교재 기획/편집 및 일본어 사내강사
- 前 거제고등학교 일본어 교사
- 중등학교 정교사(2급) 일본어 자격증 취득(2009)

머리말

관광통역안내사는 참 멋진 직업이다. 관광통역안내사가 상대하는 여행자들은 새로운 것을 경험하는 데 관심이 많은 사람들이다. 그렇기에 편한 자기 집을 두고 비싼 항공료까지 지불하며 고생을 마다 않고 먼 곳에 온 것이다. 매번 다른 나라에서 온, 열정을 가진 사람들을 만나 새로운 것을 보여 주는 것은 관광통역안내사만이 할 수 있는 행복한 일이다. 관광통역안내사를 따라다니며 설명을 듣고 고개를 끄덕이는 여행자의 눈빛은 수업시간에 선생님을 바라보는 아이의 반짝이는 눈을 상기시킨다. 그들과 교감을 나누며 여행의 설렘을 공유할 수 있는 것은 관광통역안내사만의 특권이다.

필자는 학교의 영어 관련 부서에서 외국인들과 일하며 그들이 한국의 어떤 것에 관심이 많은지 알게 되었다. 한국을 방문한 외국인들은 한국어부터 시작하여 한국 전통문화, 관광지, 축제 등에 대한 열정을 보이며 한국 문화를 제대로 느끼고 싶어한다. 주말이 되면 곳곳을 구경하고 싶어하고, 시내에 가서 쇼핑하기를 원하며 휴가 때는 관광지로 여행을 가고 싶어한다.

대다수의 한국 사람은 외국인에게 관심이 많으면서도 그들에게 다가가기 힘들어 한다. 외국어를 할 줄 안다는 사람조차도 막상 한국의 문화와 전통에 대해 설명하려면 말문이 막히는 경우가 많다. 그것은 외국어 자체에 대한 두려움 때문일 수도 있지만, 평소 한국의 고유한 것들에 대해 관심을 지니고 알아 두지 않았으며, 외국인들을 상대로 그것을 설명하는 일에 익숙지 않기 때문이다.

필자의 개인적인 꿈은 한국인 모두가 한국의 자랑스러운 문화와 전통을 세계에 알릴 수 있는 힘을 갖추는 것이다. 흔히 관광통역안내사는 민간외교관이라고 말한다. 외교관 신분은 아니지만 외국인을 대하면서 외교관처럼 중요한 일을 한다는 말이다. 관광통역안내사가 외국인에게 한국을 알리기 위해 가장 최전방에서 땀을 흘리고 있는 사람들이라면 회사, 단체, 일터에서 외국인을 대하는 사람들이나 길에서 만난 외국인에게 도움을 주는 우리 역시 민간외교관이라고 할 수 있다.

관광통역안내사는 외국인에게 한국을 제대로 알리는 영역의 전문가다. 한국 전통문화와 역사에 대한 지식, 관광지 관련 정보와 한국에 대한 모든 상식들을 두루 갖추고 그것을 외국어로 표현할 줄 알아야 한다. 이에 필기시험에 합격하고도 면접시험 앞에서 방황하는 수험생들을 위해 필자의 경험을 살려 이 책을 엮었다. 특히 공부할 시간이 부족한 수험생이 효율적으로 공부할 수 있도록 정성을 쏟았다.

부디 이 책이 우리나라 관광발전에 커다란 역할을 할 예비 관광통역안내사에게 많은 도움이 되었으면 한다. 나아가 외국어 실력은 갖추고 있지만 한국에 대한 지식이 부족하거나 혹은 그 반대의 경우인 분들이 관광통역안내사 버금가는 실력을 갖추는 데에도 도움이 될 것이라고 생각한다.

편저자 씀

자격 개요

국내를 여행하는 외국인에게 외국어를 사용하여 관광지 및 관광대상물을 설명하거나 여행을 안내하는 등 여행의 편의를 제공하는 자를 말합니다. 이들이 제공하는 서비스의 질에 따라 관광산업의 진흥과 육성이 막대한 영향을 받게 되므로, 관광산업에서 중추적 역할을 수행하는 주요한 유망직종이라 할 수 있습니다.

기본 정보

구 분	내 용
시행처	• 주관 : 문화체육관광부　　　　• 시행 : 한국산업인력공단
응시 자격	• 제한 없음
접수 방법	• Q-net(www.q-Net.or.kr) 자격별 홈페이지에서 접수 • 인터넷 원서접수 시 최근 6개월 이내에 촬영한 탈모 상반신 사진(JPG, JPEG)을 파일로 첨부하여 인터넷 회원가입 후 접수 • 제1·2차 시험 동시 접수에 따라 제2차 시험에만 응시하는 경우에도 해당 기간에 접수해야 함 ※ 원서접수 마감 시까지 접수 완료 및 응시 수수료를 결제 완료하고 수험표를 출력해야 응시할 수 있습니다. ※ 인터넷 활용에 어려움을 겪는 수험자를 위해 전국의 한국산업인력공단 지부지사에서 원서접수 도우미 제도를 운영하고 있으니 참고하시기를 바랍니다.

시험방법 및 평가사항

구 분	시험시간	평가사항	합격기준
2차 시험 구술면접 (외국어&한국어)	1인당 10~15분 내외	• 국가관·사명감 등 정신 자세 • 전문 지식과 응용 능력 • 예의·품행 및 성실성 • 의사발표의 정확성과 논리성	면접시험 총점의 60% 이상

2024년 시험일정 및 시험장소

접수기간	시험일정 및 장소	합격자 발표일
07.01(월) ~ 07.05(금)	11.23(토) ~ 11.24(일) 서울, 부산, 대구, 인천, 대전, 제주	12.18(수)

※ 본 시험일정은 2024년도 국가전문자격검정 시행일정 사전공고를 바탕으로 작성하였습니다.
※ 시행일 및 시행장소, 시험 규정 등의 자세한 내용은 시험일 전에 큐넷 홈페이지(www.q-net.or.kr)를 확인하십시오.

시험 합격 현황

연 도	1차 필기			2차 면접		
	응시(명)	합격(명)	합격률(%)	응시(명)	합격(명)	합격률(%)
2023	1,629	1,033	63.4	1,184	770	65.0
2022	1,498	947	63.2	1,110	790	71.2
2021	1,574	997	63.3	1,319	881	66.8
2020	2,358	1,676	71.1	1,992	1,327	66.6
2019	3,206	1,890	59.0	2,178	1,428	65.6

언어권별 자격 취득 현황

연 도	영 어	일 어	중국어	불 어	독 어	스페인어	러시아어	마인어	베트남어	태국어	아랍어	이태리어	합 계
2023	400	149	148	6	4	13	3	14	20	6	5	2	770
2022	370	151	192	2	3	5	6	14	20	18	9	–	790
2021	456	134	194	6	3	9	6	17	39	10	6	1	881
2020	617	204	343	14	–	7	16	46	61	13	4	2	1,327
2019	678	269	335	9	2	12	7	41	56	13	5	1	1,428

면접시험 수험자 유의사항

❶ 수험자별 면접시험 세부 일정 및 장소는 필기시험 합격자 발표 후 Q-Net 관광통역안내사 홈페이지(www.q-net.or.kr/site/interpreter)에 공고하오니 시험 응시에 착오 없으시기 바랍니다.

❷ 수험자는 일시 · 장소 및 입실시간을 정확하게 확인 후 신분증과 수험표를 소지하고 시험 당일 입실시간까지 해당 시험장 수험자 대기실에 입실하여야 합니다. 시험 당일 인정 신분증을 지참하지 않으면 당해 시험은 응시 정지(퇴실) 및 무효 처리되며, 입실시간 이후에는 시험 응시가 불가하므로 반드시 시간 내에 도착하여야 합니다.

❸ 소속회사 근무복, 군복, 교복 등 제복(유니폼)을 착용하고 시험장에 입실할 수 없습니다(특정인임을 알 수 있는 모든 의복 포함).

❹ 관광통역안내사 자격증은 관광인 홈페이지(academy.visitkorea.or.kr)에서 발급받으실 수 있습니다.

❺ 수험 원서 또는 제출 서류 등의 허위 작성 · 위조 · 오기 · 누락 및 연락 불능으로 인해 발생하는 불이익은 전적으로 수험자의 책임입니다. 큐넷의 회원 정보를 반드시 연락할 수 있는 전화번호로 수정하시기를 바랍니다.

면접 최종점검 체크리스트

평가 영역	평가문항	준비 미흡	준비 보통	준비 우수
면접 자세	면접에 걸맞은 깔끔한 복장을 준비하였다.			
	면접 시간에 늦지 않도록 가는 길을 확실히 익혀 두었다.			
	면접 대기시간이 길어질 경우를 대비하였다.			
	면접실에 들어가서도 면접관의 눈을 바라보며 적당한 속도로 또렷하게 말하고 좋은 표정을 지을 수 있다.			
면접 지식	기본적인 문화재, 관광지를 한국어와 외국어로 설명할 수 있다.			
	관광지식에 관한 꼬리질문에 대답할 수 있다.			
	기출복원문제를 보고 나만의 대답을 만들어 보았다.			
	최근 관광동향이 어떠한지 설명할 수 있다.			
면접 발표	관광통역안내사라는 직업에 대해 정의할 수 있다.			
	관광통역안내사로서 가져야 할 가치관이 정리되었다.			
	생각하지 못한 질문에도 당황하지 않고 대답할 수 있다.			
	관광진흥법 등 법령을 근거로 들어 논리적으로 설명할 수 있다.			

답변기준 및 대응방안

구 분	답변기준	대응방안
준비 미흡	• 평가문항을 충족할 자신이 없을 경우 체크합니다. • 평가문항에 대한 답변이 떠오르지 않는다면 체크합니다.	• 기본적인 면접자세, 면접지식, 면접발표에 대해 점검하고, 올바르게 숙지하였는지 확인합니다. • 실제 면접장과 같은 연습 환경을 조성하여, 실수를 줄이고 최대한 제 실력을 발휘할 수 있도록 합니다. • 그룹 스터디 등을 모집하고 참여하여 면접을 준비하는 것도 좋은 방법입니다. • 전문가나 동료 수험생에게 피드백을 구한 후 개선방안을 모색합니다.
준비 보통	• 스스로 평가문항을 충족한다고 생각하면 체크합니다. • 평가문항에 대해 올바른 답변을 할 수 있다면 체크합니다.	
준비 우수	• 평가문항을 충족하기 위해 세부 계획까지 철저하게 세워 준비했다면 체크합니다. • 평가문항에 대해 구체적인 근거를 들어가면서 답변할 수 있다면 체크합니다.	

시험 응시에 필요한 공인 어학 성적

언 어	어학 시험	기준 점수
영 어	토플(TOEFL) PBT	584점 이상
	토플(TOEFL) IBT	81점 이상
	토익(TOEIC)	760점 이상
	텝스(TEPS)	372점 이상
	지텔프(G-TELP)	레벨2 74점 이상
	플렉스(FLEX)	776점 이상
	아이엘츠(IELTS)	5점 이상
일본어	일본어능력시험(JPT)	740점 이상
	일본어검정시험(日檢, NIKKEN)	750점 이상
	플렉스(FLEX)	776점 이상
	일본어능력시험(JLPT)	N1 이상
중국어	한어수평고시(HSK)	5급 이상
	플렉스(FLEX)	776점 이상
	실용중국어시험(BCT) (B)	181점 이상
	실용중국어시험(BCT) (B)L&R	601점 이상
	중국어실용능력시험(CPT)	750점 이상
	대만중국어실용능력시험(TOCFL)	5급(유리) 이상
프랑스어	플렉스(FLEX)	776점 이상
	델프/달프(DELF/DALF)	델프(DELF) B2 이상
독일어	플렉스(FLEX)	776점 이상
	괴테어학검정시험(Goethe Zertifikat)	B1(ZD) 이상
스페인어	플렉스(FLEX)	776점 이상
	델레(DELE)	B2 이상
러시아어	플렉스(FLEX)	776점 이상
	토르플(TORFL)	1단계 이상
이탈리아어	칠스(CILS)	레벨2-B2(Livello Due-B2) 이상
	첼리(CELI)	첼리(CELI) 3 이상
태국어, 베트남어, 말레이 · 인도네시아어, 아랍어	플렉스(FLEX)	600점 이상

※ 2021년도 시험부터 아이엘츠(IELTS)가 추가되었습니다. 공인 어학 성적 기준은 시행처 사정에 따라 변경될 수 있으므로, 접수 전 해당 회차 시험공고를 반드시 확인하시기를 바랍니다.

합격 수기 REVIEW

관광통역안내사 최종 합격 후기

2023 중국어 관광통역안내사 최종 합격 후기

작성자 임*묵

안녕하세요, 2023 관광통역안내사 중국어 최종 합격하였습니다. SD에듀에서 2023 관광통역안내사 Full Package 과정을 등록하여 1·2과목(관광국사, 관광자원해설)을 수강(관광학개론과 관광법규는 방송통신대에서 수강하여 면제받음)하고 필기시험은 무난히 합격하였습니다. 핵심위주의 이금수, 조은정 교수님 강의 정말 좋았습니다. 2차 면접은 SD에듀 강의 수강(김유진 교수님)과 SD에듀의 〈관광통역안내사 2차 면접 핵심기출 문제집〉 교재로 준비를 하였습니다. 2차 면접은 면접당일 번호표 추첨에서 뒷번호를 뽑아서 한 시간 반가량 기다리다가 결국 맨 마지막에 시험을 보게 되었습니다. 1차 필기시험은 SD에듀에서 수강하고 기출 문제집을 여러번(본인의 경우 5회독 했음) 풀고 가면 합격하는 데 어렵지 않겠다고 생각합니다. 2차 면접시험은 준비할 것이 너무 많아 막막하기는 한데 기출 문제 위주로 본인이 자신있게 말할 수 있도록 반복해서 준비하는 것 말고는 특별한 비법은 없을 것 같습니다. 2024 관광통역안내사 시험 준비하시는 분들에게 본 후기가 조금이나마 도움이 되었으면 좋겠습니다. 감사합니다.

2023 영어 관광통역안내사 최종 합격 후기

작성자 서*인

안녕하세요, 2023 영어 관광통역안내사 최종 합격 후기를 남깁니다. 저는 사실 여러 강의를 따져보고 결정한 건 아니고 그냥 관광통역안내사 강의 검색해서 눈에 띄는 SD에듀 사이트를 선택해서 하게 됐어요. 교수님들이 필기과목 강의를 재미있게 해주셔서 그런가 지루하지 않고 너무 재미있었어요. 교수님들의 재미있는 강의에 힘입어서 저 나름대로 열심히 공부했더니 필기는 78점 정도 받았어요. 필기가 큰 산인 줄 알았는데 2차 면접을 준비하니 필기는 아무것도 아니더라고요. 면접도 강의를 수강하면서 교재랑 같이 공부했어요. 강의를 수강하기는 했지만, 강의보다는 교재 위주로 내용을 정리해서 암기하고 시험을 봤어요. 면접 당일에는 떨려서 시험을 잘 못 봤다고 생각하고 낙담했지만, 결과는 합격이었어요. 다른 분들도 마찬가지겠지만, 직장생활과 자격시험 준비를 병행하다 보니 많이 힘들었어요. 하지만 관리 선생님들의 전화와 교수님들의 친절한 강의, 알찬 교재 덕분에 합격을 거머쥘 수 있었답니다. 그간의 고생과 노력이 결실을 맺은 것 같아 많이 위로가 되었어요. 저는 이제 자격증 신청하고 자격증이 오기만을 기다리고 있어요. ~~^^
여러분들도 저처럼 할 수 있어요. 파이팅!

작성자 신＊민

2023 일본어 관광통역안내사 최종 합격 후기

안녕하세요, 2023 일본어 관광통역안내사 취득하였습니다. 관광경영학 전공자라 필기시험은 수월하게 합격했는데 면접에서 고배를 마셔서 재도전하여 합격하였습니다. 2차 면접은 SD에듀의 2023 관광통역안내사 일본어 면접 패키지 과정을 등록하여 김세연 교수님의 강의를 수강하고, SD에듀의 〈관광통역안내사 2차 면접 핵심기출 문제집〉 교재를 참고하여 시험에 대비하였습니다. 다른 강의와는 다르게 구어와 문어의 어감과 특성의 차이을 짚어 주셔서 큰 도움이 되었습니다. 2차 면접은 면접 당일 번호표 추첨에서 제일 앞번호를 뽑아서 떨리는 마음으로 시험을 보게 되었습니다. 1차와는 달리 2차 면접시험은 암기할 양도 방대하고, 자주 바뀌는 관광현황까지 탐독해야 해서 너무 힘들었는데 책을 바탕으로 별도의 노트에 답안을 만드니 수월하기도 했고 자신감도 생겼습니다. 수험 준비 내내 저는 기출이 왕도라는 생각을 했습니다. 답변을 만들 때 기출을 토대로 뼈대를 짜고, 나만의 경험으로 살을 붙이고, 교수님의 TIP을 반영해서, 실제처럼 연습하는 방법이 제일인 것 같았습니다. 강의를 해 주신 김세연 교수님과 책을 만들어 주신 백문주 선생님께 감사드립니다. 2024년의 관광통역안내사 시험을 준비하시는 분들의 합격을 기원합니다.

작성자 윤＊라

2023 영어 관광통역안내사 최종 합격 후기

안녕하세요, 2023년 관광통역안내사(영어) 최종 합격 경험과 SD에듀 인강 후기를 남기고자 글을 씁니다. 저는 필기시험 준비를 SD에듀의 관광종사원 인강으로 독학하였습니다. 이후에 강의료가 아깝지 않도록 제대로 덕을 보자는 생각으로 기본 진도 강의는 2회씩 수강하였습니다. 그리고 문제 풀이와 이외의 강의는 한 번씩 들으며 잘 알지 못했던 부분의 설명만 정리해 두었습니다. 강사님들께서 핵심 부분을 잘 짚어 주시니, 설명해 주신 부분을 잘 정리하고 충분히 암기하고, 문제를 풀며 그 외의 조금 더 깊은 지식이 나오면 연결하여서 추가로 암기하시면 됩니다. 저는 면접도 독학하였습니다. 여건이 되지 않아 스터디도 제대로 하지 못하였습니다. 우선 책으로는 SD에듀의 〈관광통역안내사 2차 면접 핵심기출 문제집〉를 사용하였습니다. 처음은 이 책에 수록된 질문 정도는 내 것으로 만들어야겠다는 생각으로 문제 대부분을 암기하였고, 2회독을 할 때는 제가 자주 사용하는 영어 표현, 교수님께서 짚어 주신 표현, 단어로 재구성하여 간단하고 쉽게 답안을 짜면서 자연스럽게 답하며 연습했습니다. 그렇게 회독을 여러 번 하고 나서, 책을 무작위로 펴 나오는 질문에 답하는 연습을 하였습니다. 그 이후엔 인터넷에 검색하여 책에 실려 있지 않은 다른 기출 질문을 찾아보았습니다. 그 결과 합격이라는 쾌거를 이루었습니다. 이 후기를 보고 계신 미래의 관광통역안내사 여러분의 최종 합격을 기원합니다!

❖ 본 후기는 SD에듀 홈페이지 합격자 수기 게시판에 남겨주신 내용을 재구성한 것입니다.

유형별 기출키워드 KEYWORDS

☑ 출제유형별 주요 키워드를 수록하였습니다. 실제 면접장에서 면접관이 해당 키워드로 질문했다고 상상하면서 본인이 마련한 답안을 직접 내뱉는 연습을 해 보십시오. 이때, 생각만으로 그치는 것이 아니라 직접 소리를 내면서 말하는 것이 가장 중요합니다. 첫 시도에는 대본을 보면서, 두 번째부터는 대본 없이, 단계적으로 수준을 높여가며 말하는 연습을 하다 보면 실전에서도 자연스럽게 답변할 수 있습니다.

개인 신상

- 자기소개
- 장단점
- 관광통역안내사 취득 후 계획
- 지원동기
- 관광통역안내사가 되기 위한 준비 과정

관광통역안내사의 자세 및 사명감

- 관광통역안내사의 자세
- 관광통역안내사를 민간외교관이라 부르는 이유
- 관광통역안내사의 필요성
- 서비스의 정의

관광이슈 및 현황

- 4차 산업혁명
- 향후 여행의 형태
- 코로나19
- 한류현상

돌발상황 대처방법

- 자연재난 – 지진 / 태풍 / 폭염 / 대설
- 사회재난 – 화재 / 교통사고
- 생활안전 – 응급처치 / 심폐소생술 / 부상 / 상비약 / 긴급연락처
- 예약 관련 – 예약이 취소된 경우 / 예약과 다른 경우
- 휴일 관련 – 식당 휴일 / 관광지 휴일
- 분실 관련 – 여권 분실 / 소지품 분실 / 관광비용 분실
- 불만 관련 – 타관광객으로 인한 상황 / 프로그램으로 인한 상황 / 일정으로 인한 상황 지각 관련(교통수단 탑승, 집합 시)
- 연착 관련 – 비행기 연착 / 버스 연착

한국의 역사

- 단군신화
- 발 해
- 세종대왕
- 한국통일
- 고구려, 백제, 신라의 차이점
- 조선의 건국배경
- 지폐에 있는 인물
- 이순신 장군

한국의 전통과 문화

- 애국가
- 한 옥
- 무궁화
- 전통주
- 사물놀이
- 아리랑
- 한 글
- 명 절
- 태극기
- 미역국
- 한 복
- 삼강오륜
- 한국의 전통 조미료(장)
- 온 돌
- 비빔밥
- 궁중음식
- 템플스테이
- 김 치

관광학 관련 상식 : 비교 문제

- 관광과 여행
- 인바운드 관광과 아웃바운드 관광
- 사전면세점과 사후면세점
- 코리아세일페스타와 코리아그랜드 세일
- 여권과 비자
- 관광지와 관광단지
- SIT와 FIT
- 고쇼와 노쇼

관광학 관련 상식 : 관광의 형태

- 팸투어
- 생태관광
- 패키지관광
- 의료관광
- 다크투어리즘
- 보상관광
- 인센티브투어
- 산업관광
- 지속가능한 관광
- 녹색관광
- 대안관광

관광학 관련 상식 : 기타

- 관광경찰
- 관광정책
- 관광산업의 경제적 영향
- 여행업의 종류
- 호텔 룸의 종류
- 여행사의 업무
- 관광특구
- 관광두레
- 람사르협약
- 투어 에스코트
- 스톱오버
- 슬로시티
- 베니키아
- CIQ
- PCO
- LCC
- MICE

한국의 유네스코 유산 : 세계유산

- 석굴암 및 불국사
- 창덕궁
- 고창 · 화순 · 강화 고인돌 유적
- 한국의 역사마을 : 하회와 양동
- 산사, 한국의 산지승원
- 가야고분군
- 해인사 장경판전
- 수원화성
- 제주 화산섬과 용암동굴
- 남한산성
- 한국의 서원
- 종 묘
- 경주 역사지구
- 조선 왕릉
- 백제역사유적지구
- 한국의 갯벌

한국의 유네스코 유산 : 인류무형유산

- 종묘제례 및 종묘제례악
- 강강술래
- 제주칠머리당영등굿
- 대목장
- 줄타기
- 김장문화
- 제주해녀문화
- 한국의 탈춤
- 판소리
- 남사당놀이
- 처용무
- 매사냥
- 한산 모시짜기
- 농 악
- 씨 름
- 강릉단오제
- 영산재
- 가 곡
- 택 견
- 아리랑
- 줄다리기
- 연등회, 한국의 등불 축제

한국의 유네스코 유산 : 세계기록유산

- 훈민정음 해례본
- 불조직심체요절
- 동의보감
- 난중일기
- KBS 특별생방송 '이산가족을 찾습니다' 기록물
- 국채보상운동 기록물
- 조선왕조실록
- 조선왕조의궤
- 일성록
- 새마을운동 기록물
- 조선왕실 어보와 어책
- 4 · 19혁명 기록물
- 승정원일기
- 고려대장경판 및 제경판
- 5 · 18 광주 민주화운동 기록물
- 한국의 유교책판
- 조선통신사에 관한 기록
- 동학농민혁명 기록물

이 책의 구성과 특징 FEATURES

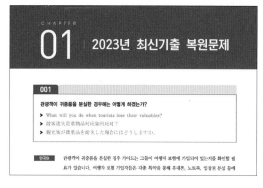

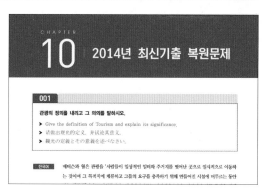

▸ 10개년(2014~2023년)의 2차 면접시험 기출문제를 수록하였습니다. 4개 국어로 작성된 답안으로 되어 있어 '영어 · 중국어 · 일본어' 3개의 주요 언어로 시험을 대비할 수 있습니다.

▸ 방대한 질문들을 딱 다섯 주제로 분류하여 체계적으로 학습할 수 있습니다.

다양한 학습도구로 빈틈없이!

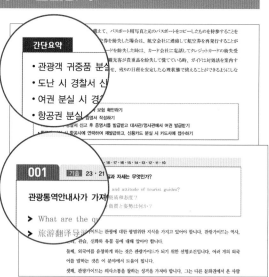

▸ '백쌤의 TIP'에는 저자의 경험과 수험에 꼭 필요한 정보를 담았습니다.

▸ '간단요약'으로 시험 직전, 회독 · 복습 시 긴 내용을 압축적으로 학습할 수 있습니다.

▸ '기출표시'로 출제 이력과 출제 동향을 파악할 수 있습니다.

[부록] 모범답안을 위한 필수상식 + 핵심기출 플러스

문화재의 분류 및 법령 체계의 변경에 대한 안내

'문화재'라는 용어의 특성상 재화적 성격이 강해 무형유산이나 자연유산까지 포괄치 못한다는 점과 일제의 잔재라는 점, 유네스코의 분류체계와 시류를 따르지 못한다는 비판점이 있어 최근 아래와 같이 '문화재'가 '(국가)유산'으로 명칭이 변경되고, 관련 법령 및 담당 관청의 명칭도 개편되었습니다.

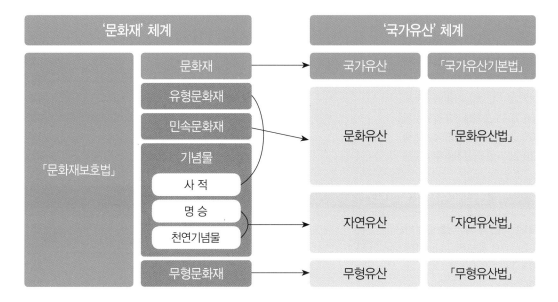

❶ 문화재의 명칭 및 관련 법령의 개정

2023년 4월 27일 문화재의 명칭과 관련된 법령이 전면 개정된다는 공식 보도가 나왔습니다. 도서 개정일(2024년 5월)을 기준으로 법률과 시행령 단계의 법은 개정안과 개정 사항이 공시된 상태지만, 시행규칙은 그렇지 않습니다. 따라서 도서 전체에 개정된 법령과 용어가 혼용되어 있으니 학습에 유의하시기를 바랍니다. 공식 유튜브 영상에서 짧게 안내하고 있으니 확인해 보시는 것도 좋겠습니다.

국가유산청 누리집

❷ 교재 내 사용된 용어

- 문화재청(장) → 국가유산청(장)
- 문화재심의위원회 → 문화유산심의위원회
- 문화재 → 국가유산
- 유형문화재 → 유형문화유산
- 민속문화재 → 민속문화유산
- 무형문화재 → 무형유산

- 시·도유형문화재 → 시·도유형유산
- 시·도무형문화재 → 시·도무형유산
- 시·도기념물 → 시·도자연유산
- 국가(시·도)등록문화재 → 국가(시·도)등록유산
- 국가(시·도)지정문화재 → 국가(시·도)지정유산
- 문화재자료 → 문화유산자료

국가유산청 유튜브

이 책의 목차 CONTENTS

이 책의 목차 CONTENTS

PART

01

최신기출 복원문제

참고사항

■ 본 내용은 수험생들의 후기를 통해 기출문제의 일부를 SD에 듀에서 복원한 것이며, 실제 기출되었던 문제와는 다소 차이가 있을 수 있습니다. 또한 본 저작물은 저작권법에 의해 보호를 받는 저작물이므로 무단전재 및 복제를 금합니다.

■ 최신기출 복원문제의 영어, 중국어, 일본어 모범답안 음성 파일을 SD에듀 홈페이지(www.edusd.co.kr)＞MP3 다운로드 게시판에서 무료로 받으실 수 있습니다.

■ 2021~2023년 최신기출 복원문제는 본서의 내용과 중복되지 않는 문항만을 추려 5문항을 수록하였습니다.

001

관광객이 귀중품을 분실한 경우에는 어떻게 하겠는가?

> What will you do when tourists lose their valuables?
> 游客遗失贵重物品时应如何应对？
> 観光客が貴重品を紛失した場合にはどうしますか。

한국어

관광객이 귀중품을 분실한 경우 가이드는 그들이 여행자 보험에 가입되어 있는지를 확인할 필요가 있습니다. 여행사 보험 가입사들은 각종 특약을 통해 휴대폰, 노트북, 입장권 분실 등에 대한 보상을 받을 수 있습니다. 그래서 추후 보험금을 청구를 위해서 관련 서류들을 챙겨 두는 것이 중요합니다. 관광객이 귀중품을 분실한 경우 가이드는 그가 가까운 경찰서에 가서 도난 신고를 하고 도난 증명서를 작성하여 받도록 합니다. 분실을 증명할 서류가 없으면 여행이 끝난 뒤 국내에 들어와서 보험사에 보험금을 청구할 수 없습니다.

여권을 잃어버린 경우에도 경찰서에 가서 분실신고를 하고 증명서를 발급받습니다. 그런 뒤 대사관이나 영사관에 가서 여행증명서나 여권을 발급받습니다. 이런 경우에 대비하기 위해 여권용 사진과 원래 여권을 복사한 것을 가져가는 것이 좋습니다. 항공권을 잃어버렸을 때는 항공사에 연락해 항공권을 재발급받을 수 있으며 신용카드를 분실했을 때는 해당 카드사에 전화해 신용카드 분실 접수를 하면 됩니다. 관광객이 귀중품을 잃어버려서 당황하고 있을 때 가이드는 대처법을 알려 줌으로써 관광객을 안심시켜서 남은 일정을 안정된 심리상태로 마칠 수 있도록 해야 합니다.

When tourists lose their valuables, the guide needs to check if they are insured. Travelers who have bought insurance policies can get compensation for the loss of their mobile phones, laptops, admission tickets, and so on. So it is important to get the related documents for the later insurance claim. In case tourists lose their valuables, the guide should help them file a theft report at the nearby police. Without the police report to prove the loss, they can't claim insurance when they come back after the trip.

When they lose their passport, they also have to report the missing to the police to get the police report. Then, they have to go to the embassy or consulate to have the passport or the travel certificate issued. To prepare for this occasion, it is good to bring with you, extra pictures of the passport and a copy of the original passport. When the airline ticket is lost, they can get the ticket reissued by contacting the airline and when the credit card is lost, they need to call the relevant credit card company to report the card missing.

When the tourists lose their valuables and panic, the guide has to reassure them by letting them know how to respond, so that they can complete the rest of the schedule with mental stability.

如游客遗失贵重物品，作为导游应先确认游客是否投保了旅行险。投保旅行险的游客可以通过各种特约险获得赔偿，如对遗失的手机，笔记本电脑，门票等的赔偿。因此为了申请之后的保险赔偿金，提前准备好相关文件至关重要。游客遗失贵重物品时，导游应指导游客前往附近的警察局报案登记，领取遗失证明。如果没有证明物品遗失的文件的话，旅行结束回到韩国后后将无法向保险公司申请赔偿。

如游客遗失护照，也需去警察局报案登记并申请领取遗失证明。然后去大使馆或者领事馆申领旅行证或者护照。为了预防这种情况的发生，旅行时最好带上护照照片以及原护照复印件。如丢失机票，可以联系航空公司补发机票。如丢失信用卡，可以打电话给相关银行申请信用卡挂失。游客因遗失贵重物品而惊慌失措时，作为导游应告知游客相应的处理措施，让游客们安心，让游客们能以稳定的心理状态结束剩下的旅行。

観光客が貴重品を紛失した場合、ガイドは彼らが旅行保険に加入していることを確認する必要があります。旅行保険の加入者は、各種特約によって携帯電話、ノートパソコン、入場券の紛失などに対する補償を受けることができます。それで、後、保険金の請求に必要な書類を取りまとめておくことが重要です。観光客が貴重品を紛失した場合、ガイドは近くの警察署に行き、盗難を報告し、盗難証明書を作成して受け取るようにします。紛失を証明する書類がなければ、旅行が終わった後、国に帰って保険会社に保険金を請求することができません。

パスポートを紛失した場合も、警察署に行って紛失届を出して証明書を発給してもらいます。その後、大使館や領事館に行って旅行証明書やパスポートを発給してもらいます。このような場合に備えて、パスポート用写真と元のパスポートをコピーしたものを持参することをお勧めします。航空券を紛失した場合は、航空会社に連絡して航空券を再発行することができるし、クレジットカードを紛失した時は、カード会社に電話してクレジットカードの紛失受付をするようにします。観光客が貴重品を紛失して慌てている時、ガイドは対処法を案内することで観光客を安心させ、残りの日程を安定した心理状態で終えることができるようにしなければなりません。

간단요약

- 관광객 귀중품 분실 시 여행자 보험 확인하기
- 도난 시 경찰서 신고 및 증명서 작성하기
- 여권 분실 시 경찰서 신고 후 증명서를 발급받고 대사관/영사관에서 여권 발급받기
- 항공권 분실 시 항공사에 연락하여 재발급하고, 신용카드 분실 시 카드사에 접수하기

산업관광 시 관광통역안내사는 무엇을 준비해야 하는가?

➤ What should a tourist guide prepare for industrial tourism?

➤ 进行工业旅游时，作为翻译导游需要准备什么？

➤ 産業観光の時、観光通訳案内士は何を準備すべきですか。

한국어 산업관광은 특정 위치의 특유한 산업 단지를 포함한 목적지에서 이루어지는 관광입니다. 프랑스의 와인 투어, 미국의 잭 다니엘의 증류소 투어, 네덜란드의 치즈 제조 공장 투어가 이에 해당합니다. 한국에서는 하이트진로 전주공장, 에이스침대 음성공장, 보성골망태다원 등에서 산업관광이 이루어집니다. 산업관광은 산업시설과 생산 공정을 견학하도록 하여 관광객을 교육하고 지식 확대 욕구를 충족하여 주는 것을 목표로 합니다. 특히 대상이 외국인 관광객일 때 산업관광은 국가의 산업을 홍보하고 외국인 관광객을 유인할 수 있는 좋은 기회입니다. 성공적인 산업관광을 위해서 가이드가 준비해야 할 일은 다음과 같습니다.

첫째, 관광객의 흥미를 자극할 만한 상품에 관련된 지식을 전달할 수 있는 배움의 장을 마련해야 합니다. 그러기 위해서는 상품에 대해 전문적으로 설명해 줄 수 있는 산업체로부터 나온 인력을 확보할 필요가 있습니다.

둘째, 관광객에게 상품을 직접 체험할 수 있는 기회를 제공해야 합니다. 그러기 위해서 가이드는 관광객들을 위한 공간을 미리 사업체와의 협의를 통해 정해야 합니다. 산업체에게 방문객의 인원과 나이 등 필요한 정보를 알려서 관광객들이 여유롭게 머무르면서 상품을 체험할 수 있는 공간을 마련해야 합니다.

셋째, 가이드는 관광객의 성별, 연령과 관심사에 따른 상품에 대한 흥미를 끌 만한 정보를 조사해야 합니다. 그리하여 전반적인 투어 프로그램이 관광객 개인 모두를 만족시킬 수 있도록 설계해야 합니다.

Industrial tourism is the tours taking place in the destination including a specific industrial complex in a specific place. They are like the wine tour in France, the Jack Daniel distillery tour in America, and the cheese factory tour in the Netherlands. In Korea, industrial tourism occurs in the places like Hitejinro Jeonju factory, Ace Bed Eumseong factory, Boseong Mangtae Dawon tea plantation, etc. Providing the field trip to see industrial facilities and production processes, industrial tourism aims to educate tourists and meet their needs to expand their knowledge. Especially for foreign tourists, industrial tourism is a good chance to promote the national industry and attract foreign tourists.

For a successful industrial tourism, a tour guide needs to prepare the following things.

First, the tour guide has to prepare for a learning field where the knowledge about products is conveyed, appealing to tourists. In order to do that, it is necessary to reserve professional manpower from the industry who can professionally explain about the products.

Second, tourists are supposed to get the chance to experience the products in person. In order to do that, the guide should settle the space for tourists in advance through the arrangement with the industry. The guide needs to let the company know the number of visitors, their ages, and other necessary information to get enough room for them to stay relaxed while experiencing the products.

Third, the guide needs to search for interesting information about the products according to the tourists' gender, age, and interests. Thus, the whole tour program should be designed to satisfy each individual tourist.

중국어

工业旅游是指以特定位置的特定工业园区为目的地进行的旅游。如法国的葡萄酒之旅，美国杰克丹尼的蒸馏厂之旅，荷兰的奶酪制作厂之旅。

韩国将在海特真露全州工厂，ACE床垫阴城工厂，宝城谷望台茶园等地开展工业旅游。

工业旅游旨在通过参观工业设施和生产流程，让游客参观学习，以满足其扩宽知识领域的需求。特别当对象是外国游客时，工业旅游是宣传国家产业，吸引外国游客的绝佳机会。

为进行圆满的工业旅游导游需要做好如下准备。

首先，导游要搭建一个学习场所，这个学习场所可以向游客们传达商品相关的知识，而这些知识能激发游客们的兴趣。为此应该确保担任讲解的人是该工厂出身，并能针对商品进行专业介绍。

其次，导游要给游客提供亲身体验商品的机会。为此导游应提前与企业协商以确保游客有可以体验的空间。要向企业提供游客的人数，年龄等必要信息，确保游客可以在该空间自由停留并体验商品。

最后，导游应提前调查好什么样的商品信息能吸引不同性别，不同年龄，不同爱好的游客。这样才能制定出令所有游客都满意的旅行计划。

産業観光は、特定の場所のユニークな工業団地を含む目的地で行われる観光です。 フランスのワインツアー、アメリカのジャック・ダニエル蒸留所ツアー、オランダのチーズ製造工場ツアーがこれに該当します。韓国ではハイト眞露の全州工場、エースベッドの陰城工場、宝城のゴルマンテ茶園などで産業観光が行われます。産業観光は、産業施設と生産工程を見学することで観光客を教育し、知識拡大のニーズを満たすことを目指しています。特に、対象が外国人観光客である場合、産業観光は国の産業を広報し、外国人観光者を誘致する良い機会です。産業観光を成功裏に進めるためにガイドが準備しなければならないことは次のとおりです。

第一、観光客の興味を引き出す商品に関する知識を伝えることができる学びの場を用意しなければなりません。そのためには商品について専門的な説明ができる企業から派遣された人力を確保する必要があります。

第二、観光客に商品を直接体験する機会を提供する必要があります。そのためには、ガイドは観光客のためのスペースを事前に企業との協議を通じて定めなければなりません。企業に訪問者の人数や年齢など必要な情報を知らせ、観光客がゆったりしながら商品を体験できるスペースを設けなければなりません。

第三、ガイドは観光客の性別、年齢、関心に応じた商品に関する興味を引き出せるような情報を調べる必要があります。したがって、全体的なツアープログラムが観光客のみなさんひとりひとりを満足させることができるように設計する必要があります。

간단요약

- 산업관광은 특정 산업 단지에서 이뤄지며, 생산 시설과 공정을 견학하여 교육과 지식 확대를 목표로 하는 것
- 관광객의 흥미를 자극할 만한 상품에 대해 전문적으로 설명해 줄 수 있는 인력을 확보하기
- 가이드는 상품 관련 지식을 전달하고 체험 기회 제공을 통해 관광객 흥미를 유발하기
- 관광객의 특성에 맞게 상품 정보를 조사하여 만족도 높은 투어 프로그램 설계하기

이바지 음식에 대해 설명하시오.

➤ Explain about Ibaji food.

➤ 请你介绍一下随身饭。

➤ イバジ食べ物について説明してください。

한국어

이바지는 정성을 들여 음식 같은 것을 보내 주는 것, 또는 그 음식을 가리킵니다. 한국 전통에서는 특히 결혼을 전후하여 신부 편의 사람들과 하인들은 신랑의 가족들에게 좋은 인상을 남기기 위해서 수 주에 걸쳐서 이바지 음식을 준비했습니다. 이바지 음식은 대나무 상자에 담아 비단 천으로 싸서 결혼식 날 신랑 집으로 배달되었습니다. 음식은 결혼식 후의 연회 때 사용되었습니다. 연회는 폐백이라고 불리는데, 그것은 혼례 직후에 새로 결혼한 커플이 신랑의 가족에게 예를 표하는 전통 의식입니다. 이바지 음식은 몇 가지 요리에서부터 신부 집안의 비법에 따라 만들어진 호화로운 코스요리까지 다양한데, 소고기, 생선, 과일, 술 등과 같은 지역의 최고의 제철 음식 재료를 사용합니다.

영 어

Ibaji means to give something like food which is elaborately made or refers to the food itself. In Korean tradition, especially before or after the wedding, servants and female members of the bride's family prepared Ibaji foods for weeks to impress the groom's family. The ibaji foods were put in bamboo baskets, carefully wrapped in silk cloth, and then delivered to the groom's family on their wedding day. Ibaji foods were used for the reception after the wedding ceremony. The reception is called pyebaek, which is the traditional ceremony where the newly-wedded couple pays respect to the groom's family right after their wedding. Ibaji foods range from a few dishes to lavish full-course meals made from the bride's family's recipes, using the best seasonal and regional ingredients, including beef, fish, fruit, liquor, etc.

중국어

随身饭是指送去精心准备的佳肴的行为，或者单指那些精心准备的佳肴。

韩国传统习俗中，特别是在婚礼的前后，为了给新郎家留下好印象，新娘家的亲人和佣人们会花费数周的时间去准备随身饭。随身饭会装在竹箱里，然后用绸缎包好，在婚礼当天送到新郎家。随身饭用于婚礼结束后的宴席上。该宴席又称为币帛礼，是婚礼结束后喜结连理的新婚夫妇向新郎家人见礼的传统仪式。随身饭会采用牛肉，鱼，水果，酒等当地最好的当季食材，种类十分丰富，下至一些简单的菜肴，上至新娘家用秘方制作的豪华盛宴。

일본어

イバジは真心を込めて食べ物などを送ること、または、その食べ物を指します。韓国では伝統的に、特に結婚の前後に新婦の方の人々や召使いたちは新郎の家族に好印象を残すために数週間にわたってイバジ食べ物を用意しました。イバジ食べ物は竹の箱に入れて絹地で包んで結婚式の日に新郎の家に配達されました。食べ物は結婚式の後の宴会で使用されました。宴会は幣帛(ペベク)と呼ばれますが、それは婚礼の直後に新しく結婚したカップルが新郎の家族に礼を言う伝統儀式です。イバジ食べ物はいくつかの料理から新婦の家の秘伝によって作られた豪華なコース料理まで多様で、牛肉、魚、果物、お酒などの地域の最高の旬の食材を使います。

간단요약

• 이바지는 결혼 전후에 신랑 가족에게 정성을 담아 보내는 음식이나 그런 행위
• 전통적으로 결혼식 이후의 연회 때 사용되며, 폐백에서 주로 제공됨
• 대나무 상자와 비단 천으로 포장되어 배달되며, 다양한 요리와 호화로운 코스요리로 구성됨
• 지역의 최고 제철 음식 재료를 사용하며 고기, 생선, 과일, 술 등이 포함됨

호텔 등급이 관광객이 예약했던 것과 다른 등급으로 예약된 경우에는 어떻게 하겠는가?

> What will you do if the grade of hotel is different from what the tourist reserved?
> 如果预订的酒店星级和游客想要的星级不一样的话应该怎么办？
> ホテルのグレードが観光客が予約したものと違うグレードで予約された場合にはどうしますか。

한국어　　그런 경우 저는 보상을 위한 긴급조치가 필요하다고 생각합니다. 무엇보다도 우선 예약에 문제가 생긴 점에 대해서 양해를 구하고 관광객들에게 보상할 계획을 세울 것입니다. 저의 보상 계획은 다음과 같습니다.

첫째, 저는 관광객이 원하는 등급의 가까운 호텔을 찾아볼 것입니다. 호텔이 많이 있는 공항·역·회사 복합건물 근처를 찾아봐서 만일 숙박이 가능한 알맞은 호텔을 찾으면 호텔 예약을 변경할 것입니다. 그것을 위한 취소 수수료는 여행사의 부담이 될 것입니다.

둘째, 관광객이 원하는 등급의 호텔을 찾지 못한다면 이미 예약된 호텔의 방을 업그레이드할 수 있는지 호텔 직원에게 물어볼 것입니다. 그것이 가능하다면 이번에는 관광객의 의견을 물어볼 것입니다. 관광객들이 원하는 보상이 각자 다를 수 있으므로 가이드는 관광객이 원하는 것을 파악하는 게 중요합니다. 때로는 절충이 필요할 수도 있습니다. 그러한 이유로 저는 차액을 돌려준 후에도 진심 어린 사죄와 사과의 선물이 필요하다고 생각합니다.

셋째, 관광객들이 불가피하게 더 낮은 등급의 호텔에서 숙박하게 될 경우, 그들이 불편을 느낄지 모르는 일들에 대해 세심하게 신경 써야 할 것입니다. 두 가지 측면에서의 노력, 즉, 경제적인 보상과 가이드의 정성을 통해 관광객들은 기대하지 않은 호텔 등급에 대한 당황스러움과 불만을 해소하게 될 거라고 생각합니다.

넷째, 모든 금전적인 보상과 사과 후에 저는 관광객에게 맛있는 식사를 대접하고 싶습니다. 이것은 제가 관광객들에게 개인적으로 대접하는 식사가 될 것입니다. 호텔 예약에 문제가 있었더라도 가이드의 진심 어린 마음은 관광객들에게 여행에 대한 좋은 인상을 남기게 될 것이라고 믿습니다.

In that case, I think urgent actions for compensation are needed. Above all, I will ask to be excused for the reservation problem and make a plan to make it up to them. My compensation plan is as follows.

First, I will look for nearby hotels of the same grade the tourists want. I will search around the airport, stations, or company complex, and then if I find the right hotel with available rooms, I will change the hotel reservations. The incurred cancellation fee for that will be on the travel agency.

Second, if I can't find a hotel room of the same grade, I will ask the hotel staff if the room can be upgraded. If it's possible, this time, I will ask the tourist's opinion about that. What compensation an individual tourist wants may be different, so it is important to figure out what they want. Sometimes negotiation could be necessary. That's why I think even after paying back the difference, sincere apologies and gifts of sorry are still needed.

Third, in case the tourists inevitably sleep in a hotel room of lower grade, I will have to be attentive lest they should feel uncomfortable. The two aspects of efforts, financial compensation, and the guide's heart, will release their confusion and dissatisfaction with the unexpected hotel grade.

Fourth, after all the compensations and apologies, I want to treat them to a nice meal. This will be the treat I offer them personally. Despite the hotel reservation problem, I believe the guide's sincere heart will leave them with a good impression of the trip.

PART
01

중국어

我认为如果出现这种情况的话，应该采取紧急措施进行补偿。最重要的是首先就酒店预订出现问题这一点向顾客寻求谅解，然后制定补偿游客的计划。我的补偿计划如下所示。

第一，我会找一家跟游客想要的星级相近的酒店。我会去酒店比较多的机场·车站·公司综合体建筑附近找找，如果找到适合入住的酒店，我会取消之前的酒店重新预订，相应产生的手续费将由旅行社承担。

第二，如果找不到符合游客需求的星级酒店，我会去找酒店的工作人员咨询一下已经预约的房型可否升级。如果可以的话，这次我会先咨询游客们的意见。因为游客们想要的补偿可能有所不同，身为导游必须要掌握好游客们的需求。有时可能也需要折中一下。因此我认为在返还差额后也需要准备好道歉礼物去真诚地道歉。

第三，如果游客们不可避免要入住星级更低的酒店的话，那么要更细心地去关注一下会令游客们感到不便的地方。我认为通过经济上的补偿和导游的诚意这两方面的努力，会消除游客们因酒店星级未达到预期而产生的慌乱和不满。

第四，在进行金钱上的补偿和道歉后，我还想请游客们美美的吃一顿。这是我单独招待游客的。相信即使酒店预订有问题，我的诚意也会让游客们对旅行留下美好的印象。

その場合、私は補償のための緊急措置が必要だと思います。何よりもまず予約に問題が生じた部分について了解を得て観光客たちに補償する計画を立てます。私の補償の計画は次の通りです。

第一、私は観光客が希望するグレードと一番近いグレードのホテルを探します。ホテルが集まっている空港・駅・会社の複合ビルの近くを探してみて、もし宿泊できる適当なホテルを見つけたら、ホテルの予約を変更します。そのための取消手数料は旅行会社の負担になるでしょう。

第二、観光客が希望するグレードのホテルを見つけられなかったら、予約されているホテルの部屋をアップグレードができるかどうかホテルのスタッフに聞いてみます。それが可能であれば、今回は観光客の意思を聞いてみます。観光客はそれぞれ異なる補償を望む場合があるかもしれないので、ガイドは観光客が望むことを把握することが重要です。時には折衷案が必要になるかもしれません。というわけで、私は差額を返した後にも、心からの謝罪とお詫びの贈り物が必要だと思います。

第三、観光客がやむを得ずにより低いグレードのホテルに宿泊する場合、彼らが不便を感じるかもしれない部分に対して細心の注意を払う必要があります。二つの側面からの努力、つまり経済的な補償とガイドの真心を通じて観光客は期待していなかったホテルのグレードに対する戸惑いと不満を解消することになると思います。

第四、すべての金銭的補償と謝罪の後、私は観光客においしい食事をごちそうしたいです。これは私が観光客に個人的にごちそうする食事になるでしょう。ホテルの予約に問題があったとしても、ガイドの真心は観光客に旅行に対する好印象を残すことになると信じます。

간단요약

- 긴급한 보상을 위해 예약 문제에 대한 양해를 구하고 관광객에게 보상 계획을 제시
- 원하는 등급의 호텔을 찾아 변경하거나 업그레이드, 관광객 의견 파악 후 절충
- 더 낮은 등급의 호텔에서 불편을 느낄 경우 신경 써서 보상 및 불편 해소
- 금전적 보상과 사과 후에는 맛있는 식사로 관광객들에게 진심 어린 대접을 제공

일정 진행 중 교통체증이 발생해 일정을 취소해야 할 때, 어떻게 하겠는가?

➤ If the schedule has to be canceled from traffic jam in the middle of the tour schedule, what will you do?

➤ 旅行过程中因交通堵塞不得不取消当天行程时应该怎么办？

➤ スケジュール進行中に交通渋滞が発生して日程をキャンセルしなければならない時、どうしますか。

한국어

교통체증으로 일정을 취소해야 할 때 관광객들은 기대했던 일정 취소로 인한 절망과 차 안에서 시간을 보내는 지루함이라는 이중고를 겪게 됩니다. 이런 일을 피하기 위한 가장 좋은 방법은 애초에 미리 시간과 경로를 점검하여 교통체증을 피해서 일정을 계획하는 것입니다. 가이드의 가장 중요한 임무 중 하나는 시간 관리라고 생각합니다. 여행자들에게 시간은 돈과 같기 때문에 이동하는 시간을 절약하는 일정을 짜야 합니다.

일정이 취소되어야 한다면 가이드는 교통체증으로 인해 그날의 투어가 다른 날에 이루어짐을 관광객들에게 알려야 합니다. 우선 관광객들에게 교통체증에 대해 이해를 구하고 적당한 날짜와 시간을 정해서 다른 날 비슷한, 혹은 그것보다 더 좋은 투어 일정으로 취소된 일정을 대체해야 합니다. 정해진 일정 안에서 한번 놓친 투어는 다시 실행하기가 거의 불가능합니다. 그러므로 가이드는 관광객의 상실감을 줄이기 위해서 추가 계획을 세우는 데 세심한 주의를 기울여야 합니다. 가이드는 관광객의 실망에 대해 책임져야 하며 새로이 계획한 일정이 원래의 일정과 비교해서 충분히 매력적인지를 확인해야 합니다.

PART
01

영 어

When the schedule has to be canceled because of a traffic jam, tourists suffer from the double torture of the frustration from cancellation and the boredom from traveling time. The best way to avoid this is to make a schedule free from traffic jams, to begin with, by checking the time and route in advance. I think one of the most important guide's duties is time management. Time is like money to travelers so the schedule should be made to save the traveling time.

If the schedule should be canceled, the guide needs to let them know that that day's tour will be performed on another day because of the traffic jam. It is necessary to ask for their understanding first and then plan to replace the canceled schedule with a similar or better tour schedule. The tour missed in the fixed schedule can rarely be regained. Therefore, the guide should make an extra schedule with great care to decrease their sense of loss. The guide should take responsibility for the traveler's disappointment, making sure the newly-made schedule is attractive enough compared to the original one.

중국어

因交通堵塞而不得不取消当天行程时游客们会经历双重痛苦，一是因取消期待已久的行程而产生的绝望，一是在车内消磨时间的无聊。为了避免这种事情的发生，最好的方法就是提前检查时间和路线，避开交通堵塞去制定行程。作为导游最重要的任务之一就是时间管理。因为对于游客而言时间就是金钱，因此要制定节约出行时间的行程。

如果不得不取消行程，作为导游应告知游客，由于交通堵塞当天的旅行将另择他日进行。首先就交通堵塞这一点向游客们寻求谅解，然后确定好适当的日期和时间进行补偿，补偿的旅行应与取消的行程类似或比取消的行程更好。在规定的行程中，已经错过的旅行几乎不可能再次进行。因此导游应更详细更用心地制定进一步的计划以减少游客们的失落感。导游要对游客的失望负责，要确保重新安排的行程比原来的行程更有吸引力。

交通渋滞で日程をキャンセルしなければならない時、観光客は期待した日程の取り消しによる絶望と車の中で時間を過ごす退屈という二重苦に苛まれることになります。このようなことを未然に防ぐための最善の方法は、最初から時間と経路を点検し、交通渋滞を避けて日程を計画することです。ガイドの最も重要な任務の一つは、時間管理だと思います。旅行者にとって'時は金なり'と言えるほど時間は貴重なものなので、移動する時間を節約する日程を組まなければなりません。

日程がキャンセルするしかない場合、ガイドはその日のツアーが交通渋滞により別の日に行われることを観光客に知らせなければなりません。まず観光客に交通渋滞について了解を得て、適当な日付と時間を決めて、他の日にキャンセルされたツアーとほぼ同じか、あるいはより優れたツアー日程で取り消しになった日程を代替するべきです。決められた日程内で一度逃したツアーは、再実行することがほとんど不可能です。したがって、ガイドは観光客の喪失感を減らすために追加計画を立てるのに細心の注意を払う必要があります。ガイドは観光客の失望に対して責任を取るべきで、新たに計画した日程が元の日程と比べて十分に魅力的であるかを確認しなければなりません。

간단요약

- 교통체증으로 일정 취소 시 관광객은 절망과 시간 낭비의 이중고를 경험
- 미리 시간과 경로를 점검하여 교통체증을 피하고 효율적인 일정 계획이 필요
- 취소된 투어는 다른 날에 대체되어야 하며, 가이드는 관광객의 이해를 구하고 새로운 일정을 세워야 함
- 관광객의 상실감을 줄이기 위해 세심한 계획과 관리가 필요하며, 새로운 일정이 매력적인지 확인해야 함

02 | 2022년 최신기출 복원문제

001

남북 긴장 관계 속에서 가이드가 취해야 할 태도와 역할은 무엇인지 말해 보시오.

➤ Explain what kind of position and role tourists guides are supposed to take in the tense relations between North and South Korea.

➤ 请你说一下朝韩紧张关系中作为导游应取的态度以及应尽的责任是什么。

➤ 南北の緊張関係の中でガイドが取るべき態度と役割は何かを語ってください。

한국어 북한과 관련된 안보상의 위험은 관광객들에게 한국이 전쟁의 위험이 도사리는 곳이라는 부정적인 인식을 줍니다. 실제로 미사일 발사와 같은 북한의 도발로 인해 방문하려고 했던 관광지의 운영이 중단될 수 있고 그건 모든 예약이 취소된다는 걸 의미합니다. 그런 상황 속에서 가이드의 역할은 굉장히 중요합니다.

첫째, 가이드는 현재의 남북 관계에 대해 잘 인지하고 있어야 합니다. 정확한 정보를 바탕으로 가이드는 관광객들을 안전하고 편안하게 여행하도록 도울 수 있을 것입니다. 관광객이 여행 전이나 여행하는 동안에 불필요한 불안을 느끼지 않도록 하는 것이 핵심입니다.

둘째, 남북 분단 속에서도 가이드는 긍정적인 사고를 통해 발상의 전환을 해야 합니다. 남북 간 긴장 때문에 한국 관광을 포기하는 외국인들도 있지만, 분단이 한반도의 매력적인 관광자원으로 활용될 수 있다는 점을 잊지 말아야 합니다. 한국에서는 판문점, DMZ처럼 다른 나라에는 존재하지 않는 장소를 여행할 수 있기 때문입니다.

The threat of security concerning North Korea gives tourists a negative perception that Korea has a potential risk of war. The attack from North Korea like missile shooting actually can make the tourist sites shut down, which means all the reservations will be cancelled. In those kind of situations, a tourist guide plays a very important role.

First, a tourist guide should be well aware of the current North-South relations. Based on the accurate data, he will be able to help tourists travel safely and comfortably. The point is that the tourists should not have unnecessary fear before or during the trip.

Second, a tourist guide should have a way of turning around through positive thinking even in the division of South and North Korea. Even though some foreigners give up their trip to Korea because of the North-South tension, we should not forget division could be used as attractive tourist assets. That is because in Korea, tourists can travel the places like Panmunjeom and DMZ that do not exist in other countries.

朝鲜给韩国带来的安保方面的威胁给游客们种下了一种负面的认知，即韩国是一个潜伏着战争危险的地方。实际上也确实，因为游客们计划要去参观的旅游景点可能会因为朝鲜发射导弹等挑衅行为而暂停开放，这也意味着与这些景点相关的所有预约都会被取消。这种情况下，导游的作用便尤为重要。

首先，导游对现在的朝韩关系要有明确的认知。只有基于准确的消息，导游才能协助游客安全、舒适地出行，其要点是不让游客在旅游前及旅游途中感到任何不必要的不安。

其次，在朝韩分裂期，导游也要积极思考以转换思路。虽然确实有游客因为朝韩间的紧张关系而放弃到韩国旅游，但不要忘记分裂也可以成为朝鲜半岛极富魅力的旅游资源，因为在韩国可以到板门店，DMZ等地儿去旅游，这是其他国家所没有的。

北朝鮮に関する安全保障上の脅威は、観光客に韓国が戦争の危険が潜んでいる所であるという否定的な認識を与えます。実際に、ミサイル発射のような北朝鮮の挑発によって訪問しようとした観光地の運営が中断される可能性があり、それは全ての予約がキャンセルされることを意味します。そのような状況の中で、ガイドの役割は非常に重要です。

一、ガイドは現在の南北関係についてよく認知している必要があります。正確な情報に基づいて、ガイドは安全で気楽に旅行できるように観光客を手伝うことができると思います。観光客が旅行の前や旅行中に不必要な不安を感じないようにすることがポイントです。

二、南北分断の中でもガイドは肯定的な思考を通じて発想の転換をしなければなりません。南北間の緊張のせいで韓国観光をあきらめる外国人もいますが、分断が朝鮮半島の魅力的な観光資源として活用できることを忘れてはいけません。韓国では板門店、DMZのように他の国にはない場所を旅行できるからです。

간단요약

- 전쟁의 위험에 대한 부정적인 인식 속에서 가이드의 역할 중요
- 남북 관계 잘 인지 : 안전하고 편안한 여행, 불필요한 불안 느끼지 않게 하기
- 긍정적으로 발상 전환 : 분단이 한반도의 매력적인 관광자원일 수 있음 예 판문점, DMZ

한국, 중국, 일본의 역사적 관계와 그 사이에서 일어날 수 있는 문화충돌에 대해 말해 보시오.

> Explain the historical relations among Korea, China and Japan and talk about the potential cultural conflicts among them.

> 请你谈一谈韩中日三国间的历史关系以及三国间可能发生的文化冲突。

> 韓国、中国、日本の歴史的な関係と、その間で起こりうる文化の衝突について語ってください。

한국어

한국, 중국, 일본은 오랜 기간 밀접하게 교류해 오면서 역사적으로 깊이 연관돼 있습니다. 상호 영향을 주고받으면서도 세 나라는 각 나라만의 고유한 문화를 형성해 왔습니다.

일본은 1931년부터 1945년까지 이어졌던 *전쟁을 일으켰고 1910년부터 1945년 한국 식민지 지배를 했습니다. 전쟁은 군 위안부 문제, 난징 대학살 사건, 야스쿠니 신사참배 등 많은 문제들을 일으켰습니다. 그 문제들은 아직도 해결되지 않은 채 세 나라 사이에 많은 충돌과 긴장을 유발하고 있습니다.

일본과의 위안부 합의, 독도 영유권 문제는 끝나지 않는 분쟁을 야기하고 있습니다. 중국의 동북공정은 한국 고유의 역사와 문화를 계속해서 위협하고 있습니다. 심지어 중국발 미세먼지 또한 우리나라 사람들의 건강을 위협하고 있습니다. 만일 세 나라에서 온 관광객들이 역사 인식 문제를 둘러싼 논쟁을 한다면 누군가 상처를 받는 게 불가피할 것입니다.

그 세 나라에서 온 관광객들이 모여 술을 마실 때 문화충돌이 있을 수 있습니다. 한국에서는 잔에 술이 남아 있으면 첨잔을 하지 않습니다. 즉, 상대가 잔에 담긴 술을 다 마시면 빈 잔에 술잔을 채워 주는 것이 예의로 여겨집니다. 그러나 중국과 일본에서는 잔에 술이 얼마나 남아 있는지와 상관없이 계속 술을 따라 줍니다. 중국과 일본 문화에서는 그것이 예의입니다.

자기 잔에 술이 있는데 상대가 계속 술을 따르면 한국인은 화가 날 수도 있습니다. 반면에 한국인이 계속해서 술을 따라 주지 않으면 일본인과 중국인은 예의에 어긋난다고 생각할 수 있습니다. 물론 문화적인 차이점을 알고 이해한다면 불필요한 갈등이 줄어들 것입니다.

Korea, China and Japan have interacted closely with one another for a long period so their history is deeply involved. Exchanging interactive effects, the three countries have developed their own unique culture.

Japan started the war, which lasted from 1931 to 1945 and colonized Korea from 1910 to 1945. The war brought about so many issues like the Japanese military sexual slavery, the Nanjing Massacre incident, visits to the Yasukuni shrine, etc. Those issues have not been settled yet, causing a lot of conflicts and tensions among the three countries.

The issues on sexual slavery agreement and the ownership of Dokdo are causing endless arguments with Japan. China's Northeast Asia Project keeps on threatening Korean traditional history and culture. Even the fine dust blown in from China is threatening Korean people's health. If the tourists from the three countries debate on their views of history, hurting someone's emotion will be inevitable.

There could be a cultural conflict when the tourists from the three countries are having a drink. In Korea, we do not pour drinks unless the glass is empty. The other person drinks up and then we pour drinks in his empty glass, which is considered to be the etiquette. However, in China and Japan, they pour drinks continuously regardless of the remained drinks in the glass. That is the etiquette in Chinese and Japanese culture.

Korean may get upset if the other person keeps pouring on his leftover drink. On the contrary, if Koreans do not pour drinks continuously, Japanese and Chinese may think it is against etiquette. Of course if they are aware of the cultural differences and understand, unnecessary conflicts will decrease.

韩中日三国长期保持密切的交流，历史关系源远流长，在相互影响的同时，三国形成了各自独有的文化。

日本在1931年发动了战争，战争一直持续到1945年，从1910年开始到1945年为止日本一直对韩国进行殖民统治。战争引发了慰安妇制度，南京大屠杀事件，参拜靖国神社等诸多问题，这些问题至今尚未得到解决，在三国间引发了很多冲突及紧张局势。

韩国与日本间的慰安妇协议，独岛所有权问题引发了韩日间没完没了的纷争。韩国认为中国的东北工程不断威胁着韩国固有的历史和文化，认为雾霾来自中国且威胁着韩国人的健康。如果来自这三个国家的游客们围绕着历史认识问题展开争论的话，那么必然会有人因此受伤。

来自这三个国家的游客们聚在一起喝酒时也会产生文化冲突。在韩国，如果杯子里还有酒的话是不会添杯的，也就是说，韩国人认为等对方把酒杯里的酒都喝完后，再在空杯里填满酒才是有礼节的。但是在中国和日本，不论酒杯里还剩多少酒，都会不断添杯，在中国和日本，这样才是有礼节的。

如果自己的酒杯里还有酒，对方却一直给添酒的话，韩国人是会生气的。于此相反，韩国人如果一直不给添酒的话，日本人和中国人会觉得对方没有礼节。当然，如果了解并理解了这种文化上的差异，就能减少不必要的矛盾。

韓国、中国、日本は長い間、密接に交流してきながら、歴史的に深く関連しています。相互に影響を与えながらも、三国は各国だけのユニークな文化を形成してきました。

日本は1931年から1945年まで続いた戦争を起こし、1910年から1945年まで韓国を植民地として支配しました。戦争は軍慰安婦の問題、南京虐殺事件、靖国神社参拝など、多くの問題を起こしました。この問題は、まだ解決されていないまま、三国の間に多くの衝突と緊張を引き起こしています。

日本との慰安婦合意、独島の領有権問題は終わらない紛争を引き起こしています。中国の東北工程は韓国固有の歴史と文化を脅かし続けています。さらに中国発の微細粉塵も韓国の人々の健康を脅かしています。もし三国から来た観光客が歴史認識問題を巡る議論をすれば、誰かが傷つくのは避けられないと思います。

三国から来た観光客が集まってお酒を飲む時に文化衝突が起きるかもしれません。韓国では杯にお酒が残っていれば、注ぎ足すことはしません。つまり、相手が杯のお酒を全部飲んだ後、空の杯にお酒を満たすことが礼儀で思われます。しかし、中国と日本では、杯にどれだけの酒が残っているかにかかわらず、お酒を注ぎ足します。中国と日本の文化では、これが礼儀です。

自分の杯にお酒が残っているのに相手が酒を注ぎ足すと、韓国人は腹が立つかもしれません。 一方、韓国人が相手の杯にお酒を注ぎ足さないと、日本人と中国人は失礼だと思うかもしれません。勿論、文化の違いを認識し、理解すれば、不要な葛藤が減って行くと思います。

*만주사변(1931) – 일본 관동군의 만주에 대한 침략전쟁, 침략전쟁의 병참기지화 목적
 중일전쟁(1937) – 일본이 만주를 식민지로 만든 데 이어 중국 내륙 공격, 난징대학살 발생
 2차 세계대전(1939~1945) – 독일, 이탈리아, 일본을 중심으로 한 추축국이 일으킴

참고 〈한중일 역사인식 무엇이 문제인가〉 오누마 야스아키·에가와 쇼코 – 섬앤섬
〈한국, 한국인〉 김종선 – 월간미술

백쌤의 TIP

한국의 추석과 중국의 중추절은 보름달 구경, 음주 가무와 놀이, 가족 모임, 절기 음식을 먹는다는 공통점이 있지만 차이점도 많습니다. 한국은 추석에 조상에 대한 예를 갖추기 위해 고향을 방문하고 차례와 성묘를 지내는 데 반해 중국은 중추절에 조상 제사나 성묘를 하지 않으며 우리나라처럼 귀성 행렬도 없습니다. 중국에서 중시하는 건 달 감상과 달 제사입니다. 한국에서는 추석에 반달 모양의 송편을 먹고 중국에서는 중추절에 동그란 모양의 월병을 먹습니다. 송편에는 콩, 팥, 깨, 밤 등이 들어가지만 월병에는 과일, 꿀, 채소, 고기 등 더 다양한 소가 들어간다는 차이가 있습니다.

간단요약

• 일본이 일으킨 전쟁으로 인한 갈등 : 위안부, 난징 대학살, 야스쿠니 신사참배 등
• 한일 간 : 위안부 합의, 독도 영유권 문제 등
• 한중 간 : 동북공정, 미세먼지 등
• 문화충돌의 예 : 술자리 첨잔에 대한 다른 에티켓

003

한글과 관련된 관광지에 대해 설명해 보시오.

➤ Explain the tourist sites related to Hangeul.

➤ 请你介绍一下与韩文相关的旅游景点。

➤ ハングルに関する観光地について説明してください。

한국어

우선, 종로에 세종대왕 동상과 그 동상의 지하에 있는 세종이야기 전시관이 있습니다. 세종 이야기 전시관에서는 세종대왕의 인간적인 면모, 애민정신과 한글 창제의 원리를 살펴볼 수 있습니다.

용산에 있는 국립 한글박물관에서는 한글 창제 원리뿐만 아니라 그동안에 일어난 변화와 국어로 정착되기까지 과정을 보여 줍니다. 그 외에도 한글과 관련된 자료를 수집, 연구함으로써 한글의 문자적, 문화적 가치를 재발견하고 그것을 세계에 알리는 역할을 합니다.

종로에는 세종마을 상촌재가 있습니다. 세종마을은 세종대왕이 나고 자란 곳이며 상촌은 경복궁의 서쪽 지역인 세종마을의 옛 명칭입니다. 상촌재는 전통 한옥 방식으로 조성된 문화공간입니다. 방문객들은 상촌재에서 온돌, 24절기, 한글의 우수성에 대해 살펴보고 전통문화체험도 할 수 있습니다.

여주에는 세종대왕 영릉과 세종대왕역사문화관이 있습니다. 훈민정음 창제뿐만 아니라 과학기술, 아악 등에서의 그의 업적을 살펴볼 수 있는 곳입니다.

영 어

Above all, we have Statue of King Sejong the Great in Jongno and the story of King Sejong exhibition hall in the basement of the statue. In the exhibition hall, we can look into human King Sejong, his ideology focused on the people and the manner how hangeul was created.

National Hangeul Museum In Yongsan shows not only the manner how hangeul was created but also its change so far and settlement process to become Korean language. Besides, it plays the role of rediscovering the linguistic and cultural value of Korean language and making it known to the world.

We have Sangchonjae in Sejong village. Sejong village is where King Sejong was born and Sangchon is the old name of Sejong village located in the west of Gyeongbokgung palace. Sangchonjae is the cultural space built in the traditional Hanok style. Visitors can look into ondol, 24 seasonal divisions and the excellence of hangeul and also experience traditional culture there.

There are Royal Tomb of King Sejong and History and Culture Museum of King Sejong in Yeoju. It is the place where we can look into not only the invention of Hunmin jeongeum but also his achievements in technology and ceremonial music, etc.

PART 01

중국어

首先，钟路有世宗大王铜像以及位于铜像地下的世宗故事展示馆。在世宗故事展示馆，可以了解到世宗大王具有人情味的一面，其爱民精神以及创制韩文的原理。

龙山有国立韩古尔博物馆，它向世人展示了韩文的创制原理，创制期间发生的变化，以及其最终作为国语扎根的过程。此外国立韩古尔博物馆通过收集和研究韩文相关的资料，也承担起了对韩文的文字、文化价值进行再发现，并将其推广到全世界的责任。

钟路还有世宗村上村斋。世宗村位于景福宫西侧，世宗大王在此出生并长大，上村是其旧称。上村斋是以传统韩屋方式建造的文化空间，游客们可以在上村斋了解溫突(暖炕)、24节气、韩文的优秀之处，还可以体验传统文化。

骊州有世宗大王陵(英陵)以及世宗大王历史文化馆。在这里不仅可以了解世宗大王如何创制训民正音，还可以了解世宗大王在科学技术，雅乐等方面的业绩。

まず、鍾路には世宗大王銅像とこの銅像の地下に世宗物語展示館があります。世宗物語展示館では世宗大王の人間的な面、国民を愛する心とハングルの創製原理を見ることができます。

龍山に位置する国立ハングル博物館ではハングルの創製原理だけでなく、今まで起きた変化と国語として定着するまでの過程を示しています。ほかにもハングルに関する資料を収集、研究して、ハングルの文字的、文化的価値を再発見し、世界に知らせる役割をします。

鍾路には世宗村・上村斎があります。世宗村は世宗大王が生まれ育った所で、上村は景福宮の西側地域である世宗村の旧称です。上村斎は伝統韓屋方式で建てられた文化空間です。訪問者は上村斎でオンドル、24季節、ハングルの優秀性について調べて、伝統文化体験もできます。

麗州には世宗大王英陵と世宗大王歴史文化館があります。訓民正音の創製だけでなく、科学技術、雅樂などでの彼の業績を確認することができる所です。

참고 대한민국 구석구석(korean.visitkorea.or.kr)
국립한글박물관(www.hangeul.go.kr)
종로문화재단(www.jfac.or.kr)
세종충무공이야기(www.sejongstory.or.kr)
문화재청 궁능유적본부 세종대왕유적관리소(sejong.cha.go.kr)

간단요약

- 종로 세종대왕 동상과 그 동상 지하의 세종이야기 전시관 : 세종대왕의 인간적 면모, 애민정신, 한글 창제 원리
- 용산 국립 한글박물관 : 한글 창제 원리, 변화와 정착의 과정
- 종로 세종마을 상촌재 : 세종마을은 세종대왕이 나고 자란 곳, 상촌은 세종마을의 옛 명칭, 온돌, 24절기, 한글의 우수성, 전통문화체험
- 여주 세종대왕 영릉, 세종대왕역사문화관

인바운드 관광에서 중요하게 생각해야 할 부분은 무엇이고 활성화 대책은 무엇인지 설명하시오.

> What is it that matters in inbound tourism and what are the promotion measures for it?

> 请你说一下入境游中需要重视的部分以及刺激入境游的相应对策是什么。

> インバウンドツーリズムで大事に考えるべき部分は何で、活性化対策は何かを説明してください。

한국어

인바운드 관광은 외화를 통해 국내로 돈을 많이 벌어들일 수 있게 해 주기 때문에 매우 중요합니다. 전 세계적인 유행병 사태에서 본 것처럼 인바운드 관광이 늘 성공적인 건 아닙니다. 인바운드 관광은 보통 시즌을 탑니다. 즉, 뚜렷한 성수기, 비수기, 중간시기가 있습니다. 흔히 날씨, 학교와 공휴일에 영향을 받습니다. 또한 정치적인 불안, 자연재해, 경제 불안 같은 다른 요인들로부터 부정적인 영향을 받을 수도 있습니다. 그래서 우리는 상황 변화에 맞추어 특정 시기에 특정 나라를 대상으로 표적 광고를 해야 합니다. 예를 들어 중국인 관광객들은 다른 나라 사람들보다 휴가 때 돈을 더 많이 쓰는 경향이 있습니다.

인바운드 관광에서 외국인 관광객들은 한국과 다른 나라를 비교합니다. 이런 상황에서 우리는 첫째, 다른 나라의 성공을 벤치마킹할 필요가 있습니다. 우리는 불리한 점을 개선하고 강점을 이용하여 손님에게 충분한 편의와 만족감을 제공해야 합니다. 관광객들이 다른 나라가 아니라 우리나라를 선택하게 해야 하기 때문입니다.

둘째, 외국인 관광객들을 유인할 수 있는 대책을 고안해야 합니다. K-컬처와 관련된 홍보는 항상 효과적일 것입니다. 예를 들어 한류 스타가 등장하는 홍보영상, 한국 문화에 대한 캠페인이나 프로젝트는 외국인 관광객의 수를 늘리는 데 도움이 될 것입니다.

셋째, 외국인들이 한국을 방문하는 데 불편이 되는 요소를 개선해야 합니다. K-ETA와 비자 제도 같은 입국 관련 제도를 개선한다면 외국인의 한국 방문의 장벽이 낮추는 데 도움이 될 것입니다.

영어

Inbound tourism is very important because it can bring in a lot of money to a country through foreign exchange. As the pandemic situation shows, inbound tourism can not be always successful. Inbound tourism is often seasonal. That is, there are evident peak, off-peak and shoulder seasons. They are often dependent on weather conditions, school, and public holidays. They can also be negatively effected by other factors such as political unrest, natural disasters or economic instability. So we need to target our advertising toward certain nationalities in the certain period according to the changing situation. For example, Chinese tourists tend to spend more on their holidays than any other nationality.

In inbound tourism, foreign tourists compare Korea with other countries. In this situation, first, we need to benchmark the success of other countries. We should improve our downside and take advantage of our strength to provide adequate convenience and satisfaction to visitors. That's because we should make tourists choose Korea, not other countries.

Second, the measures to attract foreign tourists should be made. Promotions concerning K-culture will be always effective. For example, promotion videos with Korean wave star, campaigns or projects on Korean culture will help increase foreign tourists.

Third, inconveniences concerning entrance should be improved. Revising the entrance system like K-ETA and visa will help lower the barrier that keeps foreigners from visiting Korea.

중국어

入境游由于可以为国家带来很多的外汇，所以格外的重要。但通过全球流行病我们也可以知道，入境游并不总是有利的。入境游一般要讲究季节，有明显的淡季、旺季、平季之分，通常受天气、学校、假期等的影响。另外，政治不稳定、自然灾害、经济不稳定等其他因素也会对此产生负面影响。因此我们要因时制宜，在特定时期以特定国家为对象进行有针对性的宣传，比如中国游客往往比其他国家的游客在度假方面投入更多的花费。

在选择入境游时，外国人游客会将韩国和其他国家进行比较。这种情况下，我们要做的，首先是要借鉴其他国家的成功。我们要改进不便之处，利用优势为游客们提供充分的便利使其获得满足感，这样游客们才会选择韩国而不是其他国家。

其次是要策划能吸引外国游客的方案。与K-文化有关的宣传总是颇具成效。例如韩流明星出镜的宣传视频、韩流明星参加的韩国文化宣传活动或项目等都有助于增加外国游客的数量。

最后是要改善外国人赴韩时的不便之处。如果对K-ETA和签证制度等入境相关制度进行改善的话，将有助于降低外国人访韩壁垒。

일본어 インバウンドツーリズムは外貨を通じて多くのお金を国内で稼ぐことができるようにしてくれるので非常に重要です。パンデミック事態から経験したように、インバウンドツーリズムがいつも成功するわけではありません。インバウンドツーリズムはベストシーズンがあります。言い換えると、明確な繁忙期、閑散期、通常期があります。主に天気と学校、祝日などに影響を受けます。また、政治不安、自然災害、経済不安などのような他の要因から否定的な影響を受ける可能性もあります。そのため、状況の変化に合わせて、特定の時期に特定の国を対象にターゲティング広告を行わなければなりません。例えば、中国の観光客は他の国の人よりも休みの時にお金をもっとたくさん使う傾向があります。

インバウンドツーリズムでは、外国人観光客は韓国と他の国を比較します。このような状況で、一、私たちは他の国の成功をベンチマークする必要があります。私たちは不利な部分を改善し、強みを使ってお客様に便宜と満足感を十分に与えなければなりません。観光客が他の国ではなく韓国を選択させる必要があるからです。

二、外国人観光客を惹きつける対策を考えなければなりません。Kカルチャーに関する広報は常に効果的だと思います。例えば、韓流スターが登場する広報映像、韓国文化に関するキャンペーンやプロジェクトなどは外国人観光客を増やすことに役立つと思います。

三、外国人が韓国を訪問する時、不便な要素を改善しなければなりません。K-ETAやビザ制度のような入国関連制度を改善すれば、外国人の韓国訪問の障壁を下げることに役立つと思います。

참고 tourismteacher.com

백쌤의 TIP

K-ETA(대한민국 전자여행허가제, Korea Electronic Travel Authorization)
무사증(무비자) 입국 대상 국가의 국민이 한국을 방문하기 전 미리 인적 정보와 여행 일정 등을 온라인상에 등록하고 사전 여행 허가를 받는 제도

참고 대한민국 전자여행허가 K-ETA(www.k-eta.go.kr)

- 인바운드 관광 : 외화로 돈을 많이 벌어들이게 함
- 인바운드 관광은 시즌을 탐 : 날씨, 학교, 공휴일
- 그 외 요인들의 영향 : 정치 불안, 자연재해, 경제 불안
- 상황 변화에 따른 표적 광고 필요
- 다른 나라 벤치마킹 : 불리한 점 개선, 강점 이용
- 외국인 관광객 유인 : K-컬쳐를 이용한 홍보
- 한국 방문 불편요소 개선 : 입국 제도 개선(K-ETA, 비자)

한국의 국경일 중 역사적으로 연관된 날을 설명하시오.

➤ Explain historically related days among Korean national holidays.

➤ 请你介绍一下韩国国家法定节日中与历史事件有关的节日。

➤ 韓国の祝日の中で歴史に関わる日を説明してください。

한국어

3·1절과 광복절은 역사적으로 연관되어 있습니다. 3·1절은 1919년 3월 1일, 한민족이 일제 식민통치에 항거하고, 독립선언서를 발표하여 한국의 독립 의사를 세계에 알린 날을 기념하는 날입니다. 그날 만세운동이 일어나면서 국내외 곳곳에 임시정부가 수립되었습니다. 3·1 만세운동이 국내외에서 확산된 3월과 4월 사이에는 총 8개의 임시정부가 생겨났습니다. 지역과 구성원들이 다른 이 임시정부들은 민족 지도자들의 노력으로 상하이 대한민국임시정부로 통합되었습니다. 1945년 8월 15일 일제가 연합군에 항복하면서 한국은 일제 식민지 지배에서 벗어나게 됐습니다. 상하이 임시정부 요원들은 환국하여 통일된 자주독립 국가 수립을 위해 온갖 노력을 하였지만 잘되지 않았습니다.

1948년 8월 15일에는 남한만의 대한민국 정부가 수립되었습니다. 그 정부는 완전히 새로 세운 것이 아니라 3·1운동으로 건설된 임시정부를 계승한 것이었습니다. 광복절은 1945년 8월 15일 광복과 1948년 8월 15일 대한민국 정부 수립을 기념하는 날입니다. 대한민국 정부의 국호, 연호, 헌법은 임시정부에 기반하고 있습니다. 따라서 대한민국 임시정부는 대한민국의 뿌리이자 기원이라고 할 수 있습니다.

영 어

Samiljeol, Independence Movement Day and National Liberation Day are historically related. Samiljeol is to celebrate March 1, 1919 when Korean people resisted Japanese colonial rule and let the world know Korean will for independence by announcing the Declaration of Independence. With the hurray demonstration on that day, provisional governments were established here and there in and out of the country. From March through April, as Samil hurray movement spread in and out of the country, a total of 8 provisional governments were formed. These provisional governments of different regions and members were integrated into the provisional Government in Shanghai with the effort of national leaders. In August 15, 1945, as Japan surrendered to the allied forces, Korea got to be released from the Japanese colonial rule. Agents of the Shanghai provisional government returned to make every effort to establish a unified independent country but it was not successful.

In August 15, 1948, the Korean government only of South Korea was established. It was not a completely new government but it was the one taking over the provisional government established by Samil movement. National Liberation Day is to celebrate the independence in August 15, 1945 and Korean government establishment in August 15, 1948. Korean country name, era name and constitution are based on the provisional government. The Korean provisional government, therefore, can be referred to as the root and origin of Korea.

중국어

3·1节和光复节都与历史事件有关。3·1节是纪念1919年3月1日韩民族反抗日本殖民统治，发表独立宣言，向全世界传达韩国独立意向的日子。那天独立万岁运动爆发后，国内外各地都开始建立临时政府，3月到4月3·1独立万岁运动在国内外蔓延，这期间总共建立了8个临时政府，这些地区不同，成员不同的临时政府在民族领导人的努力下统一合并为上海大韩民国临时政府。

1945年8月15日日本帝国主义向同盟国投降，韩国摆脱了日本帝国主义的殖民地统治。上海大韩民国临时政府的要员们回到韩国，为建立统一的自主独立国家做出了各种努力，但并未取得显著成效。

1948年8月15日成立了独属于韩国的大韩民国政府。这个政府并不是全新建立的政府，而是在3·1运动时建立的临时政府基础之上所建的。光复节便是纪念1945年8月15日光复以及1948年8月15日大韩民国政府成立的日子。大韩民国政府的国号、年号、宪法都建立在临时政府的基础之上，因此大韩民国临时政府可以说是大韩民国的根基和起源。

일본어

3・1節と光復節は歴史的に関連性があります。3・1節は1919年3月1日、韓民族が日本の植民地統治に抵抗し、独立宣言書を発表して韓国の独立への意思を世界に知らせた日を記念する日です。この日、万歳運動が起こり、国内外あちこちに臨時政府が樹立されました。3・1万歳運動が国内外に広がった3月と4月の間には会わせて8カ所の臨時政府が出来ました。地域とメンバーが異なるこの臨時政府達は、民族指導者の努力で上海の大韓民国臨時政府に統合されました。

1945年8月15日、日本が連合国に降伏したことで韓国は日本の植民地支配から解放されました。上海の臨時政府のメンバーは帰国して、統一された自主的な独立国家を確立するためにあらゆる努力をしましたが、うまくできなかったです。

1948年8月15日には、韓国だけの大韓民国政府が樹立されました。この政府は完全に新しく建てたものではなく、3・1運動で建立された臨時政府を継承したものです。光復節は、1945年8月15日の光復と1948年8月15日の大韓民国政府の樹立を記念する日です。大韓民国政府の国号、年号、憲法は臨時政府に基づいています。したがって、大韓民国臨時政府は韓国の根であり、起源だと言えます。

백쌤의 TIP

1948년 5월 31일 개원한 제헌국회에서 임시의장에 선출된 이승만은 '기미년 3・1운동으로 임시정부를 건설해 민주주의의 기초를 세웠다'는 역사적 사실을 언급하고, '이 국회에서 건설되는 정부는 기미년에 수립한 임시정부를 계승하는 것'이라며 '이날이 민국의 부활일임을 공포한다'고 말했습니다.

참고 〈대한민국 임시정부사〉 이학사, 김병기 저

간단요약

- 3・1절과 광복절 연관
- 3・1절 : 일제 식민통치에 항거, 한국의 독립 의지를 세계에 알린 날, 임시정부 수립 계기
- 광복절 : 일제 식민지배에서 벗어난 날(1945.8.15.)과 (3・1운동 때의 임시정부를 계승한) 대한민국 정부 수립 (1948.8.15.) 경축

001

남북한 문화 교류의 중요성에 대해 설명하시오.

> Explain the importance of cultural exchanges between South and North Korea.
> 请你介绍一下朝韩文化交流的重要性。
> 韓国・北朝鮮の文化交流の重要性について説明してください。

한국어 오랜 분단기간 동안 남한과 북한은 서로 다른 체제하에서 문화의 이질성이 생겼습니다. 문화 교류는 남북 간의 문화 차이를 이해하기 위해서 매우 중요합니다.

첫째, 문화는 정서적인 안정 효과를 지니고 있어서 긴장을 완화해 주고, 이를 통해 남북한 간의 적대적인 감정을 극복하게 해 줍니다. 특히 음악이 가진 치유의 힘은 전쟁과 분단으로 인해 깊은 상처를 입은 우리 민족의 가슴을 치유해 줍니다. 또한 '우리 민족이 다시 하나가 될 수 있다'는 화해와 협력의 분위기를 조성해 주기도 합니다.

둘째, 문화 교류는 평화적 통일을 위한 기반을 조성하기 위해 필요합니다. 독일의 경우에도 활발한 문화 교류는 평화적 통일에 중요한 역할을 했습니다.

셋째, 문화 교류를 통해 문화적 동질성을 회복한다면 영토의 통일뿐만 아니라 정신적인 통일까지 이루어낼 수 있을 것입니다. 문화 교류가 충분치 않다면 통일 후에도 남한과 북한 주민들 사이의 문화 차이 때문에 사회적 혼란과 분열이 초래될 것입니다.

After the long period of division, South and North Korea came to have cultural differences under their different systems. Cultural exchange is very important in order to understand the cultural difference between South and North Korea.

First, culture releases the tension by enhancing emotional stability, through which we can overcome the hostility between South and North Korea.

Especially the healing power of music heals our people's heart that was damaged by the war and division. In addition, it may create the atmosphere of reconciliation and cooperation as in 'Our people can get together again'.

Second, cultural exchange is necessary to establish the foundation for peaceful reunification. In the case of Germany, the active cultural exchange also played an important role to achieve peaceful reunification.

Third, the recovery of culture homogeneity will lead to the mental reunification as well as territorial reunification. Without enough cultural exchanges, even after reunification, cultural differences between South and North Koreans will cause cultural chaos and division.

중국어

韩国和朝鲜长期处于分裂状态，彼此在不同的体制下，产生了文化异质性。因此在理解朝韩文化差异方面，文化交流显得尤为重要。

首先，文化具有稳定情绪的效果，能够缓解紧张局势，克服朝韩之间的敌对情绪。特别是音乐所具有的治愈力量，可以治愈因为战争和分裂而饱受创伤的民族之心，也有助于营造"民族再次一体"的和谐、合作的氛围。

其次，文化交流是为和平统一奠定基础所必须的。哪怕是在德国，活跃的文化交流也对和平统一起了重要的作用。

最后，通过文化交流恢复文化同质性的话，不仅可以实现领土统一，还可以实现精神世界的统一。如果文化交流不充分，就算统一了，也会因为朝韩各国公民彼此间存在的文化差异而导致社会混乱和分裂。

일본어 長年の分断国家の間、韓国と北朝鮮は相異なる体制の下で文化の異質性が生じました。文化交流は、南北間の文化の違いを理解するために非常に重要です。

第一、文化は感情的な安定効果を持っており、緊張を和らげ、これを通じて南北間の敵対的な感情を克服させます。特に音楽が持ている治癒の力は、戦争と分断によって深い傷を負った我が民族の心を癒してくれます。また、「我が民族は再び一つになれる」という和解と協力の雰囲気を造成してくれることもあります。

第二、文化交流は平和的統一の基盤を築くために必要です。ドイツの場合も、活発な文化交流は平和的な統一に重要な役割を果たしました。

第三、文化交流を通じて文化的同質性を回復すれば、領土の統一だけでなく、精神的な統一まで成し遂げられるでしょう。文化交流が十分でなければ、統一の後も韓国と北朝鮮の住民の間の文化の違いによって社会的な混乱と分裂がもたらされるでしょう。

백쌤의 TIP

남북한 합작으로 애니메이션 '뽀로로'를 제작한 적이 있습니다. 그 과정에서 북한 측에 박수 치는 장면 제작을 요청하였더니, 모든 캐릭터가 동시에 일어나 움직이는 장면을 보내 주는 등 문화 차이로 인한 에피소드가 있었다고 합니다. 이때 남한과 북한의 제작진은 대화로 문화 차이를 극복하면서 서로를 이해했습니다.

최초의 남북합작 드라마도 있습니다. 조선시대를 배경으로 한 〈사육신〉은 비록 남북한의 감수성 차이로 인해 시청자들의 뜨거운 호응은 받지 못했지만 남북의 동질성을 확인하는 계기가 되었습니다.

남북한 문화 교류의 예로는 영상물 공동제작, 공동 사전 제작, 음악 교류, 예술단과 문학인 교류, 아직 실현되진 않았지만 남북 공동 음악 만들기, 남북 합창단 만들기, 남북 아이돌 그룹 만들기 등이 있습니다.

참고 연합뉴스 TV '통일 밑거름' 문화 교류, 어디서부터 시작할까
KBS 한민족방송 [라디오 평화를 말하다]

간단요약

• 문화 교류는 문화 차이를 이해하기 위해 매우 중요함
• 문화는 정서적인 안정 효과를 지니고 있음 : 긴장 완화, 이질감 극복, 화해와 협력의 분위기를 조성
• (통일 전) 문화 교류는 평화적 통일을 위한 기반을 조성하기 위해 필요함
• (통일 후) 문화적 동질성 회복은 영토 통일 후 남북한 간의 진정한 통일로 이어짐

002

스포츠 투어리즘이란 무엇인가?

> What is Sports tourism?
> 什么是体育旅游？
> スポーツツーリズムとは何ですか。

한국어

스포츠 투어리즘은 스포츠 행사 관람이나 참가와 관련된 여행을 의미합니다. 스포츠 투어리즘은 관광업에서 빠르게 성장하고 있는 분야들 중 하나입니다. 스포츠 행사의 관람 혹은 참여가 여행의 주목적이든 아니든 점점 더 많은 수의 여행자들이 여행을 하면서 경험하는 스포츠 활동에 관심을 보이고 있습니다. 올림픽 게임, 축구와 럭비 선수권 대회 같은 다양한 종류와 규모의 스포츠 행사들은 여행자들을 참가자나 관중으로 참여하도록 유인하는 효과가 있습니다. 이런 스포츠 행사들은 개최 지역의 관광 이미지에 지대한 공헌을 합니다.

영 어

Sports tourism refers to the travel which involves either observing or participating in sporting events. Sports tourism is one of the fastest growing sectors in tourism. More and more tourists are getting interested in sport activities during their trips whether watching or participating in sports is their main goal or not. Sport events of various kinds and sizes like Olympic Games, football games and rugby championships have the effect of inducing tourists to join as participants or spectators. These sporting events make a very positive contribution to the tourism image of the host destination.

PART
01

중국어

体育旅游是指与观看或参加体育活动相关的旅游。体育旅游是旅游业中快速发展的领域之一。不管旅游的目的是不是观看或参加体育活动，越来越多的游客们对一边旅游一边体验体育活动而感兴趣。奥运会游戏、足球以及橄榄球锦标赛等种类及规模多种多样的体育活动，能够吸引游客们作为参赛者或作为观众参与到其中。这些体育活动对举办地旅游形象的塑造有着极大的贡献。

PART 01 | 최신기출 복원문제　39

スポーツツーリズムは、スポーツイベントの観覧や参加に関する旅行を意味します。スポーツツーリズムは、観光業界で急速に成長している分野の1つです。スポーツイベントの観覧や参加が旅行の主目的であるかどうかにかかわらず、ますます多くの旅行者が旅行をしながら経験するスポーツ活動に関心を示しています。オリンピックゲーム、サッカーとラグビー選手権大会のような様々な種類と規模のスポーツイベントは、参加者や観客としてイベントに参加するように誘引する効果があります。このようなスポーツイベントは開催地域の観光イメージに多大な貢献をします。

백쌤의 TIP

올림픽 같은 국제 스포츠 행사의 중요한 효과로는 국가 이미지 향상, 경제 부흥, 국민 화합 등을 손꼽을 수 있습니다. 그러나 경기장 시설 마련, 사회간접자본 확충, 대회 준비 및 개최를 위한 비용이 엄청나게 소요되며, 대회 후 경기장 활용에 어려움을 겪는 경우가 많습니다. 이런 이유 때문에 참가국 수도 적고 관심이 적은 동계 올림픽 같은 행사 개최를 희망하는 도시가 줄어들고 있습니다. 2022년 동계 올림픽 개최지 선정 때에도 6개의 도시가 신청서를 냈었지만, 그 중 3개 도시(스웨덴, 폴란드, 노르웨이)가 비용 문제, 주민의 반대여론 등으로 신청을 철회한 바가 있습니다. 게다가 지구온난화의 심화로 하계 올림픽을 포함, 환경 조건에 맞는 올림픽 개최 가능 지역이 점점 줄어들고 있습니다. 전문가들은 올림픽이 축소되거나 사라질 위험에 처해 있음을 우려하고 있습니다. IOC가 노력하는 바처럼 앞으로 올림픽 레거시*는 지속가능한 레거시로 방향을 잡아야 할 것입니다.

*올림픽 레거시 : 올림픽 개최의 준비 및 개최 과정을 통해서 축적되는 유무형의 자산
• 영역별 분류 : 스포츠, 사회, 경제, 도시, 환경
• 형태별 분류 : 유형적인 자산(스포츠 시설, 교통 인프라, 도시 재생)과 무형적 자산(국민적 자부심 제고, 국가 문화유산의 재발견, 환경 의식 변화)

참고 스포츠 투어리즘의 개념 – 위키백과
UNWTO 사이트(www.unwto.org)
대한민국 정책브리핑(www.korea.kr)
올림픽 레거시 – 국민체육진흥공단 스포츠둥지(sportnest.tistory.com)

간단요약

• 스포츠 투어리즘 : 스포츠 행사 관람이나 참가와 관련된 여행
• 여행자들이 여행을 하면서 경험하는 스포츠 활동에 관심을 보임
  예 올림픽 게임, 축구와 럭비 선수권 대회 같은 다양한 종류와 규모의 스포츠 행사
• 스포츠 행사들이 개최 지역의 관광 이미지에 지대한 공헌을 함

003

실내관람 중 화재가 발생한다면 어떻게 할 것인가?

➤ What would you do if a fire broke out in the middle of an indoor watch?
➤ 如果在室内参观过程中发生火灾的话应该怎么办？
➤ 室内観光中に火事が発生するとどうしますか。

한국어

실내관람 중 불과 연기를 보면 비상벨을 누르고 "불이야"라고 외쳐서 관광객들에게 화재상황을 알릴 것입니다. 또한 저는 관광객들이 젖은 수건으로 코와 입을 막고 벽을 짚으면서 낮은 자세로 대피할 수 있도록 안내할 것입니다. 불길을 피해 바깥으로 나가거나 혹은 비상계단을 이용해 아래층으로 대피하며 모두 불가능한 경우에는 옥상으로 대피해야 합니다.

안전한 곳에 도달한 후에는 119에 신고할 것입니다. 저보다 먼저 대피하는 관광객이 있다면 한 명을 지정해서 신고를 해 달라고 요청한 후 저는 모든 관광객들이 안전히 대피할 수 있도록 끝까지 도울 것입니다.

화재 초기의 작은 불은 직접 소화기로 진압해도 됩니다. 하지만 정말 작은 화재가 아니라면 대피가 우선입니다. 또한 건물에 있는 출입구의 위치, 화재 시 대피 방법을 관광객에게 사전 교육을 하는 것도 중요합니다.

영 어

As soon as I see the fire and smog in the middle of the indoor watch, I will press the alarm bell and let the tourists know the fire started by shouting "Fire!" Also, I will tell them to cover their nose and mouth with wet towels and evacuate, keeping low and touching the wall. In order to escape the fire, we should evacuate outside or downstairs by using emergency stairs, and in case it is all impossible, we should go up to the rooftop. After getting to a safe place, I will call 119. If there are tourists who escape before me, I will nominate one person to report to the fire station and then I will help all the tourists to evacuate safely, to the last man.

You may extinguish a small fire in the beginning with a fire extinguisher in person. However, unless it is indeed a small fire, evacuation comes first. In addition to that, it is important to give them the a prior education about the location of exit and the method of evacuation in case of fire.

중국어

室内参观过程中如果看到火跟烟雾的话，我会按下报警器，并高喊"着火了"，告知游客们有火灾发生。另外我会引导游客们用湿毛巾捂住口鼻，扶着墙，低头弯腰前行。或是避开火势走到建筑外面，或是通过应急楼梯走到下一层进行躲避，如果上述途径都不可行，则到屋顶进行躲避。

到达安全的地方后，要拨打119报警。如果有比我更早逃生的游客，我会选定其中一名，请他帮忙报警，然后我会去帮助剩下的所有游客躲避到安全的地方。

虽然火灾初期的小火苗可以用灭火器直接扑灭。但是如果不是真正的小火灾的话，逃生才是首要任务。此外，将建筑出入口的位置，火灾逃生方法等提前告知游客一事也极其重要。

일본어

室内観覧中に火の煙を見ると、非常ベルを押して"火事だ"と叫んで、観光客に火事状況を知らせます。また、私は観光客が濡れたタオルで鼻や口を覆って壁伝いをしながら低姿勢で避難できるように案内します。炎を避けて外に出たり、あるいは非常階段を利用して下階に避難し、すべて不可能な場合は屋上に避難します。

安全な場所に到着した後には、119に通報します。私より先に避難する観光客がいる場合は、一人を指名して通報をお願いした後、私はすべての観光客が安全に避難できるように最後まで助けます。

火事初期の小さな火は消火器で直接鎮圧してもいいです。しかし、本当に小さな火事でなければ避難が優先です。また、建物内の出入口の位置、火事時の避難方法を観光客に事前教育をすることも重要です。

참고 소방청 '불나면 대피먼저' 홍보물(www.nfa.go.kr)

간단요약

- 비상벨을 누르고 "불이야!"라고 외쳐서 관광객들에게 화재를 알림
- 젖은 수건으로 코와 입을 막고 벽을 짚으면서 낮은 자세로 대피하도록 안내
- 밖으로 대피 혹은 비상계단을 이용해 아래층으로 대피, 그게 어려울 경우에는 옥상으로 대피
- 안전한 곳으로 대피한 후 119에 신고
- 마지막 한 명까지 안전히 대피할 수 있도록 끝까지 도움
- 진압보다 대피가 먼저

004

관광불편신고엽서 사용법에 대해 말해 보시오.

➤ Give the explanation of Tourist Complaint (Feedback) Report.

➤ 请你介绍一下旅游投诉明信片的使用方法。

➤ 観光苦情申告用ハガキの使用法について語ってください。

한국어

관광불편신고엽서는 관광객이 관광불편사항 및 건의사항을 관광불편신고센터에 신고할 수 있는 엽서입니다. 그 목적은 쾌적한 관광환경을 조성하려는 것입니다. 관광불편신고엽서는 관광안내소, 관광 관련 협회, 관광사업체 등에 배포되어 있습니다.

엽서 안내 문구는 내·외국인 모두 사용할 수 있도록 한국어, 영어, 일본어, 중국어로 표기되어 있습니다. 신고자는 카드(엽서) 한 면에 이름, 국가, 전화번호, 집주소와 이메일 주소를 적고 다른 면에는 발생일자(시간), 관련 시설명이나 상호를 적습니다. 여행불편사항과 건의 내용은 구체적으로 작성돼야 합니다. 관광불편신고센터에서는 신고 내용을 검토 후 접수 여부를 결정합니다. 신고자들은 불편신고의 처리 상황과 그 결과를 들을 수 있습니다.

영 어

Tourist Complaint (Feedback) Report is the postcard with which tourists can report inconveniences and suggestions to the tourist complaint center. Its goal is to create a pleasant tourism environment. It is distributed to tourist information center, tourism related association, tourist business and so on.

Guidance in the postcard is written in Korean, English, Japanese and Chinese so that both domestic and foreign tourists can use it. On one side of the card, the applicants are supposed to write their name, country, phone number, address and e-mail address, and on the other side, date of occurrence(time), name of establishment or business concerned. Tourist complaints and suggestions should be written concretely. In the tourist complaint center, they look through the content of the report and decide whether they register it or not. The applicants can be told the dealing of the complaints and its consequences.

旅游投诉明信片是一种游客可以用来将旅游投诉事项及建议事项向旅游投诉中心进行投诉的明信片。其目的是为了营造舒适的旅游环境。旅游投诉明信片已下发至旅游资讯处，旅游相关协会，旅游企业等。

为了便于国内外人士使用，明信片上的提示语有韩语、英文、日语及中文等四种语言。投诉人在卡片的一面写上自己的名字、国籍、电话号码、家庭住址以及电子邮箱，在卡片另一面写上发生日期（时间）、相关设施名称或者店名，还要具体写上旅游投诉事项或者建议事项。旅游投诉中心会在审核投诉内容后决定是否进行受理。投诉人可以知道投诉的处理情况及其结果。

観光苦情申告用ハガキは、観光客が観光の苦情及び提案事項を観光苦情申告センターに申告できるハガキです。その目的は、快適な観光環境を造成することです。観光苦情申告用ハガキは、観光案内所、観光関連協会、観光事業体などに配布されています。

ハガキ案内フレーズは、内・外国人のみなさんが使用できるように、韓国語、英語、日本語、中国語で表記されています。申告者は、カードの一面に名前、国、電話番号、家の住所、Eメールアドレスを記入し、他の面には発生日（時間）、関連施設名や商号を記入します。旅行の苦情と提案内容は具体的に作成されなければなりません。観光苦情申告センターでは、申告の内容を検討後、受付可否を決定します。申告者は、苦情申告の処理状況とその結果を聞くことができます。

참고 한국관광공사 관광불편신고센터(kto.visitkorea.or.kr)

간단요약

- 관광불편신고엽서 : 관광객이 관광불편사항 및 건의사항을 관광불편신고센터에 신고할 수 있는 엽서
- 관광 안내소, 관광 관련 협회, 관광사업체 등에 배포되어 있음
- 한국어, 영어, 일본어, 중국어로 표기되어 있음
- 발생일자(시간)와 관련 시설명이나 상호, 여행불편사항과 건의 내용을 구체적으로 작성
- 신고자에게 접수, 불편신고 처리와 조정, 처리 결과 등에 대한 회신을 해 줌

투어 중 교통사고가 났다면 사후처리를 어떻게 할 것인지 말해 보시오.

> Tell me what kind of follow-up actions you will take if a traffic accident happens while traveling.
> 请你谈一谈如果在旅行中发生交通事故的话，应该怎么处理。
> ツアー中に交通事故が発生すると、事後処理をどうするのか語ってください。

한국어

여행사는 여행자에 대한 여행계약상 주의의무가 있으며 이를 위반할 경우 손해배상책임이 있습니다. 여행 도중에 교통사고가 났을 때는 사고 직후 환자가 응급치료를 받을 수 있도록 하는 것이 아주 중요합니다. 만약 현지에서 적절한 사후치료가 불가능하다면 환자가 국내로 귀환하여 치료를 받을 수 있어야 합니다.

여행 중 여행자가 여행업자의 고의 또는 과실로 상해를 입을 경우 여행업자는 여행자의 본국으로의 귀환운송의무가 있습니다. 또한 여행업자는 치료비와 국내로의 귀환과정 또는 사고 처리 과정에서 추가로 지출한 호텔 숙박비, 국제전화비용, 국내 후송비 등을 배상해야 합니다.

경미한 접촉사고라 할지라도 가이드는 여행자가 후유증이 있는지에 대해 신경을 써야 합니다. 만일 여행 도중에라도 여행자가 치료를 원한다면 가이드는 필요한 조치를 취해야 합니다. 여행 가이드는 사후처리에 성의 있게 최선을 다해야 합니다. 또한 그에 앞서, 발생 가능성 있는 모든 사고(도난, 화재, 추락, 교통사고 등)를 경계해야 하며 이에 대해 관광객들에게 주의를 주어야 합니다.

영 어

According to the travel contract, travel agency has a duty of care, and in case it is violated, the travel agent is liable for damages. When a traffic accident happens while traveling, it is critical to give the patients emergency care right after the accident. If the appropriate follow-up treatment is impossible in the local hospital, patients should be able to return to their country and continue to be treated. When a tourist is injured during a trip due to the travel agent's intentional or negligent conduct, the travel agent has a duty of his return transportation to the homeland. In addition, the travel agency is supposed to compensate for medical fees including additional expenses like hotel charges, international phone fees, domestic evacuation fees, etc.

PART 01

Even though it is a fender blender, the tour guide should care about the tourist's aftereffects. If the tourist wants to be treated, the tour guide has to take necessary actions even in the middle of traveling. The tour guide should offer the best follow-up service with sincerity. In addition, prior to that, the guide should be alert to likelihood of all the accidents(theft, fire, falling, traffic accident, etc.) while traveling and try to warn the tourists about them.

중국어 旅行社对游客有着旅游合同方面的注意义务(旅行合同上应承担的合同义务)，

违反该规定时应承担起损害赔偿责任。旅行途中发生交通事故的话，最重要的是事故发生后让患者得到紧急治疗。如果在当地无法进行适当的后续治疗，应尽量让患者返回国内接收治疗。

旅行中因旅游社的故意或过失使游客收到伤害时，旅行社有义务将游客送回游客所在国。此外，旅行社应对治疗费、游客回国途中或事故处理过程中产生的酒店住宿费、国际话费、国内护送费等进行赔偿。

即使是轻微的接触事故，导游也应该多注意游客是否有后遗症。

哪怕是在旅行途中，如果游客想要接受治疗的话，导游也应采取必要措施。而且，在此之前，导游应该警惕所有可能发生的事故(失窃、火灾、坠落、交通事故等)并提醒游客注意。

일본어 旅行会社は旅行者に対する旅行契約上の注意義務があり、これを違反した場合、損害賠償責任があります。旅行中に交通事故が発生した場合は、事故直後に患者が緊急治療を受けることができるようにすることが非常に重要です。もし現地で適切な事後治療ができない場合は、患者が国内に帰国して治療を受けることができなければなりません。

旅行中に旅行者が旅行業者の故意または過失で障害を被った場合、旅行業者は旅行者の本国への帰還運送義務があります。また、旅行業者は、治療費と国内への帰還過程または事故処理過程で追加で支出したホテルの宿泊料金、国際電話費用、国内の後送費用などを賠償しなければなりません。

軽微な接触事故であっても、ガイドは旅行者が後遺症があるかどうかを気にする必要があります。もし旅行中でも旅行者が治療を希望する場合は、ガイドは必要な措置をとらなければなりません。旅行ガイドは、事後処理に誠意を持って最善を尽くさなければなりません。また、それに先立ち、発生する可能性があるすべての事故(盗難、火事、墜落、交通事故など)を警戒し、これに対して観光客に注意を与えなければなりません。

여행계약상 주의의무(신의칙*상 안전배려의무)에 따르면 여행사는 고객의 안전을 위해 목적지나 일정에 관하여 미리 조사, 검토하여 조우할지도 모르는 위험을 미리 제거할 방법을 강구하거나 고객에게 알려 스스로 그 위험을 수용할지 여부에 관하여 선택의 기회를 주어야 합니다. 이를 위반하게 되면 여행사는 여행객에 대하여 손해배상책임을 져야 합니다. 따라서 여행사의 책임은 사고가 난 일정이 필수 일정이었는지, 옵션관광인지, 자유시간인지, 여행사가 충분히 주의의무를 주었는지에 따라 달라집니다.

*신의칙(信義則, 신의성실의 원칙) : 모든 사람은 사회의 일원으로서, 상대편의 신뢰에 어긋나지 아니하도록 성의 있게 행동하여야 한다는 원칙

참고 네이버 국어사전

참고 리걸타임즈(www.legaltimes.co.kr)
법률사무소 명가 서명심 컬럼(myunggalaw.com)

간단요약

• 여행업자는 여행계약상 주의의무를 위반할 경우 여행자에게 손해배상을 해야 하는 책임이 있음
• 귀환운송의무 : 여행자가 여행업자의 고의 또는 과실로 상해를 입을 경우 여행업자가 여행자를 본국으로 송환할 의무
• 여행업자는 치료비와 국내로의 귀환과정 또는 사고 처리과정에서 추가로 지출한 호텔 숙박비, 국제전화비용, 국내 후송비 등을 배상해야 함

001

향후 여행의 형태는 어떻게 변화할 것 같은가?

➤ How does the type of travel seem to change in the future?

➤ 旅游形态将来如何变化？

➤ この後、旅行の形はどのように変化しますか。

한국어　여행 형태의 변화는 코로나19 상황과 연관되어 있습니다. 여행자들은 바이러스에 감염될지 모른다는 두려움이 있기 때문에 해외여행보다 국내여행을 선호할 것입니다. 여행의 형태는 다음 트렌드에 따라서 변화할 것으로 보입니다.

첫째, 여행자들은 실내의 밀집된 공간에서 하는 활동보다는 실외에서 하는 비접촉 활동을 선택할 것 같습니다. 그래서 그들은 놀이동산에서 놀이기구 타기나 극장에서 영화 보기가 아니라 캠핑이나 해변에서 걷기를 원할 것입니다.

둘째, 여행자들은 공원이나 바다와 같은 자연 환경에서 자연 경관을 즐기는 경향이 생길 것입니다. 예를 들어 한강 공원, 을왕리 해수욕장, 월미도는 계속해서 많은 인기를 얻을 것입니다.

셋째, 유명 관광지로 떠나는 획일적인 여행을 피하고 소규모 혹은 개인(나홀로) 여행과 개별 맞춤형 여행이 새로운 트렌드가 될 것입니다. 또한 이런 여행의 중점 사항은 힐링, 여유로움과 '소확행(소소하지만 확실한 행복)' 추구가 될 것입니다.

영 어

The changes in the type of travel are related to COVID-19 situation. It is natural that tourists prefer the domestic trip to the overseas trip since they are afraid they could contract the virus. The type of travel seems to change according to following trends.

First, tourists will likely choose outdoor contact-free activities rather than being in indoor crowded space. So they will want camping or beach walking, not the rides at an amusement park or watching movies in a theater.

Second, tourists will tend to enjoy natural view in natural environments such as a park or the sea. For example, Han river park, Eurwangni beach and Wolmido island will constantly be popular.

Third, small-sized or individual travel and customized travel will be the new trend while the uniform travel to famous tourist spot avoided. This type of travel will be focused on healing, relaxing and seeking 'small but certain happiness'.

중국어

旅游形态的变化与新冠肺炎疫情密切相关。游客们因为害怕感染新冠肺炎，他们宁愿选择在国内旅游，也不愿意去国外。因此，我觉得旅游形态将会发生如下变化：

首先，相比室内封闭空间的活动，游客们更愿意选择户外的非接触活动。所以，他们不会选择在游乐园坐游乐设施或者在影院看电影，而选择去野营或者在海边散散步。

其次，游客们会喜欢在公园或海滩等的自然环境中享受自然风景。比如，汉江公园、乙旺里海水浴场、月尾岛依然是备受欢迎的地方。

最后，游客们尽量会避免去一些有名的景点。而选择去小规模旅游或者个人旅游以及个人定制化旅游，这将会成为一种新趋势。并且，这种旅游的目的在于对"治愈"、"悠闲"和"小确幸(微小而确实的幸福)"的追求。

일본어

旅行の形の変化は新型コロナウイルス感染症の状況に関連しています。旅行者はウイルスに感染するかもしれないという恐れがありますから、海外旅行より国内旅行の方を好むでしょう。旅行の形は次のトレンドにより変化すると予想されます。

一、旅行者は室内の密集空間での活動より、室外で行われる非接触型活動を選ぶと思います。それで、彼らは遊園地で乗り物に乗ったり、劇場で映画を見たりすることではなく、キャンプや浜辺で散歩することを望むはずです。

二、旅行者は公園や海のような自然環境で自然景観を楽しむ傾向が生じると思います。たとえば、漢江(ハンガン)公園、ウランニ海水浴場、ウォルミドは引き続き人気を得ると思います。

三、有名な観光地に向かう画一的な旅行を避け、小規模、あるいは一人旅と個人旅行(オーダーメイド旅行)が新たなトレンドになると思います。また、このような旅行における重点事項は‘癒し’、‘リラックス’と‘小確幸(小さくて些細なことでも確かな幸せ)’の追求になると思います。

백쌤의 TIP

평균수명이 늘어나고 특히 코로나 이후 건강과 치유에 대한 관심이 높아짐에 따라 웰니스 관광이 주목받고 있습니다. 웰니스(Wellness)는 웰빙(Well-being)과 건강(Fitness)의 합성어로 웰니스 관광은 여행을 통해 정신적, 사회적, 신체적인 건강의 조화를 이루고 새로운 삶의 원동력을 얻고자 하는 데 목적을 둡니다. 문화체육관광부와 한국관광공사가 발표한 2023 국내 관광 트렌드는 'MOMENT'입니다. '일상의 매 순간이 여행이 될 수 있다'는 뜻을 담고 있으며 각 철자는 다음과 같은 테마를 상징합니다.

MOMENT
- M(Meet the local, 로컬 관광) : 지역 고유의 여행 콘텐츠에 관심
  예 지역 맛집, 특산품, 문화 역사체험
- O(Outdoor/Leisure travel, 아웃도어/레저 여행) : 레저스포츠 참여 목적
  예 등산, 트레킹, 골프, 테니스 등
- M(Memorial time in rural, 농촌 여행) : 농촌에서 진정한 휴식과 추억
- E(Eco-friendly travel, 친환경 여행) : 환경보호 실천 노력
  예 친환경, 탄소중립, 제로에이스트, 업사이클링
- N(Need for longer stay, 체류형 여행) : 한 지역에서 오래 살아 보기 여행
- T(Trip to enjoy hobbies, 취미 여행) : 취미활동을 위한 여행
  예 음식, 스포츠, 레저, 전시 등

참고 한국관광공사(kto.visitkorea.or.kr)

간단요약

- 해외여행보다 국내여행을 선호
- 실외에서 하는 비접촉 활동 선택
- 공원이나 바다 같은 자연 환경에서 자연 경관을 즐김
- 유명 관광지로 떠나는 여행을 피하고 소규모 혹은 개인(나홀로) 여행과 개별 맞춤형 여행 선호

002

비자는 무엇이며 비자의 종류로는 어떤 것이 있는가?

➤ What is visa? What types of visa exist?

➤ 签证是什么？签证有哪几种？

➤ ビザは何であり、ビザの種類にはどんなものがありますか。

한국어   비자는 특정 국가가 외국인에게 입국, 체류와 출국을 인정하는 조건부의 공증입니다. 비자는 여권에 붙이는 스티커나 도장의 형태일 수도 있고 혹은 별도의 공증서나 전자 기록 형태일 수도 있습니다. 원칙적으로 외국에 입국하는 모든 외국인은 체류 목적과 그 외의 체류 상황에 맞는 비자를 소지해야 합니다. 그러나 상호 비자 면제 협정을 맺었거나 무비자 입국이 허용된 국가들은 특정 활동을 위한 여행일 경우 90일이나 그 이하의 기간 동안 무비자 입국을 허락합니다. 한국의 비자는 입국이 가능한 횟수에 따라서 단수 비자와 복수 비자, 두 가지 유형으로 구분됩니다. 외국 여행객들은 단수 비자를 가지고 한국에 한 번 입국할 수 있으며, 복수 비자를 가지고는 여러 번 입국할 수 있습니다. 또한 입국 목적에 따라서 비자의 종류가 세분화되며 체류 기간과 조건이 달라집니다.

영 어   A visa refers to a conditional authorization granted by a specific country to a foreigner, allowing them to enter, remain within, or to leave the country. The form of a visa may be a sticker or a stamp in the passport, or may take the form of a separate document or an electronic record of the authorization. In principle, all foreigners entering foreign countries are supposed to get the valid visa according to their purpose and other conditions of stay. Visitors from the countries under mutual Visa Exemption Agreement or no-visa approval, however, are allowed visa-free entry for duration of up to 90 days or less if the trip is for certain purposes.

Korean visa is classified into two types, single-entry visa and multiple-entry visa. The single-entry visa allows the foreign tourists to enter Korea only once while the multiple-entry visa multiple times. In addition, according to the purpose of entry, the types of visa are subdivided and they allow different periods of stay and conditions.

签证是某国给外国人许可入境、居留以及出境的一种条件性证明。签证通常是贴在护照上的贴纸或印章，或另纸或电子形式。原则上，入境的所有外国人都必须持有与居留目的及其他居留情况相符合的签证。但是，你要入境的国家和你的母国签署了互免签证协定，或者可免签入境，在为特定活动旅游的情况下，一般许可90天或者90天以下的免签入境和居留。

韩国签证按照可入境次数，分为单数签证和复数签证两种。海外游客凭单数签证可入境韩国一次，凭复数签证可入境多次。并且，按照入境目的，签证的种类再分成几类，而且居留期间和条件也都不同。

ビザは特定国が外国人に入国、滞留と出国を認める条件付きの公証です。ビザはパスポートに貼るシールやハンコの形かもしれないし、あるいは、別の公正証書や電子記録の形かもしれません。原則的には外国に入国する全ての外国人は滞留の目的とその他の滞留の状況に合ったビザを所持すべきです。しかし、ビザ相互免除取決めを結んだり、無査証入国が認められている国は、特定活動のための旅行の場合、90日やその以下の期間の間、無査証入国が認められます。

韓国のビザは入国できる回数によってシングルビザとマルチプルビザ、二種類で区分されます。外国の旅行者はシングルビザを所持して、韓国に一回入国することができ、マルチプルビザを所持しては何回も入国することができます。また、入国の目的によってビザの種類が細分化され、滞留の期間と条件が変わります。

간단요약

• 비자 : 국가가 외국인에게 입국, 체류와 출국을 인정하는 조건부 공증
• 외국인은 체류 목적과 상황에 맞는 비자를 소지해야 함
• 입국 가능 횟수에 따라 단수 비자와 복수 비자로 나뉨
• 입국 목적에 따라 비자의 종류 세분화, 체류 기간과 조건이 다름

003

제주도의 역사 및 관광지로서의 장점에 대해 말해 보시오.

▶ Explain the history and advantages of Jeju island as a tourist site.

▶ 请说明一下济州岛的历史和作为旅游城市以景点为支撑的优势。

▶ 済州道(チェジュどう)の歴史、及び観光地としての長所について語ってください。

한국어

삼국시대에 제주도는 섬나라를 뜻하는 탐라국으로 불렸으며, 독립된 국가였습니다. 고려시대에 탐라국은 탐라군이라는 고려 지방의 행정단위로 편입되었습니다. 고려 말 조선 초 제주는 정치적인 죄인들에게 최적의 유배지였습니다. 제주도에 유배되었던 대표적인 인물은 서화가였던 추사(秋史) 김정희인데 그는 제주에 유배되어 있는 동안 추사체를 완성했습니다.

제주도는 고려시대 삼별초 대몽항쟁의 근거지 역할을 하였습니다. 또한 일제강점기에는 일본군의 군사 기지로 쓰여서 오늘날까지도 땅굴 진지, 비행기 격납고와 군용물품들이 유물로 남아있습니다. 설상가상으로 제주도는 1947년에 발발한 제주 4·3 사건으로 대규모 인명 피해와 지역 공동체가 파괴되는 비극을 겪기도 했습니다.

제주도는 처참한 역사를 지니고 있지만 관광지로서 다음과 같은 장점을 지니고 있습니다. 첫째, 청정한 생태 환경과 아름다운 자연 경관을 지니고 있습니다. 둘째, 한라산을 중심으로 수많은 기생 화산과 동굴들로 이루어진 화산섬이기 때문에 독특한 자연적, 문화적, 생태적인 특징을 지니고 있습니다. 셋째, 제주의 이러한 특징이 최신 관광 트렌드인 '힐링, 건강, 치유, 마을 관광'과 일치합니다.

영 어

In the period of the Three Kingdoms, Jeju island was an independent country, called Tamnaguk, which means an island country. During the Goryeo Dynasty, Tamnaguk was incorporated as Tamnagun, one of the local administration units of Goryeo. In the last period of Goryeo Dynasty and the early period of Joseon Dynasty, Jeju was the optimal place of banishment for political sinner. The representative person who was banished to Jeju island is Chusa Kim Jeong hui, who completed the Calligraphy of Chusa during the banishment period in Jeju.

Jeju island served as a base of the resistance of Sambyeolcho for Anti-Mongol Struggle.

Besides, during the Japanese occupation period, it was used as the army base of Japanese soldiers, so even today, underground camp, aviation shed and military supplies remain as relics. What's worse, due to the Jeju 4·3 Incident in 1947, Jeju island suffered the huge loss of lives and destruction of local community. Jeju island has a tragic history but it has following advantages as a tourist site. First, it has pure ecological environment and beautiful natural view. Second, as it is a volcanic island consisting of numerable parasitic volcanoes and caves centering around Hallasan Mountain, it has unique natural, cultural and ecological characteristics. Third, these characteristics of Jeju island are consistent with the newest travel trend-'healing, health, cure and village tour'.

중국어 ▎在三国时期，济州岛被称为耽罗(指岛国)，是一个独立的国家。到了高丽时期，耽罗并入耽罗郡——高丽的地方行政单位。在高丽末朝鲜初期，济州是一个理想的政治犯流放地。流放在济州岛的代表人物是书画家秋史金正喜，他在济州流放期间完成了秋史字体。

在高丽时期，济州岛还起到三别抄对蒙古军抵抗的基地作用。而且，在日本殖民统治时期，曾是日本军队的军事基地，至今仍还保存着当年的地道阵地、飞机库和军用物品等遗物。济州岛于1947年发生了济州四三事件之后经历了大规模的人员伤亡和地方社会解体的悲剧。

济州岛虽然有着令人痛心的历史，但作为旅游景点却有如下优势：首先，它有非常干净的生态环境和美好的自然景观。其次，它围绕着汉罗山，以很多寄生火山和洞窟形成的火山岛，富有独特的自然、文化、生态的特点。最后，济州岛独特的风景与最近流行的"康复、健康、治愈、村庄旅游"十分符合。

일본어 ▎三国時代の済州道は島国を意味する耽羅國(タンラこく)と呼ばれ、特立した国でした。高麗(コリョ)時代の耽羅國は耽羅郡(タンラくん)という高麗地方の行政単位に編入されたし、高麗末から朝鮮(チョソン)初の済州は政治的な罪人に最適な流刑地でした。済州道に流刑された代表的な人物は書画家の秋史(チュサ)キム・ジョンヒですが、彼は済州道に流刑されていた間、秋史体(チュサたい)を完成しました。

済州道は高麗時代の三別抄(さんべつしょう)がモンゴルに抗争する時、本拠の役割をしました。また、日帝強占期には日本軍の軍事基地として使われ、今までも横穴陣地、飛行機格納庫と軍用物品が遺物として残されています。泣き面に蜂で、済州道は1947年に勃発した済州島4・3事件で大規模な人的被害と地域コミュニティが破壊される悲劇を経験したこともあります。

済州道は凄惨な歴史を持っていますが、観光地としては次のような長所があります。一、きれいな生態環境と美しい自然景観を持っています。二、漢拏山(ハンラサン)を中心に多くの寄生火山と洞窟で出来ている火山島のため、独特な自然的、文化的、生態的な特徴を持っています。三、済州のこのような特徴が最新旅行トレンドの'癒し、健康、治癒、町巡り'と一致します。

참고 한국민족문화대백과사전

백쌤의 TIP

추사 김정희는 조선시대의 대표적인 학자이자 예술가입니다. 제주도에서 9년 동안 유배생활을 하면서 추사체를 완성하는 한편 유생들에게 학문과 서예를 가르쳐서 학문의 발전에 공헌했는데 너무도 열심히 글을 써서 벼루 열 개에 구멍이 나고, 붓 천 필이 망가졌다는 후문이 있습니다. 차를 매우 좋아한 김정희는 다도의 대가인 초의 선생과 평생의 우정을 나누었으며, 제주지역에 차 문화를 도입한 선구자이기도 합니다. 그의 생애 최고의 명작 〈세한도〉는 김정희가 제주에서 귀양살이하는 동안, 의리를 잊지 않고 중국에서 책을 구해 준 제자 이상적에게 답례로 그려 준 그림입니다.

참고 제주추사관 사이트(www.jeju.go.kr/chusa)

간단요약

- 삼국시대에는 섬나라를 뜻하는 탐라국으로 불렸으며, 독립된 국가였음
- 고려시대에는 고려 지방의 행정단위로 편입, 삼별초 대몽항쟁의 근거지
- 고려 말 조선 초에는 정치 죄인들에게 최적의 유배지(예 추사 김정희)
- 처참한 역사(예 일제강점기 – 일본군의 군사 기지 / 해방 이후 – 제주 4・3사건)
- 장 점
  - 아름다운 자연 경관
  - 독특한 자연적, 문화적, 생태적인 특징
  - 최신 관광 트렌드 '힐링, 건강, 치유, 마을 관광'과 일치

004

코리아 세일 페스타, 코리아 그랜드 세일이란 무엇인가?

> What is Korea Sale Festa and what is Korea Grand Sale?
> 韩国购物观光节、韩国购物季是什么？
> コリアセールフェスタ、コリアグランドセールとは何ですか。

한국어

코리아 세일 페스타는 매년 11월경 20일간 진행되는 대한민국 대표 쇼핑주간, 즉, 한국판 블랙 프라이데이입니다. 코리아 세일 페스타는 민간 주도 쇼핑행사를 넘어서 정부가 행사 홍보, 관계부처 사업연계 등을 지원하고 기업과 소비자들의 참여를 독려합니다. 또한 업계와 정부, 지방자치단체 간의 긴밀한 협력을 통해 유통, 제조, 서비스 등의 광범위한 영역에서 대규모 할인행사가 진행됩니다.

코리아 세일 페스타의 목표는 소비회복과 지역경제 활성화입니다. 코리아 세일 페스타 참가를 통해서 기업은 자사 브랜드 홍보와 매출 증대 효과를 거둘 수 있고, 소비자는 다양한 상품을 선택할 기회를 얻을 수 있습니다.

코리아 그랜드 세일은 한국의 다양한 관광콘텐츠와 쇼핑 혜택을 제공하여 관광 소비를 촉진하기 위한 외국인 대상 관광축제입니다. 코리아 그랜드 세일은 소위 관광 비수기라고 불리는 매년 1~2월에 열립니다. 그럼에도 불구하고 외국인 관광객들은 항공, 숙박, 쇼핑, 엔터테인먼트, 놀이공원, 관광지, 식음료 등의 분야에서 다양한 업체가 내놓은 프로모션에 이끌려 이 기간에 한국을 방문할 것으로 기대됩니다. 2022년 코리아 그랜드 세일은 코로나19로 인하여 온라인 중심으로 열렸습니다.

영어

Korea Sale Festa is the Korean representative shopping week, which is held for 20 days around November every year, that is, Korean version of Black Friday. Beyond the privately led shopping events, Korea Sale Festa is supported by the government concerning advertising campaign, business cooperation among relevant authorities, etc. and it attracts enterprises and consumers to participate. In addition, through the close cooperation among the business world, the government and local autonomous entities, the gigantic sales events are held in extensive fields – distribution, manufacture and service, etc.

Korea Sale Festa aims to recover consumer spending and improve the regional economy. By participating in Korea Sale Festa, enterprises can advertise their products and increase their income and consumers can have more options with various products.

Korea Grand Sale is the travel festival for foreigners in which Korean various travel contents and shopping benefits are provided in order to promote the travel spending. Korea Grand Sale is held from around January to February every year, which is so-called travel off-season. Nevertheless, foreign tourists are expected to visit Korea during this period, attracted by the various promotions laid out by enterprises in the fields like airlines, accommodations, shopping, entertainment, amusement park, travel and beverage. Korea Grand Sale in 2022 was held mostly online due to COVID-19.

중국어

韩国购物观光节是每年11月前后20天举办的大韩民国招牌购物节，可以说是韩国式黑色星期五周刊。韩国购物观光节不仅由民间团体主动组织购物活动，而且政府也积极帮助活动的宣传、和有关部门之间的业务联系，鼓励企业和消费者积极参与活动。并且，通过行业和政府、地方自治团体之间的紧密协助，在流通、制造、服务等广泛领域中，进行大规模的优惠活动。

韩国购物观光节的目的在于恢复消费心理和搞活地方经济。通过韩国购物观光节，企业不仅可以使自己的品牌获得宣传的效果，还可以扩大销售范围，并且消费者可以获得选择各种各样产品的机会。

韩国购物季主要是针对外国游客，为了提供各种各样的韩国旅游内容和购物优惠而促进观光消费的观光节。韩国购物季在所谓旅游淡季的每年1~2月份举行，尽管如此，由于很多商家在航空、住宿、购物、娱乐、游乐园、旅游景点、餐饮等方面的推广促销活动，因此，将会吸引许多外国游客有望在此期间前往韩国旅游。2022年韩国购物季由于受新冠肺炎疫情影响，将以网购形式在线举行。

일본어

コリアセールフェスタは毎年11月頃20日間行われる韓国の代表的なショッピングウィーク、つまり、韓国版ブラックフライデーです。コリアセールフェスタは民間主導のショッピング行事を超えて、政府が行事の宣伝、関係省庁の事業連携などを支援し、企業と消費者の参加を促します。また、業界や政府、地方公共団体間の緊密な協力を通じて流通、製造、サービスなどの幅広い領域で大規模の割引行事が行われます。

コリアセールフェスタの目標は消費回復と地域経済の活性化です。コリアセールフェスタの参加を通じて企業は自社ブランドの広報と共に売上増大の効果を上げることができるし、消費者は様々な商品を選ぶ機会を得ることができます。

コリアグランドセールは韓国の様々な観光コンテンツとショッピング特典を提供して観光消費を促すための外国人対象の観光フェスティバルです。コリアグランドセールはいわゆる観光の閑散期と呼ばれる毎年1～2月に開催されます。それにもかかわらず、外国人観光客は航空、宿泊、ショッピング、エンターテインメント、遊園地、観光地、食飲料などの分野で様々な企業が出したプロモーションにひかれてこの期間に韓国を訪問することが期待されます。2022年コリアグランドセールは新型コロナウイルス感染症により、オンラインを中心に開催されました。

참고 코리아 세일 페스타(www.koreasalefesta.kr)

백쌤의 TIP

미국 블랙 프라이데이에는 최소 70% 이상 할인된 제품이 판매대에 등장하지만, 우리나라 코세페(코리아 세일 페스타)에서는 가격 할인에 대한 소비자의 체감도가 낮습니다. 전문가들은 그 원인으로 우리나라의 유통방식을 지적합니다. 미국의 직매입 방식에서는 백화점 같은 대형 유통사가 재고 부담을 떠안아야 하기 때문에 블랙 프라이데이를 이용해 상품을 대폭 할인하여 연말 재고 처리를 할 수 있습니다. 그러나 우리나라의 특약매입 방식은 재고로 인한 손해를 납품 업체가 떠안는 구조입니다. 미국의 블랙 프라이데이는 자연스러운 필요에 의해 형성된 반면에 코세페(코리아 세일 페스타)는 경기침체를 타개하려는 목적으로 우리 정부가 주도하는 행사입니다. 코세페(코리아 세일 페스타)의 성과를 높이기 위해서는 상품의 할인율을 더 높이고 참여 업체 수를 늘려야 하는 등의 과제가 남아 있습니다.

코리아 세일 페스타와 코리아 그랜드 세일을 비교해 봅시다. 코리아 세일 페스타는 내국인을 대상으로 하며 상품 할인과 판매를 목적으로 하는 행사입니다. 한편, 코리아 그랜드 세일은 쇼핑 외에 각종 문화 콘텐츠, 항공, 숙박 할인, 체험 프로그램 등 다양한 콘텐츠를 모아 외국인을 대상으로 한 관광 수익 증대를 목적으로 하는 행사입니다.

간단요약

• 코리아 세일 페스타
  – 대한민국 대표 쇼핑주간(한국판 블랙 프라이데이)
  – 정부가 행사 홍보, 관계부처 사업연계 등 지원
  – 목표는 소비회복과 지역경제 활성화
• 코리아 그랜드 세일
  – 외국인 대상 관광축제
  – 외국인 관광객들이 업체가 내놓은 프로모션에 이끌려 한국 방문

005

사전 면세점과 사후 면세점의 차이는 무엇인가?

> ➤ What are the differences between duty free shop and tax refund shop?
> ➤ 免税店和退税店有什么样的区别？
> ➤ 事前免税店と事後免税店は何が違いますか。

한국어 사전 면세점에서는 부가가치세와 개별 소비세를 포함하여 상품의 가격에 붙은 세금이 전혀 없습니다. 사전 면세점은 공항과 항구 같은 곳의 인터내셔널 구역에 있습니다. 여권과 비행기 표를 매장에 제시하면 내국인과 외국인 모두 사전 면세점을 이용할 수 있습니다. 사전 면세점 운영은 관세청의 허가를 받아 롯데, 신라, 신세계 같은 대기업들이 주로 합니다.

한편 사후 면세점에서는 구매자들이 세금이 포함된 가격으로 상품을 구입한 후 출국하기 전에 세금 환급을 받습니다. 사전 면세점과는 달리 사후 면세점은 면세 혜택을 외국인에게만 줍니다. 세금을 환급받기 위해서는 세금 환급 창구에 영수증과 여권을 제시해야 합니다. 사후 면세점은 외국인 관광객이 쇼핑하기 편리한 곳에 있습니다. 요즘은 편의를 위해 현장에서 즉시 세금을 환급해 주는 사후 면세점이 백화점이나 슈퍼마켓, 작은 상점 형태로 늘고 있습니다. 사후 면세점은 다른 허가 절차 없이 세무서에 등록을 하면 개점할 수 있습니다.

영 어 In Duty Free shops, no tax is applied to the price of the item, including Value Added Tax(VAT) and Individual Consumption Tax. Duty free shops are often found in the international zone of international airports, sea ports. Both local residents and foreigners can use duty free shop by presenting their passports and boarding tickets to the shop. Duty free shops are generally operated by large department store chains like Lotte, Shilla and Shinsegae with the permission of Korea Customs Service.

On the other hand, in tax free stores, shoppers buy items at full price and then receive tax refunds before leaving the country. Unlike duty free shops, tax free shops provides the refund benefit only for foreigners. They need to submit the receipts and passport at the tax refund booth for the tax refund. Tax free stores are located in the places convenient for foreign tourists to shop.

These days, for convenience, tax refund shops that provide immediate tax refund service on the spot are increasing in the types of department stores, supermarkets and small shops. Tax refund shops can open by registering at the tax office without other permission procedures.

중국어

免税店里的商品价格中没有附加增值税或消费税等任何税费。免税店一般位于机场和港口中的国际区。不论是本国人还是外国人，只要向商店出示你的护照和飞机票，就可以在免税店进行购物。免税店一般由获得关税厅许可的乐天、新罗、新世界等大企业来运营。

而退税店则是消费者以含税价格购买商品后，在出国之前来此申请退还税款。和免税店不同的是，退税店的免税优惠对象只限外国人。如果想要退税，需要去退税窗口出示发票和护照。退税店一般位于方便外国人游客购物的地方。最近，出于方便，现场即刻给予退税的百货商店、超市、小商店等退税店在逐渐增多。开退税店的话无需其他许可手续，只要去税务所注册就可以开店。

일본어

事前免税店*では付加価値税や個別消費税を含め、商品の価格についた税金はまったくありません。事前免税店は空港や港口のような場所のインターナショナルエリアにあります。パスポートと航空券を売り場に提示すると、内国人と外国人みんな事前免税店が利用できます。事前免税店の運営は財務省関税局から許可を受け、ロッテ、新羅、新世界などの大企業が主に行います。

一方、事後免税店では、購入者が税込価格で商品を購入した後、出国する前に税金の還付を受けます。事前免税店とは異なり、事後免税店は外国人のみ免税特典を受けることができます。税金を払い戻すためには、税金の還付と関する窓口に領収書とパスポートを提示します。事後免税店は外国人の観光客が買い物に便利な場所に位置しています。最近では便宜のために現場ですぐに税金の還付をしてくれる事後免税店がデパートやスーパー、小さい商店の形で増えています。事後免税店は他の許可の手続きなしに、税務署に登録するだけで開店することができます。

- 사전 면세점과 달리 사후 면세점에서는 그 나라를 방문한 외국인만 면세 혜택을 받을 수 있습니다. 이는 해외여행을 하면서 물건을 사는 것은 외국인의 구매 행위에 해당하므로, 출국할 때 공항에서 부가가치세와 개별소비세를 돌려받도록 한다는 개념입니다.
- 일본에서는 사전 면세점을 보세 면세점(保稅免稅店, ほぜいめんぜいてん), 사후 면세점을 수출 물품 판매장(輸出物品売場, ゆしゅつぶっひんはんばいじょう)이라 표현합니다.

간단요약

- 사전 면세점
  - 상품의 가격에 붙은 세금이 전혀 없음
  - 공항과 항구 같은 곳의 인터내셔널 구역(롯데, 신라, 신세계)
  - 내국인과 외국인 모두 이용가능
- 사후 면세점
  - 세금이 포함된 가격으로 상품을 구입 후 출국 전 세금 환급
  - 혜택은 외국인만 받을 수 있음
  - 편의를 위해 현장에서 즉시 세금 환급(백화점이나 슈퍼마켓, 작은 상점)

006

채식주의자에게 한국의 음식을 추천하자면?

➤ What kind of Korean food would you like to recommend for vegetarians?

➤ 您想给素食主义者推荐哪个韩国菜?

➤ ベジタリアンに韓国を食べ物をお勧めしてください。

한국어

한국에는 고기를 넣지 않은 다채로운 음식들이 있습니다. 저는 비빔밥, 김밥, 잡채, 파전, 떡볶이, 호박죽, 버섯탕수 등을 추천하고 싶습니다. 비빔밥은 기내 음식으로 아주 유명하며 외국인들에게는 다이어트 음식으로 알려져 있기도 합니다. 대접에 잘 담긴 다채로운 색깔의 야채들은 무지개처럼 예쁘게 생겼습니다. 외국인 채식주의자들은 비빔밥을 좋아할 것이라고 확신합니다. 김밥 또한 외국인들에게 아주 인기가 좋은 음식입니다. 들어가는 재료를 고려해서 손님이 김밥의 종류를 선택할 수 있기 때문에 채식주의자들에게 알맞은 음식이라고 생각합니다. 만약 채식주의자가 매운 음식을 먹고 싶어한다면 떡볶이를 추천하겠습니다. 물론 짜장 떡볶이나 간장 떡볶이 같은 맵지 않은 떡볶이도 있다는 것을 알려 주겠습니다.

개인적으로 저는 종로에 있는 발우공양이라는 사찰 음식 전문 식당을 소개하고 싶습니다. 그 식당의 코스 요리에는 고기가 들어 있지 않은 한국의 전통 음식이 여러 가지 포함돼 있기 때문에 채식주의자들의 취향에 잘 맞을 거라고 생각합니다.

영 어

There exists various meat-free Korean food. I would like to recommend bibimbap, gimbap, japchae, pajeon, ddeokbokki, Hobakjuk, mushroom Tangsoo and so on. Bibimbap is very popular as airline food and is also known as a diet food for foreigners. The colorful vegetables nicely arranged in a bowl look pretty like a rainbow. I bet the foreign vegetarians will love it. Gimbap is also a very popular food to foreigners. Since the customer can choose the kind of gimbap considering the ingredients in it, I think it is also a proper food for vegetarians. If the vegetarian loves to eat spicy food, I would like to recommend ddeokbokki. Of course, I will let them know there are non-spicy types of ddeokbokki, too, like jajang-ddeokbokki and soybean sauce ddeokbokki.

Personally I would like to recommend the temple food restaurant in Jongro, Balwugong-yang. I think the course dish there would fit for vegetarians as it contains many kinds of meat-free Korean traditional food.

韩国料理有很多不放肉类的菜。我想给外国人推荐韩式拌饭、紫菜包饭、韩式杂菜、韩式葱饼、炒年糕、南瓜粥、糖醋蘑菇等。韩式拌饭作为飞机餐非常有名。很多外国人认为拌饭是减肥食品。而且盛在碗里的各种颜色的蔬菜像彩虹似的也很好看。我觉得韩式拌饭与紫菜包饭都是广受西方素食主义者的欢迎。紫菜包饭的馅料通常允许自己选择，这一点素食主义者肯定会很满意。如果喜欢吃辣的，我会推荐炒年糕，当然我会同时告诉他还有不辣的炸酱炒年糕和酱油炒年糕。

除此之外，我还想给外国人推荐一家位于钟路的"钵盂供养"的寺庙饮食餐厅。这里的套餐料理以不放肉类的韩国传统料理来制作，非常适合素食主义者。

韓国には肉を使わない多様な食べ物があります。私はビビンバ、キンパ(のり巻き)、チャプチェ、ねぎチヂミ、トッポッキ、かぼちゃ粥、キノコの甘酢あんかけなどをお勧めしたいです。ビビンバは機内食としてとても有名で、外国人にはダイエットフードで知られています。大鉢に盛られた多彩な色の野菜は虹のようにきれいです。外国人ベジタリアンはビビンバを好んでくれると確信しています。キンパも外国人に人気が高い食べ物です。お客さんが具材を考えてキンパの種類を選べますので、ベジタリアンにピッタリな食べ物だと思います。もし、ベジタリアンが辛い物を食べたがっていると、トッポッキをお勧めします。もちろん、ジャージャートッポッキや醤油トッポッキのような辛くないトッポッキもあることもお知らせします。個人的に私は鍾路(チョンノ)にある鉢盂供養(バルコンヤン)という精進料理専門店を紹介したいです。この食堂のコース料理には肉を使わない色んな韓国の伝統料理が含まれていますので、ベジタリアンの好みに合うと思います。

PART
01

백쌤의 TIP

여행자가 채식주의자인지, 이슬람교도(무슬림)인지, 특정 음식에 알러지가 있는지 등의 사항을 사전에 파악해서 식단에 반영하는 일은 가이드의 필수 준비 사항입니다. 예를 들어 이슬람교도들은 이슬람 율법에 따라 돼지고기를 먹지 않으며 아이스크림 등 젤라틴이 들어간 모든 음식을 먹지 않습니다. 이슬람교도를 위한 식단을 따로 제공하는 식당도 있으며 그런 식당은 예약이 필수로 요구됩니다.

간단요약

- 한국에는 고기를 넣지 않은 다채로운 음식들이 있음
  예 비빔밥, 김밥, 잡채, 파전, 떡볶이, 호박죽, 버섯탕수 등
- 세부설명
  - 비빔밥 : 기내식으로 유명, 다이어트식
  - 김밥 : 재료를 고려해서 손님이 김밥의 종류를 선택
  - 떡볶이 : 매운, 짜장, 간장 양념

007

주한미군지위협정과 주한미군의 역할에 대해 설명하시오.

> Explain about Status Of Forces Agreement and the USFK's(US Forces in Korea) role.
> 请说明一下驻韩美军地位协定和驻韩美军的角色。
> 在韓米軍地位協定と在韓米軍の役割について説明してください。

한국어

1957년 이래로 미군은 주한미군지위협정에 의거하여 한국에 주둔 중입니다. 주한미군지위협정은 주최국과 그 나라에 군대를 주둔시킨 타국 사이에 맺은 협정으로, 점령군 장병들이 주최국에서 지니는 특권에 대한 내용을 포함하고 있습니다. 가장 논란이 되는 문제는 미국 장병들의 민사와 형사재판관할권입니다. 한국에서 강도, 살인과 성범죄 같은 범죄를 저지르더라도 그들의 혐의는 자신들의 법에 따라 다르게 정의되어 왔습니다. 그러나 미군들에 의해 범죄가 연달아 일어나면서 이제 미군당국은 특정 상황에 있어서 한국이 미군을 한국법정에서 기소할 수 있도록 하고 있습니다. 그럼에도 여전히 불평등한 면은 존재하고 있습니다.

주한미군이 수행하는 역할은 다음과 같습니다. 첫째, 주한미군은 한국과 미국이 동맹관계에 있음을 보여 줍니다. 미국은 핵보유국이지만 한국은 핵보유국이 아니라는 점은 한국이 핵공격을 받을 경우 미군이 핵보복공격을 하게 되리라는 걸 의미합니다. 둘째, 주한미군은 동북아시아의 세력균형을 유지하는 데 기여할 것으로 기대됩니다. 한국은 중국과 러시아 같은 군사 강국을 이웃으로 두고 있습니다. 한반도에서 전쟁이 일어난다면 주한미군은 자연스럽게 중국과 러시아에 대적하여 전쟁에 참여하게 될 것입니다. 그렇기 때문에 사람들이 미군이 우리나라에 주둔하는 것이 한국에 전쟁이 일어나는 것을 억제하는 효과가 있다고 말하는 것 같습니다.

64 관광통역안내사 2차 면접 핵심기출 문제집

영 어

Since 1957, the US Army has stayed in Korea according to Status Of Forces Agreement. It is an agreement between a host country and the foreign country stationing military forces in that country, including the privileges of the occupation force personnel in the host country. The most contentious issues have been civil and criminal jurisdiction concerning the US force personnel. Even when they commit crimes such as robbery, murder or sex crimes in Korea, the charge was defined differently according to their own law. After consecutive crimes committed by American soldiers, however, now the American military authorities are allowing Korea to charge and prosecute them in South Korean courts in certain situations. Still some unequal aspects exist, though.

US Force in Korea is supposed to play following roles. First, it reflects the alliance relations between Korea and the US. The US is a nuclear nation but Korea is not, which means the US army is making revenge attacks in case Korea is attacked by a nuclear attack. Second, US Forces in Korea are expected to contribute to keeping the balance of powers in Northeast Asia. Korea has such military powers as China and Russia as neighbor countries. If a war breaks out in Korean peninsula, US Forces in Korea will naturally take part in the war against China and Russia. I guess that is why people say the existence of US Forces in Korea has the effect of suppressing the happening of war in Korea.

중국어

依据《驻韩美军地位协定》，从1957年美军驻扎在韩国以来，《驻韩美军地位协定》是由东道国和驻军的他国之间签署的协定，包含驻军在东道国境内所持有特权的内容。而争议的问题主要是美军的民事和刑事裁判管辖权。美军一旦在韩国犯下抢劫、杀人以及性犯罪等违法案件，应该交由驻韩美军或者美国法院审判，按照他们国家的法律来重新定义他们的行为。正因为这样，驻韩美军的犯罪行为屡禁不止，虽然现在的美国在特殊情况下，使韩国能对美军在韩国法庭提起公诉，可是仍然存在着不公平的地方。

驻韩美军执行的任务如下。首先，驻韩美军代表韩国和美国的同盟关系，这意味着，美国是核国家，但韩国是无核国，因此如果韩国受到核攻击的话，美军将会帮助韩国报复攻击。其次，为东北亚的势力均衡，驻韩美军得做出一定的贡献。韩国与中国和俄罗斯等军事强国相邻，如果在韩半岛发生战争的话，驻韩美军会与中国和俄罗斯对峙参战。因此，人们都说美军驻韩能有效遏制战争在韩国的发生。

PART **01**

1957年以来に米軍は在韓米軍地位協定に基づいて韓国に駐留しています。在韓米軍地位協定は主催国とその国に軍隊を駐留させた他国との間に結んだ協定で、駐留軍の将兵が主催国で持つ特権に関する内容が含まれています。最も論難される問題は米軍将兵の民事と刑事裁判の管轄権です。韓国で強盗、殺人と性犯罪などの犯罪を犯したとしても、彼らの嫌疑は自分たちの法律に従って異なって定義されてきました。しかし、米兵による犯罪が次々と発生するにつれて、米軍当局は現在、特定の状況で韓国が韓国の裁判所で米兵を起訴することを許可しています。でも、まだ不平等の側面もあります。

在韓米軍が遂行する役割は次のとおりです。一、在韓米軍は韓国と米国が同盟関係であることを示しています。米国は核保有国であるが韓国は非核保有国であることは、韓国が核攻撃を受けた場合、米軍が報復核攻撃を開始することを意味します。二、在韓米軍は東北アジアの勢力均衡の維持に寄与することが期待されます。韓国は中国やロシアのような軍事強国と隣り合っています。朝鮮半島で戦争が勃発すると、在韓米軍は自然に中国とロシアに対敵して戦争に参加することになります。だからこそ、人々に米軍がわが国に駐留することが韓国での戦争勃発を抑制する効果があると言われていると思います。

백쌤의 TIP

몇 차례의 개정에도 불구하고 높은 방위비 분담률 문제를 비롯하여 여전히 남아 있는 주한미군협정의 불평등성은 비판의 대상이 되고 있습니다. 주한미군의 역할에 대해 답변하다 보면 주한미군의 필요성에 대한 문제가 거론될 수 있습니다. 논란의 여지가 많은 주제이므로 한쪽으로 치우쳐서 답변하기보다는 객관적으로 질문에 응하는 것이 좋습니다.

간단요약

• 주한미군지위협정
  – 주최국과 그 나라에 군대를 주둔시킨 타국 사이에 맺은 협정
  – 점령군 장병들이 주최국에서 지니는 특권에 대한 내용
• 주한미군의 역할
  – 한국과 미국이 동맹관계에 있음을 보여 줌
  – 동북아시아의 세력 균형을 유지

008

전쟁박물관에 대해 말해 보시오.

➤ Tell me about the War Memorial of Korea.

➤ 请说明一下战争纪念馆。

➤ 戦争博物館について語ってください。

한국어

전쟁박물관은 한국 전쟁에 관련된 것들을 전시하고 보존하여 국민 도덕의 교육적인 장이 되는 곳입니다. 전쟁박물관은 순국선열들의 고귀한 희생을 추모하기 위해 1994년에 설립되었습니다. 실내 홀에 있는 디지털 영상, 그림, 유물과 여러 전시를 통해 관람객들은 선사시대, 일제강점기를 거쳐 한국 전쟁, 베트남 전쟁, 걸프 전쟁 등에 이르기까지 전쟁의 역사에 대해 쉽게 배울 수 있습니다. 관람객들은 또한 교육 프로그램과 군가와 의장대 행사, 그림 그리기 행사 등 다양한 문화행사에 참가할 수 있습니다.

옥외 전시에서는 군용 비행기, 군함, 군용 차량과 탱크 등과 같은 육해공군의 대형 무기들을 전시하고 있습니다. 2014년에 전쟁박물관 옆에 어린이 박물관이 설립되었는데, 그곳은 전쟁 역사를 다루는 세계 최초의 어린이 박물관입니다. 어린이 박물관의 체험 활동을 통해서 어린이들은 전쟁의 역사에 대해 보다 재미있게 배울 수 있을 것입니다.

영 어

The War Memorial of Korea is the place which exhibits and preserves materials related to the Korean War and serves as a national moral educational venue. It was established in 1994 to commemorate the noble sacrifice of patriotic martyrs. In indoor halls, through digital images, pictures, relics and other types of exhibition, visitors can easily learn about war history from prehistoric era via the Japanese colonial period to Korean war, Vietnam war, The Gulf War, etc. Visitors can also participate in educational programs and various cultural events such as military music and honor guard events, drawing events and more.

The outdoor exhibition showcases large-sized army, navy, and air force weapons such as military planes, battleships and military vehicles, tanks, etc. Next to the War Memorial of Korea, the children's museum was established in 2014, which is the world's first children's museum about war history. Children will be able to learn with more fun about the war history through experience activities there.

战争纪念馆开馆于1994年，通过把储存的护国战争史料展现给人们，起到"国民精神教育基地"的作用。旨在追悼为祖国献身的先烈们的丰功伟绩。通过室内展厅的数码视频、图画、遗物及各种展品，游客们可以从中学习到史前时代、日本殖民统治时期、以及韩国战争、越南战争和海湾战争等战争历史。并且，还可以参加教育节目、唱军歌、仪仗队活动以及画画儿等各种各样的体验性活动。

户外纪念馆展示军用飞机、军舰、军用车以及坦克车等海陆空军的大型武器。2014年在战争纪念馆旁边建立了儿童博物馆，这是全球最早展示战争历史的儿童博物馆。通过儿童博物馆的各种体验活动，孩子们将会更有趣地学习战争历史。

戦争博物館は朝鮮戦争に関するものを展示、保存して、国民道徳の教育的な場になる所です。戦争博物館は殉国烈士の高貴な犠牲をしのぶため、1994年に設立されました。室内ホールにあるデジタル動画、絵、遺物といろんな展示を通じて観覧客は先史時代、日帝強占期を経て朝鮮戦争、ベトナム戦争、湾岸戦争などに至るまで戦争の歴史について楽に学ぶことができます。また、観覧客は教育プログラムと軍歌、儀仗隊の栄誉礼、絵画大会など、様々な文化祭に参加することができます。

屋外展示では軍用機、軍艦、軍用車両とタンク(戦車)などのような陸海空軍の大型兵器を展示しています。2014年に戦争博物館の隣に子供博物館が設立されましたが、こちらは戦争の歴史を扱う世界初の子供博物館です。子供博物館の体験活動を通じて子供たちは戦争の歴史についてより楽しく学ぶことができると思います。

참고　대한민국 구석구석(english.visitkorea.or.kr)
전쟁 기념관(www.warmemo.or.kr)
전쟁 기념관 어린이 박물관(www.warmemo.or.kr/kids)

간단요약

- 전쟁박물관 : 한국 전쟁에 관련된 것들을 전시하고 보존하는 곳
- 선사시대, 일제강점기를 거쳐 한국 전쟁, 베트남 전쟁, 걸프 전쟁의 역사
- 실내 홀 : 영상, 그림, 유물과 여러 전시, 교육 프로그램
- 옥외 전시 : 군용 비행기, 군함, 군용 차량과 탱크 등 대형 무기 전시
- 어린이 박물관 : 전쟁 역사를 다루는 세계 최초의 어린이 박물관

평창 올림픽과 같은 스포츠 이벤트가 우리나라 경제에 미치는 영향은 무엇인가?

➤ What are the effects of sports events like the PyeongChang Olympics on Korean economy?

➤ 如平昌奥运会这样的大型体育赛事给我国经济带来哪些影响？

➤ 平昌(ピョンチャン)オリンピックのようなスポーツイベントが国の経済にどんな影響を与えますか。

한국어

스포츠 행사가 가져오는 경제적인 이득은 행사 전과 후에 늘 논란이 되어 왔습니다. 여기에서 우리는 스포츠 행사의 사전, 사후 지출과 수입에 대해 생각해 볼 수 있습니다.

우선 올림픽과 같은 국제적인 스포츠 행사를 개최하기 위해서는, 경기장과 부대시설을 설립하는 데 막대한 자본이 들어갑니다. 또한, 상황에 따라서 철도와 도로 건설도 필요합니다. 스포츠 행사 중에도 운영과 관리에 쓰이는 지출이 있지만 내·외국인 관광객들에게서 나오는 수입이 있기 때문에 여기서는 큰 적자가 발생하지 않습니다. 대회가 끝난 후에 개최국의 국가 이미지가 향상되었다면 방문객의 수가 늘어날 것이고, 그에 따른 관광 수입의 증가를 기대할 수 있습니다. 국내 기업들의 브랜드 인지도도 향상될 것이며 잠재적인 이득이 따를 것입니다.

반면에, 행사가 끝난 후에 인프라와 경기장이 방문객 하나 없이 방치되고 사용되지 않는다면, 경제적인 이득은커녕 엄청난 손실로 끝날 수도 있습니다.

영 어

The economic benefits from sports events have been always contentious both before and after the event. We can think about pre-to-post spending and income of sports events.

Above all, to hold an international sports event like Olympics, a large scale of money is invested to establish stadiums and additional facilities for games. According to the situations, railroad track and road construction work are also involved. During the sports events, money is spent on operation and maintenance but there is also income from domestic and foreign visitors, so there can't be much loss here. After the event, if the host country's global image has been improved, we can expect the increasing number of visitors and accordingly, the travel income will be raised. The brand awareness of domestic companies will improve and potential benefits will follow.

On the other hand, after the event, if the infrastructures and stadiums are abandoned and not used with no visitors at all, it may result in a huge loss let alone any benefits.

중국어

对于举办大型体育赛事所带来的经济效益，赛前赛后一直存有各种争议。据此看来，我们需要考虑体育赛事开办前后的支出和收入情况。

首先，为了举办像奥运会这样国际性的大型运动会，而建造赛场和附加设施则需要投入大量的资金。甚至有时候需要建设铁路和道路。体育赛事的支出主要用于活动的运营和管理，而收入主要从国内外游客们的消费而来，因此该期间的收支基本平衡，不会导致赤字。赛事结束后，如果给游客们加深了主办国的印象，那么访问游客数量将会持续增加，随之观光收入也持续增加。不仅如此，国内企业的品牌名气将会提高，从而企业未来的潜在收入也将会增加。

与此相反，赛事结束后，基础设施和赛场的访客量很少，不使用这种设施的话，不仅无法获得经济利润，甚至导致经济损失。

일본어

スポーツ行事がもたらす経済的な利益に関しては行事の前後にいつも問題になってきました。こちらで私たちはスポーツ行事の前後の支出と収入について考えてみることができます。

まず、オリンピックのような国際的なスポーツ行事を開催するためには、競技場と付帯施設を設置するための莫大な資本が必要です。また、状況によって、鉄道と道路の建設も必要です。スポーツ行事の中では運営と管理に使われる支出と、内・外国人の観光客から得る収入がありますが、こちらでは大赤字は発生しません。大会が終わった後、開催国の国家イメージがよくなれば訪問客数が増え、それによる観光収入の増加が期待できます。国内企業のブランド認知度も高まり、潜在的な利益もついてくると思います。

一方で、行事が終わった後にインフラと競技場が訪問客もなく放置されて使用されなければ、経済的な利益はおろか、莫大な損失で終わることになります。

2018년 평창 동계 올림픽 시설을 마련하면서 강원도의 자연이 파괴되었습니다. 특히 산림유전자원보호림으로 지정된 가리왕산의 수백 년 된 나무들이 무자비하게 벌목되었습니다. 스포츠 행사는 이렇게 자연이 파괴되는 것과 더불어 시설 구축을 위한 막대한 지출을 수반하기 때문에 적자 행사가 될지 모른다는 우려를 일으킵니다. 경제적인 면에서 성공적인 스포츠 행사 개최를 위해서는 대회 시작 전에 투자를 최소화하여야 하며, 경기장, 철도와 도로 등 인프라의 사후 활용 및 관광객 유치 전략 등이 뒷받침되어야 할 것입니다.

간단요약

• 경기장과 부대시설을 설립하는 데 막대한 자본이 들어감
• 행사가 끝난 후 국가 이미지가 향상되었다면 방문객의 수가 늘어날 것이고, 그에 따른 관광 수입의 증가, 국내 기업들의 브랜드 인지도 향상과 잠재적인 이득
• 행사가 끝난 후 인프라와 경기장이 방치되고 사용되지 않는다면 엄청난 손실

010

현재 문화재가 훼손되고 있는데 어떻게 생각하는가?

> Cultural assets are damaged currently. What do you think of that?
> 现在很多文物被损毁，对比你有什么看法？
> 現在、文化財が毀損されていることについてどう思いますか。

한국어

최근 문화재를 훼손하는 일이 만연해 있습니다. 금전적인 면만을 생각한다면 문화재를 보존하는 일은 이익보다는 손해가 많을 수 있습니다. 하지만 문화재는 우리 민족의 혼을 담고 있으며, 우리를 과거와 연결해 주어 그 안에서 교훈을 얻게 해 줍니다. 그러므로 문화유산을 잘 보존하여 후세에 물려주는 일은 매우 가치 있는 일이며, 잘 보존된 문화유산은 민족의 자긍심을 높여 줍니다.

우리나라는 역사 속에서 전쟁과 어려운 시기를 겪으면서 문화재가 훼손되거나 도난당하는 일이 많았습니다. 그럼에도 선조들이 목숨을 걸고 우리의 문화재를 수호하려 했었다는 사실을 생각해보면, 개인적인 부주의나 경제적인 이득에 대한 욕심 때문에 문화유산 훼손이 벌어진다는 것은 부끄러운 일입니다.

문화재 보호를 위해서는 문화재에 대한 인식을 개선하고 훼손된 문화재 복원을 위해 적절한 비용, 시간과 노력을 들여야 합니다. 문화재를 보존하기만 하는 우리나라의 전형적인 방식에 더하여 문화재를 활용하는 방안에 대해 생각해 볼 수도 있습니다. 예를 들어, 유럽의 경우 일반적으로 수백 년 된 건물을 활용하는 일이 흔한 반면에, 우리나라에서 오래된 건물은 기념관이나 관광지로 보존됩니다. 문화재를 활용하는 것은 보존을 위한 실질적인 이유를 제공할 것이며 문화재를 효과적으로 보존하기 위한 일종의 방법이 될 것입니다.

영 어

Damaging cultural assets is recently getting pervasive. Considering financial aspects, there may be more loss than benefits in conserving cultural assets. However, our people's spirit is embedded in the cultural assets, which connect us to our past and teach us lessons in it. Therefore, it is invaluable work to preserve them and turn them over to future generations. Well-conserved cultural heritages boost our ethnic pride.

In the Korean history, a lot of cultural assets were damaged and stolen through wars and difficult periods. Considering our ancestors who struggled to conserve Korean cultural assets, it is shameful that now they are often damaged due to carelessness or the greed for economic benefits.

To preserve cultural assets, the awareness for cultural assets should improve and proper amount of cost, time and effort should be invested to restore damaged assets. Adding to the Korean typical way to preserve cultural assets, we can also think about the way to utilize them. For example, it is common in Europe to use a centuries-old building while in Korea, such building is usually conserved as a memorial hall or a tourist place. Utilizing cultural assets will provide a practical reason to conserve them and become a way to conserve the cultural assets effectively.

중국어　最近损毁文物的现象经常发生。考虑到金钱方面，保存文物也许是弊大于利的事情。但是，每一件文物都蕴含着我们民族的灵魂，而且起到现代与过去相连接的作用，从中吸取教训和智慧。因此做好文化的遗产保护工作并传承给后代不仅是一件非常值得做的事，而且更能增加民族的自豪感和认同感。

我国历史上经历了无数的战争和艰难时期，这期间很多文物被盗或损毁。在这种情况下，我们的祖先尽心尽责保护国家文物并把它传承下来。因此，由于个人过失或者经济上的利益而损坏文物是令人感到非常惭愧的事。

为了保护文物，我们不仅需要改善对文物的认知水平，还需付出适当的经费、时间和精力，对被损毁的文物进行修复。我们不但要保护好文物，而且还得考虑文物资源的开发与利用。比如，欧洲一般对已有几百年历史的古建筑进行灵活开发，但是我国的古建筑只是作为纪念馆或参观景点保存起来。合理开发文物资源，既能为文物保护提供切实的理由，也是有效保护文物的一种方式。

일본어　近年、文化財が毀損されることがはびこっています。金銭的な面から考えると、文化財を保存することは利益よりは損害のほうが多いかもしれません。しかし、文化財にはわが民族の魂を込めているし、私たちを過去とつながってくれて、その中で教訓を得させようにします。したがって、文化遺産をよく保存して後世に伝えることは非常に価値のあることであり、よく保存された文化遺産は民族の誇りを高めます。

わが国は歴史上で戦争や困難な時期を経験しながら、文化財が毀損されたり、盗まれたりすることがよくありました。こんな状況でも祖先が命をかけて文化財を守ろうとしたことを考えてみると、個人的な不注意や経済的な利益に対する欲張りのため、文化遺産を傷つけることはとても恥ずかしい行動です。

文化財の保護のためには文化財に対する認識を改善し、毀損された文化財の復元のため適切な費用、時間と労力をかけなければなりません。文化財を保存するだけのわが国の典型的な方式に加えて、文化財の活用方法について考えることもできます。例えば、ヨーロッパでは何百年も前の建物を活用することが一般的ですが、わが国では古い建物は記念館や観光地として保存されています。文化財を活用することは、保存のための現実的な理由を提供し、文化財を効果的に保存する一つの方法になると思います。

> 참고 ┃ 딜라이브 방송 〈이슈분석 쌍심지〉 제9회 - '훼손되고 사라지는 문화재, 지키기 위한 방안은?'

백쌤의 TIP

문화유산법상 문화유산을 훼손할 시 2년 이하 징역이나 2,000만 원 이하의 벌금형에 처할 수 있습니다. 이렇게 문화유산 훼손이 범법행위임을 명시하고 있음에도 우리나라에서 일어나고 있는 문화유산 훼손은 어제 오늘 일이 아닙니다. 경주에서는 고분에 차를 몰고 올라가는가 하면 봉황대에서 스노보드를 타거나 만취 상태로 첨성대에 올라가는 일도 있었다고 합니다. 문화유산을 보존하는 일이 지역경제의 이익과 대치되어서 수난을 겪는 일도 허다합니다.

국가유산청은 2025년까지 전국의 모든 국가지정·등록문화유산 약 4,000여 건을 3차원 데이터베이스로 구축하는 사업을 단계적으로 추진할 예정이라고 합니다. 문화유산 3차원 데이터베이스 구축사업은 문화유산의 크기와 형태, 색상, 질감 등을 육안으로 식별할 수 없는 영역까지 초고해상도로 기록하고, 축적된 데이터를 쉽게 관리·활용하도록 디지털 자료화하는 사업입니다. 그 성과물은 지진, 태풍, 산불, 방화 등의 재해로 문화유산이 훼손될 때 원형을 복원하는 기초자료로 활용될 것이며, 비대면 교육·관광, 웹툰, 게임, 영화, 전시, 디자인 등 문화산업에 활용할 수 있도록 원천 콘텐츠 자원으로 개방될 예정입니다.

> 참고 ┃ 문화재청(www.cha.go.kr)

간단요약

- 문화유산은 우리 민족의 혼을 담고 있으며, 우리를 과거와 연결해 주어 그 안에서 교훈을 얻게 해 줌
- 잘 보존된 문화유산은 민족의 자긍심을 높여 줌
- 문화유산에 대한 인식을 개선하고 훼손된 문화유산 복원을 위해 적절한 비용, 시간과 노력을 들여야 함

001

PCO에 대해 설명해 보시오.

➤ Please explain PCO.
➤ 请说明一下PCO。
➤ ピーシーオー(PCO)について説明してください。

한국어

PCO는 국제회의 기획업자를 말합니다. PCO는 컨벤션 기획 서비스를 제공함으로써 마이스 산업 주체들 간의 상호 협력과 원활한 관계 형성을 추구합니다. PCO는 업계 간담회와 포럼 개최, 전문인력 양성, 입찰 계약제도 개선을 통해 컨벤션 산업 비즈니스 환경을 향상합니다. 또한 PCO의 업무에는 지속적으로 컨벤션 사업을 홍보하는 일이나, 경력자나 인턴을 교육하는 것과 같은 교육 사업도 포함됩니다.

영 어

PCO refers to professional convention organizer. Providing organizing services for conventions, PCO seeks for the reciprocal cooperation and good working relationship between MICE hosts. PCO improves the MICE industry business environment by holding business meetings and forums, training professional manpower, and ameliorating(improving) bid and contract system. Its duty is also about constant advertisement of convention business and educational work such as training experienced workers and interns.

중국어

PCO是指国际会议的策划人。PCO通过提供会展策划服务，以达成MICE产业主体间的相互合作和顺畅的关系。PCO通过举办行业座谈会和论坛、培养专业人才、完善招标合同制度，提升会展业的商业环境。另外，PCO的业务还包括持续宣传会展事业、培训有经验者或实习生等教育事业。

PCOは国際会議の企画業者のことです。PCOはコンベンション企画のサービスを提供することで、マイス産業の主体達間での相互協力と円滑な関係形成を求めています。PCOは業界懇談会やフォーラムの開催、専門人材養成、入札契約制度の改善を通じて、コンベンション産業のビジネス環境の向上させます。また、PCOの業務には継続的にコンベンション事業を広報することと、経歴の方やインターンを教育する教育事業も含まれます。

참고 한국 PCO협회 홈페이지(www.kapco.or.kr)

백쌤의 TIP

마이스(MICE)는 기업회의(Meeting), 인센티브 관광(Incentive Travel), 컨벤션(Convention), 전시·이벤트(Exhibition and Event)를 통해 경제적 이익을 창출하는 융·복합 산업입니다. 국제회의 및 전시 등의 행사와 관련하여 숙박·교통·쇼핑·관광과 같은 다양한 분야와 연계되기 때문에 마이스는 고용창출과 국가 이미지 제고에 파급효과가 큽니다. 국제협회 연합(Union of International Associations, UIA)이 발표한 『국제회의 통계 보고서(International Meetings Statistics Report)』에서 우리나라의 국제회의 개최 순위는 2016년과 2017년 2년 연속 세계 1위, 2018년 세계 2위를 기록한 바 있습니다. 그러나 이러한 양적 성장에도 불구하고 관련 업계는 불공정한 거래 관행(사후정산, 추가 과업 강요 등)으로 경영난을 겪었습니다. MICE 산업의 질적 성장을 모색하기 위해서는 적정한 일반 관리비와 이윤 보장, 인건비 책정 현실화, 불합리한 사후정산과 불필요한 서류요구 금지 등이 요구됩니다.

참고 ENB교육뉴스방송(www.enbnews.org)
조달청 보도자료(www.pps.go.kr)

간단요약

- PCO : 국제회의 기획업자
- 컨벤션 기획 서비스를 제공
- 마이스 산업 주체들 간의 상호 협력과 원활한 관계 형성을 추구
- 업계 간담회와 포럼 개최, 전문인력 양성, 입찰 계약제도 개선, 컨벤션 사업 홍보

002

템플스테이를 설명해 보시오.

> Please explain templestay.
> 请说明一下寺院生活体验营。
> テンプルステイについて説明してください。

한국어

템플스테이는 산사를 방문한 사람들이 수행자의 일상을 경험해 볼 수 있는 문화체험 프로그램입니다. 템플스테이에는 사찰투어, 참선(參禪), 차담, 발우공양, 예불과 같은 다양한 프로그램들이 있습니다. 사찰투어에서는 불교 사원을 방문하는 것뿐 아니라 들어온 지 1700년이 된 한국의 불교와 문화를 경험할 수 있습니다.

참선은 모든 생각을 끊어 내게 해 줍니다. 참선을 통해서 참가자들은 몰입과 집중하는 법을 배우게 됩니다.

템플스테이에서 차담(차를 마시며 나누는 대화)은 다선이라고도 합니다. 그것은 차를 만들고 마시면서 몰입과 집중을 수련하는 명상의 일종입니다. 차를 마시는 것은 명상으로 여겨져서, "다선일미(茶禪一味)"라고 불립니다. 차를 마실 때, 사람의 오감은 동시에 작용합니다. 눈으로 색깔을 보고, 귀로는 물소리를 듣고, 코로는 향을 맡고 혀로 차의 맛을 느끼며 손으로는 컵의 따뜻함을 느낍니다.

발우공양은 승려가 하는 전통적인 식사법을 의미합니다. 발우는 승려들의 식기를 말하는데 거기엔 적당한 양의 밥과 야채를 담아야 합니다. 발우공양은 하나의 식사법일 뿐 아니라 먹고 있는 음식이 있기까지 수고한 모든 사람들에게 고마움을 느끼는, 수련의 한 과정입니다. 여기서 참가자는 음식을 낭비하지 않는 검소함과 무소유의 지혜를 배울 수 있습니다.

사찰의 하루는 예불로 시작됩니다. 예불을 듣는 동안 마음이 차분해지고 정화되는 것을 느낄 수 있습니다.

이외에도 참가자들은 연등 만들기, 목판인쇄, 염주 만들기, 사찰음식 요리하기 등 다양한 체험을 할 수 있습니다. 그들은 템플스테이의 다양한 프로그램들을 통해 한국 전통문화와 불교에 대해 더 잘 이해하게 되며, 나아가 삶에 대해 새로운 관점을 가지게 될 것입니다.

Templestay is a cultural experience program where visitors can experience the daily life of ascetics in a mountain temple. Templestay has various programs such as temple tour, Cham-Seon(Seon meditation), Chadam(conversation over tea), Balwoogongyang (Buddhist meals) and Yebool(Buddhist chants). Temple tour is not only about visiting the Buddhist temple but also about experiencing Korean Buddhism and culture which have been 1700 years in Korea.

Cham-Seon(Seon meditation) helps cut off all thoughts. Through Cham-Seon, participants can learn mindfulness and concentration.

In templestay, Chadam(conversation over tea) is also called Da-Seon. It is a kind of meditation to practice mindfulness and concentration through brewing and drinking tea. Drinking tea is considered the same as meditation, so it is called "Da-Seon-il-mi". When you drink tea, your five senses work at the same time. Your eyes see the color, your ears hear the sound of water, your nose smells the fragrance, your tongue tastes the flavor of the tea and your hands feel the warmth of the cup.

Balwoogongyang is a traditional way of eating meals for Buddhist monks. Balwoo refers to monk's bowls, which are supposed to contain a moderate amount of rice and vegetables. Balwoogongyang is not only a manner of eating but also a process of practice, where eaters feel grateful to all the people who have contributed to the food they are eating. Here they can learn the frugal mindset of not wasting food and the wisdom of non-possession.

The first thing in the morning in a temple is Yebool, Buddhist chanting. While they are listening to Yebool, they can feel calm and purified.

In addition to those listed above, they can have various traditional experiences of making Lotus Flower Lantern, Wood Block Printing from the Tripitaka Koreana, Buddhist rosary, Temple food and so on. Through these various programs, templestay will be able to help participants to have a better understanding of Korean traditional culture and Korean Buddhism and go on to have a new perspective on their life.

寺院生活是访问山寺的人们体验修行者日常生活文化的体验项目。寺院生活有寺庙旅游、参禅、茶会、钵盂供养、礼佛等多种项目。在寺庙生活中，不仅可以参观佛教寺院，还可以体验韩国1700年的佛教文化。

参加者们除了通过参禅消除烦恼以外，还可以训练集中注意力。

在寺院生活中，茶会(边品茶，边聊天)也被称为茶禅。它是泡茶和喝茶时练习投入和集中的一种冥想。饮茶被视为冥想，因此人们常常说"茶禅一味"。喝茶时，人的五感同时发挥作用。用眼睛看颜色，用耳朵听水声，用鼻子闻香味，用舌头感受茶的味道，用手感受杯子的温度。

钵盂供养是指僧侣的传统饮食法。钵盂是指僧侣的餐具，里面盛放适量的米饭和蔬菜。钵盂供养不仅是一种饮食方法，更是一种修炼过程，当你端起这碗饭时，要心怀感恩，感谢所有辛苦劳作的人。在这里，参加者可以学到爱惜食物的俭朴和无所不在的智慧。

寺庙的一天以礼佛开始。在礼佛的过程中，能够感受到心灵的平静和净化。

除此之外，参加者还可以体验制作莲灯、木版印刷、制作盐酒、和寺庙饮食等。他们通过体验寺庙生活的各种活动，对韩国传统文化和佛教有了更好的理解，进而对生活也会有新的看法和认识。

テンプルステイは寺院を訪れた人々が修行者の日常を体験できる文化体験プログラムです。テンプルステイは寺院のツアー、参禅、茶談、鉢盂供養(バルコンヤン)、礼仏のような様々なプログラムがあります。寺院ツアーでは、仏教寺院を訪問することだけでなく、伝来してから1700年に経った韓国の仏教と文化を経験できます。

参禅は、全ての考えを払いのけるようにしてくれます。参禅を通じて、参加者は没入と集中する方法を学びます。

テンプルステイで茶談(お茶を飲みながら交わす対話)は、茶禅とも言います。それはお茶を作って飲みながら没入と集中を修練する瞑想の一種です。お茶を飲むことは瞑想と思われて、「茶禅一味」と呼ばれます。お茶を飲む時、人の五感は同時に作用します。目で色を見て、耳では水の音を聞いて、鼻では香りを嗅いで、舌で茶の味を感じながら、手ではカップの暖かさを感じます。

鉢盂供養は僧侶の伝統的な食事法を意味します。鉢盂は僧侶の食器という意味で、そこには適当な量のご飯と野菜を装わなければなりません。鉢盂供養は、一つの食事法だけでなく、食べている食べ物があるまで苦労した全ての人に感謝の気持ちを感じる、修練過程の一つです。ここでは、参加者は食べ物を無駄にしない質素と無所有の知恵が学べます。

寺院の一日は、礼仏から始まります。礼仏を聞くうち、心が落ち着き、浄化されることを感じられます。

他にも、参加者は燃灯作り、木版印刷、数珠作り、精進料理作りなど、様々な体験ができます。彼らはテンプルステイの様々なプログラムを通じて、韓国の伝統文化と仏教についてもっとよく理解できるようになり、さらに人生について新たな見方を持つことになります。

백쌤의 TIP

다음 템플스테이 체험활동들을 해당 언어로 설명하는 연습을 해 보세요.

• 연등 만들기(Lotus Flower Lantern Making)

  연꽃은 진흙 속에서도 더러움에 물들지 않고 아름답고 깨끗하게 피어나는 꽃입니다. 연(꽃)등은 영원히 꺼지지 않는 지혜를 상징하며 어리석은 마음을 닦아 깨달음에 이르기를 바라는 염원이 담겨 있습니다.

• 염주 만들기(Buddhist Rosary Making)

  염주는 깨달음에 대한 기원을 담아 구슬을 꿰어 만든 불교의 대표적인 기도용품입니다. 염주알의 수는 보통 108개로 되어 있어서 108염주라고 부릅니다. 염주를 돌리는 데는 108가지 번뇌를 소멸시킨다는 뜻이 담겨 있습니다. 손 안에서 염주알을 굴리다 보면 흐트러진 마음이 모아진다고 합니다.

• 108배(108Bae-108bows aimed at removing 108 earthly desires)

  108가지 번뇌를 참회하고 씻기 위한 수행법으로 절을 할 때마다 번뇌를 하나씩 내려놓으면서 자신의 어리석음을 반성하라는 의미의 수련입니다. 108배를 하며 수행자들은 몸을 낮춤과 동시에 마음을 낮추며 겸손과 삶을 대하는 새로운 마음가짐을 가질 수 있습니다.

국내·외 관광객에게 템플스테이에 관한 정보를 제공하기 위해서 온라인으로는 템플스테이 사이트가, 오프라인으로는 서울구 종로구에 템플스테이 홍보관이 운영되고 있습니다. 템플스테이 홍보관에서는 간단한 전통 소품 만들기 체험을 할 수 있으며, 템플스테이와 사찰음식에 관한 정보를 얻을 수 있습니다.

백양사 천진암은 정관스님의 사찰음식 프로그램으로 잘 알려져 있으며, 강원도 인제 백담사는 대나무 숲 속에서 하는 명상, 서울의 금선사는 아름다운 야경으로 유명합니다. 경기도 화성 용주사, 서울시 성북구 길상사, 경기도 양평의 용문사, 인천시 강화군의 전등사, 강원도 양양의 낙산사, 강원도 동해 삼화사, 충북 영동군 반야사 등 템플스테이 사이트에는 140여 개의 사찰들이 등록되어 있습니다. 사찰마다 환경과 수행자에게 주는 기운이 다르고 체험이 다양하기 때문에 템플스테이는 한국의 경쟁력 있는 관광 상품 중 하나입니다.

참고 한국불교문화사업단 홈페이지(www.kbuddhism.or.kr)

- 템플스테이 : 산사를 방문한 사람들이 수행자의 일상을 경험해 볼 수 있는 문화체험 프로그램
- 사찰투어 : 한국의 불교와 문화를 경험
  - 참선 : 모든 생각을 끊어 냄, 몰입과 집중하는 법을 배움
  - 차담 : 차를 마시며 나누는 대화, 차를 만들고 마시면서 몰입과 집중을 수련, 명상의 일종
- 발우공양
  - 승려가 하는 전통적인 식사법
  - 음식이 있기까지 수고한 모든 사람들에게 고마움을 느끼는 수련
  - 검소함과 무소유의 지혜
- 예불 : 하루를 예불로 시작, 예불을 듣는 동안 마음이 차분해지고 정화됨

올레의 뜻은 무엇이며, 올레길은 총 몇 km인가?

➤ What is the meaning of "olle" and how long is the olle trail in total?

➤ 偶来的意思是什么，偶来路共有多少公里?

➤ オルレはどんな意味で、オルレ道の総長さは何kmですか。

한국어 '올레'는 제주도 방언으로 집으로 통하는 아주 좁은 골목길을 말합니다. 올레는 강한 바람이 부는 제주도의 자연 환경 때문에 발달한 골목길입니다. 올레는 강풍이 곧바로 가옥에 들이치는 것을 막고 가옥의 독립성을 지키는 역할을 합니다.

처음으로 올레길을 구상한 사람은 언론인 출신 서명숙인데, 스페인의 산티아고 순례길을 걷고 나서 올레길 발굴을 생각했다고 합니다. 제주 해안을 따라 나 있는 올레길을 걸어가면서 여행자는 제주의 자연과 역사, 신화, 문화를 경험할 수 있습니다. 2007년 9월 제 1코스 시흥–광치기(15.1km)구간의 개발을 시작으로 총 27개의 코스가 개발되었고, 총 길이는 425km에 달합니다. 코스마다 있는 게스트하우스는 여행자들의 숙소와 안내를 겸하고 있습니다.

올레길을 발굴할 때는 최대한 인공의 손길을 가하지 않고 생태계와 환경을 보존하는 방식을 취합니다. 따라서 올레길을 걷는 관광객들은 제주의 전통 문화와 자연 환경에 대한 이해가 높아지며 친환경적이고 지속가능한 관광에 대한 마음가짐을 지니게 될 수 있습니다.

Olle is Jeju dialect that means "a trail leading to the house" in Jeju dialect. Olle is a kind of trail that has been developed due to the windy climate of Jeju island. Olle prevents the strong wind from hitting the buildings straight plus maintains the privacy of residence.

It is said that an ex-journalist Seo Myeong-suk provided this idea about discovering olle, after she had walked along Santiago walking trail in Spain.

Olle walking along the Jeju seashore enables the tourists to experience nature, history, myth, and culture of Jeju island. Since the 1st course from Siheung to Gwangchigi(15.1km) was discovered, total 27 courses have been discovered and it is total 425 kilometers long. Guest houses along each course provide accomodations and informations for tourists.

Olle trail has been discovered without any artificial development to preserve ecosystem and environment. Therefore tourists can have a better understanding of traditional culture and natural environment of Jeju island and also can have the attitude of green and sustainable tourism.

"偶来"是济州岛的方言，指通向家宅的一条很狭窄的胡同。由于济州岛的风很大而形成了这样的胡同。起到防止强风直接侵袭房屋，守护住宅独立性的作用。

第一个构想偶来路的人是媒体出身的徐明淑，据说他在西班牙圣地亚哥朝圣后，就想到了偶来路的发掘。在沿着济州岛海岸的偶来路上，旅行者可以体验济州岛的自然、历史、神话和文化。从2007年9月开发第一条路线始兴-广汽(15.1公里)区间开始，共开发了27条路线，总长425公里。每条路线的客栈兼有旅游者的住宿和导游的作用。

在发掘偶来路时，尽量不采取人工手段，而是用保护生态环境和环境的方式。因此，走在偶来路上的游客对济州岛的传统文化和自然环境的了解会更加深刻，抱有绿色、可持续发展的旅游意识。

'オルレ'とは済州の方言で、家に通じる非常に狭い路地を言います。オルレは強い風が吹く済州島の自然環境のために発達した路地です。オルレは強風が家にすぐ吹き込むことを防ぎ、家の独立性を守る役割をします。

初めてオルレ道を構想した人はジャーナリスト出身のソミョンスクで、スペインのサンティアゴ巡礼道を歩いた後、オルレ道の発掘を考えたそうです。済州の海岸沿いにできているオルレ道を歩きながら旅行者は済州の自然と歴史、神話、文化を経験できます。2007年9月、第1コース始興(シフン)−クァンチギ(15.1km)区間の開発を始めて全27のコースが開発され、総長さは425kmに達します。コースごとにあるゲストハウスは、旅行者の宿と案内を兼ねています。

オルレ道を発掘する時には、最大限人工的に手を加えず、生態系と環境を守る方式をとりました。したがって、オルレ道を歩く観光客は済州の伝統文化と自然環境に対する理解度が高まり、環境に優しくて持続可能な観光に対する心構えを持つことができます。

참고 헤드라인제주(www.headlinejeju.co.kr)

백쌤의 TIP

최근 국내 걷기여행 인구가 크게 증가하면서 제주 올레길은 국내의 인기 있는 걷기여행 코스 중 하나가 되었습니다. 문화체육관광부와 한국관광공사가 추진하는 '코리아둘레길'도 있습니다. 코리아둘레길은 3년(2017~2019) 동안 동·서·남해안과 DMZ 접경 지역 등 우리나라 외곽을 연결한 4,500km의 초장거리 걷기 여행길입니다.

참고 다음백과 '올레길'
제주올레 사이트(www.jejuolle.org)
코리아둘레길 사이트(koreadullegil.modoo.at)

간단요약

• 올레
 − 제주도 방언, 집으로 통하는 아주 좁은 골목길
 − 강풍이 곧바로 가옥에 들이치는 것을 막아 줌
• 총 길이는 425km
• 올레길을 걷는 관광객들은 제주의 전통 문화와 자연 환경에 대한 이해가 높아짐

004

한국의 전통 조미료(장)를 한국 식문화와 연관지어 설명해 보시오.

> Please give the explanation of Korean traditional seasoning, jang related to Korean eating culture.

> 请把韩国的传统调味料与韩国的饮食文化联系起来说明一下。

> 韓国の伝統的な調味料を韓国の食文化と連関して説明してみなさい。

한국어

한국의 전통 조미료는 된장, 간장, 고추장입니다. 이 세 가지 조미료의 주원료는 콩으로서, 쌀을 주식으로 하는 한국의 조상들에게 식물성 단백질을 공급했습니다. 게다가 모두 발효 음식이라서 한국인들은 장을 장독에 보관해 두고 일 년 내내 먹을 수 있었습니다. 장 담그는 일은 집안의 가장 중요한 행사 중 하나였으며, 장맛이 변하면 집안에 불운이 온다고 믿었습니다.

된장, 간장과 고추장을 만들기 위해서는 메주를 먼저 만들어야 합니다. 메주는 김장이 끝난 후 음력 10월 즈음에 만듭니다. 메주를 만들기 위해서는 콩을 삶아 으깨서 벽돌 모양으로 만들어야 합니다. 벽돌 모양의 메주를 겨울 내내 발효시킨 후에 소금물에 40일 정도 동안 담급니다. 메주를 담근 소금물은 간장이 되고 간장에 있는 콩 건더기는 된장이 됩니다.

고추장은 3월이나 4월 즈음에 만듭니다. 메주가루를 다른 곡물가루와 소금과 섞어서 사용합니다. 고추장도 독에서 햇빛을 받으면서 발효됩니다.

이 세 종류의 장은 지역과 집안의 전통의 따라 다양한 방식으로 음식에 사용되었습니다. 그 맛, 풍미와 제조 방법은 아주 독특합니다. 게다가 건강에 좋은 발효 음식으로 유명합니다. 한국의 장 문화는 한국의 선조들이 전수해 준 소중한 유산임에 틀림없습니다.

영어

Korean traditional seasoning is jang—doinjang, ganjang and gochujang. Since the main ingredient of these three seasonings is bean, they mainly provided vegetable protein to Korean ancestors, who lived on rice. Besides, as they are all fermented foods, Korean people could store them in jars and ate them all through the year. Making jang was one of the most important family events and it is believed that changed taste of jang reflects the bad luck of the family.

To make doinjang, ganjang and gochujang, maeju should be made first. Maeju is made around October by the lunar calender, after gimjang is done. In order to make maeju, bean is boiled and mashed and made into a shape of a brick. After this brick—shaped maeju is fermented all winter, it is soaked into salty water for about 40 days. The salty water with maeju in it becomes ganjang and the bean chunk in the ganjang becomes doinjang.

Gochujang is made around March or April. Maeju powder is used, mixed with other grain powder and salt. Gochujang is also fermented in a jar getting sunshine.

These three jangs have been used for cooking in various ways depending on the regional and family traditions. Their taste, flavor and way of making is very unique. Besides, they are famous as healthy fermented foods. Korean culture of jang is surely a precious heritage that Korean ancestors handed over.

중국어 韩国的传统调味料是大酱、酱油、辣椒酱。这三种调味料的主要原料是大豆，它给以大米为主食的韩国祖先提供了植物蛋白。再加上这些食品都是发酵食品，因此韩国人可以在酱缸里放入酱料，一年四季都可以食用。做调料酱是家里最重要的活动之一，韩国人说：酱做得味道好坏关系到一个家庭的兴衰。

为了制作大酱、酱油和辣椒酱，首先要制作豆酱饼。豆酱饼是在腌辛奇结束后的阴历10月左右制作的。为了做豆酱饼，要把豆子煮熟，做成砖模样形。将砖头模样的豆酱饼在整个冬天发酵后，用盐水浸泡40天左右。腌制大酱的盐水变成酱油，酱油中的豆类变成大酱。

辣椒酱一般在3月或4月左右制作。将豆酱饼与其他谷物粉和盐混合后再放入酱缸。然后将其放在阳光充足的地方发酵。

这三种酱类根据地区和家庭的传统，以各种方式用于饮食之中。其味道和风味，制作方法非常独特，而且以有益健康的发酵食品而闻名。韩国的饮食文化无疑是我们祖先们传下来的珍贵遗产。

韓国の伝統的な調味料は味噌、醤油、コチュジャンです。この3つの調味料の主原料は豆で、米を主食とする韓国の先祖に植物性タンパク質を供給しました。さらに、全部発酵食品なので、韓国人はひしお(醤)をかめに保管して、一年中食べられました。醤を醸すことは、家の中の最も重要なイベントの一つであり、醤の味が変わると家に不幸が来ると信じていました。

味噌、醤油とコチュジャンを作るためには、まず味噌玉麹を作るべきです。味噌玉麹はキムジャンが終わった後、旧暦10月の頃に作ります。味噌玉麹を作るためには、豆を煮てつぶしレンガのように作ります。レンガ模様の味噌玉麹を冬の間ずっと発酵させた後、塩水に40日程度つけます。味噌玉麹をつけた塩水は醤油になり、醤油の中の豆具は味噌になります。

コチュジャンは3月か4月頃に作ります。味噌玉麹の粉を他の穀粉と塩と混ぜて使います。コチュジャンもかめの中で日光を浴びながら発酵されます。

この3つの醤類は、地域と家の伝統によって様々な方法で食品に使われました。その味、風味と製造方法は非常にユニークです。さらに、健康に良い発酵食品で有名です。韓国の醤の文化は韓国の先祖から伝授してもらった大切な遺産であることは間違いありません。

간단요약

- 한국의 전통 조미료는 된장, 간장, 고추장
- 주원료는 콩으로 식물성 단백질 공급
- 발효 음식이라서 일 년 내내 먹을 수 있었음
- 장을 담그는 일은 집안의 가장 중요한 행사 중 하나였음(장맛이 변하면 집안에 불운)

005

스톱오버에 대해 설명해 보시오.

➤ Please explain what stopover is.

➤ 请说明一下经停。

➤ ストップオーバーについて説明してください。

한국어

긴 여행 도중에 경유지에서 24시간 이상 머무는 것을 스톱오버(Stopover)라고 합니다. 스톱오버를 하면 목적지로 가는 여행 시간이 늘어나지만 한 항공권으로 두 나라를 동시에 여행할 수도 있다는 이점이 있습니다.

예를 들어 터키 항공을 이용해 유럽을 갈 경우, 이스탄불에서 경유를 하게 되는데, 이때 며칠 동안 스톱오버를 하면서 이스탄불 여행을 하고 유럽으로 갈 수 있습니다. 싱가포르, 홍콩과 말레이시아 쿠알라룸푸르, 핀란드 헬싱키, 아랍에미리트 두바이 등 세계 허브 공항에는 대부분 스톱오버 프로그램이 있습니다.

스톱오버는 단순 환승과는 달리 수화물을 모두 찾고 입국 절차를 통과해야 합니다. 그런 뒤에 공항에서 시티투어 버스 혹은 다른 교통수단을 이용해서 도시의 핵심 관광지를 둘러볼 수 있습니다.

영 어

Stopover means staying over for 24 hours in a stopping area between parts of a journey. In case of a stopover, traveling time to a destination gets longer but it's great to travel two countries with one airline ticket.

For example, you go to Europe via Istanbul by Turkey airline and in that case, you can do stopover for a few days traveling Istanbul and then go to Europe. Most global hub airports including Singapore, Hongkong, Kuala Lumpur, Malaysia and Helsinki, Finland and Dubai, U.A.E. have stopover programs.

Unlike simple transit, stopover involves claiming their baggages and going through immigration procedures. After that, they can look around the famous tourist attractions of the city by city tour bus or some other transportations at the airport.

在长途旅行途中，在经由地停留24小时以上，称为经停(Stopover)。如果选择经停，虽然去目的地的旅行时间会增加，但可以利用一张机票同时到两个国家旅行。

例如，乘坐土耳其航空去欧洲，在伊斯坦布尔经停，这时可以停几天，进行伊斯坦布尔之旅，然后去欧洲。在新加坡、香港和马来西亚吉隆坡、芬兰赫尔辛基、阿联酋迪拜等世界枢纽机场，大部分机场都有经停项目。

经停与单纯的换乘不同，经停需要拿到自己的所有行李，并完成入境手续。然后可以在机场乘坐城市旅游巴士或其他交通工具游览城市核心景点。

일본어

長い旅の途中に乗継地点で24時間以上滞在することをストップオーバー(Stopover)と言います。ストップオーバーをすると、目的地までの旅行時間が増えますが、一枚のチケットで2カ国を同時に旅行できるという利点があります。

例えば、トルコ航空でヨーロッパに行く場合は、イスタンブールで経由することになりますが、この時、数日間ストップオーバーをしながら、イスタンブール旅行をしてヨーロッパに行くことができます。シンガポール、香港、マレーシア、クアラルンプール、フィンランドのヘルシンキ、アラブ首長国連邦のドバイなど、世界のハブ空港にはほとんどストップオーバープログラムがあります。

ストップオーバーは、単純な乗り換えとは異なり、荷物をすべて探した後、入国手続きをしなければなりません。その後、空港でシティツアーバスや、あるいは、他の交通手段を利用して都会の主要な観光スポットを巡ることができます。

간단요약

- 스톱오버 : 긴 여행 도중에 경유지에서 24시간 이상 머무는 것
- 여행 시간이 늘어나지만 한 항공권으로 두 나라를 동시에 여행할 수도 있다는 이점
- 수화물을 모두 찾고 입국 절차를 통과한 후 도시의 핵심 관광지를 둘러볼 수 있음

006

LCC의 특징, 성장배경, 관광산업에 끼치고 있는 영향은 무엇인가?

➤ Explain the feature, growth background of LCC and its effect on tourism industry.

➤ 低成本航空公司的特点、成长背景、对旅游产业的影响是什么?

➤ エルシシー(LCC)の特徴、成長背景、観光産業に及ぼす影響は何ですか。

한국어

저비용 항공사는 위탁 수하물과 기내식 등 필수적이지 않은 부가서비스를 줄여서 비용을 낮추는 전략을 사용하는 항공사입니다. 낮은 항공권 가격은 저비용 항공사의 특징이자 경쟁력입니다. 저렴한 항공권은 인건비와 정비비 절약 및 기내서비스 축소, 빠른 회항을 통해 만들어집니다. 승객들은 저비용으로 목적지까지 안전하게 이동하게 되면 여행에 대해 만족하는 경향이 있습니다. 즉, 그들 중 다수는 호화로운 기내 서비스보다 낮은 비용을 원하는 경우가 많습니다. 여행에 대한 수요는 국제교류, 소득의 증대와 관광산업의 고속성장으로 인해 증가해 왔고 그러는 동안에 저비용 항공사는 여행자의 항공이용을 크게 활성화했습니다. 저비용 항공사들은 편도 4시간 이내의 단거리 노선에 주력하면서 그 성장을 이룩하였습니다. 그러나 사업 경쟁률이 더 심해짐에 따라 이제는 4시간 이상 걸리는 싱가포르나 하와이처럼 먼 중·장거리 노선까지 운행을 확대하고 있습니다.

영어

LCC(Low Cost Carrier) uses the low cost strategy cutting down on unessential optional services including checked baggage service and in-flight meal. The low ticket price is not only LCC's prominent feature but also a source of its competitiveness. The low price plane ticket is made by reducing personnel expenses, maintenance expenses, in-flight services and fast flying back.

As long as they arrive at their destination safely, the passengers tend to be satisfied. In other words, a large number of them want a low cost rather than a fancy in-flight service. The demand for travel has been increased due to the international exchanges, higher income and fast growing tourism industry. In the meantime, LCC has enormously increased tourists' flight use. LCCs have developed, mostly focusing on short distance routes within 4 hours one way. As the LCC market is getting more competitive, however, they are also expanding their longer distance routes as far as Singapore and Hawaii where it takes more than 4 hours to reach.

중국어 低成本航空公司是采用减少托运行李和机内餐等非必需的附加服务，从而降低费用的航空公司。较低的机票价格是低成本航空公司的特点，也是其竞争力。低廉的机票是通过节省人工费和维修费、减少机内服务、快速返航等实现的。

乘客只要低成本安全地到达目的地，就会对旅行感到满意。也就是说，他们中大多数人，相比较享受豪华的乘机服务，更愿意花费较低的机票费用。旅游的需求随着国际交流、收入的增加和旅游业的高速增长而不断增加，在此期间，低成本航空公司大大活跃了旅游者的航空利用。低成本航空公司集中于单程4小时以内的短途航线，实现了迅速占领市场。但是随着行业竞争的日益加剧，现在运行范围扩大到了4小时以上的新加坡和夏威夷等较远的中长距离航线。

일본어 格安航空会社は、受託手荷物と機内食など必須ではない付加サービスを減らして費用を下げる戦略を使う航空会社です。格安航空券は、格安航空会社の特徴でまた競争力です。格安航空券は、人件費と整備費の節約と機内サービス縮小、早い回航によって構成されます。

乘客は、低コストで目的地まで安全にたどり着くと旅行に対して満足する傾向があります。つまり、彼らの多くは、豪華な機内サービスより低コストにしてほしい場合が多いです。旅行の需要は、国際交流、所得の増大と観光産業の急速成長に伴って増加してきて、そのうちに格安航空会社は、旅行者の航空利用を大幅に活性化しました。格安航空会社は、片道4時間以内の短距離路線に集中しながら、その成長を遂げました。しかし、事業の競争率がより激しくなることに応じて、今は4時間以上かかるシンガポールやハワイのように遠い中長距離路線まで運行を拡大しています。

백쌤의 TIP

- 일반 항공사(FSC ; Full Service Carrier) : 대한항공, 아시아나
- 저비용 항공사(LCC ; Low Cost Carrier) : 제주항공, 진에어, 이스타, 티웨이, 에어부산, 에어서울

간단요약

- LCC(저비용 항공사) : 위탁 수하물과 기내식 등 필수적이지 않은 부가서비스를 줄여서 비용을 낮추는 전략을 사용하는 항공사
- 낮은 항공권 가격은 저비용 항공사의 특징이자 경쟁력
- 여행자의 항공이용을 크게 활성화

호텔에 관광객을 모셔와 체크인을 하고 그 다음으로 해야 할 일에는 무엇이 있는가?

➤ What are you supposed to do after tourists checking in the hotel?

➤ 请游客到旅馆办理入住手续后还有什么工作要做?

➤ ホテルまで観光客を迎え、チェックインをした後ですべきことは何ですか。

한국어

체크인을 한 후에는 호텔 로비에서 잠시 대기하며 관광객이 객실 시설에 문제가 없는지 확인할 수 있도록 해야 합니다. 만일 문제가 있다면 해결하기 위해 관광객들을 도울 것입니다. 관광객과 호텔 직원 사이에서 의사소통이 잘 되지 않는 문제가 있을 수 있으므로 가이드가 휴식을 취하러 가기 전 시설 점검을 마쳐야 한다고 안내할 것입니다.

대기하는 동안에는 다음날 관광 계획에 따라서 관광지 입장권, 식사 예약, 교통, 숙박, 날씨, 현지 상황 등을 확인하여 다음날 여행이 순조롭게 이루어질 수 있도록 준비합니다. 또한 관광객들이 낮 동안 요청한 것이 있는 경우에 그 시간을 이용해서 추가적인 서비스를 제공할 수도 있습니다.

영 어

After customers check in, the tourist guide should stand by near the hotel lobby for some time while they check out the room facilities. If there are problems, I will help them to deal with them. Language problems could happen between customers and hotel workers, so I will ask them to finish checking their rooms before the tour guide leaves to take a rest.

While standing by, I will prepare for the next day's favoring tour, checking all the entrance tickets, meal reservations, transportations, accommodations, weather, and local situations. In case tourists demanded something during the day time, I will be able to provide extra service as well.

중국어

办理入住手续后，游客要确认客房设施，并立即告知有无问题。导游应该在酒店大堂逗留一会儿，必要时帮助游客解决问题。由于客户和酒店员工之间可能存在沟通问题，所以导游在休息前必须进行客房设施检查。

在等待期间，根据第二天的旅游计划，对景区门票、餐饮预订、交通、住宿、天气、当地情况等进行确认，为第二天旅游的顺利开展做好准备。另外，如果游客白天有要求，也可以利用这段时间提供额外的服务。

　チェックインをした後は、ホテルのロビーでしばらく待ちながら観光客が部屋の施設に問題が
ないかどうかを確認できるようにします。万が一問題がある場合、これを解決するために助け
ます。観光客とホテルのスタッフの間でコミュニケーションがうまくいかない問題があるかもしれ
なので、ガイドが休憩を取りに行く前に施設の点検を終えなければならないと案内します。

待っている間には、次の日の観光計画によって観光地の入場券、食事の予約、交通、宿
泊、天気、現地の状況などを確認して、次の日の旅行がスムーズに行われるように準備し
ます。また、観光客から昼間に要求されたことがある場合には、その時間を利用して、追加
のサービスを提供することもできます。

간단요약

- 호텔 로비에서 잠시 대기하며 관광객이 객실 시설에 문제가 없는지 확인할 수 있도록 함
- 가이드는 대기하는 동안 다음날 여행이 순조롭게 이루어질 수 있도록 준비
- 관광객들이 낮 동안 요청한 것이 있는 경우에 그 시간을 이용해서 추가적인 서비스 제공

008

관광객이 바가지를 쓰지 않도록 어떻게 도움을 줄 것인가?

➤ What can you do to help tourists not to get ripped off?

➤ 如何帮助游客不挨宰?

➤ 観光客がぼったくられないように、どう助けますか。

한국어

먼저, 관광객에게 주의 사항을 알려 주면 바가지 쓰는 것을 막을 수 있습니다. 가이드가 미리 관광객에게 상품의 적정 가격과 품질에 대한 정보를 주거나, 원하는 상품을 합리적인 가격으로 구매하는 방법을 알려 줄 수 있습니다. 그러면 가이드가 없는 상황에서 관광객이 상품을 사거나 음식의 맛을 볼 때, 바가지를 쓰지 않게 됩니다.

백화점, 관광지, 숙박시설 등에서 바가지를 씌우는 사업자에 대해 알게 되면 관광불편신고센터*에 신고를 할 것입니다. 또한 바가지요금에 대한 정보를 다른 가이드들과 공유하여 다른 관광객들이 바가지요금으로 인해 금전적 피해를 보고 불쾌해지는 일을 예방할 것입니다.

영 어

First of all, tourists can be prevented from being ripped off by listening to precautions. A tourist guide can previously inform them of the moderate price and quality of products or teach them how to purchase the goods they want. By doing so, they will be able to avoid being overcharged when they buy goods or try foods without the tourist guide.

If I find a business runner overcharging customers in a department store, a tourist site or an accommodation, I will report to the tourist complaint center. I will also share the information about overcharging with other tour guides and try to prevent other tourists from losing their money and getting offended.

중국어

首先, 提前告知游客注意事项可以防止挨宰。游客在没有导游的情况下需要购买商品或品尝食物时, 应事先向游客提供适当价格和商品质量的信息。或者在到达景区之前提前告知游客如何以合理的价格购买自己想要的东西。

对在商场、景区、住宿设施等场宰客的经营者, 一经了解, 将及时向旅游投诉中心投诉。同时, 与其他导游分享有关宰客费用的信息, 预防其他游客因宰客费用遭受金钱损失而感到不快。

일본어　まず、観光客に注意事項を教えればぼったくられることを防げます。ガイドがあらかじめ観光客に商品の適正価格と品質に関する情報を与えたり、お好きな商品をリーズナブルな価格で購入する方法を知らせることができます。すると、ガイドがいない状況で、観光客が商品を買ったり、食べ物の味を見たりする時、ぼったくられないようになります。

デパート、観光地、宿泊施設などでぼったくる事業者を見かけたら、観光苦情申告センターに通報します。また、ぼったくりに関する情報を他のガイドと共有して、他の観光客がぼったくりのために金銭的な損害を受けて不快になることを予防します。

참고　한국관광공사 홈페이지(visitkorea.or.kr)

백쌤의 TIP

*관광불편신고센터는 관광을 위한 시설(수단)의 이용에 따른 위법·부당행위, 불친절 등 관광불편사항 및 외국인 관광객의 인권침해(인종차별) 등을 신고하는 곳입니다. 신고한 의견내용은 개인정보 보호를 위하여 비공개로 운영됩니다.
신고전화 : (국번없이) 1330

간단요약

• 관광객에게 주의 사항을 알려줌(상품의 적정 가격과 품질에 대한 정보, 합리적인 가격으로 구매하는 방법)
• 바가지를 씌우는 사업자에 대해 알게 되면 관광불편신고센터에 신고, 가이드들과 공유

009

국립중앙박물관을 자세하게 소개해 보시오.

➤ Give full details of National Museum of Korea.

➤ 请仔细介绍一下国立中央博物馆。

➤ 国立中央博物館を詳しく紹介してください。

한국어

국립중앙박물관(National Museum of Korea)은 우리나라 박물관 중 가장 규모가 크고 중심적인 국립박물관입니다. 우리나라의 역사·고고학·미술·민속을 한 곳에 모두 담고 있기 때문에 대한민국의 가장 큰 보물 창고라고도 불립니다. 1945년 해방 후 한국은 조선총독부박물관을 인수하여 국립박물관으로 개관하였습니다.

한국 최초의 박물관은 대한제국 황실이 1909년 11월에 서울 창경궁에 개관한 제실박물관(帝室博物館)입니다. 이후 이왕가박물관, 이왕가미술관으로 명칭이 변경되었고, 광복 이후인 1946년에 덕수궁미술관으로 개편되었습니다. 훗날 국립박물관은 덕수궁미술관과 통합되어 대폭적인 소장품 확충이 이루어지게 됩니다.

현재의 국립중앙박물관은 2005년 서울특별시 용산구 서빙고로에 건립되었으며 30평 아파트 1300채 규모에 총 33만 점의 국보급 유물을 보유한, 세계의 대규모 박물관들 중의 하나입니다. 6·25 전쟁 중에는 중요 문화재 2만여 점을 부산으로 긴급 대피시켰었으며 전쟁 후 남산의 민족박물관으로, 그 후 다시 덕수궁으로 이전하였습니다. 흩어졌던 유물들을 지키고 모으기까지 어려움이 많았던 만큼 국립중앙박물관의 역사적인 가치와 의미는 중대합니다.

영 어

National Museum of Korea is the biggest and most significant national museum among all the museums in Korea. It is also called the biggest repositorium of Korea since it contains all these collections about history, archeology, art and folklore in a place. Upon liberation in 1945, Korea took over the Joseon Government-General Museum and renamed it "National Museum".

The first museum of Korea is the imperial household museum, which was open in Chang-gyeong palace, Seoul in November, 1909. After that, it was reformed into Lee royal family museum and into Lee royal family art gallery in a row and then again reformed into Deoksugung art museum. Later, national museum took over collections from Deoksugung art museum and dramatically increased its historical artifacts.

The current national museum was built in Seobingoro, Yongsangu, Seoul special city, in 2005. It has 330 thousand valuable treasures and one of the biggest museums with the size of 1300 middle-sized apartments complexes. During the Korean War, thousands of important cultural properties were urgently evacuated to Busan and after the war, they were moved to National folk museum in Namsan, and moved again to Deoksugung Palace. As much as the hardships preserving and collecting the scattered relics, National museum has its historical value and significant meaning.

중국어

国立中央博物馆(National Museum of Korea)是我国博物馆中规模最大、中心的国立博物馆。这里承载了我国的历史、考古、美术和民俗等，因此也被称为韩国最大的宝物仓库。1945年解放后，韩国接管朝鲜总督府博物馆，作为国立博物馆开馆。

韩国最早的博物馆是大韩帝国皇室于1909年11月在首尔昌庆宫开馆的帝室博物馆。之后被改成为李王家博物馆、李王家美术馆，光复后的1946年被改成为德寿宫美术馆。后来，国立博物馆与德寿宫美术馆合并，进行了大规模的藏品扩充。

现国立中央博物馆于2005年建立于首尔特别市龙山区西冰库路，规模为30坪，公寓1300栋，共拥有33万件国宝级文物，是世界上规模最大的博物馆之一。6·25战争期间，有2万余件重要文化遗产紧急避难至釜山，战争后迁至南山民族博物馆，之后又迁至德寿宫。由于分散的文物难以保护和收集，国立中央博物馆的历史价值和意义重大。

일본어

国立中央博物館(National Museum of Korea)は韓国の博物館の中で最も規模が大きく、中心的な国立博物館です。韓国の歴史・考古学・美術・民俗を一箇所に全て集めたため、大韓民国の最大の宝庫とも呼ばれます。1945年の解放の後、韓国は朝鮮総督府博物館を引き受け、国立博物館として開館しました。

韓国最初の博物館は大韓帝国皇室が1909年11月にソウルの昌慶宮に開館した帝室博物館です。以後、李王家博物館、李王家美術館に名称が変更され、光復の後の1946年に徳寿宮美術館に改編されました。後日、国立博物館は、徳寿宮美術館と統合され、大幅なコレクションの拡充が行われるようになります。

現在の国立中央博物館は、2005年ソウル特別市龍山区西氷庫路に建設され、30坪のマンション1300軒の規模で、計33万点の国宝級の遺物を保有している、世界の大規模博物館の一つです。朝鮮戦争中には重要な文化財2万点を釜山に緊急避難させせて、戦争後には南山の民族博物館に、その後、再び徳寿宮に移転しました。散らばった遺物を守って集めるまで困難が多かったほど、国立中央博物館は、その歴史的な価値と意味が重大です。

참고 다음백과, 한국민족문화대백과

국립중앙박물관 사이트(www.museum.go.kr)

간단요약

- 우리나라 박물관 중 가장 규모가 크고 중심적인 국립박물관
- 역사·고고학·미술·민속을 한 곳에 모두 담고 있기 때문에 대한민국의 가장 큰 보물 창고
- 국립박물관은 덕수궁미술관과 통합되어 대폭적인 소장품 확충이 이루어졌음
- 6·25 전쟁 중에는 중요 문화재 2만여 점이 부산으로 긴급 대피
- 흩어졌던 유물들을 지키고 모으기까지 어려움이 많았음

제4차 산업혁명과 관련해 관광산업을 발전시킬 수 있는 방안과 그로 인해 관광산업이 어떻게 변화할지에 대해 말해 보시오.

> Please describe how we can develop tourism industry related to the 4th Industrial Revolution and what kind of changes in tourism industry that will make.

> 就第四次工业革命而言，发展旅游产业的方案及其影响旅游产业的变化如何？

> 第4次産業革命と関して観光産業を発展させることができる方案と、それによって観光産業がどのように変化するかについて話してください。

한국어

제4차 산업혁명은 관광산업 다방면에서 변화를 일으키고 있습니다. 제4차 산업혁명에서의 핵심 기술들인 빅데이터 분석, 사물 인터넷, 시뮬레이션 등은 관광업의 서비스 제공과 마케팅 분야에 급격한 변화를 가져왔습니다.

예를 들어 빅데이터 분석 기술로 카드사용액을 분석하여 특정 행사의 성과를 알 수 있습니다. 인터넷 검색어, SNS의 게시글과 공유글 분석으로는 고객의 요구를 보다 쉽고 정확하게 파악할 수 있습니다. 가상현실 기술을 이용하면 목적지나 시설을 미리 둘러보고 방을 골라 예약을 하며 음료와 음식을 미리 주문하는 등의 서비스 이용이 가능해집니다. 인공지능(AI) 로봇은 인사, 이동, 벨보이 서비스, 요금정산, 홍보, 현지 가이드, 음식 주문받기 등 다양한 서비스를 제공할 수 있습니다.

관광객들의 입장에서 보면 인터넷 접속과 스마트폰 사용으로 관광에 대한 정보를 보다 쉽게 얻어 더 편리하게 여행을 할 수 있게 되었습니다. 제4차 산업혁명이 가져온 이 모든 변화는 서비스 제공자, 소비자, 중개인과 관광업의 모든 관계자들 간의 소통과 융합을 도울 것입니다. 제4차 산업혁명으로 인한 변화를 지혜롭게 사용하는 사람들에게는 위기가 아니라 기회가 될 것입니다.

영 어

The 4th Industrial Revolution has brought changes in the tourism industry in a multifaceted way. New technologies from the 4th Industrial Revolution including big data analysis, internet of objects, simulation and VR have caused radical changes in service delivery and marketing area in the tourism industry.

For example, with big data analysis technology, credit card use can be analyzed to figure out the result of a specific event. Analyzing internet search words, SNS posts and sharing can make it easier to understand and meet individual customer needs more accurately. Virtual Reality technology can be applied to provide services concerning sightseeing of destinations or facilities, room selection, reservations, pre-ordering food and beverage, etc. AI robots can also offer various services such as greeting, transfer, bellboy service, payment, promotion, on-site guidance, food orders, etc.

From tourists' point of view, thanks to the internet access and smart phone use, it has become easier to get the tourism information and travel with convenience. All these changes from the 4th Industrial Revolution will facilitate communication and integration between service providers, consumers, intermediaries and all the people concerned in the tourism industry. For wise users, these changes will be an opportunity, not a threat.

중국어 第四次产业革命在旅游产业多方面引起了变化。第四次工业革命中的核心技术大数据分析、物联网、模拟等，在旅游业的服务提供和营销领域发生了急剧变化。

例如，利用大数据分析技术分析信用卡使用额，从而了解特定活动的成果。利用网络搜索词、SNS的帖子和共享文章分析，可以更轻松、更准确地把握客户的需求。虚拟现实技术，事先挑选目的地的设施并预订房间、饮料和食物等，使预定服务变得可能。人工智能机器人可提供人事、移动、侍者服务、费用结算、宣传、接受当地导游、餐饮订单等多种服务。

在游客看来，通过网络和使用智能手机，更容易获得旅游信息，更方便地进行旅游。

第四次工业革命带来的这一切变化，将大大提升服务提供者、消费者、中介与旅游业的所有相关人员之间的沟通与融合。对于会灵活使用的人来说，这个变化也许不是威胁，而是一次很好的机会。

| 일본어 | 第4次産業革命は、観光産業の多方面で変化を起こしています。第4次産業革命で核心技術のビッグデータ分析、物事のインターネット、シミュレーションなどは観光業のサービス提供とマーケティング分野に急激な変化をもたらしました。 |

例えば、ビッグデータ分析技術でカードご利用代金を分析し、特定イベントの成果を知ることができます。インターネット検索キーワード、SNS投稿や共有の分析では、顧客のニーズをより簡単で正確に把握できます。バーチャル・リアリティ技術を利用すると、目的地や施設を事前に見学し、部屋を選んで予約をして、飲み物や食べ物を事前に注文するなどのサービス利用が可能となります。人工知能(AI)ロボットは挨拶、移動、ベルボーイサービス、料金の精算、広報、地元ガイド、料理の注文受付など、様々なサービスを提供できます。

観光客の立場から見ると、インターネット接続やスマートフォンの使用で観光に関する情報をよりやすく得て、もっと便利に旅行ができるようになりました。第4次産業革命がもたらした全ての変化はサービス・プロバイダ、消費者、ブローカーと観光業の全ての関係者の間でのコミュニケーションと融合を助けます。第4次産業革命による変化を賢く使っている人には危機ではなく、機会になるでしょう。

백쌤의 TIP

스마트 관광은 개인이 어떤 곳을 관광할 때, 의사소통이나 현지 정보 파악 같은 문제를 스마트폰과 모바일 기술을 이용하여 해결하는 관광을 이르는 말입니다.

간단요약

- 제4차 산업혁명 핵심 기술 : 빅데이터 분석, 사물 인터넷, 시뮬레이션 등
- 관광업의 서비스 제공과 마케팅 분야에 급격한 변화를 가져옴
- 고객의 요구를 보다 쉽고 정확하게 파악, 다양한 서비스 제공
- 관광객들은 관광에 대한 정보를 보다 쉽게 얻어 더 편리하게 여행
- 관광업 모든 관계자들 간의 소통과 융합

001

노쇼(No Show)와 고쇼(Go Show)가 무엇인지 설명해 보시오.

> Give the explanation of No Show and Go Show.
> 请说明一下"No Show"与"Go Show"各指什么。
> ノーショー(No Show)とゴーショー(Go Show)とは何か説明してください。

한국어 비행기 여행, 호텔, 식당, 공연 등에 예약을 해 놓고 취소도 하지 않은 채 약속 시간에 나타나지 않는 것을 노쇼라고 합니다. 이와 비교해서 고쇼는 예약을 하지 못한 여행자가 공항, 호텔, 공연장소 등에 가서 예약 취소나 노쇼로 나오는 티켓을 구매하려고 기다리는 것을 말합니다.

비행기 여행 승객이 항공기 출발 이전까지 예약 취소 없이 탑승하지 않으면 노쇼가 발생하며 그 승객은 위약금을 내게 되어 있습니다. 특히 비행기에 이미 탑승한 승객이 비행기에서 내리길 요구하면 상황은 더 악화됩니다. 이 경우 그 비행기의 다른 승객들이 모두 내려 보안점검을 다시 받아야 하는 큰 불편함이 생깁니다. 항공기 지연은 물론이며 항공사 입장에서도 큰 손해를 보게 됩니다. 현장에서 대기 중인 고쇼 여행자들이 있더라도 이들을 태울 수 있는 시간적 여유가 없어 해당 좌석을 비운 채 갈 수밖에 없기 때문입니다.

문화 공연에서는 노쇼가 발생한 수만큼 객석이 빈 채로 공연을 진행하게 되고 관람을 원했던 사람들은 자리를 얻을 기회를 잃게 됩니다. 또한 식당에서의 노쇼는 특히 단체 예약 같은 경우 막대한 식재료비 손실을 가져옵니다.

관련 업계는 노쇼를 줄이기 위해 위약금을 더 많이 부과하는 방법을 사용합니다. 예약 예치금을 받는 식당이 늘어나고 있고, 무료 문화 공연이라 하더라도 예약금을 받은 뒤 나중에 환급해 주기도 합니다. 노쇼 현상의 증가와 관련 정책은 우리 사회의 신뢰할 수 없는 분위기를 보여 줍니다. 바람직한 예약 문화에 대한 인식 개선이 필요한 시점이라고 생각합니다.

"No Show" refers to the case that a person made reservation for an air trip, a hotel, a restaurant or a concert but he or she doesn't show up at the appointed time without canceling. Compared to that, "Go Show" refers to the case that a person who didn't make a reservation goes to the airport, the hotel, the concert hall, etc. and waits for the returned tickets, available rooms or seats coming out from canceling or no shows.

Air trip no shows occur when passengers don't go aboard without canceling until the aircraft takes off, and they are supposed to pay the penalties for that. Especially if the passengers already on aboard demand to get off the plane, the situation gets worse. In that case, other passengers in the plane have to get off the plane and get the security check again, which causes a lot of great inconveniences. That leads to a flight delay and a serious economic loss for airline company. Even when there are go show tourists on the spot, there is not enough time to pick them up and therefore the plane cannot help departing with some vacant seats.

No shows in the cultural performances cause that number of vacant seats in the performance hall, making audiences-to-be lose their chances to attend. Also no shows in a restaurant, especially in such case as group reservations, make the restaurant take a huge cost of food ingredients.

Related industries are making efforts to prevent no shows by imposing higher no show penalties. Restaurants taking reservation deposits are increasing and even free cultural performances often take a reservation deposit and refund it later. The growth of no shows and related policy reflects the unreliability of our society. I think it is time to improve awareness of great reservation culture.

"No Show"是指某人预订了机票、酒店、餐厅以及演出，但没有提前取消票，而临时不登机或未到场的情况。与此相反，"Go Show"是指没有事先提前预订票的人，为了购买有人取消的票或者因"No Show"而剩下的票，到机场、酒店或剧场去一直等候的情况。若要搭乘飞机的乘客，到飞机起飞时，没有提前取消机票而不搭乘飞机的话，这就属于"No Show"情况，该乘客必须缴纳违约金。尤其是如果已搭乘飞机的乘客愿意下飞机的话，情况就糟糕了。这时，该飞机上的其他旅客都需要下飞机，然后重新过安检，因此给很多人带来麻烦。这不仅影响航班时刻的延迟，而且给航空公司带来很大的损失。虽然也许有几位"Go Show"乘客，但没有充分的时间让他们乘坐飞机，飞机只能空着座席出发。

在演出方面，发生"No Show"的话，其座位会在空席状况下开始演出，造成原本想要买票的人们失去了观看演出的机会。此外，在餐厅里的"No Show"，尤其是团队预约的话，会造成很大的食材料费的损失。

为了减少"No Show"，有关业界采取了征收更多违约金的解决方案。因此，收取预约金的餐厅越来越多。演出方面，即使是免费演出，也会先收取预约金然后退还。这种"No Show"现象的增加和有关政策，显示现代社会中不可信赖的社会氛围。我认为，现代人们需要改善对预约文化的认识。

飛行機旅行、ホテル、食堂、公園などに予約したにも関わらずキャンセルせずに、約束の時間まで現れないことをノーショーと言います。これに比べて、ゴーショーは予約が出来なかった旅行者が空港、ホテル、公園先などで、予約のキャンセルやノーショーのチケットを購入するために待つことを言います。

飛行機旅行の乗客が航空機が出発する前までキャンセルせずに搭乗しなければ、ノーショーが発生し、その乗客はペナルティとして罰金を払うことになっています。特に、もう飛行機に搭乗している乗客が飛行機から降りたいと乗務員に要求すると、状況はもっと悪くなります。この場合、その飛行機に搭乗していた他の乗客達は全員飛行機から降りて、また保安検査を受ける大不便に見舞われることになります。飛行機の遅延は勿論、航空社の立場で考えても大損害を被ることになります。現場でキャンセル待ちをしているゴーショーの旅行者がいても、その方達を乗せる時間的な余裕がなくて、ノーショーの座席は空けたままにして運航せざるを得ないからです。

文化公演ではノーショーが発生した数ほど、客席が空いたまま公演を進めることになり、観覧を希望した人々は席のチケットの購入機會を失うことになってしまいます。特に、食堂でのノーショーは、団体予約の場合、食材料費に莫大な損失を招くことになります。

関連業界はノーショーを減らすために、ペナルティとして罰金をもっと高く科する方法を用いています。予約する時お預り金を払ってもらう食堂が増えており、無料文化公演であっても、まずはお預かり金を払ってもらって、後で返金することもあります。ノーショー現象の増加と関連政策はわが社会の信頼できない雰囲気を見せています。望ましい予約文化に対する認識を改めることが必要な時点だと思います。

간단요약

- 노쇼 : 예약을 해 놓고 취소도 하지 않은 채 약속 시간에 나타나지 않는 것
- 고쇼 : 예약을 하지 못한 여행자가 공항, 호텔, 공연장소 등에 가서 예약 취소나 노쇼로 나오는 티켓을 구매하려고 기다리는 것

002

오버투어리즘(Overtourism)에 대해 설명해 보시오.

➤ Give the explanation of Overtourism.

➤ 请说明一下过度旅游是什么。

➤ オーバーツーリズム(Overtourism)について説明してください。

한국어

오버투어리즘(과잉관광)은 'Over'와 'Tourism'의 합성어입니다. 유명 관광지에 수용 가능한 범위를 넘어서 관광객이 지나치게 몰려 관광의 질이 떨어지고 지역주민의 일상생활이 침해되는 현상을 나타내는 말입니다. 유명 관광지들이 지역경제 활성화를 위해서 관광객을 끌어 모으던 시절이 지나가고 이제 과잉관광으로 고통받게 된 것입니다. 과잉관광은 환경오염, 관광지 훼손, 관광의 질 저하 및 사고 증가, 소음 공해, 임대료 상승과 지역 주민의 일상 침해 등의 문제로 이어집니다.

대기 시간이 너무 길거나 너무 붐벼서 교통수단을 이용하기 힘든 경우 혹은 다른 관광객들을 함께 찍지 않고는 사진을 찍을 수 없는 경우 관광 상품의 질이 떨어지게 됩니다. 또한 유명 관광지 주변의 지역 거주민들은 심각한 교통체증과 엄청난 일회용 플라스틱 쓰레기들로 인한 환경 파괴, 관광객들의 무질서한 행동들 같은 일상 속의 관광 공해를 참아 내야 합니다. 설상가상으로 높은 임대료와 열악한 주거 환경 때문에 지역 거주민들이 살던 곳 밖으로 내몰리는 일까지 벌어지는데 이를 투어리스티피케이션(Touristification)*이라고 합니다.

전 세계의 유명 관광지들이 오버투어리즘의 심각성을 알리고 관광객 수를 줄이기 위해 관광세를 받거나 입장료를 올리고 일일 방문객의 수를 제한하는 등의 정책을 실시하기 시작했습니다. 이 모든 문제를 해결하는 방법은 지속가능한 관광에 대한 인식을 키우는 것이라고 생각합니다. 자기 돈을 들여서 떠났으니 마음껏 즐기겠다고만 하지 말고 관광객들도 아름답고 소중한 여행지를 아끼고 보존하기 위해서 노력해야 할 것입니다.

*투어리스티피케이션(Touristification) : 'Touristify(관광지화하다)'와 'Gentrification(고급주택화)'의 합성어, 주거지역이 관광지화하면서 소음, 쓰레기, 주차문제 등과 주민을 위한 편의시설 감소 때문에 기존 거주민이 이주하는 현상

Overtourism is the compound word of 'Over' and 'Tourism'. This represents the state that too many tourists flock to famous tourist sites beyond its acceptable number of visitors, degrading the travel quality and violating the daily life of local residents. Famous tourist sites have tried to attract many tourists to boost the local economy but those days are behind them and now they suffer from excessive visits. Overtourism leads to environmental pollution, tourist site destruction, tourism degradation, more accidents on tour, noise pollution, rental price rise, invasion of residents' daily life, and so on.

If the waiting time is too long, transportation is too crowded to use or you can't take pictures without other travelers on the back, the quality of a tourist product will be degraded. Also, the residents near famous tourist sites have to stand the tourism pollution in their everyday life such as serious traffic jam, environmental destruction specifically from the huge amount of disposable plastic waste and travelers' disorderly behaviors. What's worse, High rental prices and bad housing environment even drive out the local residents, which is called touristification.

World famous tourist sites have been set in motion to announce the seriousness of overtourism and control the number of visitors by getting tax, raising admission fee or limiting the daily number of visitors. I think the key to this whole deal is to raise the awareness of sustainable tourism. Instead of just enjoying themselves travelling with their own money, tourists themselves should try to preserve the beautiful precious places.

过度旅游(Overtourism)是'Over'和'Tourism'结合的合成词，它是指由于在景区内游客过多并超过可容纳的人数，导致旅游质量的下降，并打扰当地居民生活的现象。为了地方经济的发展，旅游景点主动引进游客的时代已经远远过去了，对现代来说很多景区却因过度旅游而受到负面影响。过度旅游带来了环境污染、损坏文物、旅游质量的降低、发生事故、噪声污染、租金的上升以及侵犯当地居民的私生活等很多问题。

如果候车时间太长或车内太拥挤而人们无法利用交通手段，或者在景区内人太多没法拍照片的话，旅游的质量自然会降低。而且在景区附近的居民们只好忍受交通堵塞、由一次性塑料垃圾引起的环境问题、及其游客们的失序行为等旅游公害。更为严重的问题是租金的上升和恶劣的居住环境，从而使当地居民无奈地搬迁到外地居住，这种情况叫做"旅游化(Touristification)"现象。

目前，为了提出过度旅游的问题并减少游客们的引进，很多景区都开始实行征收旅游税、提高门票价、以及一天可访问的人数有限等的政策。我认为，为了解决这些问题人们应该要培养一种可持续性发展旅游的认识，游客们不要认为只要花了自己的钱就可以随便行动，也应该为了保护美丽的景区环境而尽自己的微薄之力。

일본어

オーバーツーリズム(観光公害)は'Over'と'Tourism'の合成語です。有名観光地が受け入れられる許容範囲を超えて観光客が押し寄せ、観光の満足度を低下させ、日常生活で地域住民のプライバシーが侵害される現象を表す言葉です。有名観光地が地域経済を活性化させるため、観光客を誘致した時期は過ぎて、もう観光公害で悩めることになったのです。観光公害は環境汚染、観光地の破壊、観光の満足度の低下や事故の増加、騒音公害、賃料の値上げや地域住民のプライバシー侵害などの問題につながります。

待ち時間が長すぎたり、混雑しすぎたりして、交通手段を利用することが大変な場合、あるいは、他の観光客を撮らなくては観光地の写真を撮ることができない場合、観光の品質が下がることになります。また、有名観光地周辺の地域住民は深刻な交通渋滞と使い捨てプラスチックのゴミによる環境破壊、観光客の勝手な行動などみたいな日常での観光公害を我慢するしかないです。かてて加えて、高い賃料と劣悪な住環境のため、地域の住民が地元から追い立てられることまで起こりますが、これをツーリスティフィケーション(Touristification)と言います。

前世界の有名観光地がオーバーツーリズムの深刻性を告げ、観光客数を減らすために国際観光旅客税(出国税)を払ってもらったり、入場料を値上げして一日の入場客を制限したりする政策を始めました。この全ての問題を解決する方法は継続できる観光に対する認識を高めることだと思います。自分の金でする旅行だから、思い切り楽しもうとすることではなく、観光客も美しくて大切な観光地を大事にして保存するために努力するべきです。

참고 네이버 지식백과(terms.naver.com)

2019년 1월 인도 정부는 한 해 7백만 명이 찾는 세계적 관광지 타지마할의 과잉관광을 해소하기 위해 타지마할 입장료를 5배 인상하였습니다. 이탈리아 베네치아도 2019년 5월부터 호텔 투숙객에게만 부과하던 관광세를 당일 치기 관광객에게까지 부과합니다. 2018년에 6개월 동안 관광지 문을 닫았던 필리핀 보라카이는 재개장 후 관광객 수를 하루 만 9천 명으로 제한하고 있습니다. 일본은 항공과 해상을 통해 출국하는 모든 관광객들에게 출국세를 부과하고 있으며 일본 교토시는 유명 관광지 인근의 건물에 휴대전화의 무선랜망을 이용한 방문자 계측기를 설치 하여 인파를 분산하는 방편으로 이용합니다. 이탈리아와 스페인도 방문객 계측 시스템, 호텔신축 금지, 에어비앤 비 영업 일수 제한 등 관광지 보존을 위한 정책을 실시하고 있습니다.

국내 오버투어리즘의 예를 생각해 봅시다. 이미 관광객 수용능력이 초과된 제주도 유명 관광지들은 인파로 붐벼 여유로운 관광이 불가능해졌을 뿐 아니라 긴 대기시간, 자연훼손, 쓰레기 투기로 인한 오염, 교통 체증 문제를 겪 고 있습니다. 북촌 한옥마을은 관광객들로 인한 소음공해, 거주지 무단 침입, 쓰레기 무단투기와 주차문제로 몸살 을 앓고 있으며, 관광 위주로 상권이 발전하다 보니 물가가 비싸지고 임대료는 높아지는 반면에 주민 편의시설은 사라져서 거주민이 도리어 쫓겨나거나 이주하는 투어리스티피케이션이 일어났습니다. 오버투어리즘에 관련하여 관광지의 다양한 문제점과 그 심각성에 대해 생각해 보시기 바랍니다.

• 오버투어리즘(과잉관광) : 'Over'와 'Tourism'의 합성어
• 관광객이 지나치게 몰려 관광의 질이 떨어지고 지역주민의 일상생활이 침해되는 현상
• 환경오염, 관광지 훼손, 관광의 질 저하 및 사고 증가, 소음 공해, 임대료 상승과 지역 주민의 일상 침해 등의 문제
• 지속가능한 관광에 대한 인식 필요

영화관광이란 무엇인지 설명하고 관련 관광지로는 어떤 곳이 있는지 말해 보시오.

> Explain what Movie Tourism is and give the examples of related tourist sites.

> 请说明一下影视旅游是什么，并举一些有关的旅游景点。

> 映画観光とは何か説明し、関連した観光地としてはどんな所があるか語ってください。

한국어

영화관광이란 영화가 촬영된 세트장과 촬영지를 상품화하여 사람들이 관광하도록 한 여행 상품입니다. 잘 알려지지 않았던 장소도 유명 영화의 촬영지가 되면 영화를 좋아하는 사람들의 주목을 받게 됩니다. 영화관광에는 세트장 투어뿐만 아니라 의상체험, 사진 인화, 영화 장면 재연하기와 같은 활동이 포함됩니다. 영화가 대중에게 사랑을 받을수록 영화 관광지를 찾는 관광객들의 수가 많을 뿐만 아니라 더 오랜 기간 동안 관광 이익을 창출하게 됩니다.

예를 들어, 영국은 〈해리포터〉 촬영지로 유명한데 최근, 영화 〈보헤미안 랩소디〉로 인해 그룹 퀸의 고향으로서 다시 관심을 받게 되었습니다. 〈반지의 제왕〉 시리즈의 세계적인 성공은 뉴질랜드 관광 산업에 필수적인 역할을 하고 있으며, 하와이는 〈쥬라기 공원〉으로 수익을 창출하고 있습니다. 한국 영화를 예로 들자면, 영화 〈기생충〉의 세계적인 인기에 힘입어 서울에 있는 〈기생충〉 촬영지가 한국에서 방문해야 할 명소로 부상하고 있습니다. 〈기생충〉 촬영지로는 영화 이야기 속에 등장하는 슈퍼마켓 동네 계단, 자하문 터널로 내려가는 계단, 피자 가게 등이 있습니다. 영화 〈기생충〉 촬영지 탐방코스는 마포구부터 종로구, 동작구에 걸쳐 있으며 한국 영화의 위상을 알리는 데 일조할 것입니다.

시간이 흘러 영화가 사람들에게 잊히면 인기 없어진 세트장은 방치되어 애물단지가 되는 경우가 많습니다. 그러나 이를 역사와 안보, 지역 문화와 관련된 콘텐츠로 개발한다면 문화와 역사를 교육하고 체험할 수 있는 유익한 장소로 활용할 수 있을 것입니다.

영 어

Movie tourism refers to the travel product which commercializes the movie set and filming site so that people can go on a tour. Shooting a famous movie enables some unknown places to get attention of people especially when they are the huge fan of that movie. Movie tourism may involves not only the movie set tour but also activities like trying on movie costumes, taking instant photos, and reenacting movie scenes. The more publicly loved the movie is, the more visitors gather and the longer it will create a profit.

PART
01

For example, UK is famous for the filming site of *Harry Potter* and recently, the movie *Bohemian Rhapsody* highlighted it again as the hometown of the band 'queen'. The global hit of the movie *The Lord Of The Rings* is playing an essential role in New Zealand tourist industry and *Jurassic Park* is creating a benefit for Hawaii. As for Korean movies, thanks to the worldwide popularity of the movie *Parasite*, its shooting places in Seoul are emerging as hot places to visit in Korea. They include the supermarket, stairs in the neighborhood, stairs leading down to the Jaha gate tunnel and the pizza store, which appear in the movie story. The movie *Parasite* tour course is from Mapo-gu, Jongno-gu to Dongjak-gu and will contribute to spreading the status of Korean movies.

As time goes by, the movie is forgotten and the untraveled movie set is likely to become a nuisance, deserted uselessly. However, developed into a new contents related to history, security, and local culture, the movie set places will become a new useful tourist destination to teach children and let them experience some important culture and history.

중국어 影视旅游是一种把拍摄电影的布景地和摄影场变成旅游产品来吸引游客的旅游活动。原来不太有名的地方，一旦拍摄了有名的电影，就会受到喜欢那部电影的人们的关注。影视旅游除了游览摄影场，还包括试穿电影上的服饰、拍照洗印、自己扮演电影中的场面等体验型活动。如果电影受到大众的欢迎，那么游客接待量也将随之大幅攀升，这能创造出长期的旅游利润。

比如，英国因电影《哈利破特》的摄影地而有名，最近由于电影《波西米亚狂想曲》的上演，英国做为皇后乐队的家乡而备受关注。因电影《指环王》的成功而吸引了许多游客慕名前往新西兰，这对当地旅游业的发展起到了非常重要的作用。夏威夷也因电影《侏罗纪公园》的成功而获得了不少利润。以韩国影视旅游情况为例，由于电影《寄生虫》的成功，位于首尔的寄生虫摄影地成为了韩国旅游时必须参观的景点之一。寄生虫摄影地包括电影故事中的邻里超市阶梯、通往紫霞门隧道的阶梯、以及披萨店等。电影《寄生虫》摄影地的探访路线横跨麻浦区到钟路区及铜雀区，这里将会起到把韩国电影的人气带到全世界的作用。

随着时间的流逝，电影也自然会被人们所遗忘，针对以前那些有人气的摄影场经常被弃置而变成没用的建筑物的问题。但如果景区应开发历史、安保以及富有地方文化特色的旅游资源，使其成为教育和体验历史文化活动的场所。

映画観光とは映画が撮影されたセット場とロケ地を商品化して、人々が観光できるようにした旅行商品です。ほとんど知られていない場所も有名な映画のロケ地になると、映画が好きな人々から注目されるようになります。映画観光にはセット場ツアーだけでなく、衣装体験、写真の印画、映画のシーンを再演することのような活動が含まれます。

映画が大衆に愛されればされるほど、映画観光地を訪ねる観光客の数が増えるだけでなく、もっと長い間、観光による利益を生みだすことができるようになります。

例えば、イギリスは〈ハリー・ポッターシリーズ〉のロケ地で有名ですが、最近、映画〈ボヘミアン・ラプソディ〉によって、バンド'クイーン'の故郷として再び関心を払うようになりました。〈ロード・オブ・ザ・リング〉シリーズの世界的な成功はニュージーランドの観光産業に必須の役割をしていて、ハワイは〈ジュラシック・ワールド〉で収益を生み出しています。韓国の映画を例えると、映画「パラサイト−半地下の家族」の世界的な人気に力づけられて、ソウルの「パラサイト−半地下の家族」のロケ地は、韓国で必ず訪れるべき観光スポットとして浮上しています。「パラサイト−半地下の家族」のロケ地としては、映画のストーリーで登場するスーパーの町の階段、紫霞門(ジャハムン)トンネルに降りる階段、ピザ屋などがあります。映画「パラサイト−半地下の家族」のロケ地のツアーコースは、麻浦区から鍾路区、銅雀区にまたがっており、韓国映画の名声をとどろかすことに一助すると思います。

時間が立って映画が人々から忘れていくと、人気が下がったセット場は放置されて余計者になる場合が多いです。しかし、これを歴史と安保、地域の文化との関連コンテンツとして開発すると、文化と歴史を勉強して体験できる有益な場所として活用できるでしょう。

코로나19로 인하여 언택트가 뉴노멀*로 자리를 잡아가면서 유명한 한국 영화와 드라마 명소를 영상으로 관광하는 '랜선 투어, K-Movie(케이무비) 안방 투어' 콘텐츠가 생겨나고 있습니다. 예를 들어 서울 관광 공식 유튜브 채널, 비짓서울에는 한국 영화, 드라마뿐만이 아니라 관광지 소개, 볼거리와 먹거리에 이르기까지 다양한 콘텐츠가 업로드되고 있습니다. 인기 한류 드라마 덕분에 한국 치킨 사업이 호황을 누리고 세계적으로 유명해진 영화 덕분에 한국의 라면 판매량이 폭등한 것처럼 K-콘텐츠는 예측하기 힘들 만큼 큰 파급효과를 지니고 있습니다. 이러한 K-콘텐츠 영상 제작과 인터넷을 통한 홍보는 코로나 시대와 포스트 코로나 시대를 통틀어 한류 팬을 꾸준히 양성할 것이며 잠재적인 관광객을 늘리는 데 일조할 것입니다.

*뉴노멀(New Normal) : 시대의 변화에 따라 새롭게 나타나는 기준 혹은 표준

참고 서울시 공식 관광정보 사이트(korean.visitseoul.net/)
서울관광 공식 유튜브 채널 비짓서울TV(www.youtube.com/user/visitseoul)

간단요약

- 영화관광 : 영화가 촬영된 세트장과 촬영지를 상품화하여 사람들이 관광하도록 한 여행 상품
- 영국 〈해리포터〉와 〈보헤미안 랩소디〉, 뉴질랜드 〈반지의 제왕〉, 하와이 〈쥬라기 공원〉, 우리나라 〈기생충〉

004

한국의 국립공원에 대해 소개해 보시오.

> Introduce National Parks of Korea.
> 请介绍一下韩国的国立公园。
> 我が国の国立公園について紹介してください。

한국어

한국의 국립공원은 '우리나라를 대표할 만한 자연생태계와 자연·문화 경관을 보여 주는 지역'을 말합니다. 국립공원은 지역 보호와 지속가능한 사용을 위해 한국 정부가 직접 지정, 관리합니다. 1872년 옐로스톤(Yellowstone)이 세계 최초 국립공원으로 지정되면서 국립공원 제도가 전 세계로 확산되었습니다. 한국에서는 1967년 지리산이 제1호 국립공원으로 지정된 이래 전국 23지역이 국립공원으로 지정되었습니다.

한국의 국립공원은 유형에 따라 산악형(19), 해상·해안형(3), 사적형(1) 공원으로 지정, 관리되고 있습니다. 경주 국립공원은 한국의 유일한 역사·문화형 국립공원입니다. 한려해상, 태안해안, 다도해해상은 해상·해안형 국립공원이고 나머지 19곳은 지리산, 계룡산, 설악산, 속리산, 한라산, 내장산 등과 같은 산악형 국립공원입니다. 각 국립공원의 독특한 자연환경에 따라 관광객들은 숲속 탐방, 해안 트레킹, 낙조감상, 케이블카 타기 등을 즐길 수 있습니다.

국립공원은 자연과 인간 모두에게 중요한 기능을 하고 있습니다. 첫째, 풍부한 종 다양성이 보존되는 생태지역으로서 미래를 위한 유전자원의 보고입니다. 둘째, 청정한 자연환경을 제공하는 국민의 휴식처이며 셋째, 자연을 연구함으로써 공공의 이익에 기여하고 마지막으로 자연적·문화적 정서함양을 위한 교육의 장으로 사용됩니다.

영어

National Parks of Korea are considered as 'the areas that represent the natural ecosystem and cultural scenes of the Republic of Korea'. They're designated and managed by the government of the Republic of Korea in order to protect the areas and ensure sustainable use. In 1872, the Yellowstone designated as the world first national park, the national park policy spread all over the world. In Korea, since Jirisan Mountain was designated as the first national park in 1967, a total of 23 areas in the whole country have been designated as national parks.

According to their types, Korean national parks have been designated and managed as Mountain National Parks(19), Marine & Coastal National Parks(3) and Historical National Park(1).

Gyeongju national park is the one and only historical and cultural national park in Korea. Hallyeohaesang, Taeanhaean, Dadohaehaesang are Marine & Coastal National Parks and the rest 19 areas are mountain national parks such as Jirisan, Gyeryongsan, Seoraksan, Songnisan, Hallasan, Naejangsan and so on. According to the unique natural environment of each national park, tourists can enjoy woods tour, seashore trekking, sun set watching, cable car riding, etc.

National parks are playing important roles for both nature and human. First, it is a repository of genetic resources with rich species diversity. Second, it is a resting place to provide clean natural environment for people. Third, it contributes to the public interests with its nature to be studied and lastly it is used as an educational venue to cultivate emotion with nature and culture.

중국어

韩国国立公园作为"代表韩国自然生态系、自然以及文化景观的地区"，为了保护和保存以及实现可持续发展，由韩国政府特别制定并加以管理的地区。自1872年美国黄石公园首次被指定为国立公园以来，国立公园制度陆陆续续地扩散到全世界。在韩国自1967年智异山被指定为韩国的首个国立公园以来，至今已被指定的国立公园有23个。

韩国国立公园按类型分为山岳型 (19个)、海上·海岸型 (3个)、史迹型 (1个) 三大类来指定和管理。庆州国立公园是韩国唯一的历史、文化型国立公园。闲丽海上、泰安海岸、多岛海海上属于海上海岸国立公园，其他19座——智异山、鸡龙山、雪岳山、俗离山、汉拏山、内藏山等是山岳国立公园。按照各国立公园的不同自然环境特色，游客们可以享受森林探访、海岸徒步旅行、观看夕阳、乘坐缆车等的体验性活动。

国立公园对自然和人们都有着很重要的意义。首先，它作为可保存丰富多样物种的生态地区，是一个为未来流传资源的宝库。其次，它是为人们提供纯净自然环境的休闲地。再次，研究生态环境为公益能够做出很大的贡献，最后，它可以被使用为培养自然文化底蕴的教育场所。

일본어

韓国の国立公園は'わが国を代表に値する自然生態系と自然·文化的景観を見せてくれる地域'を言います。国立公園は地域の保護と持続可能な利用をために韓国の政府が直接指定、管理します。1872年、イエローストーン(Yellowstone)が世界最初の国立公園に指定されてから全世界的に拡散されました。韓国では1967年に智異山(チリさん)が第1号の国立公園に指定された以来、全国23ヶ所が国立公園に指定されています。

韓国の国立公園は類型によって山岳型(19)、海上・海岸型(3)、史跡型(1)公園に指定、管理されています。慶州(キョンジュ)国立公園は韓国唯一の歴史、文化型国立公園です。閑麗海上(ハンリョヘサン)、泰安海岸(テアンヘアン)、多島海(タドヘ)海上は海上・海岸型国立公園で、後、19ヶ所は智異山(チリさん)、鶏龍山(ケリョンさん)、雪嶽山(ソラクさん)、俗離山(ソンニさん)、漢拏山(ハルラさん)、内蔵山(ネジャンさん)などのような山岳型国立公園です。各国立公園の独特な自然環境によって、観光客は森の探訪、海岸トレッキング、夕日影鑑賞、ケーブルカー搭乗などが楽しめます。

国立公園は自然と人間両方に重要な機能をしています。第一、豊かな類多様性が保存できる生体地域として未来のための遺伝資源の宝庫です。第二、清浄な自然環境を提供する国民の憩いの場であり、第三、自然を研究することで、公共の利益に寄与し、最後に、自然的・文化的情操の涵養のための教育の場で使われます。

참고 국립공원공단 사이트(www.knps.or.kr)

백쌤의 TIP

국립공원으로 지정되기 위한 요건은 다음과 같습니다.
• 자연생태계 : 자연생태계의 보전상태가 양호하거나 멸종위기 야생 동·식물, 천연기념물, 보호야생 동·식물 등이 서식할 것
• 자연경관 : 자연경관의 보전상태가 양호하여 훼손이나 오염이 적으며 경관이 수려할 것
• 문화경관 : 문화재 또는 역사적 유물이 있으며, 자연경관과 조화되어 보전의 가치가 있을 것
• 지형보존 : 각종 산업개발로 경관이 파괴될 우려가 없을 것
• 위치 및 이용편의 : 국토의 보전·관리측면에서 자연공원을 균형 있게 배치할 수 있을 것

국립공원 23군데를 유형별로 구분하면 다음과 같습니다.

유 형	국립공원
산악형(19)	지리산, 계룡산, 설악산, 속리산, 한라산, 내장산, 가야산, 덕유산, 오대산, 주왕산, 북한산, 치악산, 월악산, 소백산, 월출산, 무등산, 태백산, 변산반도, 팔공산
해상·해안형 국립공원(3)	한려해상, 태안해안, 다도해해상
역사·문화형(1)	경 주

간단요약

• 국립공원 : 우리나라를 대표할 만한 자연생태계와 자연·문화 경관을 보여주는 지역
• 1967년 지리산이 제1호 국립공원으로 지정된 이래 전국 23지역이 국립공원으로 지정
• 유형 : 산악형, 해상·해안형, 사적형

005

삼강오륜에 대해 말해 보시오.

➤ Explain Samgang Oryun.

➤ 请说明一下三纲五常。

➤ 三綱五倫について語ってください。

한국어

삼강오륜(三綱五倫)은 유교적 이상에서 말하는 세 가지 기본 지침과 다섯 가지 실천적 도덕 규율입니다. 삼강은 중국 한나라 시대 정치가이자 유학자인 동중서가 윗사람으로서 지녀야 할 도리를 주창한 것이고, 오륜은 맹자가 주창한 인간의 기본 윤리 규범입니다. 삼강오륜은 조선 시대에 중국으로부터 들어왔는데 가족 간의 유대를 강화하고 국가를 지탱하는 데 도움이 되었으며 지배계층이 사회와 국가를 효율적으로 통제할 수 있는 수단으로 사용되었습니다.

삼강은 군위신강(君爲臣綱), 부위자강(父爲子綱)과 부위부강(夫爲婦綱)을 말합니다. 군위신강은 신하가 임금을 섬겨야 하는 충(忠) 사상을, 부위자강은 아들이 아버지를 섬겨야 하는 효(孝) 사상을, 그리고 부위부강은 아내가 남편을 섬겨야 하는 열(烈) 사상을 담고 있습니다.

오륜은 부자유친(父子有親), 군신유의(君臣有義), 부부유별(夫婦有別), 장유유서(長幼有序), 붕우유신(朋友有信)을 말합니다. 부자유친은 부모는 자식을 사랑하고 자식은 부모에게 효도해야 함을 의미합니다. 군신유의는 임금과 신하, 즉 윗사람과 아랫사람 사이에 의로움을 지켜야 함을 의미합니다. 부부유별은 음양의 이치가 다른 것처럼 가정에서 남편과 아내의 지위와 도리가 다름을 말합니다. 장유유서는 어른과 아이 사이에는 차례와 질서가 있어야 한다는 뜻인데 다시 말해 가정 안에서 형은 아우를 우애하고 아우는 형에게 공손해야 함을 의미합니다. 더 나아가 장유유서는 사회의 어떤 집단에도 적용되는데, 나이에 따라 사람 간의 바람직한 차례와 질서가 있음을 말합니다. 마지막으로 붕우유신은 친구 사이에 믿음이 있어야 한다는 뜻입니다.

이 동양 윤리가 젊은이들 사이에서는 남녀평등과 사회발전을 저해하는 구시대적인 이념으로 생각될 수도 있습니다. 그러나 사실 사람과의 관계에서 지켜야 할 기본 도덕과 예의는 시대와 공간을 초월하여 유사합니다. 따라서 삼강오륜이라는 전통문화를 버리지 말고 달라진 사회적 상황에 맞게 재해석하여 실천할 필요가 있다고 생각합니다.

Samgang Oryun refers to the three fundamental principles and five moral disciplines in Neo-Confucianist ideals. Samgang is the duty that was advocated by Dong Zhongshu, a politics and confucianist in Han period of China and Oryun is the human fundamental ethical standards advocated by Mencius. Accepted from China in Joseon period, this ideology helped strengthen the family bond and support the nation, while it served as a way for the ruling class to take control of the society and country effectively.

Samgang refers to Gunwisin-gang, Buwija-gang and Buwibugang. Gunwisin-gang emphasizes the loyalty for a subject to serve the king, Buwija-gang, the filial duty for an offspring to respect his or her father, and Buwibugang, the faithfulness for a wife to respect her husband.

Oryun refers to Bujayuchin, Gunsinyueui, Bubuyubyeol, Jang-yuyuseo and Bung-uyusin. Bujayuchin means parents are supposed to love their children and children are supposed to be devoted to their parents. Gunsinyueui means a king and subject, that is, a senior and junior have to uphold righteousness for each other. Bubuyubyeol indicates the different status and duty in a family between husband and wife as the principles of the negative and positive(Yin and Yang) are different. Jang-yuyuseo signifies the order and priority between the young and the old, which means in a family, an elder brother has to care for his younger brother and the younger brother has to obey his elder brother. By extension, applied to any social groups, it specifies the desirable order and priority between people according to their ages. Lastly, Bung-uyusin emphasizes the faith between friends.

Among young people these oriental virtues might just be considered as an outdated ideology that disrupts sexual equality and social improvement. However, the fact is that the fundamental morality and etiquette are similar beyond space and time. So I think we need to adjust Samgang Oryun according to the changed social situation and practice them, not throwing away the whole Samgang Oryun traditional culture.

三纲五常是儒家思想中的三个基本教导和五个实践型道德规律。三纲是中国西汉时代既是政治家也是儒者的董仲舒提出的长者必备的伦理道德，五常是孟子提出的人的基本伦理规范。三纲五常在朝鲜时代从中国传了进来，它有助于巩固家人关系和维持社会的稳定，也是一种统治阶层有效地管制社会和国家的手段。

三纲是指君为臣纲，父为子纲，夫为妻纲。君为臣纲表示臣子服侍君主的"忠"思想，父为子纲表示儿子服侍父亲的"孝"思想，夫为妻纲表示妻子服侍丈夫的"烈"思想。

五常是指父子有亲，君臣有义，夫妇有别，长幼有序，朋友有信。父子有亲表示父母应爱子女，子女应该孝顺父母。君臣有义表示君主和臣下，即地位高的和地位低的之间应有礼仪。夫妇有别表示正如阴阳道理的不同，在家庭里丈夫和妻子之间应有不同的地位和行为规范。长幼有序为长辈和下辈之间应有秩序，举例：在家庭里哥哥应该关爱弟弟，弟弟应尊重哥哥。长幼有序可适用于所有的社会单位，按照年龄的不同，上下之间有适当的秩序。最后，朋友有信表示朋友之间应有信任。

对年轻人来说，该伦理有可能被视为一种阻碍男女平等和社会发展的旧时代理念。但是在人际关系上必须遵守的基本道德和礼仪是无论在哪个时代和哪个地方都是一样的。因此，我认为我们不应抛弃三纲五常这一传统文化，而应因时制宜地去重新解释并践行。

三綱五倫は、儒教的理想で話す3つの基本的な基本指針と5つの実践的道徳規律です。

三綱は中国の漢時代の政治家、儒学者の董仲舒が目上として身に付けるべき道理を唱えたものであり、五倫は孟子が唱えた人間の基本的な倫理規範です。五倫は朝鮮時代に中国から入ってきたが、家族の絆を強化し、国家を支えることに役に立て、支配層が社会と国家を効率的に統制することができる手段として使用されました。

三綱は君爲臣綱、父爲子綱、夫爲婦綱を言います。君爲臣綱は臣下が王を仕える忠の思想、父爲子綱は息子が父を仕える孝の思想、そして夫爲婦綱は妻が夫を仕える烈の思想を含んでいます。五倫は父子有親、君臣有義、夫婦有別、長幼有序、朋友有信を言います。父子有親は親は子を愛し、子は親に孝行を尽すべきことを意味します。君臣有義は王と臣下、すなわち目上と目下の間に義を守るべきことを意味します。夫婦有別は陰陽の理が違うように、家庭で夫と妻の地位と道理が違うことを言います。長幼有序は大人と子供の間には順序と秩序が必要という意味、つまり家庭の中で兄は弟を友愛し、弟は兄に丁寧にするべきことを意味します。さらに長幼有序は社会の全ての集団に適用されるが、年齢によって人々の間の望ましい順序と秩序があることを意味します。最後に、朋友有信は友人の間に信頼があるべきだという意味です。

この東洋倫理が若者の間では男女平等と社会の発展を阻害する前時代的な理念だと思われることもできます。しかし、実に人との関係で守るべき基本的な道徳と礼儀は、時代と空間を越えて似ています。したがって三綱五倫という伝統文化を捨てずに変わった社会的な状況に合わせて再解釈して実践する必要があると思います。

간단요약

- 삼강오륜 : 유교적 이상에서 말하는 세 가지 기본 지침과 다섯 가지 실천적 도덕 규율
- 조선시대에 중국으로부터 들어옴
- 가족 간의 유대를 강화하고 국가를 지탱하는 데 도움
- 지배계층이 사회와 국가를 효율적으로 통제할 수 있는 수단
- 삼강 : 군위신강, 부위자강, 부위부강
- 오륜 : 부자유친, 군신유의, 부부유별, 장유유서, 붕우유신

006

우리나라의 유네스코 세계자연유산에 대해 설명하시오.

➤ Give the explanation of UNESCO World Natural Heritages in Korea.

➤ 请说明一下联合国教科文组织世界自然遗产。

➤ 我が国のユネスコ世界自然遺産について説明してください。

한국어

한국에는 유네스코 세계자연유산이 두 가지 있습니다. 하나는 제주 화산섬과 용암동굴이고 다른 하나는 한국의 갯벌입니다. 제주 화산섬과 용암동굴은 거문오름용암동굴계, 성산일출봉 응회구(Tuff Cone), 한라산 이렇게 세 구역으로 이루어진 연속 유산입니다.

거문오름용암동굴계는 세계에서 가장 아름다운 동굴계로 손꼽히는데 같은 종류의 용암동굴을 본 적 있는 사람들도 그 뛰어난 시각적 효과를 보면 감탄을 금치 못할 정도입니다. 형형색색의 탄산염 생성물로 장식된 동굴 천장과 바닥, 탄산염 침전물이 벽화처럼 군데군데 덮여 있는 어두운 용암 벽은 독특한 장관을 연출합니다. 거문오름은 해발 400m에 있는데 이 오름으로부터 흘러나온 용암류가 지형의 경사를 따라 해안선까지 도달하면서 20여 개의 동굴로 이루어진 용암동굴 구조를 만들어낸 근원지 역할을 하였습니다. 2018년, 세계유산위원회의 결정에 따라 기존의 거문오름용암동굴계에 추가하여 거문오름용암동굴계 상류동굴군까지 세계자연유산에 포함하는 소폭 경계 변경이 있었습니다.

성산일출봉 응회구는 바다에서 벽이 솟아올라 요새 모양을 만들어 낸 듯한 놀라운 광경을 보여줍니다. 이는 화산에서 이례적으로 발견되는 구조적인 특성과 퇴적학적 형질로서 얕은 바다에서 수중 폭발한 서치형(Surtseyan-type) 화산의 폭발과정을 연구하기 위한 장소로 세계적 가치를 인정받고 있습니다.

마지막으로 계절에 따라 색과 모습을 달리하는 한라산은 폭포, 갖가지 모양을 한 암석, 주상절리(柱狀節理)와 호수가 고인 분화구가 있는 높은 정상 등에서 빼어난 경치와 아름다움을 보여줍니다.

한국의 갯벌은 2021년에 유네스코 세계 자연유산으로 등재됐습니다. 그곳은 한국의 남서해안과 남해안에 있는데 서천 갯벌, 고창 갯벌, 신안 갯벌과 보성-순천 갯벌, 네 지역으로 구성돼 있습니다. 갯벌은 멸종 위기에 처한 종들과 철새류에게 매우 중요한 서식지를 제공합니다. 한국의 갯벌은 의미심장한 천연 서식지로 생물의 다양성을 보존한다는 점에서 그 가치를 인정받았습니다.

There are two natural heritage sites in Korea. One is Jeju Volcanic Island and Lava Tubes and the other is Getbol, Korean Tidal Flats. Jeju Volcanic Island and Lava Tubes is a coherent serial property comprising three Components—Geomunoreum lava tube system, Seongsan Ilchulbong tuff cone and Mount Halla.

The Geomunoreum lava tube system, which is regarded as the finest cave system in the world, has an outstanding visual impact even for those who already experienced with such kinds of lava tubes. It displays the unique spectacle of multi-coloured carbonate decorations adorning the roofs and floors, and dark-coloured lava walls partially covered with a mural of carbonate deposits. Located at an altitude of 400 meters, Geomunoreum acted as the source of lava, coming from which lava reached the coast and completed the lava tube system of about 20 caves. In 2018, according to the decision of World Heritage Committee, Geomunoreum lava tube system went through minor boundary modification of boundary, which included upper Geomunoreum lava tube system in world natural heritage.

Seongsan Ilchulbong tuff cone shows a dramatic landscape feature which looks like a fortress with its walls rising out of the ocean. This exceptionally exposes its structural and sedimentological characteristics, making it a world-class location for understanding Surtseyan-type volcanic eruption which happened in shallow underwater.

Lastly, Mount Halla, with its array of textures and colours through the changing seasons, has the scenic and aesthetic appeal as in waterfalls, multi-shaped rocks, columnar-jointed cliffs, and the towering summit with its lake-filled crater, etc. Four of Korea's tidal flats known as getbol were inscribed as Unesco world natural heritages in 2021. Located in the southwestern and southern coast of Korea, it includes four regions—Seocheon Getbol, Gochang Getbol, Shinan Getbol and Boseong-Suncheon Getbol. They provide critical habitats for endangered species and migratory bird species. Korean tidal flats were recognized their value as they are significant natural habitats to preserve biodiversity.

韩国有两处联合国教科文组织认定的世界遗产。一处是济州火山岛和熔岩洞，另一处是韩国滩涂。济州火山岛和熔岩洞窟是由拒文岳熔岩洞窟群、城山日出峰凝灰锥(Tuff Cone)、以及汉拿山这三个部分组成的遗产。

拒文岳熔岩洞窟群被评为全世界最美丽的洞窟群之一，曾经看过同类熔岩洞窟的人们，一看到它美丽的风景也仍然感叹不已。五花八门的碳酸盐矿物形成的洞窟天花板和地板、以及碳酸盐沉淀物像一幅画覆盖着熔岩墙壁，非常独特且壮观。拒文岳位于海拔400米的高原地区，由从火山口处喷出的熔岩沿着海岸斜坡而形成了以20个洞窟组成的熔岩洞窟地貌。于2018年，由世界遗产委员会决定，在原来的拒文岳熔岩洞窟群范围中追加部分地区，因此拒文岳熔岩洞窟群上游洞窟群也被指定为世界自然遗产，其拒文岳的范围有所改动。

城山日出峰凝灰锥，很像巨岩从海里耸立起来形成的城堡，其风景令人感叹不已。它具有火山中常见的奇特的地形特点和以沉积形成的地质特点，现以研究在浅海中爆发的Surtseyan-type火山的场所，得到了全世界的认可。

最后，汉拿山在每个季节里都呈现出不同的颜色和外表，它有瀑布、各种各样的岩石、柱状节理以及有湖水的火山口等景观，显得非常秀丽。

韩国滩涂于2021年被联合国教科文组织列入世界自然遗产名录。韩国滩涂位于韩国的西南海岸和南海岸，由舒川滩涂、高敞滩涂、新安滩涂和宝城-顺天滩涂等4处区域所构成。滩涂为濒危物种和候鸟类提供了重要的栖息地。韩国滩涂是具有重要意义的自然栖息地，其价值在保护生物多样方面得到了认可。

韓国にはユネスコ世界自然遺産が2つあります。一つは済州(チェジュ)の火山島と溶岩洞で、もう一つは韓国の干潟です。済州の火山島と溶岩洞は拒文(コムン)オルム溶岩洞窟系、城山日出峰(ソンサンイルチュルボン)火砕丘(タフコーン)、漢拏山(ハルラさん)、このように3つの区域で構成された連続遺産です。

拒文(コムン)オルム溶岩洞窟系は世界で最も美しい洞窟系に数えられるが、同じ種類の溶岩洞を見たことがある人もその優れた視覚的な効果を見ると、感嘆措く能わずほどです。色とりどりの炭酸塩生成物で飾られた洞窟の天井と床、炭酸塩沈殿物が壁画のように所々覆われている暗い溶岩の壁はユニークな壮観をなします。拒文(コムン)オルムは標高400mに位置しているが、このオルムから流れ出た溶岩流が地形の傾斜に沿って海岸線まで到達し、約20個余りの洞窟から成り立った溶岩洞の構造を作り出した根源地の役割をしました。2018年、世界遺産委員会の決定により、既存の拒文(コムン)オルム溶岩洞窟系に加えて、拒文(コムン)オルム溶岩洞窟系上流洞窟群までに世界自然遺産に含む小幅の境界の変更がありました。

城山日出峰(ソンサンイルチュルボン)火砕丘は海から壁が噴き上がって、要塞の形を作り出したような驚くべき光景を見せています。これは火山の中では異例の発見される構造的特性と堆積学的形質として浅い海で水中爆発したスルツェイ式(Surtseyan-type)噴火の過程を研究するための場所として世界的価値を認められています。

最後に、季節に応じて色と姿を変わる漢拏山(ハルラさん)は滝、様々な形をした岩石、柱状節理(ジュサンジョルリ)と湖水が淀んだ火口がある高い頂上などで秀逸な景色と美しさを見せてくれます。

韓国の干潟は2021年にユネスコ世界自然遺産に登録されました。そこは韓国の南西海岸と南海岸に位置していますが、舒川(ソチョン)干潟、高敞(コチャン)干潟、新安(シナン)干潟と宝城(ポソン)−順天(スンチョン)干潟、四つの地域で構成されています。干潟は絶滅の危機に瀕している種や渡り鳥に非常に重要な生息地を提供します。韓国の干潟は意味深長な天然生息地で生物の多様性を保存するという点で、その価値が認められました。

백쌤의 TIP

- 기존의 거문오름용암동굴계 : 거문오름, 벵뒤굴, 김녕굴, 만장굴, 용천동굴, 당처물동굴
- 추가된 거문오름용암동굴계 상류동굴군 : 웃산전굴, 북오름굴, 대림굴

> 참고 거문오름 – 위키백과(ko.wikipedia.org)
> 거문오름용암동굴계 동굴들 – 제주의 소리(www.jejusori.net)

간단요약

- 한국의 세계자연유산은 제주 화산섬과 용암동굴, 한국의 갯벌
- 거문오름용암동굴계 : 거문오름으로부터 흘러나온 용암류가 지형의 경사를 따라 해안선까지 도달하면서 20여 개의 동굴로 이루어진 용암동굴 구조를 만들어 냄
- 성산일출봉 응회구 : 바다에서 벽이 솟아올라 요새 모양을 만들어 낸 듯한 놀라운 광경, 얕은 바다에서 수중 폭발한 서치형(Surtseyan-type) 화산
- 한라산 : 갖가지 모양을 한 암석, 주상절리(柱狀節理)와 호수가 고인 분화구
- 한국의 갯벌 : 서천 갯벌, 고창 갯벌, 신안 갯벌, 보성−순천 갯벌

007

사소문에 대해 설명해 보시오.

➤ Give the explanation of Sasomun.

➤ 请说明一下四小门。

➤ 四小門(サソムン)について説明してください。

한국어

사소문은 조선시대 도성인 한양 성곽에 있었던 4개의 작은 성문입니다. 성안을 여러 방향에서 드나들 수 있도록 사대문들 사이에 문을 낸 것이 사소문입니다. 동북쪽에는 홍화문(후에 **혜화문**, 속칭 동소문), 서남쪽에 소덕문(후에 **소의문**, 속칭 서소문), 동남쪽에는 **광희문**(수구문), 서북쪽에는 **창의문**(자하문)이 있었습니다.

홍화문은 혜화동에서 삼선동으로 뚫린 길에 위치하여 도성에서 북방과 직결되는 관문이었습니다. 이후 창경궁이 완공되어 그 동문을 홍화문이라 함에 따라 혼동을 피하기 위해 혜화문으로 개칭하였습니다. 혜화문은 도성의 소문 중 하나였지만 북대문인 숙정문이 항상 닫혀 있었기 때문에 대문 구실을 하였습니다.

소의문은 도성 안 백성들이 죽어서 서쪽으로 운구할 때 이용되는 문이었습니다. 조선 후기에 소의문 밖은 상업 활동의 중심 무대였지만 일제에 의해 철거되어 서소문동이라는 지명만 남아 있습니다.

광희문은 '광명의 문'을 의미하나 개천 수구(水口)에 가까운 곳에 있어서 수구문이라 불렸고 장례 행렬이 동쪽 성 밖으로 나갈 때 통과하는 문이라 하여 시구문(屍口門)이라고도 불렸습니다. 이때 시(屍)라는 글자는 송장을 의미했습니다.

창의문은 '의로움을 표창한다'는 뜻으로, 경복궁 뒤의 북악산 서편에 자리 잡고 있습니다. 창의문은 1413년(태종 13), 풍수지리를 이유로 폐쇄되었는데 아직도 성곽의 일부가 연결되어 있는 등 서울 성곽 사소문 중 유일하게 완형을 지니고 있습니다.

Sasomun refers to the four small gates that were in the fortress of Hanyang, the castle town of Joseon. Located between Sadaemun gates, Sasomun allowed people to come in and out of the castle town in many directions. In the northeast, Hongwhamun(afterward **Hyewhamun**, commonly called Dongsomun) was and in the southwest, Sodeokmun(afterward **Soeuimun**, commonly called Seosomun). In the southeast was **Gwangheuimun**(or Sugumun) and in the northwest **Chang-euimun**(or Jahamun).

Located in the middle way from Hyewhadong to Samseondong, Hongwhamun was the gate directly connected to the north. As Chang-gyeong-gung palace was completed and its east gate was named Hongwhamun, the original Hongwhamun was renamed Hyewhamun to avoid confusion. Although it was one of the small gates, Hyewhamun played the role of a main gate because the north main gate, Suk-jeongmun was always closed.

Soeuimun was the gate that was used to carry the dead out to the west. The outside of Soeuimun was the center stage of commercial activities in the late Joseon period but later it was demolished by Japan and has remained just as its place name, Seosomundong.

Gwang-heuimun meant "the gate of bright future" but it was called Sugumun as it was near the water gate or Sigumun as it was used by funeral corteges going out to the east. In this case, the letter "Si" meant corpse.

Chang-euimun means "to award righteousness" and is located in the west of Bukaksan mountain behind Gyeongbokgung palace. Locked in 1413(the 13th year of King Taejong) for fengshui theory, Chang-euimun is the gate that uniquely keeps the most complete shape among Sasomun gates, still having some parts of the fortress connected to it.

중국어

四小门是位于朝鲜首都——汉阳城墙的四个小城门。为了人们从多个方向进出都城，在四大门之间建造了四个小门。在东北边曾有过弘化门（后来被称为**惠化门**、俗称东小门），在西南边曾有过昭德门（后来被称为**昭义门**、俗称西小门），在东南边曾有过**光熙门**（水口门），在西北边曾有过**彰义门**（紫霞门）。

弘化门位于从惠化洞通向三仙洞的路上，是个从都城直接连接到北方地区的关隘。后来昌庆宫完工后，其东门起名为弘化门，为了避免两者名称的混淆，把四小门的弘化门改称为惠化门。惠化门原来是小城门之一，不过肃靖门（北大门）平时都被关着不开，惠化门替它起到了大门的作用。

昭义门是若城内百姓死掉，把尸体搬运到西边时通过的门。在朝鲜后期昭义门外面是商业活动的中心，这里后来被日本拆除，现在只留下了"西小门洞"这一地名。

光熙门表示"光明的门"的意思，但它近于小溪的水口处，因此人们把它称作水口门。并且，它是送葬队伍走出东部城外时要通过的门，而又称为屍口门，这"屍"字指尸体。

彰义门表示"表扬正义"的意思，它位于景福宫后面北岳山西边。彰义门于1413年（太宗13），以影响风水为由被封锁，至今还与城墙的一部分相连，也因此它是首尔城墙四小门中唯一被完整保存下来的一个。

일본어

四小門(サソムン)は朝鮮時代の都城だった漢陽城にあった4つの小さな門です。城内を複数の方向から出入りできるように四大門の間に門を作ったことが四小門(サソムン)です。東北には弘化門(ホンファムン)(後の**惠化門**(ヘファムン)、俗称東小門(ドンソムン))、西南には昭徳門(ソドムン)(後の**昭義門**(ソイムン)、俗称西小門(ソソムン))、東南には**光熙門**(クァンヒムン)(水口門(スグムン))、北西には**彰義門**(チャンイムン)(紫霞門(チャハムン))がありました。

弘化門(ホンファムン)は惠化洞(ヘファドン)から三仙洞(サムソンドン)に通じる道に位置して、都城から北方に直接連結される関門でした。以後、昌慶宮(チャンギョングン)が完成され、その南門を弘化門(ホンファムン)とすることにより、混乱を避けるために惠化門(ヘファムン)に改称しました。惠化門(ヘファムン)は都城の小門の一つだったが、北大門の肅靖門(スッチョンムン)は常に閉じていたので、正門の役割をしました。

昭義門は城内の民が死んで西に棺を運ぶ時に使用される門でした。朝鮮後期に昭義門の外は商業活動の中心舞台だったが、日帝によって撤去され、西小門洞という地名だけが残っています。

光熙門(クァンヒムン)は'光明の門'を意味するが、川の水口の近い所にあって水口門(スグムン)とも呼ばれ、葬儀の行列が東城の外に出るとき通過する門として屍口門(シグムン)とも呼ばれました。このとき、'屍'という字は死体を意味しました。

彰義門(チャンイムン)は'義を表する'という意味で、景福宮の後ろの北岳山の西側に位置しています。彰義門は1413年(太宗13)、風水を理由で閉鎖されたが、まだ城の一部が接続されているなど、ソウル城の四小門の中で唯一に完璧な形を持っています。

참고 한국민족문화대백과사전(encykorea.aks.ac.kr)

백쌤의 TIP

조선시대에는 사대문 중 동·서·남문은 항상 열어두었지만 숙정문(북문)은 보통 닫아 두었습니다. 한양 도성은 유교적 실천이념인 인의예지를 사대문에 적용했는데 북쪽이 풍수지리상 음의 방향이어서 보통 때는 닫아 두었다가 도성에 양의 기운이 지나쳐서 음의 기운이 필요할 때만 숙정문을 열었던 것입니다.

간단요약

• 사소문 : 조선시대 도성인 한양 성곽에 있었던 4개의 작은 성문, 사대문들 사이에 문을 낸 것
• 혜화문 : 도성에서 북방과 직결되는 관문
• 소의문 : 도성 안 백성들이 죽어서 서쪽으로 운구할 때 이용되던 문
• 광희문 : '광명의 문'을 의미, 개천 수구(水口)에 가까움, 장례 행렬이 동쪽 성 밖으로 나갈 때 통과
• 창의문 : '의로움을 표창한다'는 뜻, 사소문 중 유일하게 완형을 지니고 있음

PART
01

008

설날에 대해 설명해 보시오.

> Give the explanation of Seollal.
> 请说明一下韩国春节。
> お正月について説明してください。

한국어

한국의 가장 큰 명절인 설날은 음력 정월 초하룻날입니다. 이 날에는 멀리서 온 가족과 친지들이 모여서 조상님께 차례를 지내고 성묘를 가며 어르신께 세배를 합니다. 세배할 때는 아랫사람이 윗사람에게 절을 하고 그 답례로 윗사람은 아랫사람에게 덕담을 건넵니다. 요즘은 세뱃돈을 주지만 전통적으로는 돈이 아니라 덕담을 건넸습니다. 덕담은 과거형으로 말했는데 이는 소원하는 일이 이루어지도록 행운을 빌어 주기 위함이었습니다.

한국의 조상들은 설날에 설빔을 해 입었는데 새 옷을 입고 새해를 시작하려는 의미가 있어서였습니다. 주부들은 설날에 맞춰 설빔을 마련하기 위해 밤을 새워 바느질을 해야 했습니다. 설날의 대표적인 음식은 떡국인데, 떡국을 먹는 것은 나이를 한 살 더 먹는다는 의미입니다.

설날은 윷놀이(윷을 가지고 하는 게임), 연날리기, 널뛰기(시소타기와 비슷한 한국의 점프 놀이) 등과 같은 세시 민속놀이가 시작되는 날이기도 합니다.

밤에 잠을 자지 않고 밤을 새는 재미있는 풍습도 있었습니다. 섣달 그믐날은 한 해의 마지막 날인데 새벽녘에 닭이 울 때까지 잠을 자지 않고 새해를 맞이했습니다. 아이들에게는 그날 잠을 자면 눈썹이 하얗게 샌다고 말을 하곤 했습니다. 사실 이 풍습은 지나간 시간을 반성하고 새해를 계획하려는 의식이었으며, 한 해의 마지막 날 밤을 지켜야 복을 얻는다는 도교의 풍속에서 유래된 것입니다.

복조리를 방 귀퉁이나 부엌에 걸어 두고 한 해의 복을 비는 풍습도 있었습니다. 조리는 쌀을 이는 도구로 대나무를 가늘게 쪼갠 죽사로 엮어 만들었는데 정초에 새로 장만하는 조리를 특히 복조리라고 불렀습니다. 이는 조리로 쌀을 얻는 것처럼 집안에 조리를 걸어 두면 한 해 동안 복이 온다는 믿음에서 생긴 풍속으로 보입니다.

Seollal, the biggest traditional holiday in Korea, falls on the first day of new year by the lunar calendar. On Seollal, family members and relatives from a distance gather together, hold ancestral rites, visit their family graves and do Sebae to seniors. In Sebae, juniors make bows to seniors and the seniors give words of blessing in returns. These days seniors give juniors Sebae allowance but traditionally they just gave blessing words. Blessing words were said in a past form as it was a way to bless them for the hope to be realized.

Korean ancestors prepared Seolbim for Seollal, which was meant to start the new year wearing new clothes. Housewives had to sew all night to finish making Seolbim by Seollal. The representative Seollal food is Ddeokguk and eating Ddeokguk means one year of aging.

Seollal is also the day when people start to play seasonal folk games such as yunnori (a game of yut), kite flying, neolttwigi(Korean jumping game similar to see-sawing) and so on.

There was an interesting custom that people stayed up all night without sleeping. New Year's Eve of the lunar year is the last day of the year, when people greeted the new year without sleeping until the cock crowed at dawn. Kids used to be told sleeping that night makes their eyebrows hoary. In fact, this custom was the ceremony to reflect the past time and plan the new year, which was originated from the custom of Taoism that said watching the last night gives them fortune.

There also was a custom that they hung bokjori in the corner of the room or the kitchen and prayed for the happiness of the new year. Made of bamboo thread, jori is a tool to pick out grits from rice and the newly-made jori on the new year's day has a special name, bokjori. As they get rice with jori, it seems like people believed that hanging jori in home could bring them happiness of that year.

韩国最大的节日——春节是农历大年初一。这天远方的家人和亲戚朋友们都聚在一起，祭祀、扫墓、拜年。拜年是向长者叩头施礼，长辈为了表示感谢，会向晚辈说些祝福的话。近年，过春节的时候会给孩子们压岁钱，以前的习俗是不给压岁钱而只说一些吉利的话，说祝福语的时候，在句子中都添加了一个表示完成的"了"或"过"，这是为了祝福他们实现所有的愿望。

古代的韩国人在春节都穿新衣服，穿新衣寓意着重新开始新的一年。因此，家庭主妇为了准备新衣服不得不通宵缝衣服。代表春节的菜是年糕汤，吃完年糕汤表示又长了一岁。

春节的时候玩尤茨游戏（玩板子的游戏）、放风筝、跳板儿（类似于坐跷跷板的韩国传统游戏）等传统民俗游戏。

春节曾经还有过玩通宵不睡觉的习俗。除夕是一年中最后的一天，直到晨鸡报晓才能睡觉过新年。大人对孩子说，如果那天睡觉眉毛会变白。其实这一习俗表示反省过去和计划新年，这来源于只有守好一年中最后的一天才有福的道教风俗。

还有一种习俗是把福笊篱挂在房间或厨房的一角而祈福。笊篱是用来捞大米的，用把竹子劈细而成的竹丝编制，正月初新编制的笊篱叫做福笊篱。正如笊篱能捞大米一样，人们相信如果把福笊篱挂在家里，也能捞到一年的福气。

일본어 韓国で一番大きい祝日のお正月は旧暦一月一日です。この日には、遠い所から来た家族と親戚が全部集まって先祖に祭祀を行い、お墓参りをして目上の人に年始に行きます。年始回りでは目下の人が目上の人にお辞儀をし、そのお返しで目上の人は目下の人に幸せを祈る言葉を話します。この頃はお年玉をあげるが、伝統的にはお金ではなく、幸せを祈る言葉を話しました。言葉は過去形で話したが、それは願いが届くように幸運を祈るためでした。

韓国の先祖はお正月に晴れ着を着たが、新しい服を着て新年を始めようとする意味があるからです。主婦はお正月までに晴れ着を用意するために夜明かしをして針仕事をしなければならなかったです。お正月の代表的な食べ物はトックで、トックを食べることはもう一歳年を取るという意味です。

お正月はユンノリ(ユッでするゲーム)、凧揚げ、板跳び(シーソーに乗ることと似たような韓国のジャンプ遊び)などのような歳時風俗の遊びが始まる日でもあります。

夜に寝なく、夜を明かす面白い風習もありました。大晦日は一年の最後の日で、明け方に鶏が泣くまで寝ずに新年を迎えました。子供たちにはその日に眠れば眉毛が白く抜けると言ったりしました。本当はこの風習は過ぎ去った時間を反省して、新年を計画しようとする儀式で、一年の最後の日の夜を守ると福を得るという道教の風習から由来されたものです。

福笊籬(ボクジョリ)を部屋の角や台所にかけておき、一年の福を祈る風習もありました。笊籬は米を研ぐ器で、竹を細く割った竹糸で編んで作り、年始に新たに作る笊籬を特に福笊籬と言いました。これは笊籬で米を得るように家の中に笊籬をかけておくと、一年の間、福が来るの信仰で生じた風習に見えます。

참고 그믐날 밤 – 디지털강릉문화대전(gangneung.grandculture.net)
널뛰기 – 다음백과(100.daum.net)
복조리 – 네이버 지식백과(terms.naver.com)
설날 민속놀이 – 천재학습백과(koc.chunjae.co.kr)

설날의 세시 민속놀이에 대해 정리하겠습니다. 해당 언어로 민속놀이에 대해 설명하는 연습을 해 보시기 바랍니다.

• 윷놀이(Yunnori, A game of yut)

윷놀이는 쉬워서 누구나 즐길 수 있는 놀이입니다. 윷놀이는 한쪽은 둥글고 반대쪽은 평평하게 깎은 윷 4개를 던져서 젖혀진 윷가락의 수에 따라 도, 개, 걸, 윷, 모가 결정됩니다. 이에 따라 윷판의 말은 한 칸부터 다섯 칸까지 움직이는데 윷판을 한 바퀴 돌아 먼저 나오는 편이 게임에서 이기게 됩니다. 도, 개, 걸, 윷, 모는 각각 돼지, 개, 양, 소, 말을 가리키는데 사람과 친숙하고 농부들에게 도움이 되는 동물들로 구성되어 있습니다.

• 연날리기(Kite flying)

연은 여러 모양의 한지에 대나무살을 붙이고 실을 매어 만듭니다. 바람 부는 언덕에 올라 연을 높이 날리며 새해 소망을 빌기도 하고 일부러 연줄을 끊어서 날아가는 연을 보며 나쁜 기운을 멀리 날려 보내기도 합니다. 연싸움은 날고 있는 다른 연의 연줄을 마주 걸어 비비거나 당겨서 상대의 연줄을 끊어 내는 놀이입니다.

• 널뛰기(Neolttwigi, Korean jumping game similar to see-sawing)

널뛰기는 여성이 즐기는 대표적인 놀이였는데 짚단이나 가마니 위에 두껍고 긴 판자를 괴어 놓고 양쪽에 한 명씩 올라가서 발을 굴러 공중에 높이 솟아오르는 놀이입니다. 뛰었다가 내딛는 힘의 반동으로 양쪽이 번갈아서 뛰어오르는 이 놀이는 여성의 외출이 자유롭지 못했던 옛날에 신체단련과 동시에 씩씩한 기상을 기르고 해방감을 느낄 수 있는 놀이였습니다.

• 설날 : 한국의 가장 큰 명절, 음력 정월 초하룻날
• 조상님께 차례를 지내고 성묘를 가며 어르신께 세배
• 대표적인 음식은 떡국, 나이를 한 살 더 먹는다는 의미
• 민속놀이 : 윷놀이, 연날리기, 널뛰기
• 풍습 : 섣달 그믐날 잠을 자지 않고 새해를 맞이함, 조리로 쌀을 얻는 것처럼 집안에 조리를 걸어 두면 한 해 동안 복이 온다고 믿음

009

백제와 신라의 문화적 차이에 대해 말해 보시오.

➤ Explain the cultural differences between Baekje and Silla.

➤ 请说明一下百济和新罗的文化区别。

➤ 百済(ペクチェ)と新羅(シンラ)の文化的の違いについて語ってください。

한국어

백제는 시기상으로 삼국 중 가장 먼저 한강 유역을 점유하며 전성기를 누렸던 나라입니다. 한강을 중심으로 각국에서 온 각종 물품을 활발히 교류한 백제는 중국 남북조시대의 남조의 문화를 받아들여 백제만의 문화를 꽃피웠습니다. 백제의 사원 기술자들은 전문 장인으로 우대를 받았고 국가의 명령에 따라 일본으로 건너가 기술을 전수하였습니다. 신라의 황룡사 9층목탑을 지을 때 백제의 기술자가 초빙되고 일본 사원을 창립하기 위하여 기술자들이 일본에 간 사실을 볼 때 당시 백제의 석탑 건축술이 뛰어났다는 점을 추측할 수 있습니다. 백제는 선진문물을 일본에 전파하여 일본 아스카 문화의 성립에 이바지하였습니다.

신라는 정치적, 문화적 발전이 늦었지만 삼국통일 후 뒤늦게 발전을 이룩하였습니다. 백제 문화가 고대 국가의 모습을 간직하고 있다면 신라의 문화에는 삼국의 문화를 통합하고 발전시킨 과정과 그 결과물이 담겨있습니다. 신라는 고구려로부터 불교를 받아들여 삼국 중 가장 늦게 불교를 공인하였습니다. 고구려, 백제와 중국 당나라 문화의 영향을 받아 신라는 신라만의 불교문화를 꽃피웠고 불국사, 석굴암 등 찬란한 유산을 만들었습니다.

익산 미륵사지 석탑과 정림사지 5층석탑에서처럼 백제의 건축술은 나무로 만든 탑의 구조를 석탑으로 변형하여 표현하고 있는 반면에 신라는 석탑의 양식을 완성했다고 여겨집니다. 예를 들어, 석가탑은 그 직선미와 균형감으로 한국 석탑의 대표적인 아름다움을 보여 주며 더 나아가 다보탑은 석가탑의 그 전형적인 아름다움을 넘어선 독특한 화려함을 지니고 있습니다.

Among the three countries, Baekje was the first to occupy the Han River basin and have its glory days. With the Han River as a center, trading all sorts of things from various countries, Baekje accepted the culture of Namjo in Chinese Nambukjo Period and bloomed Baekje's unique culture. The temple technicians of Baekje were respected as professional masters and under the command of the government they went to Japan to hand down techniques. Considering the fact that Baekje's technicians were sent to Silla to help build the Wooden Stupa at Hwangnyongsa Temple and also to Japan to establish Japanese temple, it is reasonable to assume Baekje had brilliant architecture at that time. Spreading its advanced culture to Japan, Baekje contributed to the establishment of Asuka culture of Japan.

Silla was late to develop its culture and politics but was advanced a lot after the unification of three countries. The culture of Baekje represents the feature of the ancient kingdom, whereas that of Silla contains the process and product of integrating cultures of three countries and developing them. Accepting Buddhism from Goguryeo, Silla officially adopted Buddhism latest among three countries. Affected by the cultures of Goguryeo, Baekje and Dang of China, Silla bloomed its own Buddhist culture and created the splendid heritages like Bulguksa, Seokgulam and so on.

The architecture of Baekje applied the structure of wooden pagoda to stone pagodas as in Inkan Stone Pagoda of Mireuksa Temple Site and Five storied Stone pagoda of Jeongnimsa Temple Site, while that of Silla supposedly completed the style of the stone pagoda. For example, Seokgatap pagoda shows the representative beauty of stone pagodas with its straight lines and sense of balance and moreover Dabotap pagoda has a unique gorgeousness over that typical beauty of Seokgatap pagoda.

중국어 百济是三国中最先占有汉江地区并享受黄金时代的国家。以汉江地区为主，百济交换了从各国引进来的各种物品，接受了中国南朝的文化影响，从而展开了独特的百济文化。百济寺庙建筑师被看作为专门工匠并受到了优待，他们接受国家命令赴日本传授技术。建造新罗的黄龙寺九层塔时，新罗聘请了百济工匠们，甚至为了建造日本寺庙他们又被派遣到了日本，由此可见，当时百济的建筑技术水平非常优越。百济把先进文物传授给日本，为日本飞鸟文化的成立提供了一定的贡献。

新罗政治和文化发展比较晚，在三国统一以后才实现了繁荣时期。百济文化具有古代国家的面貌，新罗文化则含有把三国文化整合并发展下来的过程及成果。新罗从高句丽接受了佛教思想，是三个国家中最晚公认佛教的国家。新罗还受到高句丽、百济以及中国唐朝的文化影响，发展了独特的新罗佛教文化，从而留下了佛国寺和石窟庵等灿烂的文化遗产。

从益山弥勒寺址石塔和定林寺址五层石塔中可以看出，百济建筑技术的特点是把原来用木材建塔的方法改成石塔的形式来表现，而到了新罗时期才完成了石塔的构造。比如，释迦塔具有直线美和平衡感，它呈现出韩国石塔的典型美，而多宝塔超越了释迦塔的典型美，具有独特的华丽感。

일본어 百済(ペクチェ)は時期的に三国の中で最初に漢江流域を占有して最盛期を迎えた国です。漢江を中心に各国から来た各種物品を活発に交流した百済は中国の南北朝時代の南朝の文化を受け入れ、百済の独自の文化を盛んでした。百済のお寺の技術者はプロ職人として優遇され、国の命令に従って日本に渡って技術を伝授しました。新羅(シンラ)の皇龍寺(ファンリョンサ)の九層木塔を建てる時、百済の職人が招かれ、日本のお寺を創立するために職人が日本に行ったことを見ると、当時の百済の石塔の建築術に優れたことを推測することができます。百済は先進的な文物を日本に伝え、日本の飛鳥文化の成立に貢献しました。

新羅(シンラ)は政治的、文化的な発展が遅れたが、三国統一の後、一歩遅れて発展を遂げました。百済文化が古代国家の姿だと言えば、新羅の文化には三国の文化を統合し、発展させた過程とその結果が含まれています。新羅は高句麗(コグリョ)から仏教を受け入れ三国の中で最も遅く仏教を公認しました。高句麗、百済と中国の唐時代の文化の影響を受け、新羅は新羅の独自の仏教文化を盛んで、仏国寺(プルグクサ)、石窟庵(ソックラム)など、輝かしい遺産を作りました。

益山(イクサン)彌勒寺址石塔と定林寺址五層石塔のように百済の建築術は木で作った塔の構造を石塔に変形して表現している一方、新羅は石塔の様式を完成したとされます。例えば、釈迦塔はその直線美と均衡感で韓国の石塔の代表的な美しさを見せてくれ、さらに多宝塔は釈迦塔のその典型的な美しさを超えた独特の華やかさを持っています。

참고 〈고등 셀파 한국사〉, 김태훈 외
〈이야기 한국 고대사〉, 조법종
〈지도로 보는 한국사〉, 김용만
〈한국사능력검정시험〉, EBS
한국민족문화대백과사전(encykorea.aks.ac.kr)

백쌤의 TIP

중국사서 〈주서〉에는 백제의 역사에 대해 "절과 탑이 매우 많다(寺塔甚多)."라고 기록되어 있습니다. 백제의 사원 기술자들은 전문 장인으로 우대를 받았고 일본으로 건너가 기술을 전수했는데 오경박사, 의박사, 역박사, 천문박사, 채약사, 화가, 공예 기술자 등이 일본에 파견되었습니다. 또한 백제의 승려 노리사치계는 불상과 불경을 전하였고 아직기는 왜국의 태자에게 한자를 가르쳤으며 왕인은 천자문과 논어를 전했습니다. 당시 일본은 문화적, 경제적으로 낙후되어 있었기 때문에 삼국과 가야로부터 선진문물을 수입했는데, 특히 백제로부터 가장 많은 문물을 전수받았습니다. 백제에 비해 일본과의 관계가 소원했지만 신라 또한 조선술과 축제술을 일본에 전수하였고 '한인의 연못' 축조에 영향을 미쳤습니다.

간단요약

• 백제 : 삼국 중 가장 먼저 한강 유역을 점유하며 전성기를 누림, 한강을 중심으로 각국에서 온 각종 물품을 활발히 교류하여 백제만의 문화를 꽃피움(석탑 건축술, 선진문물을 일본에 전파)
• 신라 : 삼국통일 후 뒤늦게 발전을 이룩, 삼국의 문화를 통합하고 발전시킨 과정과 그 결과물을 보여줌, 고구려·백제와 중국 당나라 문화의 영향을 받아 신라만의 불교문화를 꽃피움(불국사, 석굴암, 석탑의 양식의 완성)

010

역사를 왜곡하는 관광객이 있다면 어떻게 대응하겠는가?

➤ How will you confront the tourists who distort history?

➤ 如果遇到歪曲历史的人，那么您会怎么办？

➤ 歴史を歪曲する観光客がいる場合、どのように対応しますか。

한국어

역사를 왜곡하는 관광객을 대할 때 관광가이드는 특히 다음과 같은 점에 주의해야 합니다.

첫째, 우선 가이드는 그들에게 역사적 사실에 근거한 객관적인 정보를 이야기해 주어야 합니다. 왜곡된 사실이라고 면전에 대고 정면으로 반박하면 관광객의 기분이 상할 수 있고 얻는 것도 없이 반발심만 살 수도 있습니다. 따라서 객관적인 정보들을 제시하여 관광객들을 이해시키는 편이 낫습니다. 관광가이드가 할 일은 정확한 역사적 증거들을 알려 주어서 그들로 하여금 자신들이 알고 있는 역사가 잘못된 것임을 자연스럽게 깨닫게 하는 것입니다.

둘째, 감정적으로 언쟁하는 일은 피해야 합니다. 관광지에서 고객이 역사와 문화에 대해 잘못된 정보를 이야기한다고 해서 다른 관광객들 앞에서 면박을 주거나 논쟁을 해서는 안 됩니다. 그들은 어딘가에서 잘못된 정보를 접하여 잘못 알고 있기 때문에 한국의 역사를 왜곡하고 있는 것입니다. 어디까지나 그들을 한국을 방문한 손님으로서 예우해야 하며 화가 나서 감정적으로 말하지 않도록 조심해야 합니다.

셋째, 그런 관광객에게는 서비스 정신을 발휘하여 더 사려 깊고 친절하게 대해서 한국의 긍정적인 인상을 심어 줄 수 있도록 적극적으로 노력해야 합니다. 예를 들어 저는 그들에게 한국 음식 먹는 방법을 세심하게 알려 주고 재미있는 활동에 집중하게 하여 한국에서 즐거운 시간을 갖게 해 줄 것입니다. 훌륭한 여행을 한 후 관광객들이 한국을 좋아하게 되면 본국에 돌아가서라도 한국의 역사적인 입장에 대해 한 번 더 생각하게 되는 계기가 될 것이라고 생각합니다.

역사는 형성되는 시간이 오래 걸린 만큼이나 그 파급 효과가 오래 갑니다. 따라서 왜곡된 역사를 바로잡는 일은 장기적으로 꾸준히 노력해야 할 중요한 과제라고 생각합니다.

Confronting travelers who distort the history, a tour guide needs to keep in mind the things as follows.

First, the tour guide should tell them the objective informations based on historical facts. Contradicting the distorted facts straight in the face may hurt their feelings and just create resentment without gain. So it is better to present objective informations and make them understand. The tour guide's job is to inform the accurate historical proofs so then make them naturally realize the history they know is wrong.

Second, arguing emotionally should be avoided. Even if a client says a wrong information about history and culture, that doesn't mean you may rebuke them in front of other tourists and argue with them. They are distorting Korean history just because they learned wrong informations from somewhere else. In all respects, we need to treat them as the guests who visited Korea and try not to talk emotionally from anger.

Third, I think I should be more thoughtful and kinder to that kind of travelers and make every effort to give them positive impression about Korea. For example, I will help them have a good time by letting them know the details about how to eat Korean food properly or focus on amusing activities. If the tourists get to love Korea from a great trip, I believe it can serve as a momentum for them to rethink about Korean historical position even after they get back to their country.

As it has taken a long time to be formed, history has a long-lasting ripple effect. Therefore, correcting distortions of history is a very important work, taking much time and effort.

PART
01

중국어 旅游导游对待扭曲历史的游客的时候，必须注意以下内容。

第一，导游首先根据历史事实告诉他们客观的知识。如果你一见到歪曲历史的人就当面反驳的话，他会产生反感情绪。因此，最好告诉他正确的历史知识，让他了解韩国的历史。我觉得作为一名导游要做的是宣传正确的历史证据，使游客自己意识到他们所知道的知识是不正确的。

第二，尽量避免意气之争。在景区里某个游客讲的话有可能不符合历史事实，但导游不能在其他游客面前与他争论。他也许从不明出处得知歪曲韩国历史的错误信息。因此，导游必须记得他们是访问韩国的客人，保持款待的态度，千万不要带着不满情绪指责他们。

第三，导游可以专为那些游客们，特别发挥服务精神，热情地对待他们，这样让他们留下韩国的好印象。如果我是一名韩国导游，我会认真地告诉他们韩国菜的吃法，让他们把关注点集中在好玩的旅游活动上，这样他们可以度过快乐的旅游时间。那么旅游结束后，游客们会喜欢上韩国，而且回去后也会站在韩国立场上对历史问题做反思。

历史的形成需要漫长的时间，其影响深远并将长久持续下去。因此，我认为修正歪曲历史的任务不是在短时间内可以做到的，而是长时间要继续努力的重要课题。

일본어 歴史を歪曲する観光客を応対する時、観光ガイドは特に次のようなことに注意しなければなりません。

第一、まず、ガイドはお客に歴史的な事実に基づいた客観的な情報を話すべきです。歪曲された事実と面前で真っ向から反論すると、観光客の気を悪くすることもでき、得ることもなく、反感を買うこともできます。従って、客観的な情報を提示して、観光客を理解させる方がよいでしょう。観光ガイドの仕事は正確な歴史的の証拠を教えて、観光客が自分が知っていた歴史が間違ったことを自然に実現させるようにすることです。

第二、感情的に口論することは避けるべきです。観光地ではお客さんが歴史と文化について誤った情報を話しても、他の観光客の前でひどく叱ったり、論争してはいけません。観光客はどこかで誤った情報を得て情報を取り損なったので、韓国の歴史を歪曲しているのです。あくまで、観光客は韓国を訪ねた客として優遇し、怒って感情的に話さないように注意するべきです。

第三、そのような観光客にはサービス精神を引き出して、より思慮深く親切に対応して韓国の肯定的な好印象を与えられるように積極的に努力するべきです。例えば、私は観光客に韓国料理の食べ方を丁寧に教え、楽しい活動に集中できるようにして、韓国で楽しい時間を過ごすようにします。結構な旅をした後、観光客が韓国が好きになると、本国に帰っても韓国の歴史的な立場についてもう一度考える切っ掛けになると思います。

歴史は形成される時間が長くかかったほど、その波及効果が長く続きます。従って、歪曲された歴史を正すことは長期的にコツコツ努力しなければならない大事な課題だと思います。

간단요약

- 역사적 사실에 근거한 객관적인 정보를 이야기해야 함
- 감정적으로 언쟁하는 일은 피해야 함
- 서비스 정신을 발휘하여 더 사려 깊고 친절하게 대해야 함
- 왜곡된 역사를 바로잡는 일은 장기적으로 꾸준히 노력해야 함

CHAPTER
07 | 2017년 최신기출 복원문제

001

인터내셔널 택시에 대해 말해 보시오.

➤ Tell me about International Taxi.

➤ 请说明一下国际出租车。

➤ インターナショナルタクシーについて話してください。

한국어 인터내셔널 택시는 서울에 거주하고 있거나 서울을 방문한 외국인들을 위해 고안된 서울시 공식지정 외국인 택시 서비스입니다.

인터내셔널 택시는 영어, 일본어, 중국어와 같은 외국어를 한 가지 혹은 그 이상 구사할 수 있는 택시 기사들이 운전합니다. 인터내셔널 택시는 차 몸통과 꼭대기에 "International Taxi"라고 적혀 있는 걸 제외하면 일반 택시와 똑같이 생겼습니다. 인터내셔널 택시는 외국인의 서울 관광이나 쇼핑을 지원하기 위해 선택 관광을 제공할 수 있습니다.

인터내셔널 택시 안내소는 인천 국제공항과 김포 국제공항에 있습니다. 외국인들은 온라인, 전화, 이메일을 통해 인터내셔널 택시를 예약할 수 있습니다.

영 어 International Taxi refers to Seoul City's official foreign-language taxi service designed for foreigners residing in Seoul or simply visiting.

International taxis are driven by taxi drivers who can speak one or more foreign languages such as English, Japanese or Chinese. International taxis look the same as standard taxis, except they feature the words "International Taxi" on the body and top of the car. International Taxi can provide optional tours to support foreigner's Seoul sightseeing and shopping. International taxi information desk locates both in Incheon and Gimpo international airports. Foreigners can book international taxis on-line, on the phone or through e-mail.

国际出租车是专为住在首尔或者访问首尔的外国人安排的首尔市正式指定的外国人出租车服务。

国际出租车是由至少会说一门或一门以上外语(如英语、日语和汉语等)的司机开的。

国际出租车除了在车身和顶部写着"International Taxi"以外，外观基本上与普通出租车一样。国际出租车为了支持首尔旅游或购物旅游，可以给外国人提供自由行旅游。

国际出租车服务中心在仁川国际机场和金浦国际机场。外国人可以通过上网、电话、电子邮件的方式预定国际出租车。

일본어 インターナショナルタクシーはソウルに在住、または、訪問する外国人のために考案されたソウル市公式指定の外国人向けのタクシーサービスです。

インターナショナルタクシーは英語、日本語、中国語のような外国語の中で一つ、あるいは、二つ以上の言語で話せる運転手さんがタクシーを運転します。インターナショナルタクシーは車のドアと屋根に"International Taxi"と書かれていることを除けば、外観は一般的なタクシーと同じです。インターナショナルタクシーは外国人のソウル観光や、買い物を支援するために、選べる観光を提供することができます。

インターナショナルタクシーの案内所は仁川(インチョン)国際空港と金浦(キンポ)国際空港にあります。外国人はオンライン、電話、メールでインターナショナルタクシーの予約ができます。

PART
01

참고 인터내셔널 택시(www.intltaxi.co.kr)
한국관광공사 영문판(english.visitkorea.or.kr)

간단요약

- 인터내셔널 택시 : 외국인들을 위해 고안된 서울시 공식지정 외국인 택시 서비스
- 외국어를 한 가지 혹은 그 이상 구사할 수 있는 택시 기사들이 운전
- 관광이나 쇼핑을 지원하기 위해 선택 관광을 제공
- 인터내셔널 택시 안내소는 인천 국제공항과 김포 국제공항에 있음

002

크루즈 투어에 대해 설명해 보시오.

➤ Give the explanation of Cruise Tourism.

➤ 请说明一下邮轮旅游。

➤ クルーズツアーについて説明してください。

한국어

크루즈 투어는 관광산업에서 가장 빠르게 성장하고 있는 영역 중의 하나입니다. 배에 승선한 크루즈 관광객은 목적지로 이동하는 배 안에서 다양한 활동을 즐길 수 있습니다.

크루즈선의 규모에 따라 승객들은 마치 특급 호텔에 있는 것처럼 호화 숙박, 음식, 영화, 스포츠 레저 활동 등 다양한 오락 활동과 서비스를 즐길 수 있습니다. 그에 따라 크루즈 관광은 수익과 직업을 창출하는 데 크게 기여할 수 있습니다. 여행자들은 소위 '플라이 앤 크루즈'라고 불리는 여행을 즐길 수도 있는데, 이는 일단 비행기를 타고 특정 관광지에 가서, 크루즈 여행을 한 뒤 다시 비행기를 타고 돌아오는 여행을 의미합니다.

크루즈는 편도일 수도 왕복일 수도 있는데, 일반적으로 승객들이 육지에 올라 관광, 활동, 문화, 자연을 체험하고 그 마을, 도시나 지역에서 쇼핑을 할 수 있는 여러 기항지가 포함됩니다. [기항지(寄港地)는 크루즈선이 항해 여정 중에 중간에 들르는 곳을 말하고, 모항(母港)은 승객들이 승선하고 크루즈 여행을 시작하는 항구를 말합니다.]

한국은 지리적으로 중국과 일본, 러시아를 경유하는 기항지로서의 좋은 조건을 가지고 있으며, 제주는 아시아에서 가장 많은 크루즈 관광객이 찾는 곳입니다.

영 어

The cruise tourism is one of the fastest growing segments in the tourism industry. Cruise tourists on board can enjoy various activities while the ship moves to their destinations.

Depending on the size of cruise ships, passengers can enjoy various entertainment activities and services like luxury accommodations, foods, movies and sports leisure activities as they are in the super luxury hotel. Accordingly, cruise tourism can make a significant contribution to generating revenue and creating jobs. Travellers can enjoy the so-called 'Fly & Cruise', where they first fly to a specific destination, take a cruise trip from there and then fly back.

A cruise can be a one-way or a round trip and generally has several ports of call where passengers can come ashore to explore and experience the attractions, activities, culture, nature and shopping of that town, city or region. (A port of call is an intermediate stop for a cruise ship on its sailing itinerary while a home port is the port where passengers board the ship and start their cruise tour.)

Korea has geographical advantages as a port of call via China, Japan and Russia. And Jeju is the most popular destination among cruise tourists in Asia.

중국어

邮轮旅游是旅游行业里最迅速发展的领域之一。乘坐邮轮的乘客们在开往目的地的船上，可以享受各种各样的活动。按照邮轮船的规模，乘客们可以如住豪华酒店的那样，享受豪华住宿、饮食、电影和休闲体育等精彩的娱乐项目和服务。因此，邮轮旅游对创造利益和工作岗位方面有很大的贡献。游客们也可能会享受所谓的"Fly-&-Cruise"旅游，它意味着旅行时你可以先乘坐飞机飞往特定的旅游景点，在那儿享受完邮轮旅游后再次乘坐飞机飞回来。

邮轮旅游有单程的和往返的，一般情况下都包括乘客在中途停靠港上岸旅游，并在当地乡村和城市购物、体验各种活动、文化及自然。(停靠港是指邮轮船航行途中所挂靠的港口，母港是指乘客门上船开始邮轮旅游的港口。)

韩国作为经由中国、日本以及俄罗斯的中途停靠港，具有地理优势，而济州岛是在亚洲邮轮游客们最爱光临的景点之一。

일본어

クルーズツアーは観光産業で成長率が一番高い分野の一つです。クルーズに乗船したお客様は目的地まで移動する船内で様々な活動が楽しめます。クルーズの規模によって乗客はまるで豪華ホテルのような宿泊、食事、映画、スポーツ・レジャー活動など、様々なエンターテイメントやサービスを楽しめます。それに伴って、クルーズ観光は収益と雇用創出に大いに寄与することができます。旅行者はいわゆる'フライ&クルーズ'と呼ばれる旅行を楽しめますが、これは、まず飛行機に乗って特定の観光地に行き、クルーズ旅行をした後、再び飛行機に乗って帰る旅行を意味します。

クルーズは片道と往復がありますが、一般的には乗客が陸に上がって、観光、活動、文化、自然を体験し、その町や都市、地域で買い物が出来る様々な寄港地が含まれます。(寄港地はクルーズ船が航海中の船が途中に立ち寄る所であり、母港は乗客が乗船して、クルーズ旅行を始める港です。)

韓国は地理的に中国や日本、ロシアを経由する寄港地として良い条件を持っており、済州(チェジュ)はアジアで一番多いクルーズ観光客が訪ねる所です。

- 목적지로 이동하는 배 안에서 다양한 활동을 즐길 수 있음

- 마치 특급 호텔에 있는 것처럼 다양한 오락 활동과 서비스를 즐길 수 있음

- 수익과 직업을 창출하는 데 크게 기여

- 플라이 앤 크루즈 : 비행기를 타고 여행지에 가서 크루즈 여행을 즐긴 후 다시 비행기를 타고 돌아오는 여행

003

일주문과 사천왕에 대해 소개해 보시오.

➤ Introduce Iljumun and Four Heavenly Kings.
➤ 请介绍一下一柱门和四天王。
➤ 一柱門と四天王について紹介してください。

한국어

일주문(一柱門)은 한국 사찰로 들어가는 첫 번째 문입니다. 기둥이 일렬로 늘어서 있고 그 위에 지붕이 있어서 하나의 기둥, '일주(一柱)'라는 이름이 붙었습니다. 일주문의 건축양식은 네 개의 기둥에 지붕이 얹혀 있는 일반 가옥의 건축양식과는 다릅니다. 일주문의 독특한 양식은 일심(一心), 마음의 통일을 상징합니다. 문의 중앙에는 사찰의 이름이 쓰인 현판이 걸려 있습니다. 일주문은 불교사찰과 인간 세속의 경계입니다. 그것은 정화(淨化)를 상징하며 사람들이 절에 들어오기 전에 속세의 모든 욕망을 버리도록 가르침을 주려는 것입니다.

천왕문(天王門)은 사찰로 들어가는 두 번째 문으로, 4천왕(天王)이 모셔져 있습니다. 고대 인도 신화에서 4천왕 – 다문천왕(多聞天王), 증장천왕(增長天王), 지국천왕(持國天王), 광목천왕(廣目天王)은 수미산 중턱에 살면서 네 방위에서 불교와 불법을 지킵니다.

다문천왕은 북쪽을 수호하고 손에 보탑을 들고 있는 신입니다. 그는 네 명의 신들 중에 리더로 여겨집니다. 증장천왕은 손에 보검을 들고 남쪽을 수호합니다. 그는 식물을 잘 자라게 만드는 신입니다. 지국천왕은 손에 비파(현악기)를 들고 있으며, 동쪽을 수호합니다. 광목천왕은 서방 수호신이며, 한 손에는 용을 다른 한 손에는 여의주를 들고 있습니다. 그는 모든 것을 볼 수 있는 신입니다.

신들의 사나운 외모는 그들의 임무가 난폭한 악마를 복종하게 만드는 것임을 보여 줍니다. 또한 신들의 포악한 표정은 사람들이 고개를 숙이게 하고 마음에 나쁜 생각이 없어지게 합니다.

영 어

Iljumun is the first gate at the entrance to Korean Buddhist temples. It was named Ilju-'One-Pillar' because the pillars are in a row with a roof on them. Its architecture is different from that of the general house which has four pillars and a roof on them. The unique architecture of Iljumun symbolizes Ilsim, unity in heart. In the middle of gate, a stele is posted with the name of the temple written on it. Iljumun is the boundary between the Buddhist temple and a human's worldly life. It symbolizes purification and intends to teach visitors to leave all of their worldly desires before entering the temple.

Cheonwangmun is the second gate heading for a temple and Four Heavenly Kings are enshrined in it. In the ancient Hindu mythology, Four Heavenly Kings live in the middle of Sumisan mountain and protect Buddhism and the Buddha's teachings in four directions. They are Damun Cheonwang, Jeungjang Cheonwang, Jigook Cheonwang and Gwangmok Cheonwang.

Damun Cheonwang guards the North and is the one holding a pagoda in his hand. He is recognized as the leader of the four kings. Jeungjang Cheonwang holds a sword in his hand and guards the South. He is the one who causes good growth of roots. Jigook Cheonwang holds a pipa(stringed instrument) in his hands and protects the East. Gwangmok Cheonwang is the guardian of the West and holds a dragon in one hand and a Yeouiju, Mythical Cintamani in the other. He is the one who sees all.

Their fierce appearances reflect their duty to force unruly spirits to submit to their will. Also, their ferocious facial expressions encourage people to bow to them, and to lose their bad thoughts.

중국어

一柱门是进韩国寺庙的第一道门。一柱门的建筑形式与在四个柱子上盖屋顶的普通房屋很不相同。因为柱子排成一列并上面盖着屋顶，被起名为一个柱子——一柱。一柱门的独特形式象征一心，即心向的统一，门的中间挂着写上寺庙名称的招牌。一柱门是一种佛教寺庙和人间世俗的境界，它象征净化，要教导人们在进寺庙之前，把所有的世俗欲望抛开。

天王门是进寺庙的第二个门，里面有四天王。古代印度神话中的四天王——多闻天王、增长天王、持国天王和广目天王，四天王住在须弥山，在四方守护佛教和佛法。

多闻天王守护北部，是手里拿着宝塔的神，也是四个神中的老大。增长天王手里拿着宝剑守护南部，是让植物好好生长起来的神。持国天王手里拿着琵琶(弦乐器)守护东部。广目天王是西方守护神，一手里拿着一条龙，另一手里拿着如意珠，祂是什么东西都能看到的神。

这些神的凶恶的外貌表示祂们的任务就是令魔鬼畏服的。而且神的凶暴的表情使人们低下头，使他们心里上的不好思念都消除掉。

일본어 一柱門は韓国のお寺に行く最初の門です。柱が一列に並んでいて、その上に屋根が被さっているので一本の柱、'一柱'という名前を付けられました。一柱門の独特な様式は一心、心の統一を象徴します。門の中央にはお寺の名前が書かれた扁額が掲げられています。一柱門は仏教寺院と俗世の境界です。それは浄化を象徴し、人間がお寺に参る前に全ての俗欲を捨てるように教えを垂れようとしているのです。

天王門はお寺に行く二番目の門で、四天王を祭っています。古代インドの神話で四天王ー多聞天、増長天、持国天、広目天は須弥山の中腹に住みながら、四方で仏教と仏法を守護します。

多聞天は北方を守護し、手に宝塔を捧げ持っている仏神です。彼は四天王の中でリーダーと見なされます。増長天は手に宝剣を持って、南方を守護します。彼は植物がよく育つようにする仏神です。持国天は手に琵琶を持って、東方を守護します。広目天は西方の守護神で、片手には竜を、片手には如意宝珠を持っています。彼は全てを見られる仏神です。

四天王の恐ろしい姿は彼らの任務が乱暴な悪魔を従わせることというのを表します。また、険しい表情は人々が頭を下げるようにして、心の中に邪な考えがなくなるようにします。

참고 〈시공불교사전〉, 곽철환
위키피디아 영문판(en.wikipedia.org)
한국콘텐츠진흥원(www.kocca.kr)
Dale's Korean Temple Adventures(koreantempleguide.com)

백쌤의 TIP

사찰로 들어가는 문을 산문(山門)이라고 합니다. 산문은 한 줄로 세운 기둥 위에 맞배지붕 양식으로 되어 있는 일주문(一柱門), 사천왕(四天王)을 모신 천왕문(天王門), 둘이 아닌 절대의 경지를 상징하는 불이문(不二門)을 말합니다.

간단요약

• 일주문 : 사찰로 들어가는 첫 번째 문, 기둥이 일렬로 늘어서 있음 → 일심(一心), 마음의 통일 상징, 불교사찰과 인간 세속의 경계로 속세의 모든 욕망을 버리도록 가르침을 줌
• 천왕문 : 사찰로 들어가는 두 번째 문으로, 4천왕(天王)이 모셔져 있음
• 고대 인도 신화에서 4천왕 : 수미산 중턱에 살면서 네 방위에서 불교와 불법을 지킴

004

'한국관광의 별'에 대해 설명해 보시오.

> Give the explanation of "Stars of Korean Tourism".
> 请说明一下"韩国旅游之星"。
> '韓国観光の星'について説明してください。

한국어　'한국관광의 별'은 한 해 동안 한국관광 발전에 기여한 우수 관광자원과 기여자를 발굴하여 수여하는 상입니다. 2010년에 처음 시작된 이래로 한국관광의 별은 외래 관광객들뿐만 아니라 대한민국의 관광지에 대한 정보를 잘 모르는 국내 여행객들의 관심도 끌어왔습니다.

2023년 한국 관광의 별에는 8개의 시상 분야가 있었습니다. '올해의 관광지'는 경북 경주 대릉원, 동궁과 월지(안압지)입니다. 발왕산 천년주목숲길은 거동이 불편한 개인들이 편하게 방문할 수 있는 '무장애 관광지'로 선정되었습니다. '신규 관광지' 부문에는 포항 스페이스워크가 이름을 올렸는데, 거기서는 롤러코스터를 닮은 철제 트랙을 거닐며 영일만 해안과 포스코의 야경을 감상할 수 있습니다. '지속가능 관광프로그램' 부문엔 우리나라 최초 치즈 생산지인 임실 치즈테마파크가 선정됐습니다. '올해의 관광 기관·사업체' 부문에는 지역민 마당극을 운영한 강진군 문화관광재단이 수상했습니다. '관광브랜드·마케팅' 부문에는 국제관광도시 부산을 새롭게 표현한 브랜드 플레이, 워크, 리브, 부산(Play, Work, Live, Busan)이 수상했습니다.

'방송미디어' 부문에는 대한민국 골목골목을 누비며 지역 노포와 명소를 찾고, 그곳에서 살아가는 사람들 삶을 조명한 한국방송공사(KBS) 프로그램 동네한바퀴가 수상했습니다. '2023~2024 한국방문의 해' 홍보대사로 활동하고 있는 유명배우 이정재는 '관광 발전 기여자' 부문에서 수상했습니다.

'Stars of Korean Tourism' is the award to discover the great tourist attractions and contributions that helped to enrich Korean tourism. Since the award was made in 2010, Stars of Korean Tourism have attracted not only foreign tourists but also domestic tourists who don't have much information about Korean tourist attractions.

'Stars of Korean Tourism' in 2023 had 8 categories. 'This year's distinguished tourist attractions' are the Daereungwon Tomb complex, Donggung Palance, and Wolji Pond. Balwangsan Mountain's Thousand-Year Spreading Yew Forest Path has been designated as a 'barrier-free tourist spot', ensuring easy access for individuals facing mobility challenges. 'A new addition to the list of tourist attractions' is the Pohang Spacewalk, where roller coaster-like steel trekking trail offers a panoramic view of Yeongil Bay's coastline and POSCO's night scenery.

Imsil thema park, the first cheese-producing area in Korea, was designated as 'a sustainable tourism program'. Gangjingun cultural tourism foundation was awarded as 'this year's travel organization and business'. The brand Play, Work, Live, Busan was awarded in the category 'tourist brand and marketing', newly expressing Busan as an international tourist city.

KBS program A walk around the neighborhood was awarded in 'the broadcasting media' category, going around each alley and looking for old restaurants and famous spots to highlight people living there. Renowned actor Lee Jung-jae, the honorary ambassador for Visit Korea Year 2023-2024, was awarded in the 'Contribution to developing Korean tourism' category.

중국어
"韩国旅游之星"是发掘一年内为韩国旅游发展做出贡献的优秀旅游资源和贡献者为其授予的奖项。自2010年首次设立以来，韩国旅游之星不仅吸引了外国游客的关注，也吸引了很多不了解韩国旅行景点信息的韩国游客的关注。

2023年韩国旅游之星共颁发了8个奖项。获得"最佳旅游胜地"奖的是庆北庆州的大陵园，东宫和月池(雁鸭池)。发王山千年红杉木栈道便于行动不便的人参观，荣获"无障碍旅游胜地"奖。获得"新晋观光胜地"奖的是浦项太空漫步，在那里可以漫步在酷似过山车的铁质跑道上，欣赏迎日湾海岸和浦项的夜景。

获得"可持续旅行项目"奖的是韩国最初的奶酪生产地–任实奶酪主题公园。获得"最佳旅行机关·企业"奖的是运营当地居民场院剧的康津郡文化观光财团。获得"旅行品牌·营销"奖的是对国际旅行城市釜山进行创新性诠释的Play、Work、Live、Busan等品牌。

获得"数字多媒体"奖的是韩国广播公司(KBS)的综艺节目《小区一周》，该节目走遍韩国大街小巷，寻找社区老店和社区景点，讲述当地人们的生活。获得"旅游发展贡献者"奖的是作为"2023~2024韩国旅游年"宣传大使的著名演员李政宰。

일본어
‘韓国観光の星’は一年の間、韓国観光の発展に寄与した優秀な観光資源や寄与者を発掘して与えられる賞です。2010年に始まった以来、‘韓国観光の星’は、海外の観光客だけでなく、大韓民国の観光地に対した情報をよく知らない国内の旅行者の関心も引きました。

2023年、韓国観光の星には8つの授賞分野がありました。「今年の観光地」は慶尚北道・慶州市にある大陵苑、東宮と月池(雁鴨池)です。「バリアフリー観光地」としては体の不自由な個人が気軽に訪れることができる發王山の千年樹アララギ森の道が選定されました。「新規観光地」部門には浦項のスペースウォークが名前を連ねましたが、そこではジェットコースターに似た鉄製トラックを歩きながら迎日湾海岸とポスコの夜景を鑑賞できます。「持続可能な観光プログラム」部門には韓国初のチーズ生産地である任実のチーズテーマパークが選定されました。「今年の観光機関・事業体」部門は地域住民主導でマダン劇を運営した康津郡の文化観光財団が受賞しました。「観光ブランド・マーケティング」部門は国際観光都市の釜山を新たに表現したブランドのプレイ、ワーク、リブ、釜山(Play、Work、Live、Busan)が受賞しました。

「放送メディア」部門は韓国の路地を歩いて巡りながら、地域の老舗と名所を探し、そこで生きていく人々の暮らしを照明した韓国放送公社(KBS)プログラム町内一周が受賞しました。

「2023~2024韓国訪問の年」広報大使として活動している人気俳優のイ・ジョンジェ氏は「観光発展寄与者」部門で受賞しました。

다음은 2023년 '한국관광의 별' 수상작입니다. 다음 관광지 중 자신 있는 곳을 골라서 해당 언어로 소개하는 연습을 해 보세요.

분 야	수 상	요약소개
올해의 관광지	경주 대릉원, 동궁과 월지	대릉원은 경주에 산재해 있는 고분군 중 가장 큰 규모, 경주 대표적인 야간관광 명소임
무장애 관광지	평창 발왕산 천년 주목숲길	무장애 데크길, 발왕산 관광케이블카를 이용하여 관광약자들도 편안하게 걸으며 산림자원을 즐길 수 있음
신규 관광지	포항 스페이스 워크	국내 최초·최대(트랙길이 333m, 최대높이 57m, 철제계단 717개)의 체험형 Steel 트랙 조형물
지속가능 프로그램	임실 치즈 테마파크	유럽풍의 건물들로 관광객들에게 이국적인 경관, 다양한 체험 프로그램 제공
올해의 관광 기관·사업체	강진군 문화관광재단	지역 인구소멸 대응 체류형 생활관광 프로그램과 지역 관광 활성화 사업 추진(지역민 마당극, 시티투어 야경투어 등)
관광 브랜드 마케팅	Play, Work, Live Busan	부산관광에 대한 브랜드 개발 및 가이드라인 구축
방송 미디어	동네한바퀴	동네 골목골목을 걸으며 도시의 노포, 오래된 명소, 동네의 역사, 동네 토박이와 명물들을 소개
기여자	배우 이정재	한국관광 명예 홍보대사 겸 2023~2024 한국방문의 해 홍보대사, 2023 부산 세계 엑스포 홍보대사로 활동

참고 문화체육관광부 보도자료

PART
01

005

투어일정 중 예정된 곳이 임시휴일일 경우 어떻게 하겠는가?

> What will you do, if the scheduled destination is on special holiday?
> 如果旅游日程中预定好的店铺恰好暂停营业的话，您要怎么处理？
> ツアー日程中、予定されていた所が臨時休日とした場合、どうしますか。

한국어

방문 예정인 목적지가 임시휴일이면 관광객들은 크게 실망하고 불평을 할 것입니다. 이 경우 진심어린 사과만으로는 문제에 대처할 수 없습니다. 그러므로 저는 그것을 알릴 때 상황에 대처할 계획을 함께 말할 것입니다.

첫째, 저는 다른 날에 그 관광을 진행할 수 있는지 점검할 것입니다. 일정 변경이 가능하다면 고객들에게 양해를 구해야 할 것입니다. 바뀐 일정에 따라서 교통수단, 숙박, 식당과 시설물에 관련된 모든 예약일 변경과 확인은 필수입니다.

둘째, 일정 변경이 불가능하다면 원래 가려 했던 곳과 유사한 다른 관광지를 추천할 것입니다.

셋째, 머무르기로 했던 관광지에 할당된 시간 동안 다른 서비스를 제공할 수도 있습니다. 지역 특산물을 맛보거나 흥미로운 지역 문화체험을 할 수 있는 기회를 제공한다면 고객들이 좋아할 것이라고 생각합니다.

영 어

If the scheduled destination is on special holiday, the tourists will get deeply disappointed and complain. In this case, sincere apology is not enough to solve the problem. Therefore, when I announce the news, I will also tell them the plans to deal with the situation.

First, I will check if that day's schedule can be proceeded on some other day. If it's possible, I'll have to ask my clients a favor about it. According to the changed schedule, it is necessary that I change and confirm the booked date of transportations, accommodations, restaurants and facilities.

Second, if the schedule change fails, I'll recommend some other tourist attraction that is similar to the original one.

Third, other services can be provided during the alloted time for the original destination. I think my clients will become happy if I offer the opportunities to taste the local specialties or to experience interesting local culture.

중국어

要访问的目的地恰好暂停营业的话，游客们肯定会大大失望，而且会发牢骚。这时候只靠真情实意的道歉并不能解决问题。因此，我会在告知事实的同时，也告诉大家相应的解决方案。

首先，我会打听能不能改天安排该旅游。如果可以变更日期的话，我会请游客们谅解。然后，根据变更内容，必须更改和确认所有的交通、住宿、餐厅以及其他设施的安排。

第二，如果不能改天安排的话，我会推荐跟原本要去的景点类似的另外景点。

第三，在观光地住宿的期间，还可以提供其他的服务。我认为假如能提供品尝地方特产、体验地方文化活动等的机会，顾客们也会满意。

일본어

訪問予定だった目的地が臨時休日であれば、観光客は大変失望して、苦情を言うと思います。この場合、謝罪だけでは問題に対処することができません。だから、私はそれを知らせる時に状況に対応する計画まで一緒に話します。

一、私は別の日にその観光ができるのかをチェックします。日程変更が可能であれば、お客様の了解を得るべきです。変更後の日程に従って、交通手段、宿泊、食堂や施設に関する全ての予約日の変更と確認は必須です。

二、日程変更が不可能であれば、元の目的地と似たような他の観光スポットをおすすめします。

三、行く予定だった観光地に与えられた時間内に別のサービスを提供することも出来ます。地域特産物を味わったり、興味深い地域の文化体験の機会を提供したりすると、きっとお客様から好かれると思います。

백쌤의 TIP

여행에는 늘 예기치 못한 문제들이 발생합니다. 문제를 줄이는 가장 효과적인 방법은 일정과 관련된 중요 사항을 재차 확인하는 것입니다. 그러나 빈틈없이 사전준비를 하고 치밀하게 계획한다고 해도 문제는 발생할 수 있습니다. 이때 노련한 관광가이드는 감정적으로 대처하지 않고 침착하게 대책을 세웁니다. 돌발 문제 해결에 필요한 것은 관광가이드의 정보력, 순발력과 '고객을 무조건 만족시키겠다'는 노력입니다.

간단요약

- 목적지가 임시휴일임을 알릴 때 상황에 대처할 계획을 함께 말함
- 다른 날에 그 관광을 진행할 수 있는지 점검
- 유사한 다른 관광지를 추천
- 머무르기로 했던 관광지에 할당된 시간 동안 다른 서비스를 제공

006

관광통역안내사로서 하지 말아야 하는 행동에 대해 말해 보시오.

➤ Tell me what a tourist guide shouldn't do.

➤ 作为旅游翻译导游，不该做的行为有哪些？

➤ 観光通訳案内士として、してはいけない行動について話してください。

한국어

첫째, 관광가이드는 시간이나 약속을 어겨서는 안 됩니다. '시간은 관광객에게 가장 소중한 것'
이라는 점을 명심해야 합니다.

둘째, 관광객의 나라와 문화를 폄하하거나 비난하는 일을 삼가야 합니다. 고객들의 국적과 문
화적 배경을 고려하여 인내심을 가지고 참고 포용해야 합니다. 그러기 위해서는 고객이 속해
있는 나라와 그 나라의 문화에 대해 폭넓은 지식을 쌓아 두어야 합니다.

셋째, 인두세(人頭稅, 송객 수수료)를 챙기기 위해 관광 상품의 질을 떨어뜨리면 안 됩니다.
관광객이 여행에 만족할 때 관광가이드도 행복해질 수 있는 것입니다.

넷째, 관광객의 불평을 무시하면 안 됩니다. 그들은 여행이 끝난 후 불만족을 지인들에게 전할
것이며 그러면 당신은 결국 미래의 고객을 잃게 될 것입니다.

영 어

First, tourist guide must not break time or promise. You should keep this in mind,
'Time is the most precious thing to a tourist'.

Second, tourist guide must refrain from degrading or blaming the tourist's country
and culture. You need to consider their nationality and cultural background with
thoughtfulness and be patient and tolerant. To do so, you need to build extensive
knowledge about the country and culture that they belong to.

Third, tourist guide must not decrease the quality of tour packages to take the pole
tax. When travelers are satisfied with their trip, a tour guide can also get happy.

Fourth, you must not ignore your clients' complaints. After their trip, your clients
will talk to their acquaintances about the dissatisfactions, then you will lose your
future clients in the end.

首先，旅游导游不应该违背时间约定和诺言，一定要把"时间对游客最宝贵"的事实好好记在心里。

第二，不应该贬损或批评游客的国家和文化，一定要顾及顾客的国籍和文化背景，忍耐包容。为此，导游事先需要掌握有关顾客国家和文化的知识。

第三，不可以为了拿到人头税(送客人回扣)，把旅游商品的质量下降。游客满意旅游的时候，旅游导游也会感到幸福。

第四，不能忽视游客的不满。他们旅游结束以后会把不满意见传达朋友们，那么结果你们会失去未来的顾客。

一、観光ガイドは時間と約束を守らなければないけないです。'時間は観光客に一番大事なもの'ということを心がけなければなりません。

二、観光客の国と文化を貶したり、批判したりすることは慎むべきです。お客様の国籍と文化的背景を考慮して、忍耐力を持ち、我慢して受け入れることが必要です。そのためには、お客様の国と、その国の文化について幅広い知識を身につけなければなりません。

三、人頭税をもっと受け取るために、観光商品の質を落としてはいけません。観光客が満足できる旅行をした時こそ、観光ガイドも幸せになるのです。

四、観光客の苦情を無視してはいけません。お客様は旅行の後、不満な部分を知人に伝え、そうすると、結局、君は未来のお客を失うことになります。

PART
01

간단요약

- 시간이나 약속을 어겨서는 안 됨
- 다른 나라와 문화를 폄하하거나 비난하는 일을 삼가야 함
- 관광 상품의 질을 떨어뜨리면 안 됨
- 관광객의 불평을 무시하면 안 됨

007

안보관광에 대해 설명해 보시오.

➤ Give the explanation of Security Tourism.

➤ 请说明一下安保旅游。

➤ 安保観光について説明してください。

한국어

안보관광은 전쟁과 분단의 역사를 지닌 관광자원을 가지고 관광객들이 분단의 현실을 체험하게 함으로써 통일과 평화의 소중함을 느끼게 하려는 목적을 지니고 있습니다. 대한민국은 세계에서 유일한 분단국가이기 때문에 외국인들 사이에 안보관광지로 인기가 많습니다.

안보관광으로는 DMZ train을 이용하는 상품이 추천할 만합니다. 거기에는 도라산역으로 가는 도라산 안보관광코스와 백마고지역으로 가는 철원 안보관광코스가 있습니다.

도라산 안보관광은 도라전망대, 도라산역, 통일촌, 제3땅굴 관광코스입니다. 도라산역은 서울과 신의주선을 잇는 경의선의 최북단에 위치한 기차역입니다. 도라산역에 도착하기 전 승객들은 모두 신원확인을 받아야 합니다. 통일촌은 최북단에 있는 작은 마을이며 전쟁의 상흔을 간직하고 있습니다. 제3땅굴은 시간당 3만 명의 병력 이동이 가능한 위협적인 땅굴입니다. 1974년 귀순한 탈북자 김부성에 의해 알려졌습니다.

철원 안보관광코스에 있는 노동당사는 해방 후 북한 노동당에 의해 사용되었던 건물로 탱크, 총탄과 포탄 자국이 선명하게 남아 있습니다. 월정리역은 경원선 최북단에 있는 마지막 기차역이며 백마고지는 한국전쟁 동안 가장 치열한 전투가 벌어진 장소로 알려져 있습니다.

영 어

Security Tourism is to teach visitors the value of unification and peace by giving them opportunity to experience the reality of national division with tourist attractions that has the history of war and division. Korea is popular for security tourism among foreigners because she is the one and only divided nation in the world.

The tour packages using DMZ trains are recommendable. It has Dorasan security tour course heading for Dorasan station and Cheolwon security tour course for Baekmagoji station.

Dorasan security tourism includes the courses like Dora Observatory, Dorasan station, unification village and the third underground tunnel. Dorasan station is the northernmost railway station on the Gyeongui Line, connecting Seoul to Sinuiju. Before arriving at Dorasan station, all passengers are supposed to get identity check. Unification Village is the northernmost small village and has scars left by the war. The Third Underground Tunnel is the threatening one through which 30,000 troops can move per hour. It was revealed by Kim Buseong, a North Korean defector who defected in 1974.

In the Cheolwon security tour course, Labor Party Office is the building that was used by North Korean Labor Party and keeps the clear marks of tanks, bullets and bombs. Weoljeongni station is the northernmost railway station on the Gyeongwon Line and Baekmagoji is where fiercest battle broke out during the Korean War.

중국어 安保旅游的目的是利用战争和分裂历史的旅游资源，使游客体验一下分裂的现实，感到国家的统一和和平的重要性。大韩民国是在世界上唯一的分裂国家，安保景点对外国人很有吸引力。

安保旅游项目中乘坐DMZ train的旅游商品值得推荐。它包括开往都罗山站的都罗山安保旅游路线和开往白马高地的铁原安保旅游路线。

都罗山安保旅游是包括都罗观望台、都罗山站、统一村以及第三地洞的旅游路线。都罗山站是位于从首尔到新义州的京义线最北边的火车站。在到达都罗山站之前，乘客门必须接受身份背景检查。统一村是位于韩国最北边的小村庄，它仍然怀着战争的伤痕。第三地洞是每小时可调动3万兵力的很可怕的地洞，它在1974年被脱北者金富成暴露。

铁原安保旅游路线的劳动党社，是解放以后被劳动党所使用的建筑物，这还明显地留下坦克车、抢单和炮弹的痕迹。月井里站是位于京原线最北边的终点火车站，白马高地被认为是韩国战争期间发生最激烈战斗的地方。

安保観光は戦争と分断の歴史を持っている観光資源で、観光客が分断の現実を体験することで、統一と平和の大切さを感じるようにする目的を持っています。韓国は世界で唯一の分断国家なので、外国人に安保観光地として大人気です。

安保観光ではDMZトレインを利用する商品がおすすめです。そこには都羅山(トラサン)駅まで運行する都羅山安保観光コースと、白馬高地駅まで運行する鉄原安保観光コースがあります。

都羅山安保観光は都羅展望台、都羅山駅、統一村、第3トンネルの観光コースです。都羅山駅はソウルから新義州線までをつなぐ京義線の最北端に位置する鉄道駅です。都羅山駅に到着する前に乗客はみんな本人確認を受けなければなりません。統一村は最北端の小さな町で、戦の傷痕が残っています。第3トンネルは1時間に3万人の兵士が移動できる脅威的なトンネルです。1974年に韓国入りした脱北者のキム・ブソンにより知られるようになりました。

鉄原安保観光コースにある労働党舎は解放後、北朝鮮の労働党が利用した建物で、タンク、銃弾や砲弾の傷跡が生々しく残っています。月井里駅は京元線の最北端の最後の鉄道駅で、白馬高地は朝鮮戦争中に一番激しい激戦の場所として知られています。

참고 대한민국 구석구석(korean.visitkorea.or.kr)

백쌤의 TIP

백마고지라는 이름은 당시 그곳에서 30만 발의 포탄이 부근에서 터져 고지가 하얗게 변했었는데, 이를 하늘에서 본 모습이 백마의 형상이었다고 하여 붙여진 것입니다. 9일 동안 주인이 스물네 번이나 바뀌었을 정도로 백마고지는 가장 전투가 치열했던 곳이라고 합니다.

간단요약

- 안보관광 : 전쟁과 분단의 역사를 지닌 관광자원을 가지고 관광객들이 분단의 현실을 체험하게 함으로써 통일과 평화의 소중함을 느끼게 함
- 대한민국은 세계에서 유일한 분단국가이기 때문에 외국인들 사이에 안보관광지로 인기
- DMZ train : 도라산 안보관광코스(도라전망대・도라산역・통일촌・제3땅굴), 철원 안보관광코스(노동당사・월정리역・백마고지)

008

> **서울시티투어버스에 대해 설명해 보시오.**

> Give the explanation of Seoul City Tour bus.
> 请说明一下首尔城市观光巴士。
> ソウルシティツアーバスについて説明してください。

한국어

시티투어버스는 저비용 고효율의 여정을 짤 수 있어서 여행지가 낯선 초보여행자들에게는 매력 있는 여행 상품입니다. 서울시티투어버스 코스에는 서울의 인기 관광지와 쇼핑지가 한 상품에 포함되어 있습니다. 승객들에게는 여러 가지 언어로 여행 가이드를 들을 수 있는 개인 헤드셋이 제공됩니다.

서울투어버스는 도심·고궁코스, 파노라마코스, 어라운드 강남코스와 야경코스가 있습니다. 도심·고궁코스는 15개 정류장을 순환하는데, 아무 정류장에나 내렸다가 다음 버스를 타고 다른 정류장으로 이동할 수 있습니다. 파노라마코스는 남산과 한강의 경치, 명동, 홍익대, 이화여대 도심지 같이 서울의 전망을 모두 보여 주는 16개 정류장을 포함합니다. 야경코스는 한강 주변의 낭만적인 야경과 서울의 화려한 조명을 보여 줍니다.

서울시티투어버스에는 일층 버스, 이층 버스, 트롤리 버스, 하이데커 오픈탑 버스와 같은 흥미로운 유형들이 있습니다. 트롤리 버스는 유럽 스타일을 벤치마킹한 세련된 디자인의 전기 버스입니다. 하이데커 오픈탑 버스에서 앞쪽 좌석 20개는 냉난방이 잘 되는 캐빈 안에 있고, 뒤쪽 좌석 25개는 지붕이 뚫린 개방형입니다. 이는 한국의 큰 일교차에 적합한 설계입니다.

영 어

City tour bus is the attractive tourism product to beginner tourists because they can arrange their itinerary of low cost and high efficiency. Seoul city tour bus courses include Seoul's popular attractions and shopping venues in one package. Each rider is provided with an individual headset to listen to the tour guide in several different languages.

Seoul city tour bus has downtown palace course, panorama course, around Gangnam city tour course and night course. Downtown palace course circulates 15 stops to get off at any station and take the next bus to move on to other stops. Panorama course has 16 stops showing all views of Seoul such as natural landscape in Namsan mountain, Hangang River and Downtown of Myeongdong, Hongik Univ, Ewha Univ. Night Course shows the romantic night view around Han River and colorful lighting of Seoul.

Seoul city tour bus has several interesting types-1-story bus, double decker bus, Trolly bus and High decker open-top bus. Trolly bus is a electric bus that has classy design benchmarking European style. High decker open-top bus has 20 front seats in the cabin with excellent air conditioning, while 25 seats in the back are open-top, which is a suitable design for the broad daily temperature range of Korea.

중국어

利用城市观光巴士能够安排性价比好的旅游行程，对第一次来韩国的游客们是很有魅力的旅游商品。在首尔城市观光巴士路线中，在首尔最有人气的旅游景点和购物景点都包括在内。给乘客门还提供多种语言收听的旅游指南个人耳机。

首尔观光巴士有市中心·故宫路线、首尔全景路线、围绕江南路线以及夜景路线。城市·故宫路线循环15个车站，乘客门可以在任何车站下车享受旅游以后，再坐下班车去其他的车站。首尔全景路线有16个车站，乘坐它都能看到南山、汉江、明洞、弘大、梨大等的市中心景观。乘坐夜景路线可以观看汉江周边的浪漫夜景和首尔的华丽照明。

首尔城市观光巴士有几种类型，例如单层巴士、双层巴士、无轨电车和敞篷巴士等。无轨电车是模仿欧洲风格时髦设计的电气巴士。敞篷巴士前面的20个坐席是有空调和暖气设施的车厢，后面的25个坐席是没有屋顶的开放型部分。这种观光巴士的设计正适合韩国这样日夜温差大的地区。

シティツアーバスは低価格高効率の旅程を組み立てることができ、不安な旅行初心者には魅力的な旅行商品です。ソウルシティツアーバスのコースには、ソウルの人気の観光地やショッピングタウンが一つの商品に含まれています。乗客には様々な言語で旅行ガイドが聞くことができる個人向けのヘッドフォンが用意されています。

ソウルツアーバスは都心・古宮コース、パノラマコース、アラウンド江南コースや夜間コースがあります。都心・古宮コースは15箇所の停留所を巡りますが、途中のどんな停留所で降りた後、次のバスに乗って他の停留所に行くことが可能です。パノラマコースは南山や漢江の景色、明洞、弘益大、梨花女大の都心のようなソウルの展望を全部見せてくれる16箇所の停留所が含まれています。夜間コースは漢江周辺のロマンチックな夜景とソウルの派手なライトを見せてくれます。

ソウルシティツアーバスには1階バス、2階バス、トロリーバス、ハイデッカーオープントップバスのような面白い形があります。トロリーバスはヨーロッパのスタイルをベンチマーキングしたおしゃれなデザインの電気バスです。ハイデッカーオープントップバスの中で前の20席は冷暖房効率が高いキャビンの中にあり、後ろの25席は屋根のない開放型です。これは日較差が大きい韓国にふさわしい設計です。

참고	서울시티투어버스 홈페이지(www.seoulcitybus.com)
	Viator 홈페이지(www.viator.com)

PART
01

간단요약

- 서울시티투어버스 : 저비용 고효율의 여정, 인기 관광지와 쇼핑지가 한 상품에 포함
- 도심・고궁코스, 파노라마코스, 어라운드 강남코스와 야경코스

009

불국사에 대해 설명해 보시오.

> Give the explanation of Bulguksa.
> 请说明一下佛国寺。
> 仏国寺について説明してください。

한국어

불국사는 토함산 기슭에 있으며 신라시대 법흥왕 15년에 지어졌습니다. 불국사는 경덕왕 때에 김대성에 의해 다시 지어져 대찰의 모습을 갖추게 되었습니다.

삼국유사에 나오는 설화에서, 김대성은 현재의 부모를 위해서 불국사를 지었고, 전생의 부모를 위해서 석굴암을 지었습니다. 불국사는 다보탑, 석가탑, 청운교 및 두 점의 불상을 포함한 국보 7점을 보유하고 있습니다. 경주의 대표적인 유물인 불국사는 1995년 유네스코 세계문화유산으로 지정되었습니다.

임진왜란 동안 건물과 보물들이 불에 타거나 약탈되었지만 불국사는 계속된 복원을 통해 지금의 모습을 갖추게 되었습니다.

불국사는 지진에 잘 견디는 설계로 유명합니다. 2016년과 2017년에 각각 경주와 포항에 큰 지진이 발생했을 때 불국사는 끄떡없었습니다. 신라인들이 이미 지진 피해에 대해 생각을 하고 내진에 강한 건축기법을 불국사에 사용하였기 때문입니다.

영어

Bulguksa is located on the slopes of Mount Toham and was built during the Silla Kingdom, in the 15th year of King Beopheung's reign. Bulguksa was rebuilt by Kim Daeseong during the King Gyeongdeok's reign and turned into a big temple.

In the folktales of Samgukyusa, Kim Daeseong built Bulguksa temple for his current parents and built Seokguram Grotto for his previous parents in his past life. Bulguksa encompasses 7 National treasures, including the Dabotap and Seokgatap stone pagodas, Cheongun-gyo (Blue Cloud Bridge), and two statues of Buddha. As the representative relic of Gyeongju, Bulguksa was designated as a World Cultural Asset by UNESCO in 1995.

During the Imjin war, its buildings and treasures were burnt and stolen but Bulguksa temple regained its present looks through constant restorations.

Bulguksa is famous for its earthquake-proof design. Bulguksa was all right when big earthquake occurred in Gyeongju and Pohang in 2016 and 2017 respectively. That was because Silla people had already thought about the earthquake damages and applied the earthquake-proof architectural technique to Bulguksa.

중국어

佛国寺坐落在吐含山山腰处，建在新罗法兴王15年。以后景德王时期金大城翻建以后形成了大寺的面貌。

根据三国遗事，金大城为了现在的父母建造佛国寺，为了前生的父母建造石窟庵。佛国寺里有多宝塔、释迦塔、青云桥及两个坐像等7个国宝。佛国寺作为庆州最有代表性的遗址，被列入了联合国世界遗产名录。

佛国寺的建筑物和宝物在壬辰倭乱时期被烧毁或被掠夺，但经过无数的修复，最终形成现在的外观。

佛国寺以抗震设计而有名。在2016年和2017年在庆州和浦项发生大地震的时候，佛国寺稳如泰山。因为新罗人已经考虑到地震的危险，使用抗震建筑技巧建造佛国寺。

일본어

仏国寺は吐含山のふもとにあり、新羅時代の法興王15年に建立しました。仏国寺は景徳王の時に、宰相のキム・デソンが再建して、大刹の姿となりました。

三国遺事に登場する説話で、キム・デソンは現在の両親のために仏国寺を建立し、前生の両親のために石窟庵を建立しました。仏国寺は多宝塔、釈迦塔、青雲橋、及び、2点の仏像を含む国宝7点を持っています。慶州の代表的な遺物で、仏国寺は1995年にはユネスコ世界文化遺産に登録されました。

壬辰倭乱で建物や宝物が焼失し、略奪されましたが、仏国寺は続いた復旧作業により今の姿となりました。

仏国寺は地震に耐えられる設計で有名です。2016年と2017年にそれぞれの慶州と浦項で大規模の地震が起きた時、仏国寺は大丈夫でした。新羅人がもう地震の被害があったという想定のもとに、耐震性が高い建築方法が仏国寺に使われたからです。

전문가들은 '그렝이 기법'으로 지어진 석축이 불국사 내진설계의 비결이라고 말합니다. 그렝이 기법은 한옥 건축에 사용된 기술로, 재료를 밀착시킬 때 접촉면을 밀착될 면과 같은 모양으로 깎는 기법입니다.

경주 일대는 신라 때 이미 지진 피해에 대한 기록이 있습니다. 지진에 대비하기 위해 신라인들은 불국사를 지을 때 울퉁불퉁한 자연석 화강암 위에 인공석을 아귀에 맞게 깎아 맞물려 얹는 '그렝이 기법'을 사용했습니다. 목조 건축에 사용되는 방식을 화강암에 응용하여 설계한 덕분에 불국사는 지진의 좌우 흔들림을 잘 견디고 석재 사이에 있는 틈을 이용해 진동 에너지를 분산·흡수한 것입니다.

간단요약

- 불국사 : 토함산 기슭에 있으며 신라시대 법흥왕 때 지어짐, 경덕왕 때 김대성이 다시 지어 대찰이 됨
- 삼국유사 설화 : 김대성이 현재의 부모를 위해서 불국사를 지었고, 전생의 부모를 위해서 석굴암을 지었음
- 다보탑, 석가탑, 청운교 및 두 점의 불상
- 지진에 잘 견디는 설계

010

근정전에 대해 설명하시오.

➤ Give the explanation of Geunjeongjeon.

➤ 请说明一下勤政殿。

➤ 勤政殿について説明してください。

한국어

근정전(勤政殿)은 경복궁의 정전(正殿)입니다. 근정전은 궁궐 내에서 가장 규모가 크고 격식을 갖춘 건물입니다. 왕은 그곳에서 신하들을 접견하고 거대한 공식 행사를 주관하였으며 외국 사신을 맞이했습니다. '근정'이라는 이름은 정도전이 지었는데, '부지런하면 천하의 일을 잘 다스릴 수 있다'는 의미를 담고 있습니다.

근정전에서 근정문에 이르는 길 좌우에는 문무백관의 지위를 표시하는 품계석이 차례로 놓여 있습니다. 햇빛 가리개를 매달던 고리도 앞마당에 남아 있습니다.

외부에서 보면 근정전은 2층 건물이지만 안쪽은 두 개 층이 트여 있고 천장이 높은 통층입니다. 뒤편 한가운데 임금의 자리인 어좌가 있고 그 뒤편에는 '일월오봉도' 병풍이 있습니다. 일월오봉도는 왕실의 권위를 상징하는데 해, 달과 다섯 개의 봉우리 그림이 그려져 있습니다. 근정전 천장에는 발톱이 일곱 개인 두 마리의 용이 새겨져 있습니다.

영 어

Geunjeongjeon Hall is the Throne Hall of Gyeongbokgung palace. Geunjeongjeon is the largest and most formal hall in the palace. The king granted audiences to his officials, presided over large official functions and met foreign envoys there. 'Geunjeong', named by Jeong Dojeon, means 'Diligence will help manage the state affairs properly'.

From Geunjeongjeon to Geunjeong gate, Pumgaeseoks(stones marking classes of civil and military officials) are arranged in order. The rings to hang sun screens still remain.

Seen from outside, Geunjeongjeon is the 2-story building but inside, 2 stories are open and it is one hall with a high ceiling. In the backward center, there is a royal throne with 'Irworobongdo' folding screen behind it. Irworobongdo symbolizes the royal authority with the picture of Sun, Moon, and Five Peaks on it. On the ceiling of Geunjeongjeon, two dragons with 7 claws are carved.

勤政殿是景福宫的正殿。勤政殿在宫内规模最大，最正式的建筑物。国王在这儿接见臣下，并主持重大正式仪式，接见外国使节。"勤政"的名称是郑道传起名的，是意味着"勤奋做事，可以好好治理天下"。

从勤政殿到勤政门的街道左右边摆着表示文武百官地位的品阶石排成一列。挂遮阳挡的挂钩也留在前院里。

在外面观察的话，勤政殿看起来是二层楼，但内部没有上下的区分，它是只有一个很高的天花板的单层楼。在后面中央有国王坐的御座，它后面有"日月五峰图"屏风。这个日月五峰图象征国王的权威，绘有太阳、月亮和五个顶峰。勤政殿天花板上刻有两条七趾龙。

勤政殿は景福宮の正殿です。勤政殿は王宮の中では一番規模が大きくて、格式を整えた建物です。王様はそこで臣下と接見し、大きな儀式を挙行したり、外国からの使臣を迎えたりしました。'勤政'という名前はチョン・ドジョンが名付けましたが、'勤しむと世の中の事柄はうまくできる'という意味が含まれています。

勤政殿から勤政門までに至る道の左右には文武百官の身分を表す九組の品階石が順番に置かれています。日よけを付ける輪も前庭に残っています。

外観は2階建てに見えるが、内部は二つの階の全体が通じて、天井が高い吹き抜けです。裏面の中央には王様の御座があり、その後ろには'日月五峰図'という屏風があります。日月五峰図は王室の権威を象徴しますが、日と月と5つの峰が描かれています。天井の中央には足指の爪を7つ持つ龍が刻まれています。

참고 문화재청 경복궁 사이트(www.royalpalace.go.kr)

백쌤의 TIP

용의 발톱 수는 큰 의미를 지닙니다. 발톱이 3개면 재상(큰 인물), 4개면 제후(영웅), 5개인 오조룡은 독립국의 황제, 그리고 7개인 칠조룡은 북두칠성이자 하늘의 천제를 상징한다고 합니다. 1865년 흥선대원군은 궁핍한 나라살림에도 불구하고 왕권을 강화하기 위해 무리하게 경복궁 중건을 강행했습니다. 근정전 용의 발톱 개수를 늘려서 왕의 권위를 강화하고 자신의 위상을 높이려는 흥선대원군의 의지가 배후에 있었으리라는 추측을 할 수 있습니다.

간단요약

- 근정전 : 경복궁의 정전, 궁궐 내에서 가장 규모가 크고 격식을 갖춘 건물
- 용도 : 왕이 신하들을 접견하고 거대한 공식 행사를 주관, 외국 사신을 맞이했음
- '근정'이라는 이름 : 정도전이 지음, '부지런하면 천하의 일을 잘 다스릴 수 있다'는 의미
- 뒤편 한가운데 임금의 자리인 어좌, 그 뒤편에 '일월오봉도'

08 | 2016년 최신기출 복원문제

001

조선시대의 궁중음식에 대해 이야기해 보시오.

➤ Tell me about royal court cuisine in Joseon period.
➤ 请讲一下朝鲜时代的宫中饮食。
➤ 朝鮮時代の宮中料理について述べなさい。

한국어

조선시대의 궁중음식은 조선시대 궁궐에서 차리던 한국의 전통 음식을 말합니다. 궁중음식의 특징을 말씀드리겠습니다.

첫째, 궁중음식은 전국 최고의 재료로 만들어졌습니다. 궁중 일상식은 수라상이라고 불렸는데 12가지 찬으로 차려졌고 그 찬들은 계절마다 바뀌었습니다. 왕은 각지에서 수확한 제철 재료로 만든 음식을 먹음으로써 백성들의 노고와 마음을 살피고자 하였습니다.

둘째, 궁중음식은 먹는 사람에게 영양을 공급하는 신선하고 건강에 좋은 음식입니다. 왜냐하면 갓 수확한 훌륭한 식재료를 가지고 다양하고 건강한 조리법으로 요리하여 왕에게 올려야 했기 때문입니다.

셋째, 궁중음식의 재료와 조리법은 음양오행 원리를 포함하고 있습니다. 즉, 음식에 들어 있는 음양의 기운을 골고루 하여 육체와 정신의 건강을 추구하였습니다. 예를 들어, 비빔밥, 신선로와 구절판 같은 요리에서는 오방색의 조화를 보여 줍니다.

넷째, 궁중음식은 궁궐의 엄격한 법도를 따라야 했기 때문에 전통성이 잘 계승되어 있습니다. 조선왕조 궁중음식은 1970년 국가무형문화재로 지정되었습니다.

영 어

Royal court cuisine in Joseon period refers to the Korean traditional food served in royal palaces in Joseon Dynasty. Let me tell you the characteristics of Korean Royal court cuisine.

First, royal court cuisine were made from the best ingredients all over the country. The royal table called surasang, was served with 12 dishes, which vary with the seasons. By eating food made from seasonal ingredients procured from across the country, the king intended to care for the people's mind and difficulties.

Second, royal court cuisine is the fresh and healthy food that nourishes the eater. That is because royal court cuisine was made with freshly procured quality ingredients through various and healthy recipes.

Third, the ingredients and recipes of royal cuisine contain the principle of Yin-Yang and Five Elements. That is to say, the spirits of Yin-Yang in food were balanced to pursuit the physical and mental health. For example, such cuisines as bibimbap, sinseollo and gujeolpan represent the harmony of traditional five colors, Obangsaek.

Fourth, royal court cuisine inherits its tradition very well because it was supposed to follow the strict method of royal court. Joseon Wangjo Gungjung Eumsik(Royal Culinary Art of the Joseon Dynasty) was designated as national intangible cultural heritage in 1970.

중국어 朝鲜时代的宫中饮食指的是朝鲜时代王宫中制作的韩国传统饮食。下面来讲一下宫中饮食的特征。

第一，宫中饮食采用全国最优质的食材制作而成。宫中日常饮食被称为御膳桌，由12种菜品组成，每个季节都会更换菜品。君王想通过食用由各地收获的时令食材制作而成的饮食来体察百姓的辛苦和心思。

第二，宫中饮食是为食用它的人提供营养的新鲜且有益于健康的饮食。因为需要采用各种健康的料理方法对刚刚收获的优质食材进行加工并呈献给君王。

第三，宫中饮食的食材和料理方法包含了阴阳五行原理。即，在饮食中平衡阴阳之气，追求肉体和精神的健康。例如，拌饭、火锅和九折坂等料理中体现了五方色的协调。

第四，由于宫中饮食遵守王宫的严格礼仪，因此较好地继承了传统。朝鲜王朝宫中饮食于1970年被指定为国家非物质文化遗产。

일본어 朝鮮時代の宮廷料理は、宮廷の食膳に並べられていた料理のことを指します。宮中料理の特徴を述べます。

第一、宮中料理には全国から集められた最良の材料が使われます。宮廷の普段の食膳はスラサンと呼ばれ、これにのぼる12種のおかずは季節ごとに変わりました。王は各地から採れた旬の材料で作られたものを食べることによって民の労をねぎらい、民心を把握しようとしました。

第二、宮中料理は栄養バランスのとれた新鮮かつヘルシーな料理です。なぜなら、とれたての材料を使い、多彩で健康的な調理法で料理を作って王に出さなければならなかったからです。

第三、宮中料理の材料と調理法は陰陽五行思想と関わりが深いです。すなわち、料理に含まれた陰と陽の気を調和させ、肉体と精神の健康を追求しました。たとえば、ビビンバ、神仙炉(シンソルロ)や九折坂(クジョルパン)などの料理は五方色の調和を表しています。

第四、宮中料理は宮廷の厳しい作法に従わなければならなかったため、現在でもその伝統が受け継がれています。朝鮮王朝の宮廷料理は1970年国家無形文化財に指定されました。

참고 문화재청 홈페이지(www.cha.go.kr)

백쌤의 TIP

궁중에서의 일상식은 아침과 저녁의 수라상(임금이 드시는 진지상)과 이른 아침의 초조반상(初朝飯床), 점심의 낮것상의 네 차례 식사로 나뉩니다. 탕약을 드시지 않는 날에는 이른 아침(7시 이전)에 죽과 마른찬을 차린 초조반상을 마련하고 아침과 저녁의 수라상은 12가지 반찬이 올라가는 12첩 반상차림을 준비합니다. 왕과 왕비의 생신, 회갑, 세자책봉 등 왕족의 경사 때와 외국사신을 맞이할 때에는 연회식을 차립니다.

외국인이 좋아하는 궁중음식으로는 갈비찜, 불고기, 비빔밥, 잡채를 꼽을 수 있습니다. 간장으로 맛을 낸 전통 떡볶이인 '궁중 떡볶이', 전통 소불고기 '너비아니 구이', 접시 가운데에 담은 밀전병에 여덟 가지 채소와 고기를 싸먹는 '구절판', 영조 때 탕평책을 논하는 자리에서 처음 등장했다고 유래되는 '탕평채' 등 궁중음식의 종류는 수백 가지에 달합니다.

꼬리질문에 대비합시다. 음양오행이란 인간과 자연의 이치를 설명하는 이론인데 음양은 태양과 달, 오행은 목화토금수(木火土金水), 즉 나무, 불, 흙, 쇠, 물을 의미합니다. 궁중음식에서는 음식의 색깔과 맛을 음양오행의 원리에 의해 분류하고 그 균형을 맞추기 위해서 오방색의 조화를 중요시했습니다.

간단요약

- 조선시대의 궁중음식 : 조선시대 궁궐에서 차리던 한국의 전통 음식
- 전국 최고의 재료로 만들어짐
- 신선하고 건강에 좋은 음식
- 음양오행 원리를 포함
- 궁궐의 엄격한 법도를 따라 전통성이 잘 계승

002

십장생에 대해 설명해 보세요.

➤ Give the explanation of Sip-jangsaeng.

➤ 请讲一下十长生。

➤ 十長生について説明しなさい。

한국어

한국에서는 죽지 않는 열두 가지 상징물들에 대해 오랫동안 믿어 왔습니다. 십장생은 열 가지 불로장생의 상징물로 해, 달, 구름, 산, 물, 돌, 소나무, 대나무, 복숭아나무, 불로초, 거북이, 학, 사슴 등을 말합니다. 십장생은 딱 10가지로 정해져 있지 않기 때문에 장생(長生) 또는 장생물(長生物)이라고도 불립니다.

우리나라 민간신앙에 기반을 두고 중국의 신선(神仙) 사상의 영향을 받은 십장생은 모두 장수물(長壽物)로 자연숭배의 대상이었습니다. 십장생은 인간의 공통된 소망을 나타냈기 때문에 조선시대 궁궐에서뿐만 아니라 민간에서도 널리 사용되었습니다. 십장생은 건축물의 벽과 창문, 도자기, 병풍과 같은 공예품, 필통 같은 문방구, 베개와 한복과 같은 생활용품에서 쉽게 찾아볼 수 있습니다.

영 어

For a long time in Korea, people have believed that 12 symbols never die. Sip-jangsaeng refers to ten symbols of longevity – sun, moon, cloud, mountain, water, stone, pine tree, bamboo, peach tree, elixir plant, turtle, crane, deer, and so on. As Sip-jangsaeng is not limited to ten items, it is also called Jangsaeng or Jangsaengmul.

Based on Korean folk beliefs and affected by Chinese daoist philosophy, Sip-jangsaeng items were all traditional objects of nature worship. As Sip-jangsaeng represented the universal hope of human beings, it was widely used among people as well as in royal palaces in the Joseon dynasty. Sip-jangsaeng can be easily found on walls and windows of structure, handicrafts like ceramics and folding screens, stationeries like writing case, and household items like pillows and hanbok.

중국어	韩国一直以来都信仰十二种不死的象征物。十长生指的是十种长生不老的象征物，有太阳、月亮、云、山、水、石头、松树、竹子、桃树、长生草、乌龟、鹤、鹿等。由于十长生并不局限于10种象征物，因此也被称之为长生或长生物。

以韩国民间信仰为基础并受到中国神仙思想影响的十长生均为长寿物，是自然崇拜的对象。由于十长生体现了人类共同的愿望，因此朝鲜时代在宫中和民间被广泛运用。在建筑物的墙壁和窗户、陶瓷、屏风等工艺品、笔筒等文具、枕头和韩服等生活用品中很容易找到十长生。

일본어	韓国では長生不死の12の象徴物が長い間信仰されてきました。十長生とは、日・月・雲・山・水・桃の木・不老草・亀・鶴・鹿などを指します。十長生は10個と定めれているわけではないため、長生または長生物と呼ばれます。

韓国の民間信仰をベースに中国の神仙思想の影響を受けた十長生は、長寿の象徴として自然崇拝の対象でした。十長生は人間の共通した望みを表すため朝鮮時代の宮廷だけでなく、民間でも広く使われました。十長生は建築物の壁や窓、陶磁器、屏風などの工芸品、筆箱などの文房具、枕や韓服などの日用品にもよく見かけます。

백쌤의 TIP

경복궁 자경전 전각 뒤쪽에는 대비의 무병장수를 기원하는 십장생 굴뚝이 있는데요. 자경전과는 별도로 가치 있는 귀중한 유산이기 때문에 보물로 지정되었습니다.

십장생물 각각에 담긴 의미는 다음과 같습니다. 해는 영원히 빛나는 불로(不老), 달은 어둠을 밝혀주는 능력, 구름은 끊임없이 변함으로써 영원히 존재함, 산은 불변・건재, 물은 모든 생명의 근원, 돌은 수천 년의 비바람 속에서도 변치 않고 자연의 섭리에 따라 만들어진 수려함과 섬세함, 소나무와 대나무는 푸름, 신의와 절개, 복숭아나무는 그 열매인 천도복숭아를 먹으면 불로장생한다고 알려진 하늘나라의 신비한 과일나무, 거북과 학은 건강과 장수, 사슴은 신선들이 타고 다니는 재생・영생의 동물, 불로초는 불로장생에 관한 신약(神藥)인 신선계(神仙界)의 식물로 인식되어 왔습니다.

참고   전주역사박물관 기획전시 「십장생도」전 전시자료

간단요약

- 십장생 : 열 가지 불로장생의 상징물
- 해, 달, 구름, 산, 물, 돌, 소나무, 대나무, 복숭아나무, 불로초, 거북이, 학, 사슴 등
- 궁궐에서뿐만 아니라 민간에서도 널리 사용
- 건축물(벽과 창문 등), 공예품(도자기, 병풍 등), 문방구(필통 등), 생활용품(베개와 한복)에서 쉽게 찾아볼 수 있음

003

조선왕조실록과 4대 사고(史庫)에 대해 말해 보시오.

> Tell me about 'The Annals of the Joseon Dynasty' and its 4 archives.
> 请讲一下朝鲜时代实录和四大史库。
> 朝鮮王朝實録と史庫について述べなさい。

한국어 조선왕조실록은 조선의 왕에 관한 자료에 대한 국가 공식 기록입니다. 그것은 조선 1대 태조부터 25대 왕인 철종까지 472년 동안의 정치, 경제, 예술, 문화 등 모든 분야에 대한 기록을 담고 있습니다. 이렇게 오랜 기간에 걸친 신빙성 있는 기록은 세계 역사에서는 유래를 찾아볼 수 없기 때문에 유네스코 세계기록유산으로 등재됐습니다.

실록을 기록하는 사관은 열띤 논의와 검증을 통해 실록의 객관성을 지키기 위해 노력했습니다. 당대의 왕에게 영향 받는 것을 막기 위해 왕이 승하한 후에 그 왕에 대한 실록 편찬을 시작했습니다. 임금이라 할지라도 실록을 볼 수 없었습니다. 조선왕조실록은 매번 4~5부의 복사본을 만들어 사고에 보관했습니다.

사고(史庫)는 국가의 중요한 서적을 보관했던 서고입니다. 원래 4대 사고는 **서울(춘추관)**, **충주, 전주, 성주**에 만들어졌습니다. 불행히도 임진왜란 동안 전주 사고만 빼고 모든 사고들이 불타버렸습니다. 이에 조선 정부는 전주의 실록을 바탕으로 네 편의 필사본을 더 만들어서 산속 깊숙한 곳에 보관하기 시작했습니다. 이때 춘추관, 묘향산, 태백산, 오대산, 마니산에 사고가 만들어졌습니다. 춘추관 사고는 '이괄(李适)의 난' 때 소실됐습니다. 또한 청과의 전쟁에 대비해서 마니산 사고는 정족산으로, 묘향산 사고는 적상산으로 옮겨졌습니다.

조선 후기 4대 사고는 **정족산**(강화도), **적상산**(전북 무주), **태백산**(경북 봉화), **오대산**(강원 평창)으로 정착됐습니다. 사고 가까이에는 수호사찰이 있었으며 승병들이 서고들을 지키도록 했습니다. 오대산 사고본은 일제강점기에 일본으로 반출됐다가 1923년 간토(關東) 대지진 때 대부분 화재에 소실되고 말았습니다. 그 중 화를 면한 일부가 2006년 환수되었습니다. 현재 서울대학교 규장각에 있는 정족산본 실록은 임진왜란을 겪으면서 유일하게 보존된 전주사고본의 원본 실록입니다.

The Annals of the Joseon Dynasty is the national official record of data related to Joseon kings. From the 1st King Taejo to the 25th King Cheoljong, it contains the records of 472 years on all areas - politics, economics, art, culture, etc. Nowhere in the history of the world can be found such reliable and long-standing records like these, so the Annals of the Joseon Dynasty was listed on the UNESCO's Memory of the World register. History record officers tried to keep the objectivity of the Annals through heated argument and verification. Not to get affected by the current king, they started to publish the Annals on him, after he died. Even the King was not allowed to read the Annals. They made 4 or 5 copies of the Annals every time and stored them in the archives.

Archive is the library where the important national books were kept. Originally the 4 archives were constructed in **Seoul(Chunchugwan)**, **Chungju**, **Jeonju** and **Seongju**. Unfortunately, during the Imjin War, they were burned out except for the one in Jeonju. So the Joseon government made four more manuscripts based on the Jeonju Annals and started to store them deep in the mountains. The archives built at that time were those in Chunchugwan, Myohyangsan, Taebaeksan, Odaesan and Manisan. The Annals in Chunchugwan were burned out during the rebellion by Igwal in 1624. In addition, in preparation for the war with Cheong, the archive in Manisan was moved to Jeongjoksan, the archive in Myohyangsan to Jeoksangsan. In the late Joseon, 4 archives were settled in **Jeongjoksan**(Gangwhado), **Jeoksangsan**(Jeonbuk Muju) **Taebaeksan**(Gyeongbuk Bongwha) and **Odaesan** (Gwangwon Pyeongchang). Near the archives existed the Guardian temples so that the monk soldiers could protect them. During the Japanese occupation period, Odaesan archive manuscripts were taken out to Japan and most of them were burnt down from the Great Kanto earthquake in 1923. Part of them that survived the fire was returned to Korea in 2006. The Jeongjoksan manuscript which is currently in Gyujang-gak of Seoul Univ. is the original Jeonju Annals that survived the Imjin War.

朝鲜王朝实录是关于朝鲜君王资料的国家正式记录。它记录了朝鲜第一位君王太祖至第二十五位君王哲宗在位期间，共472年间的政治、经济、艺术、文化等所有领域的历史。因为时间跨度如此之长且具有可信度的记录，在世界历史上都是前所未有的，因此被联合国教科文组织列入世界记忆遗产名录。

记录实录的史官展开了激烈的讨论和取证，只为保证实录的客观性。为了防止受到当时国王的影响，他们决定在国王驾崩后才开始进行实录的编纂，哪怕是国王也无法看到实录。朝鲜王朝的实录每次都会制作4~5本复抄本保存在史库中。

史库是保管国家重要书籍的书库。原本有四大史库分别建造在**首尔(春秋馆)**、**忠州**、**全州**、**星州**。不幸的是，壬辰倭乱期间，除了全州书库，其他书库全都被烧毁。因此，朝鲜政府下令在全州实录的基础之上再多制作4部手抄本，预备将其保管在山林深处。为此在春秋馆、妙香山、太白山、五台山、摩尼山等地新建了史库。春秋馆史库本在"李适之乱"中佚失。摩尼山史库和妙香山史库也为了应对和清朝之间的战争分别迁移至鼎足山和赤裳山。

朝鲜后期，四大史库便成为了**鼎足山**(江华岛)、**赤裳山**(全北茂朱)、**太白山**(庆北奉化)和**五台山**(江原平昌)。史库附近都有守护寺庙，僧兵们尽力守护着这些书库。五台山史库本在日本帝国主义强占时期被运往日本，1923年关东大地震时大部分都因火灾而烧毁，在火灾中幸免遇难的那部分于2006年被收回。现在首尔大学奎章阁中的鼎足山史库本实录，是经历了壬辰倭乱后唯一保存下来的全州史库本原始实录。

朝鮮王朝実録は、朝鮮の国王に関わる資料をまとめた国家の公式記録です。それは朝鮮初代王の太祖から25代王の哲宗まで472年間の政治、経済、芸術、文化などすべての分野に対する記録を含んでいます。このように長い期間にわたる信憑性のある記録は世界の歴史では由来を尋ねることができないため、ユネスコの世界記録遺産として登載されました。

実録を記録する史官は、熱い議論と検証を通して、実録の客観性を守るために努力しました。当代の王から影響を受けるのを防ぐために、王が崩ずった後、その王に関する実録の編纂を始めました。いくら王でも実録を見ることができませんでした。朝鮮王朝実録は毎回4~5部のコピーを作って史庫に保管しました。

史庫は、国の重要な書籍を保管した書庫です。もともと4大史庫は**ソウル(春秋館)**、**忠州**、**全州**、**星州**に作られました。残念ながら、壬辰倭乱*の間に全州の史庫を除いて、すべての史庫が燃えてしまいました。このため、朝鮮政府は全州の実録をもとに、4本の筆写本をさらに作り、山の奥深くに保管し始めました。この時、春秋館、妙香山、太白山、五台山、摩尼山に史庫が作られました。春秋館の史庫は'李适(イ・グァル)の乱'の時に焼失されました。また、清の戦争に備えて、摩尼山の史庫は鼎足山に、妙香山の史庫は赤裳山に移されました。

朝鮮後期4大の史庫は、**鼎足山**(江華島)、**赤裳山**(全北茂朱)、**太白山**(慶北奉化)、**五台山**(江原平昌)として定着しました。史庫の近くには守護寺があり、僧兵に書庫を守るようにしました。五台山の史庫本は日帝強占期に日本に搬出され、1923年に関東大震災の時に火災に大部焼失してしまいました。その中で、災いから免れた一部が2006年に還収されました。現在、ソウル大学校の奎章閣にある鼎足山本の実録は、壬辰倭乱を経てきながら唯一に保存された全州の史庫本の原本実録です。

*일본에서는 임진왜란과 정유재란의 7년 전쟁을 당시 자신들의 연호를 따서 '文禄・慶長の役(ぶんろく・けいちょうのえき)'라고 부른다.

참고 국사편찬위원회 조선왕조실록(sillok.history.go.kr/main/main.do)
불광미디어(www.bulkwang.co.kr)

백쌤의 TIP

일제강점기에 조선총독부는 규장각과 4대 서고에 있던 장서를 모두 접수했습니다. 무주 적상산 사고에 있던 실록은 당시 조선총독부에 의해 거꾸로 이왕가에 '기증'됐으며 이후 창경궁 장서각에 보존되다가 한국전쟁 때 북한 인민군에 의해 평양으로 옮겨져 현재 김일성대학에 소장되어 있습니다.

오대산 사고본은 한일병탄 기념으로 조선총독부에 의해 도쿄제대에 기증됐습니다. 도쿄제대 도서관에 소장된 조선왕조실록은 1923년 간토대지진 때 대부분 불에 탔고 화를 면한 27책이 1932년 경성제국대학으로 돌아온 후 서울대학교 규장각으로 이관됐습니다. 그런데 그후 2004년 도쿄대학 도서관 귀중본 서고에서 〈조선왕조실록〉 오대산 사고본 47책이 더 발견됐습니다. 우리나라 각계각층이 참여한 환수위원회의 운동 끝에 일본은 2006년에야 또 다른 오대산 사고본 47책을 한국에 넘겼고 이후 발견된 1책을 더 환수받아서 현존하는 오대산사고본은 총 75책이 됐습니다. 환수 받은 오대산사고본은 국립고궁박물관이 소장하고 있는데 '국유문화재의 국가관리 원칙'을 고수하는 문화재청과 오대산사고본의 '환지본처(還地本處: 본래 자리로 돌아간다는 뜻)'를 염원하는 불교계 및 강원도민의 입장이 대치 중입니다.

참고 오마이뉴스 – 세상과 도서관이 잊은 사람들

- 조선왕조실록 : 조선 1대 태조부터 25대 왕인 철종까지 472년 동안의 정치, 경제, 예술, 문화 등 모든 분야에 대한 기록
- 오랜 기간에 걸친 신빙성 있는 기록으로 유네스코 세계 기록 유산에 등재
- 객관성 : 사관은 열띤 논의와 검증을 통해 실록의 객관성을 지키기 위해 노력, 왕이 승하한 후에 그 왕에 대한 실록 편찬, 임금이라 할지라도 선왕에 대한 조선왕조실록을 볼 수 없었음
- 보존 노력 : 4대 서고(서울의 춘추관, 충주, 전주, 성주)
- 임진왜란 때 전주사고본만 남은 걸 4부 필사하여 깊은 산에 보관
- 조선 후기 4대 사고 : 정족산(강화도), 적상산(전북 무주), 태백산(경북 봉화), 오대산(강원 평창)으로 정착

004

> 아리랑에 대해 설명해 보시오.

➤ Give the explanation of Arirang, lyrical folk song in the Republic of Korea.

➤ 请讲一下阿里郎。

➤ アリランについて説明しなさい。

한국어

아리랑은 한민족이라면 모두 보편적으로 애창하는 한국의 서정민요입니다. 아리랑은 사람들 사이에서 자연스럽게 만들어져서 입에서 입으로 전해지며 다양한 변이를 겪었습니다. 한국에는 약 60여 종, 3,600여 곡에 이르는 아리랑이 있다고 추정됩니다. 아리랑의 가사는 자신을 버리고 간 정인에게 호소하는 여인의 한에 대한 내용입니다. 그럼에도 불구하고 아리랑은 멜로디가 아름답고 자장가처럼 편안하며, 반복되는 후렴구로 사람들의 슬픔을 달래 줍니다. 일제강점기와 광복, 6·25전쟁 등을 지나오는 동안 한민족은 계속해서 아리랑을 부르며 지친 혼을 위로하였습니다.

아리랑은 편곡에 따라 다른 느낌과 분위기를 만들어 냅니다. 그것은 우리민족에게 기쁠 때는 흥을 주고 슬플 때는 위안을 주는, 고무적인 노래였습니다.

아리랑은 한민족의 정서와 문화를 표현하며 한국인의 정체성을 나타내는 노래입니다. 그래서 아리랑은 국내에서든 해외에서든 한민족을 하나로 묶고 소통하게 하는 힘을 지니고 있습니다.

영 어

Arirang is the lyrical folk song that is sung universally by all Korean people. Passed down from mouth to mouth, Arirang was made naturally among people, so it went through a lot of variations. The total number of Arirang in Korea is estimated to be about 3,600 songs from 60 kinds of Arirangs.

Its lyrics are about the deep resentment of a woman who complains to her lover about his dumping and leaving her. Nevertheless, the melody of Arirang is beautiful and comfortable like lullaby, and therefore it soothes the sadness of people with repeating chorus. Going through the Japanese occupation period, liberation and Korean War, Korean people have comforted their weary soul, singing Arirang without stop.

Arirang creates different feelings and atmospheres according to arrangements.

Arirang has been the encouraging song that excites our people when they are happy and comforts them when they are sad.

Arirang expresses the emotions and culture of Korean people and therefore identifies them. So, either in Korea or abroad, it does have the power for Korean people to bond and communicate with each other.

중국어　阿里郎是韩民族普遍喜欢唱的韩国抒情民谣。阿里郎由人们自然创作而成并口口相传，经历了多样化的改编。据推测，韩国约有60余种、3,600余首阿里郎。阿里郎的歌词讲述的是一个女人向抛弃自己而去的恋人诉说自己的哀怨。尽管如此，阿里郎的旋律美妙如摇篮曲一般舒适，利用反复的副歌部分慰藉人的悲伤。在日本殖民统治时期和光复、6·25战争时期，韩民族坚持吟唱阿里郎来慰藉疲倦的灵魂。

阿里郎根据不同的编曲呈现不同的感觉和氛围。这是一首在韩民族喜悦时助兴、悲伤时给予安慰，令人鼓舞的歌曲。

阿里郎体现了韩民族的情感和文化，是一首表现韩国人认同性的歌曲。因此无论是在国内还是海外，阿里郎都能使韩民族团结一心并拥有沟通的力量。

일본어　アリランは、韓民族なら誰もが愛唱する抒情民謡です。アリランは人々の間で自然発生して口から口へと伝えられるうちに様々な変遷を辿りました。韓国ではおよそ60種類、3,600曲に及ぶアリランがあると推定されます。アリランの歌詞には、自分を捨てて去っていった恋人を想う「恨(ハン)」の情念が表れています。それにもかかわらずアリランは、美しいメロディと子守唄のような安らぎ、繰り返されるサビで人々の悲しみを慰めます。アリランは、日帝強制占領期から韓国戦争を経る間に歌い継がれ、韓国の人々の疲れきった心を癒しました。

アリランは編曲によって違った感覚や雰囲気を醸し出します。それは韓国の人々にとって、時には興を添えたり慰みになったりする励ましの歌でした。

アリランは韓民族の情緒と文化、アイデンティティを表す歌です。そのためにアリランは、国内外の韓民族を結束させ、感情を共有する力を持っています。

참고　유네스코와 유산(heritage.unesco.or.kr)

간단요약

- 한국의 서정민요, 사람들 사이에서 자연스럽게 만들어져서 전해지며 다양한 변이를 겪었음
- 내용 : 자신을 버리고 간 정인에게 호소하는 여인의 한
- 멜로디 : 아름답고 자장가처럼 편안하며 반복되는 후렴구
- 일제강점기와 광복, 6·25전쟁 등을 지나오는 동안 한민족은 아리랑을 부르며 지친 혼을 위로했음

005

비행기가 연착되었을 때 어떻게 대처할 것인지 설명하시오.

> Explain how to deal with the flight delay.
> 请阐述一下飞机延误时应该如何应对。
> 飛行機の遅延にどう対応すべきか説明しなさい。

한국어

비행기가 연착되면 항공사 고객센터에 지연보상에 대해 문의합니다. 만약 다른 항공사가 운행 중이라면 항공사를 변경할 수 있는지 확인합니다.

항공법에서는 항공기 운항의 취소나 지연에 따라 항공사가 이용자를 보호할 것을 규정합니다. 또한, 한국 소비자 분쟁 해결기준도 비행기가 연착되었을 때 연착된 정도에 따라 정해진 퍼센트만큼의 항공운임을 항공사가 보상할 것을 명시합니다. 우리나라에 취항하는 국제선 비행기도 보상율은 다르지만 이 기준에 따라 항공운임을 배상해야 합니다. 단, 불가항력적인 사유(기상 상태, 공항 사정, 항공기 접속 관계 그리고 안전운항을 위한 예견하지 못한 정비 등)로 인한 연착인 경우는 보상에서 제외됩니다. 그렇다 하더라도 항공사에서는 기다리는 탑승객들을 위해 '밀 바우처(Meal Voucher) 식사권'이나 상황에 따라 호텔 숙박권을 제공합니다.

해외여행자 보험에 가입했을 경우 항공편이 4시간 이상 지연되면 항공 지연으로 인해 발생한 추가 비용을 보상을 받을 수 있습니다. 해외여행자 보험에서는 식사, 간식, 전화통화료, 숙박, 숙박시설에 대한 교통비와 필수품의 구입 비용 등을 보장합니다. 따라서 항공사 탑승권과 추가 비용에 대한 영수증을 잘 챙겨 두어야 합니다.

영 어

When the flight is delayed, you should contact the airline customer service agent and ask for the delay compensation. If other airline operates, you need to check if you can reissue your ticket.

The Aviation act prescribes the airline to protect the passengers in case of flight delays or cancellations. Also, Consumer Dispute Resolution Criteria of Korea specifies that the airline should compensate for the air freight charge at the appointed rate depending on the delayed time. According to this criteria, international flights operating in Korea must also refund airline tickets at some different rate.

But the compensation is excluded if the causes of delay are uncontrollable situations like the worse weather, airport conditions, flight connection and the unexpectable maintenance for safe operation. Even so, depending on the situation, the airline offers meal voucher or hotel coupon to the passengers who are waiting. In case the passenger got the international travelers' insurance, it compensates for the extra cost caused by flight delay that is longer than 4 hours. It covers the expenses for meals, snacks, phone fee, hotel fare, transportation to the hotel, and purchasing necessities. So, the receipt for the extra costs as well as the boarding ticket should be kept well.

중국어

飞机延误时可向航空公司客服中心咨询延误赔偿。若其他航空公司有航班运行，确认是否可变更航空公司。

航空法中规定飞机取消航班或航班延误，航空公司应保护顾客。同时，韩国消费者纠纷解决标准也明确规定，飞机延误时航空公司应根据延误程度按照规定的机票价格比例进行赔偿。虽然在韩国起航的国际航班飞机的赔偿率有所不同，但也应根据该标准赔偿航空费用。但由于不可抗原因(气象状态、机场情况、飞机连接关系以及未能预见安全航运的维修等)导致延误时不进行赔偿。即便是这种情况，航空公司也应该向等待的乘客提供"就餐券(Meal Voucher)"或根据情况提供酒店住宿券。

已购买海外旅行者保险时，若航班延误4个小时以上，那么可以获得航班延误造成的额外费用补偿。海外旅行者保险对餐饮、零食、电话通信费、住宿、有关住宿设施的交通费和必需品的购买费用等提供保障。因此一定要保管好相关航空公司机票和额外费用的发票。

飛行機が遅延すると、航空会社のお問い合わせ窓口に遅延補償について問い合わせます。もし別の航空会社が運航中ならば、その航空会社に変更できるか確認します。

航空法は、航空会社は航空機運航の取消しや遅延から利用者を保護することを規定しています。さらに、韓国消費者紛争解決基準も飛行機が遅延した場合、遅延した時間分は定められた割合で航空運賃を補償することを明示しています。補償率はまちまちですが、国際線の飛行機もその基準に則って航空運賃を賠償しなければなりません。ただし、不可抗力事由(気象条件、空港の都合、航空便の接続問題、安全運航のための整備事由の発生など)による遅延は補償対象外となります。どちらにしても航空会社は、待っている搭乗客のために「ミールバウチャー食事券」や状況によってはホテルの宿泊券を提供します。

海外旅行保険に入っている場合、航空便が4時間以上遅延すると、それによって余分にかかった費用の補償を受けられます。海外旅行保険は食事、間食、電話料金、宿泊、宿泊施設までの交通費や必需品の購入費用などを補償します。したがって、航空会社の搭乗券や余分にかかった費用の領収書を確保しなければなりません。

백쌤의 TIP

관광통역안내사는 돌발 상황이 발생하였을 때를 대비하여 대처 능력을 키우는 것이 중요합니다. 비행기가 연착된다면 우선 지연 사유에 대해 파악한 뒤, 관광객들에게 충분한 설명을 하고 양해를 구해야 합니다. 동시에 다른 비행편을 알아보면서 관광객들이 기다리는 동안 불편을 겪지 않도록 배려하는 것도 중요할 것입니다.

간단요약

- 항공사 고객센터에 지연보상에 대해 문의함
- 항공사를 변경할 수 있는지 확인
- 해외여행자 보험에 가입했을 경우 항공편이 4시간 이상 지연되면 항공 지연으로 인해 발생한 추가 비용을 보상을 받을 수 있음(식사, 간식, 전화통화료, 숙박, 숙박시설에 대한 교통비와 필수품의 구입 비용)

006

서울에서 야간여행으로 추천하고 싶은 여행지는 어디인가?

➤ What tourist sites do you want to recommend as the night tour in Seoul?

➤ 在首尔有什么值得推荐的适合夜间旅行的景点？

➤ ソウルのナイトスポットとしておすすめの場所は?

한국어

고궁 야간 특별 관람을 추천합니다. 고궁은 서울에서 반드시 보아야 하는 명소입니다. 야간개장 기간 동안에 관광객들은 고궁의 아름다운 경치가 달빛 아래서 빛을 내는 야경의 아름다움을 감상할 수 있습니다.

왕실의 전통을 재연하기 위한 일련의 음악 콘서트와 전통 공연도 진행됩니다. 연못에 비친 궁의 모습은 색다른 분위기를 자아내고 다양한 기술을 활용한 비주얼 퍼포먼스가 펼쳐집니다.

고궁 야간 특별 관람은 매년 온라인 예매를 시작하자마자 순식간에 표가 매진될 정도로 인기가 많습니다. 최근에는 한복의 대중화와 세계화를 위해서 한복을 입고 궁을 방문하면 온라인으로 예매하지 않아도 무료로 입장하도록 하였습니다. 또한 외국인과 만 65세 이상 어르신은 현장에서도 관람권을 살 수 있습니다.

영 어

Royal palace tour at night is recommendable. Royal palaces are the must-see tourist spots in Seoul. During the night opening period, visitors can appreciate the nocturnal charms as the beautiful scenery of royal palaces shines under the moonlight.

A series of musical concerts and traditional performances are involved, aiming to revive some court traditions. While the reflection of palace on the pond creates an extraordinary atmosphere, visual performances are presented with various technology.

Royal palace night tour is so popular that the tickets get immediately sold out as soon as the on-line reservation starts. Recently, for the popularization and globalization of hanbok, visitors in hanbok were permitted to enter the palace without reserving tickets on-line. Also, foreigners and senior citizens over 65 may purchase the admission ticket at the site.

我推荐古宫夜间特别游览。在首尔古宫是一定要参观的名胜。在夜间开放时间，游客们可以欣赏月光下古宫的美丽夜景。

还有为再现王室传统的一系列音乐演奏会和传统演出。荷塘中倒映出的王宫面貌散发着独特的气息，形成了蕴含各种技术的视觉表演。

每年在网上开始预售古宫夜间特别游览时门票瞬间被抢购一空，极具人气。最近为了促进韩服的大众化和世界化，只要穿着韩服游览古宫，即使没有在线预购门票也能免费入场。同时外国人和65岁以上的老人可在现场购买门票。

古宮特別ナイトツアーをおすすめします。古宮はソウルの必見の名所です。夜間開放の期間中、観光客は月光で輝く古宮の美しい景色を観賞することができます。

王室の伝統を再現するための音楽会や伝統公演も開かれます。池に映った王宮の姿はひと味違った雰囲気を醸し出し、多様な技術を使ったビジュアルパフォーマンスが行われます。古宮特別ナイトツアーは、毎年ネット予約開始直後売り切れるほどの人気ぶりです。最近は韓服の大衆化とグローバル化のために韓服姿で古宮を訪れるとインターネットで予約しなくても無料で入場できます。さらに、外国人と満65歳以上の高齢者は現場で観覧チケットを購入できます。

백쌤의 TIP

창덕궁 달빛기행은 달빛과 별이 어우러진 밤하늘 아래 창덕궁의 전각을 탐방할 수 있는 체험 프로그램입니다. 고궁을 고즈넉하게 걸으며 고궁의 역사, 공간, 인물에 대한 달빛기행 해설사의 설명을 들을 수 있을 뿐만 아니라 전각의 조형미와 자연의 아름다운 조화를 느낄 수 있기 때문에 특별한 추억을 만들 수 있는 야간여행지로 내·외국인 모두에게 인기가 많습니다.

간단요약

• 고궁 야간 특별 관람
• 야간개장 기간에 고궁의 아름다운 경치가 달빛 아래서 빛을 내는 야경의 아름다움을 감상
• 왕실 전통을 재연하기 위한 음악 콘서트와 전통 공연도 진행됨

007

외국 사람들이 불쾌하게 느끼는 한국문화를 말하시오.

> Tell me what kinds of Korean culture make foreigners unpleasant.
> 请说一下令外国人感到不适的韩国文化。
> 外国人が不快に感じる韓国文化を述べなさい。

한국어

첫째, 먼저 외국인들에게 불편을 주는 한국 음식들이 있습니다. 영화 〈올드보이〉를 통해 외국에 알려진 산낙지, 오랫동안 논란의 대상이 되어 왔던 개고기, 냄새가 강한 홍어나 청국장이 그렇습니다. 그 밖에 개불, 번데기, 곱창 등을 먹는 문화를 외국인들은 싫어합니다.

둘째, 음식을 함께 먹는 문화가 외국인들에게 불편함을 줄 수 있습니다. 예를 들어 여럿이 함께 공용 반찬을 먹고 아이스크림이나 찌개를 떠먹는 것은 외국인들이 한식을 비위생적으로 여기게 합니다.

셋째, 유교사상의 오랜 영향을 받아 한국에는 서열과 위계질서를 중요시하는 문화가 있습니다. 한국 조직 내의 위계질서는 자주 권위주의로 이어지고 외국인들을 불편하게 합니다.

넷째, 한국 경제가 급속히 성장하면서 한국인은 열심히 일하고 자존심이 강하지만 너무 여유없어 보이기도 합니다.

영 어

First, Some Korean foods make foreigners uncomfortable. They are live squid known abroad through the movie *Old Boy*, the dog meat that has been controversial for a long time, the thornback and cheonggukjang (fermented soybean paste), which smell strong. Adding to that, foreigners dislike the culture eating spoon worm, pupa, tripe, etc.

Second, the food sharing culture may make foreigners uncomfortable. For example, sharing side dishes and scooping ice-cream or stew together with others cause foreigners to consider hansik unsanitary.

Third, affected by Confucianism, Korea has the culture to value ranking and hierarchy. The hierarchy in Korean organizations easily leads to authoritarianism, which makes foreigners uncomfortable.

Fourth, as the Korean economy has grown fast, Koreans may look hardworking, highly self-respectful but too much pressured.

중국어

第一，首先是对外国人带来不便的韩国饮食。比如外国人通过电影《老男孩》了解到的活章鱼、长期引起争议的狗肉、味道强烈的斑鳐或清曲酱。除此之外外国人还讨厌食用海肠子、蚕蛹、牛肠等饮食文化。

第二，共同进餐的文化也会给外国人带来不便。比如很多人一起共用菜品，舀着吃冰激凌或炖汤让外国人觉得韩餐不卫生。

第三，因为受到儒教思想的长期影响，在韩国很重视辈分和等级关系。韩国组织内的等级关系经常带有权威主义，让外国人感到不适。

第四，随着韩国经济的急速增长，虽然韩国人工作认真自尊心强，但看起来却太紧张繁忙了。

일본어

第一、韓国の食べ物には外国人が嫌悪感を覚えるものがあります。映画オールドボーイで知られるサンナクチ、長い間論難の対象となった犬肉、臭いの強いホンオやチョングッチャンなどがそれに当たります。他にもケブル、ポンデギ、コプチャンなどを食べる食文化を外国人は嫌がります。

第二、みんなで同じものを食べる文化に外国人は抵抗を感じます。たとえば、同じおかずやアイスクリームを共有したり、同じ鍋をつついたりするのは外国人に韓国料理は不衛生と思わせます。

第三、長い間儒教思想の影響を受けてきた韓国では序列と位階秩序を重んじる文化があります。韓国の組織内における位階秩序はしばしば権威主義につながり、外国人に違和感を感じさせます。

第四、韓国経済は急激な成長を遂げ、韓国人は勤勉でプライドが高いですが、心に余裕がないようにもみられます。

PART
01

백쌤의 TIP

한국 문화와 음식에 대한 세계적인 관심이 높아지고 있는 만큼 한편에서는 외국인 관광객들에게 불편함을 주는 음식을 개선할 필요가 있다는 의견이 나옵니다. 그러나 음식은 민족의 문화와 특성을 반영합니다. 따라서 객관적으로 좋고 나쁨의 가치를 판단할 수 없으며, 개선의 대상이 될 수도 없습니다. 물론 외국인 관광객의 소비를 유도하여 당장의 이익을 취할 수도 있겠지만, 한국인으로서 우리 문화에 대한 자존감을 잃지 않고, 가장 한국적인 것들을 지켜내는 것도 중요할 것입니다.

- 불편을 주는 한국 음식들 [예] 산낙지, 개고기, 홍어, 청국장, 개불, 번데기, 곱창 등
- 음식을 함께 먹는 문화 [예] 여럿이 함께 공용 반찬을 먹고 아이스크림이나 찌개를 떠먹는 문화
- 서열과 위계질서를 중요시하는 문화
- 열심히 일하고 자존심이 강하지만 여유가 없어 보이는 한국인의 모습

008

관광객을 서울, 경기권에서 지방으로 끌어들이는 방법은?

> How can local tourist sites attract tourists from Seoul and Gyeong-gi area.
> 将游客从首尔、京畿圈吸引到非首都圈的方法是什么？
> 観光客をソウル・京畿道から地方に呼び込む方法は？

한국어

지방으로 관광객을 끌어들이는 방법으로 첫째, 근접성이 좋은 곳에 테마파크를 만들 수 있습니다. 우리나라만의 정체성이 있는 테마파크는 서울에 밀집된 관광객을 지방으로 분산하는 효과가 있을 것입니다.

둘째, 지방별로 특색 있는 관광자원, 문화축제와 먹거리를 가지고 독창적인 브랜드 이미지를 개발해야 합니다. 타 지역과 차별화할 수 있는 전통문화, 세계유산, 자연생태와 같은 다양한 관광콘텐츠를 상품화해야 합니다. 또한 지역민들도 관광객을 환대하는 서비스 마인드를 지니고 그들의 역할을 해야 합니다.

셋째, 지방에서 관광객을 수용할 수 있는 인프라를 구축해야 합니다. 관광소비를 늘리고 관광객의 만족도를 높이기 위해서 매력적인 지원 체제를 도입할 수 있습니다. 예를 들어 관광지 무료입장, 맛집과 체험관광, 숙박시설, 문화 공연에 대해 특별 할인을 제공하는 패스 카드를 판매하면 도움이 됩니다.

영 어

First, as a way of attracting tourists to local areas, thema park may be made in the accessible area. The thema park of Korea's original identity will be effective to disperse the Seoul-concentrated tourists to local areas.

Second, creative brand image should be developed through locally-unique tourist attractions, cultural festivals, and food. They need to commercialize various tour contents such as traditional culture, World Heritage and natural eco-system, differentiating them from others. The local people also should play their role with the service mind to give the visitors hospitality.

Third, infrastructure needs to be created to accommodate the visitors in the local areas. To increase tourist's expense and satisfy them, attractive supporting system may be adopted. For example, it is helpful to sell pass card offering free admission, extra discount for famous restaurants, experience tour, accomodations, and cultural performances.

중국어 将游客吸引到非首都圈的方法有，第一，可以在临近的地方建造主题公园。独具韩国认同性的主题公园具有将聚集在首尔的游客向非首都圈分散的效果。

第二，利用各地方拥有各具特色的观光资源、文化庆典和美食来开发独特的品牌形象。不同于其他地区的传统文化、世界遗产、自然生态等各种观光资源应该实现商品化。同时非首都圈居民也应该具有热情招待游客的服务意识，积极发挥他们的作用。

第三，非首都圈应构建可接纳游客的基础设施。为增加观光消费并提高游客的满意度，可以引进独具魅力的支援体系。例如销售对景点免费入场、美食店和体验观光、住宿设施、文化演出进行特别折扣的入场券将会有所帮助。

일본어 第一、アクセスのいい場所にテーマパークをつくることがあります。韓国ならではのテーマパークはソウルに集中した観光客を地方に分散する効果があるでしょう。

第二、地方色のある観光資源、文化行事や食べ物を活かした独創的なブランドイメージを構築しなければなりません。他地域と差をつける伝統文化、世界遺産、自然生態のような様々な観光コンテンツを商品化しなければなりません。また、地元民も観光客をもてなすサービスマインドを育てなければなりません。

第三、地方で観光客を収容できるインフラを整えなければなりません。観光消費を増やし、観光客の満足度を高めるために魅力的な支援体制を導入することを考えられます。たとえば、観光地の無料入場、グルメと体験型観光、宿泊施設、文化公演に特別割引を提供するパスカードを販売すると効果的です。

간단요약

- 근접성이 좋은 곳에 테마파크 만들기
- 지방별로 특색 있는 독창적인 브랜드 이미지 개발(관광자원, 문화축제와 먹거리)
- 지방에 관광객을 수용할 수 있는 인프라 구축

009

애국가에 대해 이야기하시오.

➤ Tell me about Aegukga.

➤ 请讲述一下爱国歌。

➤ 愛国歌について述べなさい。

한국어

애국가는 우리나라의 국가입니다. 말 그대로 애국가는 '나라를 사랑하는 노래'를 의미합니다. 우리나라의 애국가에는 여러 가지 종류가 있었습니다. 갑오개혁 이후부터 각기 다른 애국가가 도처에서 널리 불리기 시작하여 약 10여 종류에 이르렀다고 합니다.

현재의 애국가 가사는 정확한 작사자가 밝혀지지 않았습니다. 대한민국 정부 수립 이전까지는 지금 것과 같은 애국가 가사에 스코틀랜드 민요인 〈Auld Lang Syne〉의 멜로디를 붙여 불렀습니다.

1936년 안익태(安益泰)가 이 가사에 현재의 멜로디를 작곡하여 붙였으며, 이것이 1948년 대한민국 정부 수립과 함께 국가로 제정되어 오늘에 이르고 있습니다.

영 어

Aegukga is the national anthem of our country. Literally it means 'loving country song'.

There were many kinds of Aegukga in our country. After Gabogyeongjang (the Political Reform in 1894), different kinds of Aegukga began to be sung widely all over the country and they reached over 10 versions.

The exact lyric writer of current Aegukga was not officially identified. Up until the establishment of Korean government, the same lyric as present one had been sung to the melody of Scotland folk song, Auld Lang Syne.

In 1936, Ahn Ik-tae composed the current melody of Aegukga to that lyric, which was designated as the national anthem with the establishment of Korean government and was handed down to this day.

爱国歌是韩国的国歌。像字面上的意思一样，爱国歌指的是"热爱国家的歌曲"。

韩国的爱国歌有很多种类。从甲午更张以后，不同的爱国歌开始在各处广泛传唱，据说达到10余种。

现在的爱国歌歌词的词作者不详。大韩民国政府成立之前，现在使用的爱国歌歌词曾以苏格兰民谣《Auld Lang Syne》的旋律进行传唱。

1936年安益泰根据歌词创作了现在的旋律，1948年大韩民国政府成立之时被制定为国歌直至今天。

愛国歌は韓国の国歌です。その名の通り愛国歌は「国を愛する歌」を意味します。愛国歌には色々な種類があります。甲午改革以来、各地でそれぞれ異なる愛国歌が歌われはじめ、およそ10種類に及んだといいます。現在、愛国歌の作詞家が誰なのかはっきりしていません。大韓民国の政府樹立前は、今の愛国歌と同じ歌詞にスコットランド民謡の「Auld Lang Syne」にメロディをつけて歌いました。

1936年、安益泰がこの歌詞に現在のメロディを作曲してつけ、これが1948年の大韓民国政府樹立とともに制定されて今に至っています。

간단요약

- 애국가는 '나라를 사랑하는 노래'를 의미
- 애국가에는 여러 가지 종류가 있었음, 도처에 약 10여 종류
- 지금 것과 같은 애국가 가사에 스코틀랜드 민요인 〈Auld Lang Syne〉의 멜로디를 붙여 불렀음
- 안익태(安益泰)가 이 가사에 현재의 멜로디를 작곡하여 붙였음, 이것을 1948년 대한민국 정부 수립과 함께 국가로 제정

010

코리아스테이에 대해 설명하시오.

➤ Give the explanation of Koreastay.

➤ 请讲述一下乐在韩国之家(Koreastay)。

➤ コリアステイについて説明しなさい。

한국어 　코리아스테이는 한국관광공사가 운영하는 우수 외국인관광 도시민박 인증 브랜드입니다. 코리아스테이는 한국을 찾는 외국인 관광객들에게 친절하고 편안한 한국의 가정문화 체험을 제공할 수 있도록 하기 위해 도입한 제도입니다.

　코리아스테이는 2018년에 한국관광 품질인증제로 통합되었습니다. 한국관광 품질인증제는 관광시설과 서비스의 품질을 향상하고 체계적, 전문적으로 관리하기 위해 시행된 제도입니다. 질 좋은 사업체는 한국관광 품질인증제를 통해 국가적으로 단일화된 품질인증 및 마크를 부여받고 관광객들은 관광 시설과 서비스를 선택하는 데 도움을 받습니다. 인증 대상으로는 일반・생활 숙박업, 한옥체험업, 외국인관광 도시민박업, 외국인 관광객 면세판매장이 있습니다. 인증을 획득하기 위한 조건으로는 관광객 편의를 위한 시설 및 서비스를 갖출 것, 관광객 응대를 위한 전문 인력을 확보할 것, 재난 및 안전관리 위험으로부터 관광객을 보호할 수 있는 사업장 안전관리 방안을 수립할 것, 해당 사업의 관련법령을 준수할 것이 있습니다. 품질 인증을 받은 업소는 관광진흥개발기금의 대여 및 보조, 홍보 지원, 시설 등의 운영 및 개선을 위한 지원을 받게 됩니다.

Koreastay is a Korea Tourism Organization(KTO) brand that certifies city accommodations. Koreastay is the system adopted to provide foreign tourists the opportunity to experience the polite culture and comfortable lifestyle of Korea.

Koreastay certification was integrated into Korea Quality Certification in 2018. Korea Quality Certification is a system implemented to improve and manage travel facilities and services systematically and professionally. Through this system, high-quality business gets the nationally unified quality certification and mark, which help tourists to select tourist facilities and services. Korea Quality Certification is for general or residence accomodations business, Hanok experience business, city accommodations business for foreign tourists, duty free shops for foreign tourists.

Prerequisite conditions to get certified is having facilities and services for guests, securing professional human resources for hospitality, building safety management plans to protect guests against disasters and safety management risks, and observing the related law on the applicable business. The certified stores are getting loan or sponsor from Tourism Promotion and Development Fund, support for advertising, maintenance and facility improvement.

중국어

乐在韩国之家(Koreastay)是韩国观光公社经营的优秀外国人观光城市民宿认证品牌。乐在韩国之家(Koreastay)是为了向访韩外国游客提供亲切舒适的韩国家庭文化体验而引进的一种制度。

Koreastay2018年被合并为韩国旅游品质认证。韩国旅游品质认证是为了提高旅游设施和服务水平，进行系统且专业的管理而实行的制度。

优质企业通过韩国旅游品质认证获得国家统一的品质认证及标志，使游客在选择旅游设施和服务时能够得到帮助。

此制度的认证对象为普通·生活型住宿业、韩屋体验业、外国人旅游城市民宿业及外国游客免税卖场。得到该认证的条件如下：具备游客便利设施和服务、确保接待游客的专门人员、建立免受灾难及安全风险而保护游客的营业场安全管理方案、遵守该行业的有关法律法规等。获得品质认证的营业场所将会收到观光振兴开发基金的贷款及辅助、宣传、运营并改善设施等援助。

コリアステイとは、韓国観光公社が認定・運営する優秀都市民宿ブランドです。コリアステイは韓国を訪れる外国人観光客に親切で快適な韓国の家庭文化体験を提供できるように導入した制度です。

コリアステイは2018年に韓国観光品質認証制度に統合されました。韓国観光品質認証制度は観光施設とサービスの品質を向上させ、体系的、専門的に管理するために実施される制度です。

質の高い事業体は韓国観光品質認証制度を通じて国家的に単一化された品質認証及びマークを与えられ、観光客は観光施設とサービスを選ぶのに役立ちます。

認証対象としては一般・生活宿泊施設、韓屋(ハノク)体験業、外国人観光都市民泊業、外国人観光客向け免税店があります。認証を取得する条件としては観光客の利便性のための施設やサービスの整備、観光客対応のための専門人材の確保、災害や安全管理のリスクから観光客を守られる事業場の安全管理の方案を立てること、当該事業の関連法律の遵守することなどがあります。品質認証を取得した事業場は観光振興開発基金のレンタルや補助、広報支援、施設などの運営及び改善のための支援を受けることになります。

참고 대한민국 구석구석(korean.visitkorea.or.kr)
한국관광 품질인증(koreaquality.visitkorea.or.kr)

간단요약

- 코리아스테이 : 한국관광공사가 운영하는 우수 외국인관광 도시민박 인증 브랜드
- 외국인 관광객들에게 친절하고 편안한 한국의 가정문화 체험을 제공할 수 있도록 하기 위해 도입
- 2018년에 한국관광 품질인증제로 통합
- 품질인증제 인증대상 : 일반·생활 숙박업, 한옥체험업, 외국인관광 도시민박업, 외국인 관광객 면세 판매장

CHAPTER

09 | 2015년 최신기출 복원문제

001

서원에 대해 말해보세요.

➤ Tell me about Seowon(Confucian Academy).

➤ 请介绍一下书院。

➤ 書院について述べなさい。

한국어　서원은 조선의 민간 사학기관입니다. 조선 중기에 성리학자들, 사림들은 향촌마을로 내려가 서원을 권력기반으로 삼으며 학풍과 정치여론을 형성하였습니다. 서원은 사당과 학교, 두 가지 기능을 했습니다. 서원에서 사람들은 선현에게 제사를 지냈고 성리학을 연구했으며 후진을 양성했습니다. 사림은 지방자치를 위한 향촌 사람들의 규약인 향약을 통해 향촌 주민을 교화하고 향촌의 질서와 치안을 유지했습니다. 그리하여 서원은 성리학을 연구하고 향촌 자치 분위기를 함양하는 데 크게 기여했습니다.

영 어　Seowon is the private institution of Joseon Dynasty. In the middle of Joseon dynasty, confucian scholars, Sarim came down to rural village and formed the academic traditions and political opinion by using Seowon as the political basement. Seowon had two functions—shrine and school. In Seowon, they held the memorial ceremony for ancient sages, studied neo-confucianism and therefore fostered the younger generation. Sarim enlightened village people and maintained the law and the security through Hyangyak, which was the contract among village people. Therefore Seowon mainly contributed to study neo-confucianism and cultivate the air of local autonomy in the Joseon dynasty.

중국어

书院是朝鲜的民间私学机关。在朝鲜中期性理学家和士林们向下乡村里，以书院为权力的基础形成了学风和政治舆论。书院兼具祠堂和学校两个功能。人们在书院不仅祭拜先贤，还研究性理学的同时养成了后进。士林通过为地方自治制订的乡规民约，教化了村民并维持了乡村秩序和治安。从而书院为性理学研究和乡村自治作了很大贡献。

일본어

書院は朝鮮時代の民間教育機関です。朝鮮時代中期、郷里に帰った性理学者や士林派は書院を権力基盤として学風と政治世論を形成させました。書院は祠堂と学校の二つの役割を担っていました。書院では先賢を祭ったり、性理学を研究したり、後進を育成したりしました。士林派は、地方自治のために村人の行動を規定する郷約を通じて村民を教化し村落の秩序や治安を維持しました。こういった書院は性理学を研究し、村落の自治意識を高めました。

백쌤의 TIP

최초의 서원은 풍기 군수 주세붕이 안향을 배향하기 위해 설립한 백운동서원이었습니다. 얼마 지나 이황의 요청으로 백운동서원은 소수서원으로 사액을 받게 되었습니다. 서원이 가장 많은 지역은 안동이었으며 대표적인 서원은 역동서원, 도산서원, 병산서원 등입니다.

안동은 예로부터 교육을 중시하는 고장이었으며, 선비와 관료들을 많이 배출한 유교문화의 본고장이라 할 수 있습니다. 모범답안에서처럼 서원은 제사와 학문연구의 기능을 주로 수행했지만 향약을 향촌에 보급하여 사림이 지방민에 대한 통제력을 강화하는 수단이기도 했습니다. 사림파 내부의 대립으로 인하여 16세기 후반에는 서원이 붕당정치의 근거지가 되었고 무분별한 서원 건립에 따른 국가 재정 부담과 사회적 폐단도 문제가 되었습니다. 이를 극복하기 위해 영조 때는 서원정리 정책이 시행되었고 흥선대원군 때에는 대대적인 서원철폐 정책이 실시되었습니다.

참고 디지털 안동문화대전 홈페이지(andong.grandculture.net)
〈관광국사〉, 시대고시기획 / 〈한국사능력검정시험〉, EBS

간단요약

- 서원 : 조선의 민간 사학기관
- 조선 중기 : 성리학자들이 서원을 권력기반으로 학풍과 정치여론을 형성
- 두 가지 기능
  - 사당(선현에게 제사)
  - 학교(성리학을 연구하며 후진양성)
- 향약(지방자치를 위한 향촌 사람들의 규약)을 통해 향촌 자치 분위기 함양에 기여

002

한류가 커다란 파급효과를 가져올 수 있게 하는 방안을 말해 보시오.

> Tell me how Korean wave can have greater ripple effect.

> 请讲述一下韩流能够带来巨大波及效果的方案。

> 韓流を広く波及させる方法について説明しなさい。

한국어

한류의 커다란 파급효과를 가져오기 위해서 첫째, 한국인은 외국인에게 한국에 대한 긍정적인 이미지를 심어 주어야 합니다. 아이돌(EXO, 빅뱅, SHINEE 등), 예능(런닝맨, 육아 프로그램 등), 드라마(별에서 온 그대, 상속자들 등)는 한류의 원동력입니다. 최근 한류의 중심은 드라마에서 예능으로 옮겨갔으며 아이돌은 여전히 강세입니다. 외국인들은 드라마, 예능프로그램을 통해 한국어를 자연스럽게 배우고, 한국인 친구를 사귀며 한국을 방문하고 싶어합니다.

둘째, 한류 산업을 정책적인 지원으로 육성해야 합니다. 드라마와 K-팝에 다양한 콘텐츠가 개발이 되어야 하고 중국 내에서는 그들의 저작권 보호가 강화되어야 합니다.

셋째, 한류의 영역을 의식주로 넓혀 가야 합니다. 한류를 중심축에 두고 외국인들의 관심을 미용, 패션, 의료, 한국음식, 한국어 교육, 한국관광으로 전파해야 합니다. 특히 한류의 주 수입원인 모바일 게임의 산업 해외 출시를 지원해야 합니다.

넷째, 한류 산업은 일방적인 수출이 아니라 대화와 존중을 통한 문화의 상호교류가 되어야 합니다.

영 어

In order to have a greater ripple effect of Hallyu, first, Koreans need to give the foreigners positive images of Korea. Idol groups(EXO, BIGBANG, SHINEE etc.), entertainment(Running Man, Baby-sitting program, etc.) and Drama(A Man from Another Star, The Heirs, etc.) are the driving force behind Hallyu. Recently the center of Hallyu is moving from drama to entertainment while idol group is still going strong. Foreigners learn Korean in a natural way through drama and entertainment program, make friends with Koreans and feel like visiting Korea.

Second, Hallyu industry should be promoted with political support. Various contents for drama and K-pop need to be created and their copyright protection in China should be reinforced. Especially the mobile game industry which is the main source of income from Hallyu should be supported to launch abroad.

Third, the domain of Hallyu needs to be spread to food, clothing and shelter. Foreigner's interest should be spread to beauty, fashion, medical treatment, Korean food, Korean education with Hallyu in the central axis.

Forth, Hallyu industry should not go through one-way export but mutual exchange of culture through communication and respect.

PART 01

중국어

为了韩流能够带来巨大波及效果，第一要给外国人留下对韩国的好印象。比如，偶像(EXO、BIGBANG、SHINEE等)、综艺(奔跑吧兄弟、育儿节目等)、韩剧(来自星星的你、继承人等)这些都是韩流的原动力。最近韩流的轴心从韩剧迁移到了综艺，不过偶像的人气仍然呈现上升趋势。外国人通过韩国连续剧、综艺节目自然而然学到韩语后，与韩国朋友进行交流。这使外国人产生想访问韩国的愿望。

第二、应该把韩流产业作为国家政策来支持。要开发多种多样的韩剧和K-POP文化产品，并在中国要加强维护其文化产品的版权。

第三、应该把韩流产业的领域扩大到衣食住行。以韩流为中心使外国人关注到其他行业，比如，美容、时装、医疗、韩餐、韩语教育、韩国观光。尤其要支援韩流主导产品，即手机游戏的海外上市。

第四、韩流产业不应该停留在单方面的出口，而应该通过对话和尊重要进行文化相互交流。

일본어

韓流を広く波及させるためには、まず外国人に韓国のポジティブなイメージを持たせなければなりません。アイドル(EXO、BIGBANG、SHINEEなど)、バラエティ番組(ランニングマン、育児バラエティなど)、ドラマ(「星から来たあなた」、「相続者たち」など)は韓流の原動力です。最近の韓流のトレンドはドラマからバラエティに移り、アイドルの影響力はいまだ健在です。ドラマやバラエティ番組から韓国語を自然に学び、韓国人の友達をつくったり、韓国を訪れたりしたいという外国人が数多くいます。

第二に、韓流産業を政策的に後押ししなければなりません。ドラマやK-POPなどさまざまなコンテンツを開発し、中国国内では著作権保護強化がなされるべきです。

第三に、韓流の幅を衣食住にまで広げなければなりません。韓流を中心に外国人の関心を美容、ファッション、医療、韓国料理、韓国語教育、観光にまで向けさせなければなりません。特に韓流の主な収入源であるモバイルゲーム産業の海外進出を支援すべきです。

第四に、韓流産業は相互尊重のコミュニケーションによる文化の交流でなければなりません。

- 외국인에게 한국에 대한 긍정적인 이미지 심어 주기 : 아이돌, 예능, 드라마 역할
- 한류 산업을 정책적인 지원으로 육성 : 다양한 콘텐츠 개발, 중국 내에서 저작권 보호
- 한류의 영역을 의식주로 넓혀 가야 함 : 미용, 패션, 의료, 한국음식, 한국어 교육, 한국관광으로 전파
- 일방적인 수출이 아니라 대화와 존중을 통한 문화의 상호교류

발해가 한국의 역사라는 사실을 설명해 보시오.

> List the evidence that Balhae belongs to Korean history.
> 请解释一下渤海国是韩国历史的事实有关内容。
> 渤海が韓国の歴史である事実を説明しなさい。

한국어

발해가 한국의 역사라는 것을 증명하려면 발해가 고구려를 계승하는 국가였다는 것을 보여 주는 증거가 필요합니다. 그 객관적인 증거로는 다음 세 가지가 있습니다.

첫째, 발해의 문왕이 일본에 보내는 국서에 이런 글귀가 나옵니다 "나 고려왕 대흠무는…" 발해의 왕이 국서에 자신을 고려의 왕이라고 칭했다는 사실은 발해가 고구려를 계승하는 나라라는 사실을 명백히 보여 줍니다.

둘째, 발해를 구성하는 민족의 지배층에는 고구려 유민들이 많았고, 피지배층은 말갈족이었습니다. 그것은 발해가 고구려를 계승하는 국가라는 증거가 될 수 있습니다.

셋째, 발해의 주거문화에는 '온돌'이 발견됩니다. 고구려의 난방장치인 온돌이 발해에서 사용되었다는 점은 발해가 한국의 역사라는 것을 뒷받침합니다.

영 어

To prove that Balhae belongs to Korean history, we need to give the evidences that shows Balhae was the country to succeed to Goguryeo. There are three objectives as follows.

First, King Mun of Balhae said in the national document that "Me, the King of Goryeo, Dae heum mu." He called himself as the King of Goryeo in the national document, which means Balhae was absolutely the successive country of Goguryeo.

Second, most ruling-class people of Balhae were migrants from Goguryeo while subjugated class was from Malgaljok. That can be the evidence that Balhae succeeds to Goguryeo.

Third, 'Ondol' is seen in the housing culture of Balhae. The fact that 'Ondol', heating system of Goguryeo, was used in Balhae proves that Balhae belongs to Korean history.

为了证明渤海国是韩国历史的事实，需要能够看出渤海国是继承高句丽的证据。其客观证据有以下三条。

第一、渤海国文王寄送日本的国书上出现以下句子。"高丽国王大钦茂…"渤海国王在国书上自称高丽王的事实显然看得出渤海国是继承高句丽的事实。

第二、多数的渤海国领导层为高句丽流民，而被统治阶层为靺鞨族。这也能够证明渤海国是一个继承高句丽的国家。

第三、在渤海国的居住文化中可以发现'温突'。高句丽的取暖设施'温突'在渤海国被使用的事实也能够证明出渤海国就是韩国的历史。

渤海が韓国の歴史であることを証明するためには、渤海が高句麗の継承国家であることを示す証拠が必要です。その客観的な証拠としては次の三つがあります。

第一に、渤海の文王が日本に送る国書に「高麗国王大欽茂」と名乗る語句があります。渤海の王が国書に高麗の王を自称したことは、渤海が高句麗の継承国家である事実を明らかにします。

第二に、渤海を構成する民族のうち、支配層には高句麗の流民が多く、被支配層は靺鞨でした。それは渤海が高句麗の継承国家である証拠になります。

第三に、渤海の住まいの文化にはオンドルが発見されます。高句麗の暖房設備であるオンドルが渤海で使用された点は、渤海が韓国の歴史であることを裏付けます。

백쌤의 TIP

동북공정은 중국이 2002년에 시작한 국가차원의 대규모 역사연구 프로젝트 '동북변강역사여현상계열연구공정(東北邊疆歷史與現狀系列研究工程)'의 줄임말입니다. 우리말로는 '동북 변경 지방의 역사와 현황에 관한 일련의 연구공정'이라는 뜻입니다. 중국의 13억 인구는 92%의 한족과 8%의 55개 소수 민족들로 이루어져 있는데요, 동북공정의 목적은 중국의 다양한 민족들에게 우리들은 '중화민족'이라는 단일 정체성을 강화하고자 하는 것입니다.

동북공정의 연구내용에는 중국 역사뿐만 아니라 한국전통역사와 한반도가 포함되어 있는데 역사 왜곡이 심하여 우리나라가 강하게 반발하여 왔습니다. 예를 들어 백두산이 고대부터 중국영토였다고 하면서 부여, 고구려, 발해 역사 전체를 중국의 역사로 모조리 편입하기 위한 연구가 포함되어 있습니다. 한국의 항의를 의식한 중국은 중앙정부 차원의 역사 연구를 하지 않겠다고 약속했지만 2007년 동북공정 연구종료가 된 후에도 동북공정 연구는 계속되고 있다고 합니다.

간단요약

• 발해가 고구려를 계승하는 국가였다는 것을 보여 주는 증거 필요
• 발해의 문왕이 일본에 보내는 국서 : "나 고려왕 대흠무는…"
• 발해를 구성하는 민족의 지배층에는 고구려 유민들이 많았음
• 발해의 주거문화에서 '온돌'이 발견됨

004

관광자원의 개념과 특징을 설명하시오.

➤ Explain the concept and characteristics of tourism resources.

➤ 请解释一下观光资源的概念和特征。

➤ 観光資源の概念と特徴を説明しなさい。

한국어　관광자원이란 관광객이 관광동기나 관광의욕을 일으키는 목적물인 관광대상을 가리킵니다. 첫째, 관광자원은 관광자의 욕구나 동기를 일으키는 매력성이 있습니다. 둘째, 관광자원은 관광자의 행동을 끌어들이는 유인성이 있습니다. 셋째, 관광자원은 개발을 통해서 관광대상이 됩니다. 넷째, 관광자원은 자연과 인간의 상호작용의 결과입니다. 다섯째, 자연·인문·유형물·무형물까지 관광자원의 범위는 넓습니다. 여섯째, 관광자원은 사회구조나 시대에 따라 각광을 받기도 하고 그 가치가 소멸하기도 합니다. 일곱째, 관광자원은 보존과 보호가 필요합니다.

영 어　Tourism resource refers to the tourist attraction that drives the desire to travel. First, tourism resource is attractive enough to drive the desire or motivation of tourists. Second, tourism resource is allure enough to attract tourists to take actions. Third, tourism resource becomes a tourist attraction through development. Fourth, tourism resource is the result of interaction between nature and human beings. Fifth, tourism resource widely ranges from nature to humanities and from tangibles to intangibles. Sixth, the value of tourism resource could be highlighted or extinguished depending on the system of society and age. Seventh, tourism resource needs preservation and protection.

중국어　观光资源是指使观光者引起观光动机或观光欲望的观光对象。

第一、观光资源具有使观光者引起观光欲求或动机的魅力性。

第二、观光资源具有吸引观光者行动的诱因性。

第三、观光资源通过开发将成为观光对象。

第四、观光资源是自然与人相互作用的结果。

第五、包括自然、人文、有形物、无形物在内，观光资源的范围非常广大。

第六、观光资源随着社会结构或时代的变化，有时受人瞩目有时被消灭其价值。

第七、观光资源需要保存和保护下来。

観光資源とは、観光客に観光動機や観光意欲を充足させる目的物、すなわち観光対象をいいます。第一に、観光資源は観光客の欲求や動機を呼び起こす魅力があります。第二に、観光資源は観光客を引き付ける誘因があります。第三に、観光資源は開発によって観光対象になります。第四に、観光資源は人間の相互作用の賜物です。第五に、自然・人文・有形物・無形物に至るまで観光資源の範囲は広いです。第六に、社会構造や時代に応じて脚光を浴びたり、その価値が消滅したりします。第七に、観光資源の保存や保護が求められます。

간단요약

- 관광자원 : 관광객이 관광동기나 관광의욕을 일으키는 목적물인 관광대상을 가리킴
- 관광자원의 특징 : 매력성(관광자의 욕구나 동기를 일으킴), 유인성(관광자의 행동을 끌어들임), 개발을 통해서 관광대상이 됨, 자연과 인간의 상호작용의 결과, 자연・인문・유형물・무형물까지 범위가 넓음, 사회구조나 시대에 따라 각광을 받기도 하고 그 가치가 소멸하기도 함, 보존과 보호가 필요

005

해상국립공원에 대해 이야기하시오.

➤ Tell me about Marine and Coastal National Park.

➤ 请讲述一下关于海上国立公园。

➤ 海上国立公園について述べなさい。

한국어

한국에는 세 개의 해상국립공원이 있습니다. 바로 다도해해상 국립공원, 태안해안 국립공원, 한려해상 국립공원입니다.

다도해해상 국립공원은 국립공원 중에서 14번째인 만큼 늦게 지정되었지만 한국에서 가장 면적이 큰 국립공원입니다. 따뜻한 해양기후 덕분에 생태학적으로 가치가 높은 상록수림이 형성되어 있고 4백여 개의 섬들과 과거 화산활동으로 인해 형성된 암석들이 독특한 아름다움을 제공합니다.

태안해안 국립공원은 1978년 13번째 국립공원으로 지정되었습니다. 한국에서 유일한 해안(海岸) 국립공원이며 그 크기는 서울면적의 1/2에 해당됩니다. "태안(커다란 평안)"이라는 이름은 역사를 통틀어 그 지역이 커다란 자연재해를 겪지 않았고 온화한 기후와 풍부한 양식과 결부되었다는 사실에서 유래합니다. 갯벌, 소나무 숲, 모래해변과 습지와 같이 잘 보존된 해안 생태계에 태안해안 국립공원의 뛰어난 가치가 있습니다.

한려해상 국립공원은 한국에서 첫 번째 해상국립공원으로 지정되었습니다. 한려해상은 경상남도 거제도에서 전라남도 여수 지역에 걸친 120km의 해안선을 따라서 있습니다. 전 면적의 76퍼센트가 해안이며 이순신 장군의 전승과 유적에 대한 많은 관광지들이 있습니다.

영 어

There are three Marine and Coastal National Parks in Korea. They are Dadohaehaesang National Park, Taeanhaean National Park, Hallyeohaesang National Marine Park. Dadohaehaesang National Park is the largest national park in Korea although the designation of it was as late as 14th among all the national parks. The warm oceanic climate supports the existence of evergreen forests with high ecological value and about 400 islands and fantastic rock formations created from past volcanic activities offer unique beauty.

Taeanhaean National Park was designated as the 13th national park in 1978. It is the only shore national park in Korea and its size is half of the Seoul area. The name "Taean(Big comfort)" comes from the fact that the region did not suffer big natural catastrophes throughout history and is rather related to the mild climate and an abundance of food.

Its unique value lies in the well-preserved coastal ecosystem such as foreshores, pine forests, sandy beaches and swamps. Hallyeohaesang National Marine Park was designated as the 1st Marine and Coastal National Park in Korea. Hallyeohaesang extends along the 120km shoreline from Geoje in Gyeongsangnam-do province to Yeosu in Jeollanam-do province. The 76 percentage of the total area is marine and there are many tourist sites related to complete victory and remains of General Yi Sunsin.

중국어 在韩国共有三个海上国立公园，包括多岛海海上国立公园、泰安海岸国立公园、闲丽海上国立公园。

多岛海海上国立公园被指定为第14个国立公园。虽然比较晚一些被指定为国立公园，但是韩国面积最大的国立公园。因温暖的海洋气候形成了生态价值高的常绿树林，还有在4百多个岛屿上有因过去火山活动而形成的千姿百态的岩石，这提供独特的美丽。

泰安海岸公园在1978年被指定为第13个国立公园。是在韩国的唯一海岸国立公园，其面积相当于首尔面积的1/2。"泰安(巨大的平安)"这一名称因其地域历来没有经历过自然灾害，并且温和气候和丰富的粮食而被起名。泰安海岸国立公园的卓越价值在于良好保护下来的泥滩、松树林、海滩、湿地等生态环境上。

闲丽海上国立公园在韩国首次被指定为海上国立公园。位于庆尚南道巨济岛至全罗南道丽水之间的长达120km海岸线上。全面积的76%为海岸，有许多李舜臣将军战胜和古迹有关的旅游景点。

韓国には3つの海上国立公園があります。多島海海上国立公園、泰安海岸国立公園、閑麗海上国立公園です。

多島海海上国立公園は14番目の国立公園であり、指定は遅かったのですが、韓国では最も面積の大きい国立公園です。それは黄海から南海に至る7箇所の海岸にまたがっています。温暖な海洋性気候のおかげで生態的に価値のある常緑樹林が形成され、400余りの島々と過去の火山活動により形成された奇岩が独特の景観を醸し出します。

泰安海岸国立公園は1978年13番目に国立公園の指定を受けました。韓国唯一の海岸国立公園であり、ソウルの1/2の面積に相当します。"泰安(大いなる安らぎ)"という名は、歴史を通して大した災害にも見舞われず、穏和な気候や豊富な食料に恵まれたことから由来します。泰安海岸国立公園の優れた価値は、干潟・松の森・砂浜・湿地などよく保存された海岸生態系にあります。

閑麗海上国立公園は、韓国初の海上国立公園として指定されました。閑麗海上は慶尚南道巨済島から全羅南道にわたる120キロメートルの海岸線に沿って続きます。総面積の76%が海岸からなり、李舜臣ゆかりの見所がたくさんあります。

참고 국립공원공단 사이트(www.knps.or.kr)

백쌤의 TIP

더 나은 이해를 위해 국립공원공단 사이트에 접속하여 해상국립공원의 지도를 찾아보시기 바랍니다.

간단요약

• 다도해해상 국립공원, 태안해안 국립공원, 한려해상 국립공원
• 다도해해상 국립공원 : 우리나라 국립공원 중 가장 넓음, 4백여 개의 섬들과 과거 화산활동으로 인해 형성된 돌들의 독특한 아름다움
• 태안해안 국립공원 : "태안(커다란 평안, 온화한 기후와 풍부한 양식에서 유래된 지명)", 갯벌, 소나무 숲, 모래해변과 습지와 같이 잘 보존된 해안 생태계
• 한려해상 국립공원 : 한국의 첫 번째 해상국립공원, 전 면적의 76퍼센트가 해안이며 이순신 장군의 전승과 유적에 대한 관광지들이 있음

006

할랄푸드란 무엇인가?

➤ What is Halal food?
➤ 清真食品是什么？
➤ ハラルフードとは何か。

한국어

일반적으로 말하는 할랄푸드란 이슬람 율법에 따라 먹도록 허락된 음식을 의미합니다. 할랄의 반대말은 하람인데 '금지된'이라는 의미입니다. 할랄푸드는 항생제나 인공 첨가물이 없이 생산되어야 합니다. 더군다나 할랄푸드 인증을 받기 위해서 동물은 이슬람법에 따라서 무슬림에 의해 도축되어야만 합니다. 할랄인증 범위는 음식에서 약품과 화장품까지 확장됩니다. 위생과 생산적인 측면에서 할랄푸드는 몸에 좋은 웰빙이며 믿을 수 있는 생산품이라고 여겨집니다.

영 어

When we are talking about halal foods it means any foods that are allowed to be eaten according to Islamic Sharia law. The opposite of halal is haram (forbidden). Halal food is supposed to be produced without any antibiotics or artificial additives. Moreover, in order to get permission as a Halal food, animals must be slaughtered by a Muslim according to the Islam law. The range of Halal permission expands from food to medicine and cosmetics. In the aspect of hygiene and way of production, halal foods are considered well-being and reliable, which is good for health.

중국어

清真食品一般指符合伊斯兰律法的所有食品。清真的反义词就是harām，是'禁忌'的意思。清真食品不应生产包含任何抗生素或人工添加物的产品。而且为了得到清真食品认证要根据伊斯兰法宰杀牲畜。清真认证范围从食品扩大到药品和化妆品。清真食品从卫生和生产方面来看，这是有益于身体的健康食品。总之，清真食品算是可信的生产品。

一般に言うハラルフードとは、イスラム教の律法に則って「許された」すべての食べ物を意味します。ハラルの反対語ハラムは「禁止された」という意味です。ハラルフードは、抗生剤や食品添加物が含まれないものでなければなりません。そのうえ、ハラルフード認証を受けるためにはイスラム法に従って屠畜されなければなりません。ハラル認証の範囲は薬品や化粧品にまで及びます。衛生面、生産面からハラルフードは体に良く、信頼性の高い製品として認められます。

백쌤의 TIP

한국무역협회에 따르면 2021년에는 할랄푸드 소비 규모가 1조 9000억 달러로 성장할 것이라는 예측이 나오고 있습니다. 할랄푸드와 관련하여 관련업계에서는 단순히 식품산업 육성이라는 측면만 보지 말고, 다양하고 종합적인 점검을 통하여 정책 운영을 해야 할 것입니다. 우리나라 경제와 산업, 국가 안보, 국민의 안전, 국내 농산물의 보호를 고려해야 할 사항으로 꼽을 수 있겠습니다. 할랄푸드 산업에 대해 여러분의 생각을 정리해 두시기 바랍니다.

간단요약

- 할랄푸드 : 이슬람 율법에 따라 먹도록 허락된 음식이란 의미
- 할랄의 반대말은 하람인데 '금지된'이라는 의미
- 할랄푸드는 항생제나 인공 첨가물이 없이 생산되어야 함
- 동물은 이슬람법에 따라서 무슬림에 의해 도축되어야만 함

007

여행사의 업무를 설명하시오.

> Explain the business of travel agency.
> 请解释一下旅行社的业务。
> 旅行会社の業務内容について説明しなさい。

한국어 여행사 업무는 여행상품 기획, 견적서 업무, 원가산출, 항공수배, 수속업무, 지상수배, 고객 상담, 여권과 비자관리 등 아주 다양합니다. 여행사에서 수배(Operation)업무란 대개 지상 수배 업무를 의미합니다. 다시 말해 지상에서 일어나는 여행에 필요한 모든 업무, 즉 호텔, 식사, 가이드, 관광일정, 차량 등에 관한 업무를 말합니다. 그 외에 요금 조정, 행사과정 점 검, 심지어 행사 종료 후 고객의 고충사항 처리도 지상수배 업무에 해당합니다.

영 어 The business of travel agency is various — planning traveling products, estimation business, cost calculation, flight operation, checking-in business, land operation, customer counseling, passport and visa management, etc. Operation business of travel agency mostly means the land operation business. In other words, it includes all the works related to traveling in land, which are businesses concerning hotel, meals, tourist guide, travel schedule and transportation. Other than that, land operation business includes bargaining the price, checking the process of event and dealing with complaints even after the event is over.

중국어 旅行社的业务有多种多样。其范围包括旅行商品企划、报价单业务、成本计算、航空安排、手续业务、地上安排、顾客咨询、护照和签证管理等。在旅行社所说的安排(Operation)业务是指地上安排业务。再说，在地上去旅游时将会需要的所有业务，即酒店、用餐、导游、观光日程、车辆等。其外，费用调整、活动过程检点以及结束活动后处理顾客不满意见也都包括在地上安排内。

旅行会社の業務内容は商品企画、見積もり業務、原価計算、航空券の手配、渡航手続き、旅行相談、パスポートやビザ関連業務など多岐にわたりいます。旅行会社において手配業務とは地上手配を意味します。地上で行われるすべての旅行関連業務、ホテル・食事・ガイド・観光日程・送迎車の手配などをいいます。そのほか、料金の調整・現地ツアーの手配、さらにツアー終了後の苦情処理も地上手配の業務に含まれます。

간단요약

- 여행사의 업무 : 여행상품 기획, 견적서 업무, 원가산출, 항공수배, 수속업무, 지상수배, 고객 상담, 여권과 비자 관리 등
- 지상수배(Operation)업무 : 지상에서 일어나는 여행에 필요한 모든 업무
  예 호텔, 식사, 가이드, 관광일정, 차량, 요금 조정, 행사과정 점검, 행사 종료 후 고객의 고충사항 처리 등

008

불교와 유교의 차이점을 설명해 보시오.

➤ Explain the difference between Buddhism and Confucianism.

➤ 请解释一下佛教和儒教的区别。

➤ 仏教と儒教の違いについて説明しなさい。

한국어

불교는 부처의 가르침을 따르고 수행하는 종교입니다. 불교는 서역으로부터 중국을 통해 한반도로 유입되었습니다. 불교의 목표는 해탈, 즉 삶이 인간에게 주는 모든 고통으로부터 벗어난 상태에 있는 것입니다. 삼국시대의 불교는 왕실과 귀족들에 의해 국가적인 호국 사상을 형성하였습니다. 특히 고려시대에 불교는 국가 통치 이념이었으며 두 차례에 걸친 대장경의 조조(彫造)를 통해 사람들의 마음을 하나로 모으고 국난 극복을 기원했습니다.

유교는 공자의 가르침을 따르는 중국 고유의 사상입니다. 조선왕실은 유교를 국교로 삼고 충효 사상을 강조하여 국가와 사회의 질서를 유지했습니다. 유교의 목표는 '수기치인(修己治人)'으로, 자신을 수양하고 나아가 타인을 교화하는 것입니다. 삼강오륜은 유교 윤리의 기본인 세 가지 강령과 다섯 가지의 도리입니다. 선비들은 유교의 충효사상을 갖추고 있어야 했습니다. 유교적 윤리와 도덕적인 가치를 실천하는 선비들 덕분에 조선왕실은 오랜 기간 동안 사회적인 질서와 평화를 유지할 수 있었습니다. 유교적 전통은 윗사람에게 예의 바르게 행동하고 조상들에게 제사를 지내는 것으로 여전히 남아있습니다.

Buddhism is the religion to follow and fulfill the teaching of Buddha. Buddhism was brought into Korean peninsula through China from Western Regions. The goal of Buddhism is nirvana, which means the state where a man has escaped from all the agonies of life. Buddhism in the Three country period formed the national defensive ideology. Especially in the Goryeo period, Buddhism was the national ruling ideology and inspired the mind of people praying to the Buddha in order to overcome the national crisis by creating the Tripitaka twice.

Confucianism is the Chinese traditional ideology that follows the teaching of Confucius. The Joseon dynasty adopted confucianism as the national religion and emphasized the idea of loyalty and filial piety and therefore preserved the order of nation and society. The goal of Confucianism is "sugi chiin" – cultivating the self and ruling others. Samgang-oryun is the three fundamental principles and the five moral disciplines that people should basically follow in confucianism ethics. Seonbis were supposed to possess the virtues of filial piety and loyalty to the king in Confucianism. Thanks to the Confucian ethics and Seonbis who practiced the moral values during Joseon dynasty, social order and peace could be maintained successfully during such a long period. Confucian traditions still remains as behaving politely to seniors and holding memorial ceremonies to ancestors.

佛教是跟随佛的教义并修行的宗教。佛教从西域通过中国流入到了韩半岛。佛教的目标是解脱，也就是使人处于脱离人生带来的所有痛苦的状态。三国时代的佛教由于王室和贵族们形成了国家护国思想。尤其在高丽时代佛教作为国家统治理念，通过两次的大藏经雕造汇集了民心，并祈愿了国难克服。

儒教是跟随孔子教义的中国固有思想。朝鲜王室把儒教当作国教，以忠孝思想为重点维护了国家和社会的秩序。儒教的目标是'修己治人'，也就是修养自己的同时教化他人。三纲五伦是儒教伦理的基本三条纲领和五条道理。儒生们应该具备儒教的忠孝思想。朝鲜王室多亏执行儒教伦理和道德价值的儒生，持久了社会秩序和和平。儒教的传统如今还在，如，对长辈表现的举止得体并对祖先举行祭祀。

仏教は釈迦の教えに従って修行する宗教です。仏教は西域から中国を経て朝鮮半島に入ってきました。仏教の目標は解脱、すなわち生が人間にもたらすすべての苦しみから脱した状態にあることです。三国時代の仏教は国家統治理念であり、二度にわたる大蔵経の製造を通じて人々の心を一つにし、国難の克服を祈願しました。

儒教は孔子の教えを従う中国固有の思想です。朝鮮王朝は儒教を国教とし、忠孝思想を強調することで国家と社会の秩序を維持しました。儒教の目標は「修己治人(自分を修養し他人を教化する)」です。三綱五倫とは、儒教倫理の基本である三つの綱領と五つの道理のことです。ソンビたちは儒教の忠孝思想を身につけなければなりませんでした。儒教的倫理と道徳的価値を実践するソンビたちのおかげで朝鮮王朝は長い間社会的秩序と平和を維持することができました。儒教的伝統は目上の人に礼儀正しく接し、祖先の祭祀(チェサ)をする形でいまだに息づいています。

간단요약

- 불교 : 부처의 가르침을 따르고 수행하는 종교, 불교의 목표는 해탈(모든 고통으로부터 벗어난 상태), 삼국시대·고려시대에 국가 통치 이념
- 유교 : 공자의 가르침을 따르는 중국 고유의 사상, 유교의 목표는 '수기치인'(자신을 수양하고 나아가 타인을 교화한다), 조선시대 사회적 질서와 평화 유지

009

관광두레란 무엇인가?

➤ What is Tourism Dure?
➤ 请说明一下什么是观光互助组？
➤ 観光ドゥレとは何か。

한국어

관광두레는 지역 주민이 경영하는 관광사업체를 지원하는 중심기관입니다. 과거에는 지역의 관광지에 관광 개발 사업을 했음에도 불구하고 지역사회가 그만큼의 이익을 얻지 못해 왔습니다. 관광두레는 지역 사회의 지속가능한 관광 사업을 위한 해결책입니다.

관광두레의 목적은 일자리 창출과 관광 소득과 같은 지역사회의 경제적인 이득을 극대화하는 것이며, 주민공동체의 자발성과 협력성을 원칙으로 합니다. 관광두레 사업은 문화체육관광부, 한국 문화 관광 연구원, 한국 관광 공사, 지방자치부와 관광두레 PD의 지원을 받습니다. 그중에서 관광두레 PD는 주민, 지방자치단체 행정부, 고객들, 지역주민들 사이의 중재자로서 가장 중요한 역할을 합니다. 관광두레 PD는 새로운 공동체 사업의 발굴과 조직, 운영 역량 함양, 창업 지원과 네트워크 형성을 위해서 공동체의 사업자들과 긴밀하게 협력합니다. 2013년에 시작해, 관광두레는 2024년 3월 기준, 52개 지역 230여 개 주민사업체를 지원하고 있습니다.

영 어

Tourism Dure is the center to support the tourism business managed by local residents. In the past, in spite of the tourism development projects in local tourist sites, local societies have not been rewarded as much. Tourism Dure is the solution for sustainable tourism of local societies.

The goal of Tour Dure Center is to boost economical advantages of the local society including job creation and tourist income and its principle is voluntariness and cooperation of the local community. The Tour Dure project is promoted by the Ministry of Culture, Sports and Tourism, Korea Culture and Tourism Institute, Korea Tourism Organization, municipal-level administrative divisions, and Tour Dure PDs. Among them, Tour Dure PDs are the key players of Tour Dure as mediators between residents and municipal-level administrative divisions, customers, and other resident. They work closely with community businesses to discover and organize new community businesses, build capacities of management, support startup and build networks. Starting from the year 2013, as of March, 2024, Tour Dure is supporting 52 local areas and 230 local residents' businesses.

观光互助组是为社区居民经营的观光营业场所提供援助的核心机构。过去虽然在地方旅游景点执行了观光开发事业，不过社区并没有获得足够的利润。观光互助组是一种为社区观光事业可持续发展型的解决方案。

观光互助组的目的在于创造就业岗位和提高观光收入，从而实现社区经济利润的极大化，它以社区成员的主动性和协调性作为主要动力。观光互助组事业得到文化体育观光部、韩国文化观光研究院、韩国观光公社、地方自治部以及观光互助组PD的支援。其中观光互助组PD担当居民、地方自治团体行政部门、客户与社区居民们之间的仲裁角色。为了开发并组织新的社区事业、提高运营力量、支援创业及形成网络，观光互助组PD与社区事业运营者之间的紧密协作。以2024年3月为基准，观光互助组自2013年起，共支援了52个地区，230多个社区营业场所。

観光ドゥレは地域住民が運営する観光事業を支援する中心的な組織です。過去には地元の観光地で観光開発事業が行われていたにもかかわらず、地域社会がそれほど利益を受けていませんでした。観光ドゥレは地域社会の持続可能な観光事業のための解決策です。

観光ドゥレの目的は雇用創出と観光収入のような地域社会の経済的な利益を最大化することであり、地域共同体の自発性と協力性を原則としています。観光ドゥレ事業は文化体育観光部、韓国文化観光研究院、韓国観光公社、地方自治体と観光ドゥレPDの支援を受けています。彼らの中で観光ドゥレPDは住民、地方行政、顧客、地域住民の間の仲介役として最も重要な役割を果たしています。観光ドゥレPDは、新しい共同体事業の発掘と組織、運営能力涵養、創業支援とネットワークの形成のために共同体の事業者と密接に協力しています。2013年から始まり、観光ドゥレは2024年3月現在、52地域、230以上の住民企業を支援しています。

参고 관광두레(tourdure.mcst.go.kr)

간단요약

• 관광두레 : 지역 주민이 경영하는 관광사업체를 지원하는 중심기관
• 관광두레의 목적 : 일자리 창출과 관광 소득 같은 지역사회의 경제적인 이득 극대화
• 주민공동체의 자발성과 협력성을 원칙으로 함

010

덕혜옹주가 돌아가신 곳은?

➤ Where did Princess Deokhye passed away?
➤ 德惠翁主逝去的地方在哪儿？
➤ 德惠翁主が亡くなった場所は?

한국어

덕혜옹주는 고종이 환갑에 얻은 딸로 조선의 마지막 왕녀였습니다. 그녀는 후궁이 낳은 딸이었기 때문에 공주가 아니라 옹주라고 불렸습니다. 그녀는 여덟 살에 아버지 고종을 잃고 열세 살에 일본으로 강제 유학을 떠난 뒤 신경쇠약 증세를 보이기 시작했습니다. 이후 일본인 백작과 정략결혼을 하고 둘 사이에 딸을 낳았으나 정신질환으로 정신병원에 입원하였습니다. 남편에게서 이혼을 당하고 딸마저 실종된 후 그녀는 일본에 홀로 남겨졌습니다. 마침내 1962년 그녀는 조국에 돌아와 창덕궁 낙선재에서 지내다가 그곳에서 세상을 떠났습니다.

영 어

Princess Deokhye was the daughter whom Gojong got at the age of sixty and was the last royal princess. As she was the daughter from a royal concubine, she was called Ong-ju, not Gong-ju which means the princess. She lost her father, Gojong when she was 8 and she started to show the symptoms of nervous breakdown after being forced to study abroad. Afterwards, she made a contract marriage with Japanese count and gave birth to a daughter between them, but she was hospitalized because of the mental disease. Later on, she was divorced by her husband, had her daughter missing and was left alone in Japan. Finally, in 1962, she came back to her homeland, lived in Nakseonjae in Changdeokgung palace and there she passed away.

중국어

德惠翁主是高宗在花甲的时候出生的女儿，是朝鲜的最后一个王女。因为她是后宫生出的女儿，不把她叫做公主而是翁主。她在八岁的时候失去了父亲高宗，并在十三岁的时候被强制去日本留学以后开始出现了神经衰弱症状。此后，与日本伯爵政治婚姻之后还生了女儿，不过因精神疾病住进了精神病院。后来她被丈夫离婚后，连她的女儿也下落不明了之后，她独自呆在了日本。1962年终于她回到了祖国，在昌德宫乐善斋过了一段时间后离开了人世。

徳恵翁主は高宗が還暦を迎えた年に生まれた娘であり、朝鮮王朝最後の王女でした。彼女は側室が産んだ娘であったため、公主でなく翁主と呼ばれました。彼女は8歳の時に父親である高宗を亡くし、13歳で日本に強制留学させられてから神経衰弱の症状を見せました。のちに日本人伯爵と政略結婚させられ娘を産みましたが、精神疾患で精神病院に入院しました。夫からは離婚を求められ娘も失踪してから彼女は日本に一人取り残されました。やがて1962年、帰国した彼女は昌徳宮内楽善斎に住み、そこで他界しました。

간단요약

- 덕혜옹주는 조선의 마지막 왕녀
- 후궁이 낳은 딸이었기 때문에 공주가 아니라 옹주
- 일본으로 강제 유학, 일본인 백작과 정략결혼, 정신질환으로 정신병원에 입원
- 조국에 돌아와 창덕궁 낙선재에서 세상을 떠남

001

관광의 정의를 내리고 그 의의를 말하시오.

> Give the definition of Tourism and explain its significance.
> 请做出观光的定义，并试论其意义。
> 観光の定義とその意義を述べなさい。

한국어

매티슨과 월은 관광을 '사람들이 일상적인 일터와 주거지를 벗어난 곳으로 일시적으로 이동하는 것이며 그 목적지에 체류하고 그들의 요구를 충족하기 위해 만들어진 시설에 머무르는 동안 하는 활동들'이라고 정의합니다. 세계관광기구는 관광객을 '여가, 사업이나 다른 목적을 위해 연속해서 일 년이 넘지 않는 기간 동안 일상의 환경 밖으로 여행을 가서 체류하는 사람들'이라고 정의합니다. 간단히 말해, 관광의 정의는 일시적으로, 경계를 넘어서, 기쁨을 위해서라는 속성들이 있습니다.

생활수준이 높아짐에 따라 예전보다 더 많은 사람들이 여행을 합니다. 관광은 행복과 연관되어 있습니다. 그러므로 나이, 성별, 인종, 국가, 직업 등에 상관없이 누구나 누릴 수 있는 것이어야 합니다. 관광은 관광지역에 경제적인 이익을 가져오지만 과도한 개발, 환경오염과 부의 불균형 같은 문제들이 있습니다. 그래서 오늘날 책임 있고 지속가능한 관광이 요구되는 것입니다.

영 어

Mathieson and Wall defines tourism as 'the temporary movement of people to destinations outside their normal places of work and residence, the activities undertaken during their stay in those destinations, and the facilities created to cater to their needs'. The World Tourism Organization defines tourists as people 'traveling to and staying in places outside their usual environment for not more than one consecutive year for leisure, business and other purposes'. Briefly speaking, definitions of tourism include these qualities – temporary leave, out of boundary and for pleasure.

More people take trips than in the past as they have higher standard of living. Tourism is connected to happiness. Therefore it should be universally accessible regardless of age, gender, race, nation, occupation, etc. Tourism brings economic benefit to the tourist region, but there are issues of excessive development, environmental pollution and wealth inequality. So the responsible and sustainable tour is necessary these days.

중국어 马特森和威尔将旅游定义为"人们脱离日常工作和居住之地，暂时移至这之外之处，停留在目的地，居住在为满足他们的需求而建的设施中进行的活动。"世界旅游组织将游客定义为"为度余暇或事业或其他目的，旅行至日常环境之外，连续滞留不足一年时间的人。"简言之，旅游的定义具有暂时、越界、愉悦的特点。

随着生活水平的提高，比以前有更多的人选择去旅游。旅游也与幸福有关联。因此，旅游应该不分年龄、性别、人种、国家、职业，任何人都能享受。虽然旅游能为旅游地带来经济利益，但也会导致过度开发、环境污染、贫富差距等问题。因此现今更加需要有责任感且可持续发展的旅游产业。

일본어 マシソンとウォールは観光を「人々が日常的な職場や住居地から離れた場所に一時的に移動することであり、その目的地に滞留し、彼らの要求を満たすために作られた施設で過ごす間にする活動」だと定義しています。世界観光機関は観光客を「余暇、事業やその他の目的のために、連続して1年を超えない期間で日常の環境から離れて旅行に行き、滞留する人々」だと定義しています。簡単に言うと、観光の定義は、一時的に境界を越えて、喜びのために、という属性を持っています。

生活水準が高まるにつれ、以前よりも多くの人々が旅行します。観光は幸せと関連しています。そのため、年齢、性別、人種、国家、職業などに関係なく、誰もが経験できるものでなければなりません。観光は観光地域に経済的な利益をもたらしますが、過度な開発、環境汚染、富の不均衡のような問題があります。だからこそ、責任があり持続可能な観光が求められるのです。

간단요약

• 관광 : 일터와 주거지를 벗어난 곳으로 일시적으로 이동, 그 목적지에 체류하면서 욕구를 충족하는 것
• 관광의 의의 : 나이, 성별, 인종, 국가, 직업 등에 상관없이 누구나 누릴 수 있는 행복

002

한식을 세계화할 수 있는 방안을 이야기해 보시오.

➤ Tell me the way to globalize Korean food.

➤ 请论述韩食世界化的方案。

➤ 韓国料理をグローバル化させる方案を述べなさい。

한국어

첫째, 우리는 한식의 영양학적 우수성을 세계적으로 알려야 합니다. 한식은 건강식으로서 세계적인 주목을 받고 있습니다. 한식 식단은 당뇨 및 성인병이 걸릴 위험이 적습니다. 연구 결과에 따르면 고추장과 된장은 비만에 효과가 있습니다. 잘 익은 김치는 체중조절과 노화 방지에 도움이 됩니다. 국내외 홍보를 위해서는 온라인 마케팅, SNS 마케팅, 한식투어 프로그램, 한식축제 등과 같은 다양한 방법들이 있습니다.

둘째, 세계 소비자들의 요구를 만족시킬 수 있어야 합니다. 글로벌 식품 시장에서 우리 것만 고집할 것이 아니라 퓨전요리를 시도해야 합니다. 한식은 활용도가 높은 음식입니다. 예를 들어 김치는 고기와 궁합이 잘 맞고 소화가 잘 되도록 도와줍니다. 이미 김치 타코, 김치 그라탕, 김치 피자, 김치 버거 등 김치를 사용한 퓨전요리가 많이 있습니다.

셋째, 한식 재료는 저가의 외국산 재료가 아니라 한국의 농수산물이어야 합니다. 따라서 우리는 한국의 신선하고 위생적인 식재료를 공급하기 위해서 농업 경쟁력을 길러야 합니다.

영 어

First, it should be known to the world that Korean food is superior in nutrition. Korean food is getting worldwide attention as healthy food. Korean diet has less risk of diabetes and adult diseases. According to scientific studies, red pepper paste and soybean paste is effective in obesity. Well-fermented kimchi can help people lose weight and prevent aging. There are various ways for domestic and international PR such as on-line marketing, SNS marketing, Korean food tour programs, Korean food festivals and so on.

Second, it should be able to meet the needs of consumers around the world. In the global food market, we should not keep persisting only Korean way but try fusion cuisine. Korean food can be used for multi purposes. For example, kimchi goes well with meat and helps digestion. There are already many fusion cuisines with kimchi – kimchi taco, kimchi gratin, kimchi pizza, kimchi burger and so on.

Third, the ingredients of Korean food should be Korean agricultural and marine products, not low-priced ingredients from foreign country. Therefore we should increase the competitiveness of agriculture to provide fresh and healthy ingredients that are from Korea.

중국어

首先，应该向世界传播韩食在营养学上具有的优秀性。韩食作为健康饮食，受到世界瞩目。韩食菜品很少有患上糖尿病及成人病的危险性。据研究结果显示，辣椒酱和大酱具有减肥功效。熟透的辛奇，有助于调节体重和抗衰老。为做好国内外的宣传，要充分利用网络营销、SNS营销、韩食旅游项目、韩食庆典等各种方法。

其次，应该做到能够满足世界各地消费者的要求。在国际食品市场上，我们不能只固守传统，要不停地创新，尝试开发融合料理。韩食是活用度较高的食品。例如辛奇，与肉相宜，且有助于消化。现今已有辛奇卷饼、烤焗辛奇、辛奇披萨、辛奇汉堡等许多使用辛奇的融合料理。

最后，韩食不应选用廉价的外国产食材，要选用国产农水产品。因此，为提供韩国产的新鲜又卫生的食材，必须要提高韩国农业的竞争力。

일본어

最初に、私たちは韓国料理の栄養面で優れているということを世界に広めなければなりません。韓国料理は健康食として世界的に注目を集めています。韓国料理のメニューは糖尿病や成人病になる危険性が高くありません。研究結果によると、コチュジャン(トウガラシ味噌)は肥満に効果があります。よく熟成したキムチは体重の調節と老化防止に役立ちます。韓国内外の広報のためには、オンラインマーケティング、SNSマーケティング、韓国料理ツアープログラム、韓国料理祭りなど様々な方法があります。

二つ目に、世界の消費者のニーズを満足させるものでなければなりません。グローバル食品市場で韓国のものだけにこだわるのではなく、フュージョン料理を試みなければなりません。韓国料理は活用度が高い料理です。例えば、キムチは肉と相性が良く、消化を助ける働きをします。既にキムチタコス、キムチグラタン、キムチピザ、キムチバーガーなど、キムチを使ったフュージョン料理がたくさんあります。

三つ目に、韓国料理の材料は安い外国産ではなく、韓国の農水産物でなければなりません。ですから、韓国の新鮮で衛生的な食材を供給するために、農業の競争力を高めなければなりません。

쌀밥, 특히 잡곡을 섞은 밥·국·김치·반찬 형태의 한식 식단은 영양학적인 조화와 균형이 훌륭한 음식입니다. 다양한 반찬과 함께 섭취하는 쌀밥은 포만감을 느끼게 하고 체내에 서서히 소화·흡수되어 당뇨와 비만을 예방하는 효과가 있습니다. 음식 재료의 혼합 측면에서도 비빔밥, 잡채, 갈비찜, 생선찜 요리에서 볼 수 있듯이 곡류와 채소류, 동물성 식품과 식물성 식품이 혼합되어 있습니다. 또한 조리법으로 구이, 찜, 데치기가 흔해서 한식은 웰빙을 지향하는 음식으로 세계적인 주목을 받고 있습니다.

- 김치 유산균 '아토피 치료효과 입증'(2010년 4월, CNBC NEW)
- 세계 5대 건강식 김치 선정(2006년 3월, Health Magazine)
- 한식을 영양학적으로 균형잡힌 '모범식'으로 선정(2004년 WHO)
- '비빔밥', '비빔국수' 세계 최고의 기내식 선정(1998년, 1996년, ITCA Mecury Award)

참고 　한식 세계화 홈페이지(www.hansik.or.kr)

- 한식의 영양학적 우수성을 세계적으로 알려야 함
  - 당뇨 및 성인병, 체중조절과 노화 방지
  - 온라인 마케팅, SNS 마케팅, 한식투어 프로그램, 한식축제 등
- 세계 소비자들의 요구를 만족 : 퓨전요리 시도
- 한식 재료를 한국의 신선하고 위생적인 식재료로 공급 : 농업 경쟁력 기르기

PART
01

003

체험관광을 위한 관광지를 소개해 보시오.

> Introduce a tourist site for experience tour.
> 请介绍体验游的旅行地。
> 体験観光のための観光地を紹介しなさい。

한국어

남산골 한옥마을은 다양한 전통문화를 체험하기에 좋은 관광지입니다. 남산은 도성의 남쪽에 위치하고 있어서 남산이라고 불려 왔습니다. 경치가 아름다워서 우리 조상들은 그곳을 방문하여 그림을 그리고 글을 쓰고 악기를 연주하는 등 각종 예술을 즐기곤 했습니다. 남산골 전통정원에는 원래의 모습으로 복원된 계곡, 연못과 정자가 있습니다. 마을에는 조선시대의 전통가옥 다섯 채가 복원되어 있는데 서울 지역에 있던 원래의 장소로부터 이전해 온 것입니다.

관광객들은 한복 입기, 한지공예, 전통 예절수업과 다례 수업을 체험할 수 있습니다. 특히 서울 남산국악당에서는 국악공연, 마당극, 가면극, 사물놀이와 같은 다양한 한국 전통공연을 관람할 수 있습니다.

매주 주말에는 미니 장승, 미니 솟대, 목편, 짚공예에 대한 전통문화체험수업이 있습니다. 설이나 추석 같은 명절에는 투호, 팽이치기, 연날리기, 제기차기, 널뛰기, 윷놀이 등 민속놀이를 즐기러 온 사람들로 마을이 붐빕니다.

영 어

Namsangol Hanok Village is a good tourist site to experience Korean traditional culture. Namsan mountain is located in the south of the capital, which is why it has been called Namsan. Because of the beautiful landscape, our ancestors used to visit there and enjoy art of all kinds − drawing, writing, playing musical instruments, etc. Namsan traditional garden has valley, pond and pavilions which were restored in their original shape. In the village, there are five restored traditional houses of the Joseon period, which have been moved from their original places in Seoul area. Visitors can experience wearing hanbok, making hanji craft and attending traditional etiquette class and Darye (Korean tea ceremony) class. Especially in Seoul Namsan traditional theater, they can watch traditional Korean performances such as Korean music performance, madanggeuk, mask dance, and samul nori.

Every weekend, there are traditional culture experience classes about mini-Jangseung, mini-sotdae, mokpyeon and straw craft. On traditional holidays like Seol and Chuseok, the village is crowded with people who come to enjoy folk games - tuho, top-spinning, kite flying, Jegichagi, neolttwigi, yunnori, etc.

중국어

南山韩屋村是适合体验各种韩国传统文化的旅行地。南山位于都城之南，因而得名为南山。自古风景秀丽，先祖们常聚于此享受画画儿、写文章、演奏乐器等各种艺术之乐。南山传统庭院中，坐落着被修复原貌的山谷、莲池和亭子。在村子里有五套被修复的朝鲜时代传统房屋。均从首尔地区的原有之地搬至于此。

游客们可以体验穿韩服、韩纸工艺、传统礼节课、茶礼课等各种传统文化。尤其值得一提的是南山国乐堂。在南山国乐堂可欣赏到国乐、广场剧、四物游戏等各种韩国传统公演。

每周周末均有有关小长生柱、小长杆鸭、木片、稻草工艺的传统文化体验课。春节、中秋等节日里，韩屋村人流不息热闹非凡，人们纷纷前来游玩投壶、抽陀螺、放风筝、踢毽子、跳跳板、翻板子等民俗游戏。

일본어

南山韓屋村は様々な伝統文化を体験できる観光地です。南山はソウルの南に位置しているため南山と呼ばれてきました。景色が美しいので、先人たちはここを訪れて絵を描き、文を書き、楽器を演奏するなど、各種の芸術を楽しんだりもしました。南山コル伝統庭園には本来の姿に復元された渓谷、池と東屋があります。村には朝鮮時代の伝統家屋が5軒復元されていますが、ソウル地域にあった本来の場所から移転されたものです。

観光客たちは韓服体験、韓紙工芸、伝統礼節授業と茶礼(茶道)の授業を体験できます。特に、ソウル南山国楽堂では国楽公演、マダン劇、仮面劇、四物ノリのような様々な韓国の伝統公演を観覧することができます。

週末には毎週ミニチャンスン、ミニソッテ、木片、わら工芸についての伝統文化体験授業が行なわれています。旧正月や秋夕のような祝祭日には投壺、こま回し、凧あげ、チェギチャギ、板跳び、ユンノリなどの民族遊びを楽しみに来た人々で村がにぎわいます。

참고 남산골 한옥마을 홈페이지(www.hanokmaeul.or.kr)

- 남산골 한옥마을에서의 전통문화 체험관광
- 남산 : 경치가 아름다워서 예로부터 조상들이 방문하여 그림을 그리고 글을 쓰고 악기를 연주하는 등 각종 예술을 즐기곤 했음
- 남산골 전통정원과 원래의 장소로부터 이전된 조선시대 전통가옥
- 다양한 전통문화 체험 : 한복, 한지공예, 전통 예절수업과 다례 수업, 미니 장승, 미니 솟대, 목편, 짚공예 체험수업 등
- 전통공연 관람 : 남산국악당의 국악공연, 마당극, 가면극, 사물놀이

004

고려인삼에 대해 설명하시오.

> Give the explanation of Goryeoinsam.
> 请介绍高丽人参。
> 高麗人参について説明しなさい。

한국어

고려인삼은 한반도에서 생산되는 인삼을 말합니다. 옛날부터 고려인삼은 품질이 좋고 효능이 뛰어나기로 유명했습니다. 삼국시대에는 인삼을 중국에 귀한 선물로 보내고 일본에 수출했습니다. 고려인삼은 비쌌지만 고대 실크로드에서 가장 인기 좋은 수출품이었습니다.

인삼의 모양은 사람의 신체 모습을 닮았습니다. 인삼의 모양이 신비로운 것만큼 그 효능도 놀랍습니다. 인삼은 질병으로부터 몸을 지켜 주고 면역력을 향상하며 혈압을 낮춥니다. 게다가 항암효과가 있고 당뇨에도 좋습니다.

산에서 자라는 인삼은 산삼이라고 부릅니다. 오래 묵은 산삼일수록 건강에 더 좋고 백 년 묵은 인삼처럼 오래된 삼은 만병통치약으로 여겨집니다.

미국, 캐나다, 중국, 그리고 다른 유럽 나라들도 인삼을 재배합니다. 그러나 효능은 한국의 인삼만큼 뛰어나지 않습니다. 한국은 최고의 인삼이 나올 수 있는 가장 이상적인 환경을 갖추고 있기 때문입니다.

영 어

Goryeoinsam refers to the ginseng which is produced in Korean peninsula. Korean ginseng has long been famous for its high quality and excellent effect. In the Three Kingdoms period, it was delivered to China as a valuable present and exported to Japan. Korean ginseng was expensive but it was the most popular export in the ancient silk road.

The shape of ginseng resembles human body. As its shape is mysterious, its effect is amazing. It protects the body from disease, improves immunity, and lowers blood pressure. Moreover, it is anti-cancer and also good for diabetes.

Ginseng growing in the mountain is called sansam—wild ginseng. Older ginseng has stronger effect, and the very old one like a hundred-year-old ginseng is considered cure – all medication.

America, Canada, China and other European countries cultivate ginseng, too. But the effect is not as excellent as Korean one. That's because Korea has the most optimistic environment for the best ginseng.

高丽人参是指产于韩半岛的人参。自古高丽人参便以质好效佳闻名于世，三国时期经常作为礼物送至中国，且出口日本。高丽人参虽贵，但是古代丝绸之路上最具人气的出口商品。

人参的形态似人体。人参的形状神奇，功效也惊人。人参可以预防疾病，提高人体免疫力，降低血压。它不仅具有抗癌效果，而且有利于缓解糖尿病。

生长在山上的人参被称为野山参。年数越久的野山参越有利于健康，如百年人参般年代久远的参，被誉为治百病的灵丹妙药。

虽然美国、加拿大、中国以及欧洲一些国家也在栽培人参，但其功效远低于韩国人参。韩国之所以能产出最好的人参，是因为它具有最佳的人参栽培环境。

高麗人参は朝鮮半島で生産される人参のことを言います。昔から高麗人参は品質が良く、効能が優れていることで有名でした。三国時代には人参を中国に珍しい贈物として送り、日本に輸出しました。高麗人参は高価でしたが、古代シルクロードで最も人気のある輸出品でした。

人参の形は人間の体に似ています。人参の形が神秘的なだけ、その効能驚くべきものです。人参は病気から体を守り、免疫力を向上させ、血圧を低くします。その上、抗がん効果もあり、糖尿病にも良いです。

山で育つ人参は山参(サンサム)と呼ばれます。山参は年数が古いほど健康に良く、100年経ったような人参は万病に効く薬とされています。

アメリカ、カナダ、中国、その他のヨーロッパの国々でも人参を栽培しています。ですが、効能は韓国の人参ほど優れてはいません。韓国は最高の人参が育つことができる最も理想的な環境に恵まれているからです。

인삼은 햇빛, 온도, 습도 등에서 예민한 환경조건을 필요로 합니다. 우리나라의 주요 인삼 생산지는 충청남도 금산이며 인천 강화(강화인삼), 경기도 포천(개성인삼), 경상북도 영주(풍기인삼)에서도 인삼을 재배합니다. 세계에서 가장 큰 인삼시장은 단연 2000년 이상의 약초 역사를 가진 아시아입니다. 아시아에서 가장 약효가 뛰어난 인삼은 고려인삼이지만, 요즘 중국 인삼의 점유율이 점점 높아지고 있고 서양 국가들도 인삼재배와 채취에 관심이 많아지고 있습니다. 한국 인삼은 중국 인삼에 비해 잔뿌리가 많은 특징을 가지고 있는데, 우리가 한국 고려인삼의 명성을 지키기 위해서는 고려인삼의 뛰어난 효능을 과학적으로 연구하고 세계적으로 홍보하는 전략이 필요할 것입니다.

간단요약

- 고려인삼 : 한반도에서 생산되는 인삼
- 옛날부터 품질이 좋고 효능이 뛰어나기로 유명 : 중국에 귀한 선물, 일본에 수출, 고대 실크로드에서 가장 인기 좋은 수출품
- 모양이 신비로움 : 사람의 신체 모습을 닮았음
- 효능이 놀라움 : 면역력 향상, 혈압을 낮춰 줌, 항암효과, 당뇨에 효과

005

한국이 중국인들에게 인기 있는 여행지인 이유를 말해 보시오.

➤ Explain the reason why Korea is a popular country to travel for Chinese.

➤ 试述对于中国人而言韩国成为人气旅行地的理由。

➤ 韓国が中国人たちに人気のある旅行地である理由を述べなさい。

한국어

한국관광산업이 2014년 9월에 흑자로 돌아선 것은 한국을 방문하는 중국인 관광객들이 많아졌기 때문입니다. 중국인들이 한국을 찾는 이유는 다음과 같습니다.

첫째, 한국은 지리적으로 중국과 가깝습니다.

둘째, 한국에는 쇼핑하기 좋은 곳이 많습니다. 서울에는 쇼핑몰, 면세점과 의류·화장품과 잡화를 파는 가게들이 밀집되어 있어서 관광객들이 편리하게 쇼핑을 할 수 있습니다.

셋째, 중국인들은 한류 열풍에 매료되어 있습니다. 그들은 한국 드라마 촬영지, 한류 스타들의 공연, 미용 시술과 성형수술에 관심이 많습니다.

넷째, 한국은 자연경관이 아름답습니다. 최근에는 특히 제주도와 강원도가 아름다운 자연을 보고 싶어하는 중국인 관광객들로 붐빕니다.

영 어

Korean tourism industry has turned into a surplus in September in 2014, which is thanks to the increasing number of Chinese travelers who visit Korea. They visit Korea for the following reasons.

First, Korea is geographically close to China.

Second, Korea has many places that are good for shopping. Seoul is concentrated with shopping malls, duty free shops and stores selling clothes, cosmetics and general goods, so tourists can have convenient shopping experience.

Third, Chinese have been attracted by Korean wave. They are interested in filming locations of Korean dramas, Hallyu stars' performances, beauty treatments and plastic surgery.

Fourth, Korea has beautiful natural landscape. Recently, especially Jeju island and Gangwondo are crowded with Chinese travelers who want to see the beautiful nature.

韩国旅游产业于2014年9月转为顺差，是因为访问韩国的中国游客增多。中国人到韩国旅游的理由如下。

第一，韩国与中国比邻，地理位置较近。

第二，韩国有许多适合购物之处。在首尔高度密集了购物中心、免税店、销售服装或化妆品以及杂货的店铺，方便游客购物。

第三，中国人沉迷韩流。他们对韩国电视剧拍摄地、韩流明星公演、美容施术和整形手术非常感兴趣。

第四，韩国自然景观出众。最近尤其是济州道和江原道美丽的自然景观吸引着中国游客蜂拥而至。

일본어

韓国の観光産業が2014年9月に黒字に転じたのは、韓国を訪問する中国人観光客が増えたためです。中国人が韓国を訪ねる理由は次のとおりです。

一つ目に、韓国は地理的に中国と近いです。

二つ目に、韓国にはショッピングしやすい所が多いです。ソウルにはショッピングモール、免税店、衣類・化粧品や雑貨を売る店が密集していて、観光客が便利にショッピングすることができます。

三つ目に、中国人たちは韓流ブームの虜になっています。彼らは韓国ドラマの撮影地、韓流スターたちの公演、美容施術と整形手術に関心があります。

四つ目に、韓国は自然景観が美しいです。最近は特に、済州島と江原道が美しい自然を見たがる中国人観光客でにぎわっています。

백쌤의 TIP

외국인에게 어떤 기념품을 추천할 수 있을까요?
선물용 브라우니, 김, 압력밥솥 같은 소형 가전제품들과 화장품 등이 인기가 좋은 품목입니다. 중국인 관광객들은 한방 화장품을 비롯하여 비비크림, 미백과 주름 개선용 화장품을 선호합니다. 한국전통문화가 깃든 기념품을 찾는다면 부채, 하회탈, 한지공예품, 천연섬유제품, 나전칠기, 도자기, 장식품, 인삼 관련제품을 추천해 줄 수 있습니다.

간단요약

• 지리적으로 중국과 가까움
• 쇼핑하기 좋음 : 쇼핑몰, 면세점과 의류・화장품과 잡화를 파는 가게들이 밀집
• 한류 열풍 : 한국 드라마 촬영지, 한류 스타들의 공연, 미용 시술과 성형수술
• 자연경관이 아름다움 : 제주도와 강원도

006

김치 담그는 방법을 설명해 보시오.

➤ Describe how to make kimchi.

➤ 说说制作辛奇的方法。

➤ キムチの作り方を説明しなさい。

한국어

김치에 들어가는 재료는 배추, 소금, 고춧가루, 마늘, 생강, 무, 쪽파, 당근, 양파 등입니다. 우선, 배추를 반으로 자르고 소금물에 담급니다. 배추가 잘 절여지게 하기 위해서 잎사귀 사이 사이에 소금을 뿌립니다. 그런 다음 배추 잎이 부드러워질 때까지 한쪽에 둡니다. 김치 종류에 따라 서너 시간 혹은 10시간이 넘게 걸리기도 합니다.

기다리는 시간 동안 속을 만듭니다. 무, 쪽파, 당근, 양파와 준비한 다른 야채들을 자릅니다. 마늘과 생강은 으깨고 쌀가루나 찹쌀가루로 풀죽을 끓입니다. 풀죽이 식었을 때, 고춧가루와 야채를 넣고 함께 비빕니다. 깊은 맛을 내기 위해서 젓갈(발효시킨 생선젓)을 넣습니다. 보통 새우젓과 멸치젓이 흔히 사용되지만 지방별로 다른 종류의 젓갈도 사용됩니다.

절임 과정이 끝나면 배추를 물에 헹구고 물이 빠지면 배추 잎 하나하나에 소를 채웁니다. 전통적으로 김치는 커다란 단지에 넣어 땅에 묻어 발효되도록 보관했습니다. 그러나 이제는 최적의 온도를 유지하는 전용 냉장고에 김치를 보관합니다.

영어

The ingredients in kimchi include cabbages, salt, red pepper powder, garlic, ginger, radish. chive, carrot, onion, etc. First of all, cut Korean cabbage in half and soak it in salt water. Sprinkle salt between leaves to pickle the cabbage through. Then set aside until the cabbage leaves get smooth. It takes several hours or more than 10 hours depending on the kind of kimchi.

Make filling during the waiting time. Cut radish, chive, carrot, onion and other vegetables that are prepared. Crush garlics and gingers and boil paste with rice flour or sticky rice flour. When the paste gets cold, put red chili powder and vegetables in it and mix them together. Jeotgal(salted fermented fish) is added to make a profound flavor. Salted fermented shrimp or salted fermented anchovy is commonly used but other kinds of Jeotgal is also used according to regions.

When the pickling process is done, rinse and drain the salted cabbage and then finally coat each leaf of cabbage with the filling. Traditionally, kimchi was placed in large clay pots and buried underground to be fermented. But now, kimchi is stored in exclusive fridges maintaining optimum temperature.

중국어

制作辛奇需要白菜、盐、辣椒粉、大蒜、生姜、萝卜、香葱、胡萝卜、洋葱等食材。为了腌好白菜，可在白菜叶的间隙间撒上盐。之后放置一边，待白菜叶变得柔软。根据辛奇的种类，有的需要腌三四个小时，有的需要腌十个小时以上。

等白菜腌透的这段时间里，可以做拌料。切萝卜、香葱、胡萝卜、洋葱和其他备好的蔬菜。捣碎蒜和生姜，用大米粉或糯米粉熬成糊糊。待糊糊凉时，放入辣椒粉和蔬菜一起搅拌。为了腌出醇厚的味道，一般会放鱼酱(经发酵的海鲜酱)。通常用虾酱和海蜇酱，但不同地区使用的鱼酱也不尽相同。

腌好白菜后，用水清洗白菜，待沥干水分，把做好的拌料塞进每一层白菜叶间。按照传统的做法，辛奇要装入坛子，埋进地里，等待发酵。但现在把辛奇保管在维持最佳温度的专用冰箱里。

일본어

キムチの材料は白菜、塩、粉唐辛子、ニンニク、ショウガ、大根、ワケギ、ニンジン、玉ねぎなどです。白菜がよく漬かるようにするために、葉の間に塩をふりかけます。それから白菜の葉が柔らかくなるまで放っておきます。キムチの種類によって3~4時間または10時間以上かかることもあります。

白菜が漬かるのを待つ間に、キムチの素(ヤンニョム)を作ります。大根、ワケギ、ニンジン、玉ねぎと準備したその他の野菜を切り刻みます。ニンニクとショウガはすりつぶし、米粉やもち米粉と水を煮てのりを作ります。のりが冷めたら粉唐辛子と野菜を入れて混ぜ合わせます。コクを出すためには塩辛(発酵させた魚の塩辛)を入れます。普通はエビの塩辛とカタクチイワシの塩辛をよく使いますが、地方によっては他の種類の塩辛も使われます。

塩漬けが終わると白菜を水で洗い、水を切って白菜の葉の1枚1枚にヤンニョムをまぶします。伝統的なキムチは大きな壺にいれて地面に埋め、発酵するように保存しました。ですが、今は温度を維持する専用冷蔵庫にキムチを保存します。

김장은 채소를 수확할 수 없는 추운 겨울 동안 야채를 보관하고 섭취하는 우리 조상의 지혜를 보여 줍니다. 오래 먹기 위해 많은 양의 김치를 담기 때문에 김장을 할 때는 좋은 소금을 사용하여 배추를 잘 절이고 찹쌀 풀, 각종 젓, 생새우, 갓, 청각 등의 재료를 넣어서 발효를 돕습니다. 옛날 여성들은 6개월 전부터 김장 준비를 했다고 해도 과언이 아닙니다. 생선젓과 소금은 여름에 장만하고, 고춧가루는 가을에 고추를 정성껏 말려 준비했으며, 무와 배추는 초겨울에 수확했기 때문입니다.

간단요약

- 재료 : 배추, 소금, 고춧가루, 마늘, 생강, 무, 쪽파, 당근, 양파 등
- 배추를 반으로 자르고 소금물에 담금, 잎사귀 사이사이에 소금을 뿌림
- 김칫소 : 쌀가루나 찹쌀가루로 풀죽, 고춧가루와 야채, 젓갈을 넣고 비빔
- 절임이 끝나면 배추를 물에 헹구고 물이 빠지면 배추 잎 하나하나에 소를 채움

007

남한산성에 대해 이야기해 보시오.

➤ Give the explanation of Namhansanseong fortress.

➤ 请讲讲南汉山城。

➤ 南漢山城(ナムハンサンソン)について述べなさい。

한국어

남한산성은 북한산성과 더불어 한양을 수비하는 조선왕조의 성곽입니다. 위치는 경기도 광주입니다. 전략적·지리적 이점 때문에 남한산은 삼국시대부터 조선시대까지 오랜 요충지였습니다. 그곳에서 발견된 유물에 대한 연구 덕에 남한산은 한때 백제의 시조인 온조왕의 수도였다고 일컬어집니다. 삼국사기에 따르면 신라는 672년 문무왕 재위 기간 동안 당의 침략에 대비하기 위해서 남한산에 주장성을 축성했습니다. 고려시대에는 광주성이었는데 고려 왕실은 거기서 몽골의 침입을 막아 냈습니다.

조선시대에는 왕이 유사시에 머무는 행궁이었습니다. 다른 성곽들과는 달리 남한산성은 종묘와 사직을 갖추고 있는 임시수도 역할을 했습니다. 1636년 만주족이 조선을 침입했을 때(병자호란) 인조왕은 남한산성에 은신했고 47일 동안 항복하지 않았습니다.

남한산성은 천년이 넘는 동안 한반도에서 사용된 건축기술의 발달을 보여 주는 놀라운 사례입니다. 그리하여 남한산성은 2014년 6월 유네스코 세계유산 목록에 등재되었습니다.

영어

Namhansanseong, along with Bukhansanseong Fortress, is the fortress of Joseon Dynasty to protect Hanyang. It is located in Gwangju, Gyeonggi-do. Because of the strategic and geographic advantage, Namhansan has long been an important site from Three Kingdoms period to Joseon period. Thanks to the study on the relics found there, it is said that Namhansan was once a capital for King Onjo, the founder of the Baekje kingdom. According to *Samguksagi*, Silla constructed Jujangseong fortress at Namhan mountain in 672, during the reign of King Munmu to prepare for the Tang's invasion. In the Goryeo period, it was Gwangju Fortress, where Goryeo court was defended from the Mongolian invasion.

In the Joseon period, it was a temporary palace where the king stays in case of emergency. Unlike other fortresses, Namhansanseong fortress played the role of a temporary capital equipped with a royal ancestral shrine and altars for the gods of land and grain. In 1636 when the Manchurian invaded Joseon Dynasty, King Injo took shelter in Namhansanseong fortress and refused to surrender for 47 days. Namhansanseong fortress is an outstanding example that displays the development of construction methods that have been used in Korean peninsula for more than a millennium. Thus, Namhansanseong fortress was added to the list of UNESCO World Heritage sites on June, 2014.

중국어

南汉山城同北汉山城一起是朝鲜王朝时期守卫汉阳的城郭。它位于京畿道广州。因战略和地理位置上的优势，南汉山从三国时代起至朝鲜时代，一直为要塞重地。得益于对发掘于此的文物进行研究的结果，南汉山曾经被称为百济始祖温祚王的首都。根据《三国史记》的记载，新罗于672年文武王在位时期，为防御唐朝的侵略，在南汉山上修建了昼长城。高丽时期为广州城，高丽王室在此阻击了蒙古的侵入。

在朝鲜时代这里是朝鲜王遇事时暂住的行宫。与其他城郭不同，南汉山城配有宗庙社稷，可起到临时首都的作用。在1636年满族入侵朝鲜时(丙子胡乱)，仁祖王曾在南汉山城隐身，47天不曾投降。

南汉山城是可窥千年间韩半岛建筑技术发展情况的惊人事例。从此，在2014年6月，南汉山城被列入联合国教科文组织世界遗产名录。

일본어

南漢山城は北漢山城と共に漢陽(今のソウル)を守る朝鮮王朝の城郭です。京畿道広州に位置しています。戦略的・地理的な利点のため、南漢山は三国時代から朝鮮時代まで長い期間要衝の地でした。そこから発見された遺物に対する研究により、南漢山は一時百済の始祖である温祚王の首都だったと言われています。三国史記によると、新羅は672年の文武王の在位期間に唐の侵略に備えるために南漢山に昼長城を築城しました。高麗時代には広州城でしたが、高麗の王室はそこで蒙古の侵入を防ぎました。

朝鮮時代には王が有事の際に滞在する行宮でした。他の城郭とは違い、南漢山城は宗廟と社稷を備えた臨時首都の役割をしました。1636年に満州族が朝鮮に侵入した時(丙子胡乱)、仁祖は南漢山城に立てこもり、47日間降伏しませんでした。

南漢山城は千年以上もの間、朝鮮半島で使用された建築技術の発達を見ることができる驚くべき例です。そうして南漢山城は2014年6月、ユネスコ世界遺産に登載されました。

병자호란(1636) 때 인조는 청나라 군사를 피해 남한산성에 피신했다가 지원군도 없이 고립되고 맙니다. 정묘호란(1627) 때 이미 청나라는 조선과 형제의 맹약을 맺었었는데 병자호란 때는 급기야 주종 관계를 요구했습니다. 남한산성 안에서 조선 조정은 오랫동안 섬겨 왔던 명나라를 저버리고 청을 섬겨야 하는 현실에 봉착했습니다. 그렇게 실리냐 명분이냐를 저울질하며 추운 날씨와 식량부족 속에서 47일을 버티다가 인조는 결국 청나라 황제에게 '이마를 땅에 찧는' 의식을 치르며 항복을 합니다. 그리고 두 아들 소현세자와 봉림대군은 청나라에 볼모로 끌려갑니다. 남한산성의 길이는 대략 8킬로미터, 높이는 해발 500미터에 달합니다. 또한 성벽 바깥쪽은 경사가 급하고 안쪽은 완만합니다. 따라서 적은 수의 군사로 많은 수의 적군에 대항할 수 있었으며 역사적으로 한 번도 외부의 공격으로 인해 함락된 적이 없는 성곽으로 남아있는 것입니다.

참고 경기도 남한산성 세계유산센터 홈페이지(www.gg.go.kr/namhansansung-2)
문화재청 홈페이지(www.cha.go.kr)

간단요약

• 남한산성 : 북한산성과 더불어 한양을 수비하는 조선왕조의 성곽, 경기도 광주 위치
• 삼국시대부터 조선시대까지 전략적・지리적 요충지, 신라시대 당의 침략에 대비하기 위해 축성, 고려시대 몽골의 침입을 막음
• 역할 : 왕이 유사시에 머무는 행궁, 종묘와 사직을 갖추고 있는 임시수도
• 천년이 넘는 동안 한반도에서 사용된 건축기술의 발달을 보여 줌
• 유네스코 세계유산 등재(2014)

008

한국의 유네스코 인류무형문화유산에 대해 설명하시오.

> Give the explanation of UNESCO Intangible Cultural Heritage of Humanity.
> 请说说韩国已入选的联合国教科文组织非物质文化遗产。
> 韓国のユネスコ無形文化遺産について説明しなさい。

한국어

한국은 2023년 5월 기준 22개의 유네스코 인류무형문화유산을 보유하고 있습니다.

종묘제례 및 종묘제례악은 2001년 유네스코 인류무형문화유산 목록에 등재되었습니다. 종묘제례는 조선왕실의 조상들에게 봉헌하는 유교적인 의식이며 제례악은 그 의식을 위한 노래와 춤과 음악입니다. 판소리(2003)는 소리꾼 한 명과 고수 한 명이 공연하는 음악적인 스토리텔링입니다. 강릉단오제(2005)는 단오를 기념하기 위해 강릉에서 개최하는 대규모 전통 축제입니다. 단오는 음력 5월 5일이며 단오제는 풍년을 기원하기 위한 제례의식입니다.

처용무(2009)는 악귀를 쫓고 평온을 기원하기 위해서 왕실 연회에서 공연했던 궁중무용입니다. 강강술래(2009)는 보통 추석 때 했던 수확과 비옥함을 기원하는 의식인데 보름달 아래서 미혼의 마을 아낙들이 원으로 모여서 손잡고 노래하고 춤을 춥니다. 제주 칠머리당 영등굿(2009)은 잔잔한 바다와 풍년, 풍획을 기원하기 위해 음력 2월에 지내는 제례의식입니다. 남사당놀이(2009)는 남자 유랑극단이 했던 민속 공연입니다. 영산재(2009)는 부처를 숭배하고 찬양함으로써 인간의 영혼을 천도하는 불교의식입니다.

대목장(2010)은 한국 전통 목조건축술을 말하며 특히 전통 목공 기술을 보유하고 있는 목수를 가리킵니다. 가곡(2010)은 관현악 반주로 부르는 서정적인 연가곡입니다. 매사냥(2010)은 매를 이용한 전통 사냥법입니다.

2011년에는 세 가지 무형문화유산이 유네스코 인류무형문화유산으로 지정되었습니다. 그것들은 줄타기, 한국 전통무예인 택견, 그리고 한산 모시짜기입니다. 한국의 서정민요, 아리랑은 2012년에 유네스코 인류무형문화유산 목록에 등재되었고 2013년에는 김장, 김치를 담그고 나누는 문화가 등재되었습니다. 2014년에는 한국 농부들의 전통 춤과 노래인 농악이 유네스코 인류무형문화유산 목록에 등재되었습니다. 2015년에는 풍농을 기원하고 공동체 구성원 간의 화합과 단결을 위해 연행되어 온 줄다리기가 등재되었습니다.

2016년에는 제주 해녀문화가 유네스코 인류무형문화유산으로 지정됐습니다. 유네스코 위원회는 해녀문화가 해양 환경을 보호하는 지역의 독특한 자연친화적인 채취방법을 보여 준다고 설명했습니다. 또한 관련 지식과 기술이 공동체를 통해 전승된다는 점을 높이 평가했습니다.

2018년에는 남북한 공동으로 씨름이 유네스코 인류무형문화유산 목록에 각각 등재되었습니다. 씨름은 허리와 허벅지에 묶은 헝겊 띠를 붙잡고 상대를 넘어뜨리는 경기입니다.

2020년에는 연등회가 유네스코 무형문화유산에 등재되었습니다. 음력 4월 8일(부처님 오신날)이 가까워지면 나라 전체에 색색깔의 등불이 켜집니다. 원래 연등회는 석가모니의 탄생을 기념하는 종교적인 의식이지만 사회적, 종교적인 경계를 일시적으로 허물고 모두가 통합하여 어려운 일을 잊게 해 주는 축제라는 점에서 그 가치를 인정받았습니다.

탈춤이 2022년 유네스코 인류무형문화유산으로 지정되었습니다. 탈춤은 무형문화유산의 사회적인 기능과 문화적인 의미를 명확히 보여 주는 대표적인 사례로 인정받았습니다.

영 어

Korea has 22 UNESCO Intangible Cultural Heritages of Humanity as of May, 2023. Royal Ancestral Rite and Ritual Music in Jongmyo Shrine were placed on the list of UNESCO Intangible Cultural Heritages of Humanity in 2001. Royal Ancestral Rite is a Confucian ritual dedicated to the ancestors of the Joseon dynasty and its Ritual Music includes song, dance and music for the ritual. The Pansori Epic Chant(2003) is musical storytelling performed by a vocalist and a drummer. Gangneung Danoje Festival(2005) is a large-scale traditional festival held in Gangneung to celebrate Dano. Dano falls on the fifth day of the fifth lunar month and Danoje is a ritual ceremony to pray for a good harvest.

Cheoyongmu(2009) is a court dance performed at royal banquets to dispel evil spirits and pray for tranquillity. Ganggangsullae(2009) is a harvest and fertility ritual performed usually on Chuseok, in which unmarried village women gather in a circle, join hands, sing and dance under the full moon. Jeju Chilmeoridang Yeongdeunggut(2009) is a ritual that is held in the second lunar month to pray for calm seas, an abundant harvest and a plentiful sea catch. Namsadang Nori(2009) is a folk performance that was played by male traveling troupes. Yeongsanjae(2009) is a Buddhist ritual to help human spirit enter the world of truth by worshipping and admiring the Budda.

Daemokjang(2010) refers to traditional Korean wooden architecture and specifically the woodworkers who have the traditional carpentry techniques. Gagok(2010) is lyric song cycles accompanied by an orchestra. Maesanyang (2010) is a traditional way of hunting by using falcon.

In 2011, three intangible cultural heritages were designated as the UNESCO Intangible Cultural Heritages of Humanity. They are Jultagi, tightrope walking performance, Taekkyeon, a traditional Korean martial art and Weaving of Mosi in the Hansan region. Arirang, lyrical folk song in the Republic of Korea was added to the list of UNESCO Intangible Cultural Heritage of Humanity in 2012. In 2013, Kimjang, making and sharing of Kimchi was placed on the list of UNESCO Intangible Cultural Heritage of Humanity. In November 2014, Nongak, Korean traditional farmers' music and dance was added to the UNESCO cultural heritage list. In 2015, Tugging rituals and games which were enacted to pray for abundant harvest and to ensure harmony and unity among communities were placed on the list.

In 2016, the Culture of Jeju Haenyeo(Women Divers) was designated as the UNESCO Intangible Cultural Heritage of Humanity.

The committee mentioned that the haenyeo culture represents the region's unique and eco-friendly way of harvesting that protects the marine environment. The committee also highly appreciated the fact that the related knowledge and skills are handed down through community.

In 2018, ssireum wrestling from North Korea and South Korea was jointly inscribed on the Representative List of the Intangible Cultural Heritage of Humanity. The purpose of ssireum wrestling is to put the opponent down by grabbing the fabric strap that he has tied around his waist and thigh.

In 2020, Yeondeunghoe, lantern lighting festival in the Republic of Korea was designated as the UNESCO Intangible Cultural Heritages of Humanity. As the eighth day of the fourth lunar month (Buddha's birthday) approaches, the entire country lights up with colourful lanterns. Originally a religious ritual to celebrate Shakyamuni's birth, Yeondeunghoe is recognized its value as a festival during which all the people integrate and overcome the troubles temporarily erasing social and regional boundaries.

Talchum, Mask Dance Drama in the Republic of Korea was designated as the Intangible Cultural Heritage of Humanity by UNESCO in 2022. Talchum was appreciated as an exemplary case that clearly describes the social function and cultural meaning of an intangible cultural heritage.

以2023年5月为准，韩国现有22个联合国教科文组织非物质文化遗产。

宗庙祭礼以及宗庙祭礼乐在于2001年入选联合国教科文组织非物质文化遗产名录。宗庙祭礼是朝鲜王室敬献祖先的儒教仪式，祭礼乐是仪式中的歌、舞及音乐。板索里(2003)是由一位说唱者和一位鼓手共同呈现的音乐性叙事。江陵端午祭(2005)是为纪念端午，在江陵举办的大规模传统庆典。阴历5月5日为端午，端午祭是祈愿丰收的祭礼仪式。

处容舞(2009)是为驱逐恶鬼祈愿平和，在王室宴会上表演过的宫廷舞。江江水月来是在中秋时为祈愿收获与肥沃的仪式。在中秋圆月下，未婚的村里姑娘们手拉手围成一个圈，一起唱歌跳舞。济州七头堂永登神祭(2009)是为祈愿平静的大海和丰收丰获，于阴历2月进行的祭礼仪式。男寺党游戏(2009)是男性流浪剧团表演的民俗公演。灵山祭(2009)是崇拜和赞扬佛祖，引导人类灵魂到天堂之路的佛教仪式。

大木匠(2010)是指韩国传统木造建筑术，尤其是指精通传统木工技术的木匠。唱曲(2010)是以管弦乐为伴奏演唱的抒情套曲。鹰猎(2010)是利用鹰来打猎的传统猎法。

2011年有三项非物质文化遗产入选联合国教科文组织非物质文化遗产。这些分别为走绳、韩国传统武术跆跟以及韩山苎麻编织。

韩国的抒情民谣《阿里郎》于2012年入选联合国教科文组织非物质文化遗产名录。2013年腌制和分享越冬辛奇的文化入选联合国教科文组织非物质文化遗产。2014年，韩国农夫们的传统歌舞农乐入选联合国教科文组织非物质文化遗产名录。在2015年被列入了为了祈愿好收成以及共同体成员之间的和谐和团结连续进行的拔河。

2016年济州海女文化被联合国教科文组织指定为人类非物质文化遗产。联合国教科文组织委员会解释称，海女文化向我们展示了保护海洋环境的该地区独特的环保捕捞方法。同时对相关知识和技术通过共同体进行传承的这一点给予了较高评价。

2018年，以韩国和朝鲜共同资格，韩式摔跤被指定为世界联合国教科文组织的人类无形文化遗产名录。韩式摔跤是竞技者相互抓住对方腰间和大腿系好的带子，将对方摔倒的比赛。

2020年灯会入选联合国教科文组织非物质文化遗产。临近农历四月初八的时候，全国各地五色燃灯都会亮起来。灯会原本是为纪念释迦牟尼诞生的宗教仪式，到了今天已变成无宗教界限，人人都能参与，融汇一体，慰籍心灵的仪式，其文化价值得到了人们的肯定。

假面舞于2022年被联合国教科文组织列入人类非物质文化遗产。假面舞被公认为体现非物质文化遗产的社会功能和文化价值的典型事例。

韓国は2023年5月現在、22個のユネスコ人類無形文化遺産を保有しています。

宗廟祭礼および宗廟祭礼楽は2001年にユネスコ無形文化遺産の目録に登載されました。宗廟祭礼は朝鮮王室の祖先たちに奉献する儒教的な儀式で、祭礼楽はその儀式のための歌と踊りと音楽です。パンソリ(2003)は歌い手1人と鼓手1人が公演する音楽的なストーリーテリングです。江陵端午祭(2005)は端午を記念するために江陵で開催される大規模な伝統祭りです。端午は旧暦の5月5日で、端午祭は豊年を祈願するための祭礼儀式です。

処容舞(2009)は悪鬼を追い払い、平穏を祈願するために王室の宴会で公演した宮中舞踊です。カンカンスルレ(2009)は普通、秋夕の時に行なった収穫と肥沃を祈願する儀式ですが、満月の下で未婚の村の女性たちが輪になって手をつないで歌い踊ります。済州チルモリ堂燃燈グッ(2009)は穏やかな海と豊年、豊作を祈願するために旧暦の2月に行なわれる祭礼儀式です。ナムサダンノリ(2009)は男の流浪劇団が行なっていた民俗公演です。霊山祭(2009)は仏を崇拝したたえることで人間の霊魂を導く仏教儀式です。

大木匠(2010)は韓国の伝統木造建築術のことを言い、特に伝統木工技術を保有している大工を指します。歌曲(2010)は管弦楽の伴奏で歌う叙情的な連歌曲です。タカ狩り(2010)はタカを利用した伝統的な狩猟法です。

2011年には3つの無形文化遺産がユネスコの無形文化遺産として指定されました。

それは綱渡り、韓国の伝統武芸であるテッキョン、そして韓山カラムシ織りです。韓国の叙情民謡であるアリランは2012年にユネスコ無形遺産の目録に登載され、2013年にはキムジャン、キムチを漬けて分け合う文化が登載されました。最も最近には、

2014年に韓国の農夫たちの伝統的な踊りと歌である農楽がユネスコ無形文化遺産の目録に登載されました。

2015年には豊作を願い協同体構成員の和合と団結のために行われた綱引きが搭載されました。

2016年にはチェジュ海女文化がユネスコ無形文化遺産に登録されました。ユネスコ委員会は海女文化が海洋環境を保護し、地域特有の自然に優しい採り方を示していると説明しました。さらに、関連知識と技術が共同体を通じて伝承される点を高く評価しました。

2018年には南北共同でシルムがユネスコ人類無形文化遺産のリストに各に登録されました。シルムは腰と太股に巻きつけた紐を持ち、相手を倒す競技です。

2020年には燃灯会(ヨンドゥンフェ)がユネスコの無形文化遺産に登録されました。旧暦4月8日（釈迦の誕生日）が近づくと、全国各地で色とりどりの灯火を照らします。もともと燃灯会は釈迦の誕生を記念する宗教的な儀式ですが、社会や宗教の境界を一時的に取り払い、皆が統合して大変なことを忘れるようにするお祭りとしてその価値が認められました。

タルチュムが2022年にユネスコの人類の無形文化遺産に指定されました。タルチュムは無形文化遺産の社会的機能と文化的な意味を明確に示す代表的な例として認められました。

간단요약

- 종묘제례 및 종묘제례악(2001) : 조선왕실의 조상들에게 봉헌하는 유교적인 의식 / 그 의식을 위한 노래와 춤과 음악
- 판소리(2003) : 소리꾼 한 명과 고수 한 명이 공연하는 음악적인 스토리텔링
- 강릉단오제(2005) : 단오를 기념하기 위해 강릉에서 개최하는 대규모 전통 축제
- 처용무(2009) : 왕실 연회에서 공연했던 궁중무용
- 강강술래(2009) : 수확과 비옥함을 기원하는 추석 때 했던 의식
- 제주 칠머리당 영등굿(2009) : 풍년, 풍획을 기원하기 위해 음력 2월에 지내는 제례의식
- 남사당놀이(2009) : 남자 유랑극단이 했던 민속 공연
- 영산재(2009) : 인간의 영혼을 천도하는 불교의식
- 대목장(2010) : 한국 전통 목조건축술, 목수
- 가곡(2010) : 관현악 반주로 부르는 서정적인 연가곡
- 매사냥(2010) : 매를 이용한 전통 사냥법
- 줄타기(2011)
- 택견(2011) : 한국 전통무예
- 한산 모시짜기(2011)
- 아리랑(2012) : 한국의 서정민요
- 김장, 김치를 담그고 나누는 문화(2013)
- 농악(2014) : 한국 농부들의 전통 춤과 노래
- 줄다리기(2015) : 풍농을 기원하고 공동체 구성원 간의 화합과 단결을 위해 연행
- 제주 해녀문화(2016) : 해양 환경을 보호하는 지역의 독특한 자연친화적인 채취방법
- 씨름(2018) : 남북한 공동, 허리와 허벅지에 묶은 헝겊 띠를 붙잡고 상대를 넘어뜨림
- 연등회(2020) : 석가모니의 탄생을 기념하는 종교적인 의식
- 탈춤(2022) : 한국의 가면극

009

인사동에 대해 설명해 보시오.

➤ Give the explanation of Insa-dong.

➤ 请介绍仁寺洞。

➤ 仁寺洞について説明しなさい。

한국어 서울의 도심 종로구에 위치한 인사동은 방문객들이 한국 전통문화와 예술을 경험할 수 있는 중요한 곳입니다. 조선시대에 인사동은 문화와 예술의 중심지였으며, 일제강점기 시대에는 길을 따라 골동품 가게들이 들어서기 시작했습니다. 여기에는 1919년 3·1 운동과 관련된 역사적인 유적지가 있습니다. 그곳은 독립운동가 33인이 모여서 한국 독립선언문을 낭독하고 서명했던 태화관이 있던 자리입니다.

인사동 길은 안국동 로터리에서 탑골공원(종로 2가) 사이에 뻗어 있는데 길이는 700미터 정도입니다. 갤러리와 골동품 가게들이 많이 모여 있고 관광객들은 도자기, 서예 재료, 골동품 가구, 한지, 한복, 전통차, 민속공예품과 다양한 물건들을 구경하고 살 수 있습니다. 또한 예술 애호가들과 예술가들에게 문화적인 만남의 장소였던 전통 식당과 찻집이 많이 있습니다. 특히 가나 인사 아트센터와 경인미술관이 유명합니다. 경인미술관은 조선시대 말기의 정치 사상가였던 박영효의 집터인데, 지금은 전시장과 전통찻집이 있는 갤러리입니다.

쌈지길은 인사동에서 가장 유명한 건물들 중 하나입니다. 네모 모양의 건물에 가게들이 연이어 배치되어 있어서 방문객들이 건물에 난 길을 따라 걸으면서 편리하게 구경할 수 있습니다. 쌈지길 전통 체험 공방도 인기가 있습니다. 방문객들은 전통 목공예품, 도자기, 액세서리와 민속공예품 만들기 체험을 할 수 있습니다.

'인사동 차 없는 거리' 프로젝트에 따라 오전 10시부터 밤 10시까지는 차량통행이 금지됩니다. 방문객들은 청계천 – 인사동 – 북촌을 잇는 도보 관광 벨트를 따라 걸으면서 멋진 문화공간을 경험할 수 있습니다.

Insa-dong, located in Jongno-gu, in the heart of the Seoul city, is an important place where visitors can experience Korean traditional culture and arts. During the Joseon period, Insa-dong was the center of culture and arts, and during the Japanese colonial period, antique art shops begun to open along the street. Here is historical site regarding the March 1st Movement in 1919. It is the site of Taewhagwan where 33 independence activists gathered, read the Korean Declaration of Independence and signed on it.

Insa-dong street is extended between the Anguk-dong Rotary to Tapgol Park(Jongno 2-ga) and it is about 700 meters long. There are many galleries and antique shops in a cluster and visitors can look around and purchase ceramics, calligraphy materials, antique furniture, hanji, hanbok, traditional teas, folk crafts and other various items. Also, there are a lot of traditional restaurants and tea houses which have long been cultural meeting place for art enthusiasts and artists. Especially Gana Insa Art Center and Gyeongin Art Gallery are famous. Gyeongin Art Gallery is the house site of Park Yeong-hyo who was a political philosopher in the late Joseon Dynasty, and now it is a gallery that has exhibition halls and traditional tea house.

Ssamzigil is one of the most famous buildings in Insa-dong. The stores are arranged in a row in the square-shaped building, so visitors can look around conveniently, walking along the road(gil) in the building. Ssamzigil traditional experience workshops are popular, too. They can experience making traditional woodcrafts, ceramics, accessories and folk crafts.

According to Insa-dong road Vehicle-Free Street project, vehicles are not permitted on the road from 10am to 10pm. Visitors can experience wonderful cultural space walking along the walking tour belt linking Cheonggyecheon-Insa-dong-Bukchon.

중국어

位于首尔中心区钟路区的仁寺洞，是访客们体验韩国传统文化和艺术的重要之地。朝鲜时代时期，仁寺洞为文化和艺术的中心地，从日帝强占时期起，古董店纷纷入驻路旁。这里还有与1919年三一运动相关的历史遗迹。在此地方曾经有过韩国三十三位独立运动家聚在一起，朗读韩国独立宣言文并签署过的场所——泰和馆。

仁寺洞街延伸在安国洞转盘与塔谷公园(钟路二街)之间，全长700米左右。汇聚诸多画廊、古董店，游客可赏玩和购买陶瓷、书法材料、古董家具、韩纸、韩服、传统茶、民俗工艺品等各种东西。曾为艺术爱好者和艺术家们相约欢谈之地的传统茶屋和餐厅也随处可见。其中最负盛名的是GANA仁寺艺术中心和耕仁美术馆。耕仁美术馆原是朝鲜时代末期的政治思想家朴泳孝的宅地，现今为经营展示馆和传统茶屋的画廊。

Ssamzigil是仁寺洞最著名的建筑之一。方形建筑中挨着布置店铺，访客们可以沿着建筑物内的路径，边走边看。Ssamzigil中体验传统工艺的工坊也颇具人气。访客们可以体验传统木工艺品、陶瓷、饰品、民俗工艺的制作。

按照"仁寺洞无车之街"项目的规定，上午10点到晚上10点这一期间，禁止车辆通行。游客们可以沿着连接起清溪川-仁寺洞-北村的徒步观光带，一边步行一边欣赏精彩的文化空间。

일본어

ソウルの都心、鐘路区に位置する仁寺洞は、訪問客が韓国の伝統文化と芸術を経験できる重要な場所です。朝鮮時代に仁寺洞は文化と芸術の中心地で、日帝強占期には道に沿って骨董品店が並び始めました。ここには1919年の3・1運動にまつわる歴史的な遺跡があります。そこは独立運動家33人が集まって韓国独立宣言文を朗読し署名した泰和館があった場所です。

仁寺洞通りは安国洞ロータリーからタプコル公園(鐘路2街)の間に伸びていますが、長さは700メートルほどです。ギャラリーや骨董品の店がたくさん集まっていて、観光客は陶磁器、書道の材料、骨董品家具、韓紙、韓服、伝統茶、民俗工芸品や様々な物を見物し買うことができます。また、芸術愛好家や芸術家たちに文化的な集いの場所であった伝統食堂や茶屋がたくさんあります。特にカナ仁寺アートセンターや耕仁美術館が有名です。耕仁美術館は朝鮮時代末期の政治思想家であった朴泳孝の家跡で、今は展示場と伝統茶屋があるギャラリーです。

サムジキルは仁寺洞で最も有名な建物の一つです。四角形の建物に店が軒並みに連なり、訪問客は建物が並ぶ通りに沿って気軽に見て回ることができます。サムジキルの伝統体験工房も人気があります。訪問客たちは伝統的な木工芸品、陶磁器、アクセサリーと民俗工芸品作りを体験することができます。

‘仁寺洞の車のない通り’プロジェクトによって午前10時からよる10時までは車の通行が禁止されます。訪問客は清渓川−仁寺洞−北村まで続く徒歩観光ベルトに沿って歩きながら、素晴らしい文化空間を体験することができます。

참고 인사동 홍보관(www.hiinsa.com)

백쌤의 TIP

쌈지라는 말의 뜻을 아시나요? 쌈지는 헝겊이나 가죽으로 된 작은 주머니인데 잎담배나 부싯돌 혹은 돈 같은 물건을 보관하는 주머니로 쓰였습니다. 옛날 할머니들은 고쟁이 속에 쌈지를 지니고 보물창고처럼 중요한 물건들을 넣어 보관하였습니다. 쌈지길은 그 이름에서 주는 느낌처럼 옛것에 대한 추억과 전통, 손맛을 느낄 수 있는 공예품들로 가득하며 야외 체험 행사장, 전통문화 체험공간도 마련되어 있어서 관광객들에게 인기 있는 명소입니다.

한편 종로의 뛰어난 전통문화 밀집 지역들이 사라지고 있습니다. 종로 1가 교보문고 뒤쪽에서 종로 3가 사이에는 피맛골이라는 아주 좁은 길이 있었습니다. 이 명칭은 말을 피해 다니던 길이라는 뜻의 피마(避馬)에서 유래되었는데, 조선시대에 말을 탄 고관들을 만나면 그 행차가 지나갈 때까지 엎드려 있어야만 했던 서민들이 그런 번거로움을 피해서 다니던 길이었습니다. 피맛골은 값싸게 먹을 수 있는 해장국, 주점, 선술집과 국밥집이 밀집한 종로의 명소였지만 1980년대부터 시작된 재개발로 인해 지금은 거의 철거되었고 그 자리에는 신축 빌딩들이 대신 서있습니다. 낙후된 건물, 불편한 화장실과 화재 위험은 재개발의 좋은 명목이었습니다. 종로 지역은 개발과 함께 전통문화 보존이라는 이슈가 제기되고 있는 곳입니다. 종로구 공평개발지구에서는 개발 도중 조선시대 중심 상권이었던 육의전 터와 인접한 곳에 16세기의 주거 밀집지의 터가 발견되었습니다. 이에 따라 개발에 앞서 철저한 보존대책을 먼저 세워야 한다는 각성의 목소리가 높아지고 있습니다.

간단요약

- 방문객들이 한국 전통문화와 예술을 경험할 수 있음
- 조선시대 문화와 예술의 중심지
- 일제강점기 : 골동품 가게들이 들어서기 시작
- 3 · 1 운동과 관련된 역사적인 유적지(태화관)
- 예술가들에게 문화적인 만남의 장소였던 전통 식당과 찻집
- 경인미술관 : 조선시대 말기 정치 사상가 박영효의 집터

010

불교에서의 3보와 3보 사찰에 대해 설명하시오.

> Give the explanation of the Three Treasures(Sambo) and Three Treasure Temples in Buddhism.
> 请介绍佛教中的三宝和三宝寺刹。
> 仏教における三宝と三宝寺刹について説明しなさい。

한국어

3보는 불교에서 세 가지 소중한 보물, 불보(佛寶)·법보(法寶)·승보(僧寶)를 말합니다. 불(佛)은 깨우친 사람인 부처, 법(法)은 부처의 가르침, 승(僧)은 부처의 가르침을 수행하는 이들의 공동체를 의미합니다.

3보 사찰은 이 3보들 중의 하나를 각각 상징하는 3개의 주요 사찰들입니다. 경상남도 양산에 위치한 통도사는 부처의 사리를 모시고 있어서 불보 사찰이라 불립니다. 경상남도 합천에 있는 해인사는 부처님의 말씀인 고려대장경이 안치되어 있는 법보 사찰입니다. 전라남도 순천에 있는 송광사는 훌륭한 스님들을 배출한 것으로 유명해서 승보 사찰이라고 부릅니다.

영 어

Sambo refers to three precious treasures in Buddhism, Bulbo, Beopbo, and Seungbo. Bul means the enlightened one, Buddha. Beop means the teachings of Buddha and Seung means the community of people practicing Buddha's teaching.

Three Treasure Temples are the three principal Buddhist temples which respectively represent one of these three treasures. Tongdosa, located in Yangsan, Gyeongsangnam-do, is called Bulbo Temple as the temple enshrines Buddha's sariras. Haeinsa in Hapcheon, Gyeongsangnam-do is Beopbo temple enshrining Tripitaka Koreana, Buddha's words. Songgwangsa in Suncheon, Jeollanam-do, is called Seungbo Temple as the temple is renowned for producing great monks.

중국어

三宝为佛教中所指的三件宝物，即佛宝、法宝、僧宝。悟佛人为活佛，活佛教诲为法，实践活佛教诲的人的共同体为僧。

三宝寺刹为象征上述三宝之一的三所主要寺刹。位于庆尚南道梁山的通度寺，供奉着活佛的舍利，被誉为佛宝寺刹。位于庆尚南道陜川的海印寺，安放着佛祖之言高丽大藏经，被誉为法宝寺刹。位于全罗南道顺天的松广寺，培育出众多高僧，被誉为僧宝寺刹。

三宝とは仏教における3つの貴重な宝物、仏宝・法宝・僧宝を言います。仏は悟った者である仏陀、法は仏陀の教え、僧は仏陀の教えを遂行する者たちの共同体を意味します。

三宝寺刹はこの三宝のうちの一つをそれぞれ象徴する三大寺院です。慶尚南道の梁山に位置する通度寺は仏陀の舎利を奉安しており、仏宝寺と呼ばれています。慶尚南道の陜川にある海印寺は仏陀の言葉である高麗大蔵経が安置されている法宝寺です。全羅南道の順天にある松広寺は立派な僧侶を排出したことで有名なため、僧宝寺と呼ばれています。

간단요약

- 3보 : 세 가지 소중한 보물, 불보(佛寶)·법보(法寶)·승보(僧寶)
  - 불(佛) : 깨우친 사람인 부처
  - 법(法) : 부처의 가르침
  - 승(僧) : 부처의 가르침을 수행하는 이들의 공동체
- 3보 사찰 : 삼보들 중의 하나를 각각 상징하는 3개의 주요 사찰들
  - 통도사 : 부처의 사리를 모시고 있어서 불보 사찰
  - 해인사 : 부처님의 말씀인 고려대장경이 안치되어 있는 법보 사찰
  - 송광사 : 훌륭한 스님들을 배출한 것으로 유명해서 승보 사찰

인생이란 결코 공평하지 않다. 이 사실에 익숙해져라.

– 빌 게이츠 –

  끝까지 책임진다! SD에듀!

QR코드를 통해 도서 출간 이후 발견된 오류나 개정법령, 변경된 시험 정보, 최신기출문제, 도서 업데이트
자료 등이 있는지 확인해 보세요! 시대에듀 합격 스마트 앱을 통해서도 알려 드리고 있으니 구글 플레이나
앱 스토어에서 다운받아 사용하세요. 또한, 파본 도서인 경우에는 구입하신 곳에서 교환해 드립니다.

면접 필수사항
살펴보기

CHAPTER 01 | 우리는 왜 외국어를 공부하는가?

01 | 외래관광객 1,750만 명 시대와 한류현상

한국방문의 해가 끝나는 마지막 해인 2012년 한국을 방문한 외국인 관광객이 1,000만 명을 넘어섰다. 2002년 월드컵으로 우리나라를 세계에 알리게 된 지 정확히 10년 만이다. 2019년에는 외래관광객이 1,750만 명을 돌파했고, 이것은 역대 최고 기록이다.

현재 관광 사업은 전 세계적으로 유행하고 있는 코로나19 때문에 유례없는 침체기를 지나고 있다. 그러나 이 시기가 지나면 억압되어 있던 관광의 욕구가 분출될 것이므로, 이제 포스트 코로나 시대의 관광에 대비해야 할 때다.

여기서 우리는 과거에 외국인을 우리나라로 유인했던 것이 무엇인지 생각해 볼 필요가 있다. 한국 방문의 붐을 일으켰던 가장 뚜렷한 원인은 한류현상이다. 1990년대 말부터 〈겨울연가〉를 시작으로 한국의 드라마와 K-pop이 중국과 일본에 번져 나갔다. 그리고 태국, 홍콩, 필리핀, 몽골, 중국에서도 우리나라 음악과 드라마가 유행하게 되었다.

2000년 이후 한류는 그 분야가 드라마와 음악에 국한되지 않고 김치, 고추장, 라면과 같은 음식과 가전제품, 한국어 등으로 확대되었다. 한국은 반도체, 스마트폰, 모바일 게임, 자동차 등의 산업에서 꾸준히 세계적으로 유명해졌고 싸이의 '강남스타일'은 한류에 쐐기를 박는 역할을 톡톡히 했다. 이어서 영화 '기생충'의 아카데미 최우수 작품상 등의 수상, 한국 팝 밴드인 방탄소년단(BTS)의 빌보드 앨범 차트 1위와 그래미 시상식 공연, 넷플릭스 한국 드라마 〈킹덤〉의 인기에서 증명된 것처럼 K-콘텐츠는 K-POP에서 K-DRAMA, K-MOVIE로 확장되고 있다. 외국인들이 한국을 찾게 한 원동력은 무엇인가? 바로 우리나라에서만 느낄 수 있는 독특한 문화이다.

조선시대 정궁인 경복궁은 유네스코 문화유산이 아니다. 창덕궁이 바로 유네스코 문화유산이다. 그 이유를 생각해보면 창덕궁이 경복궁보다 잘 보존된 탓도 있지만, 한국 궁궐 고유의 아름다움이 창덕궁에 더욱 많이 담겨있기 때문이다. 경복궁은 건축 방식에서 중국을 많이 따랐고, 경회루만 하더라도 중국의 주자학 사상을 담고 있다. 창덕궁은 경복궁의 별궁으로 지어졌지만 건축물과 자연의 어울림이 아름답다는 평을 받고 있다. 조선의 왕들이 바뀌고 시간이 흐르면서 창덕궁은 조금씩 변화하였고 아름다운 우리의 문화가 자연스레 스며들게 되었다. 조선의 험난한 역사 속에서도 창덕궁은 아름답고 독창적인 문화유산이 된 것이다.

조상들이 이렇게 우리나라의 자체적인 문화를 발전시켰듯이 우리도 우리의 독창적인 문화를 잘 보존해 나가야 할 것이다. 영토가 좁고 외세의 침략으로 문화재 소실이 심한 우리나라에 외국인 방문객을 끌어들이는 열쇠는 바로 '우리만의 문화'이다. 많은 외국인들이 대한민국보다는 유럽, 동남아, 중국이나 일본을 여행지로 택해왔다. 그러나 한류 덕택에 한국은 세계인들의 관심국이 되었다. 이참에 한류를 발전시켜서 한번 한국을 방문했던 외국인이 다시 한국을 찾게 만들어야 한다. 독창적이면서도 세계인들을 끌어들이기에 충분히 매력적인 우리의 문화를 통해서 말이다.

02 | 외국인 앞에만 서면 작아지는 이유

우리나라를 방문한 관광객을 대하는 한국인들의 모습에서 안타까운 점이 있다. 대화가 이루어지는 곳이 우리나라임에도 불구하고, 우리나라의 관광지와 문화에 대해 열심히 설명해 주며 외국인을 매료시키는 사람은 드물다는 사실이다. 우리나라를 방문했던 그 많은 외국 관광객들이 본국에 돌아가서 한국에 대해 어떻게 설명할지는 미지수이다.

다음은 필자가 지하철에서 실제로 본 한국인과 외국인 Sam이 객차 안에서 대화를 나누는 상황이다. 열차는 한강 위를 달리고 있었고 창 밖에는 탁 트인 한강이 넘실대건만 둘의 대화는 참으로 건조했다.

✚ 사례

> 한씨 : 한강입니다.
> (It's Han River.)
> Sam : 외국에도 강이 있지만 이처럼 넓지는 않아요.
> (We have rivers but they are not wide like this.)
> 한씨 : 그래요.(Yes.)
> Sam : 제가 여기서 겪는 경험은 놀랍습니다. 사람들 모두가 멋지게 차려입었었네요.
> (I am having a wonderful experience here. Everybody is fabulous.)
> 한씨 : 그러네요.(Yes.) (마침 문이 열리고 지하철에서 내린다.)

이들은 과연 의사소통을 하고 있는 것일까. 단 둘이서 지하철을 타고 여행을 한다는 건 한씨가 외국어로 어느 정도 의사소통을 할 수 있는 실력을 갖추고 있다는 의미이다. Sam은 한씨와 이야기할 주제를 찾기 위해 노력을 하고 있었다. 한씨와 대화를 하고 싶어 했으며 한국에 대해 관심이 많아 보였다.

하지만 한씨는 한강이라는 소재를 꺼내고는 다음 이야기를 이어나가지 못하고 있었다. '한강은 넓고 아름다운 강이며 수십 개의 다리가 있어서 야경은 더욱 아름답다. 세계 불꽃 축제가 개최될 때는 사람들이 많이 붐빈다.

불꽃 축제에 갔다가 휴대전화가 안 터지기도 하고 일행을 잃어버린 적도 있다'와 같은 개인적인 경험도 덧붙일 수 있다. 그 정도 문장은 중학교 영어수준이더라도 외국어로 한 번만 말하는 연습을 해 보았더라면 의사소통이 가능한 수준이다.

한씨와 Sam 사이에는 안타까운 긴장감만이 맴돌았다. 한씨는 오늘 집에 가서 '아, 그때 그 말을 할걸'이라고 베개를 베고 후회하며 잠들지도 모르겠다. 물론 처음부터 관광통역안내사처럼 말을 잘 하는 사람은 없다. 한씨는 앞으로 어떤 노력을 해야 할까? 외국인을 만난 날 밤, 할 수 있었던 말을 하지 못했다는 뜨거운 자책이 밀려올 때, 그때 바로 침대를 박차고 일어나 책상 앞에 앉아야 한다. 책상 앞에 앉아 한강에 대한 이야깃거리를 찾아 외국어로 말하는 연습을 해야 한다.

03 | 관광통역안내사에게 외국어는 기본, 우리 문화에 대한 관심은 필수!

한씨가 극복해야 할 점들 중에 두 가지를 정리해 보겠다. 첫째, 한씨는 한국인이 많은 지하철에서 외국인과 이야기해야 한다는 낯선 자아를 극복해야 한다. 외국어로 이야기할 때는 새로운 외국어 자아가 필요하다. 어떤 사람은 영어로 이야기하면 한국어로 말할 때보다 목소리가 더 커지기도 하고 더 공격적(Aggressive)인 방식으로 대화를 하기도 한다. 이는 구사하는 언어에 따라서 새로운 자아가 부여되기 때문이다. 모국어가 아닌 언어를 구사할 때의 낯설고 어색한 느낌은 새로운 자아를 받아들이는 과정이다.

외국어를 사용하는 자신을 어색하게 느끼는 한국인 자아는 자꾸만 개입을 한다. 계속해서 말문을 막고 서먹하게 하며 외국어 실력이 있음에도 불구하고 입을 떼기 어렵게 만든다. 급기야는 상황에 맞게 외국어를 시도해 보지도 못하고 자리를 피하는 데 급급해지기도 한다. 나중에 생각해 보면 대화에 필요한 단어는 그리 어렵지 않았었는데 말이다. 엄청난 노력과 돈을 외국어 학습에 쏟아붓는데도 말이 나오지 않는 사람은 이 낯선 자아와의 문제를 겪고 있는 것이다.

둘째, 한강에 대하여 외국어로 이야기할 배경지식이 부족하다는 점이다. 대부분의 한국 사람들은 외국인에게 설명해주기 위해 우리나라의 전통문화 및 관광지를 외국어로 설명해 보는 연습을 하지 않는다. 영어를 공부하는 사람들조차도 어학 성적 올리기에 급급할 뿐 우리나라의 전통문화를 영어로 표현하는 연습을 하는 데에는 인색하다. 이것은 우리나라 영어교육의 불편한 진실이다.

언어는 꾸준히 읽고 쓰고 말하지 않으면 금방 무뎌져버린다. 이미 알고 있는 것마저도 빛의 속도로 잊기 쉽다. 하지만 너무 절망할 필요는 없다. 여러분은 이미 특유의 끈기와 노력으로 외국어 말하기 실력을 쌓기 위해 자기계발 중이지 않은가. 우리나라를 주제로 꾸준히 외국어로 말하고 쓰는 연습을 하면 이 문제는 점차 극복할 수 있다.

한류 덕분에 세계 각지에서는 그 어느 때보다도 한국에 대해 관심이 많다. 하지만 우리나라를 방문하는 관광객은 아직 중국인과 일본인을 비롯한 동남아 관광객들이 대부분이다. 필자는 우리의 전통문화와 관광자원을 외국인에게 적극적으로 알려야 한다는 생각을 가지고 있다.

학교에서는 피자와 스파게티에 대한 설명보다 김치와 불고기에 대해 외국어로 말할 수 있는 학생을 만들기 위해 노력해야 한다. 할로윈에 대한 영어공부뿐만 아니라 추석과 송편의 의미에 대해 공부하고 영어로 설명할 수 있도록 가르쳐야 한다. 우리는 한국을 방문한 외국인들에게 된장의 효능을 말할 줄 알아야 한다. 우리의 멋진 문화를 세계에 알릴 수 있는 능력을 갖추어야 한다. 그것은 우리가 먼저 자부심을 가지고 우리나라와 우리의 문화를 사랑해야 가능한 일이다.

한국에 온 외국인들이 알고 싶어 하고 궁금해 하는 것은 바로 '한국'이다. 외국어를 공부하는 우리들의 최종 목적은 외국인들에게 한국을 널리 알리는 것이다. 그리고 관광통역안내사 자격증은 그 목적을 위한 첫 관문인 것이다.

CHAPTER

02 | 유쾌한 사람(Pleasing Person)이 되라

---

01 | 미소와 웃음은 관광통역안내사의 생명이다.

관광통역안내사 2차 면접을 잘 치르는 요령 중에 '많이 웃어라'라는 말이 있다. 왜 면접을 보면서 웃으면 유리할까? 웃는 것이 관광통역안내사에게 필요한 자질이기 때문이다.

관광통역안내사는 유쾌한 사람(Pleasing Person)이어야 한다. 유쾌한 사람이란 함께 있을 때 기분 좋은 느낌을 주는 사람을 말한다. 관광통역안내사는 여러 사람을 대하고 서비스를 제공하는 직업이다. 그들은 각기 다른 나라에서 온, 문화도 성격도 제각각인 사람들이다. 그 사람들과 어울리고 이야기하며 일해야 하는 것이 이 직업의 일상이다.

유쾌한 사람은 어떤 사람인지 생각해 보자. 이들은 누군가를 만나면 먼저 인사를 건네며 흥미롭고 재치 있는 입담으로 주변 사람들을 즐겁게 해 준다. 꼭 소리 내어 웃지 않아도 말할 때 표정이 웃는 인상을 풍기며 상대의 마음을 편안하게 해 준다.

침울한 표정은 주변 사람의 마음을 불편하게 한다. 여러분 주변에 함께 있으면 불편함을 주는 사람들을 생각해 보자. 그들은 좀처럼 웃지 않을 뿐만 아니라 표정의 변화가 적거나 아예 없다. 함께 이야기하면 '이 사람 오늘 어딘가 기분이 나쁜가 보다'라는 불안한 생각이 든다. 호감은커녕 같은 공간에 있는 것조차 불편해진다.

02 │ 웃음에도 연습이 필요하다.

당신이 면접관이라고 상상해 보자. 오늘 처음 만난 응시자가 침울한 표정으로 말을 한다면 당신은 어떤 느낌이 들까? 물론 너무 긴장되어서일 수도 있고, 원래 인상이 어두울 수도 있겠지만 아마 당신도 함께 무거운 기분이 들 것이다. 얼굴에 웃음기라고는 하나도 없는 심각한 표정의 응시자를 보면 면접관의 마음도 불편해진다. '저 응시자는 자신감이 없다'부터 시작해서, '원래 목소리도 작고 표정도 단조로운가 보다'라는 부정적인 생각이 면접관의 머릿속을 지배하게 된다.

이러한 이유들 때문에 당신은 웃어야 한다. '그날 면접장에 가서 그냥 웃으면 되겠지'라고 편하게 생각하는 것만으로는 부족하다. 단순히 웃는 표정을 짓는 것에서 그치지 말고, 자신의 이미지 메이킹을 위해 연습하기 바란다. 호텔직원들이나 승무원들은 이미지 메이킹을 위해 별도의 시간과 노력을 투자한다. 그 결과 그들은 사근사근하고 부드러운 말투와 온화한 미소로 고객을 기분 좋게 해 준다. 이 능력은 말할 때 온화하게 웃으며 사람을 대하는 것을 연습해 왔기에 몸에 자연스럽게 배어 있는 습관 같은 것이다.

당신이 원래 잘 웃고 말도 잘 하는 성격이라면 더할 나위 없이 좋다. 하지만 만일 그렇지 않다면 지금부터라도 자신의 습관으로 만들어야 한다. 단순히 면접관의 마음을 얻기 위해서가 아니라, 앞으로 훌륭한 관광통역안내사로 일하는 데 필요한 요소이기 때문이다. 먼저 주변에 있는 사람들에게 연습해 보도록 하자. 마음의 문을 열고 사람들을 배려하며 말해 보라. 웃는 인상으로 눈을 맞추고 온화한 표정을 지으며 이야기하면 상대의 마음이 편안해질 것이다. 표정도 남을 위한 배려 중의 하나임을 잊어서는 안 된다.

CHAPTER
03 | 면접 시뮬레이션

01 | 면접의 시작

여기서 면접의 상황을 한번 상상해 보도록 하겠다. 77번을 뽑은 당신은 복도에서 대기 중이다. 복도에 있는 안내원이 복도에 가방을 놓고 들어가라고 이야기를 한다. 들어가라는 신호를 받고 나서 문을 조심스럽게 열고 들어간다. 면접관들이 일 미터 정도 간격으로 당신을 향해 앉아 있다. 면접관들 앞에는 책상이 있고 응시자 자리에는 의자만 있다. 면접관은 세 명이다. 셋 중에 한 명이 먼저 질문을 한다. 당신은 답변을 할 때 누구를 보며 이야기를 하겠는가?

정답은 '세 명 다 본다'이다.

일단 당신이 면접장 문을 열면 면접관 세 명의 시선을 한몸에 받게 된다. 이 순간부터 면접은 시작된 것이다. 세 사람이 자신을 바라본다고 하여 너무 긴장해서 시선을 떨구지 않도록 한다. 면접 응시자가 시선 처리에서 가장 하지 말아야 하는 것 중 하나가 바로 바닥을 보는 것이다. 어색해하지 말고 먼저 반갑다는 인사를 건넨다. 성격이 허락한다면 "안녕하십니까? 수험번호 ○○○입니다. 만나서 반갑습니다"라는 가벼운 몇 마디를 건네며 어색함을 떨쳐낸다. 고개를 숙이는 인사는 한두 번 정도만 하되, 세 면접관과 골고루 시선을 맞추는 것이 좋다.

그리고 나서 자리에 앉으라는 말을 듣게 될 것이다. 그러면 "감사합니다"라고 말하고 나서 앉는다. 목례만 하고 들어와서 자리에 앉아도 될 텐데, 왜 "안녕하세요, 감사합니다"라는 안 해도 되는(?) 말을 할까? 인사는 아주 짧은 시간에 인상을 좋게 하는 방법이므로 최대한 성의 있게 하려는 의도이다. 또한 어색함을 깨고 먼저 말을 시작하는 것은 좋은 관광통역안내사의 자질들 중의 하나이므로, 면접장에 들어가면 반드시 면접관보다 먼저 웃으며 인사를 하고 말을 시작하기 바란다.

다음은 자리에 앉아서 고개를 들고 바로 질문 받을 준비를 한다. 이때도 면접관들 쪽을 바라보며 살짝 미소를 짓는다. 세 명 중 누군지는 모르지만 먼저 질문할 것 같은 사람을 바라보며 입꼬리를 살짝만 올린다. 이 미소는 당신이 질문을 받을 준비가 되었다는 표시다. 이 또한 면접관들을 향한 일종의 배려다.

02 | 면접의 순서

질문을 받을 때는 말하는 면접관을 보면서 고개를 살짝 끄덕이거나 잘 이해했다는 눈빛을 보내면 좋다. 듣는 사람이 보여 주는 긍정적인 피드백은 상대로 하여금 소통이 잘 되고 있다는 안심을 주기 때문이다. 그렇다고 너무 자주 끄덕이는 것은 산만해 보이니 상황에 따라 자연스럽게 활용한다.

답변을 할 때는 질문을 한 면접관을 먼저 2초 정도 바라보며 답변을 한다. 시선처리를 잘 하지 않으면 오해를 살 수 있다. 2초 이상 바라보면 자칫 건방진 느낌이 든다. 위를 보며 말하면 거짓말을 하는 느낌이 들고, 바닥을 보며 말하면 자신감이 없어 보인다. 이처럼 애매하면서도 중요한 것이 시선처리이다.

세 명을 바라보며 대답을 하되 질문을 한 면접관을 주로 바라보며 나머지 면접관들에게는 가끔 시선을 나누어 준다. 다른 면접관들을 바라볼 때는 눈동자만 굴릴 것이 아니라 그 쪽으로 자연스럽게 고개를 향하면서 본다. 답변 끝부분에서는 다시 원래 면접관을 바라보며 마무리를 한다. 물론 모든 면접이 이 순서대로 진행된다는 보장은 없다. 하지만 실제 면접을 상상하며 마음의 준비를 해 두는 것은 아주 중요하다. 앞으로 일어날 일을 머릿속에서 반복하여 그리면 자신이 제어할 수 없을 정도로 긴장하는 일이 훨씬 줄어들 것이기 때문이다.

03 | 면접의 과정을 상상하자!

위의 면접 시뮬레이션 중의 한 장면을 택하여 머릿속에 그리고 또 그리기 바란다. 면접관이 물어보는 질문에 자신 있게 술술 웃으며 대답하는 자신의 모습도 좋고, 답변을 잘해서 웃으며 면접장을 나오며 기뻐하는 장면도 좋다. 중요한 것은 자신이 성공하는 구체적인 장면을 계속 반복해서 생각하라는 것이다.

자신이 선택한 장면을 시간이 날 때마다 틈틈이 상상하는 것이 좋지만, 특히 잠자기 직전과 아침에 일어난 직후에 반복해서 생각하자. 잠자는 시간은 잠재의식 속의 자아가 깨어 있는 시간이다. 그렇기 때문에 잠에 살짝 빠져 있는 잠자기 직전과 직후가 자신의 자아에게 좋은 암시를 하는 데 가장 좋은 시간이라는 전문가들의 의견이 있다.

면접 시뮬레이션 장면을 반복하여 떠올리는 것은 나의 자아에게 신호를 보내는 것과 같다. 머지않아 이와 비슷한 미래가 찾아올 것이고 상상 속의 나는 성공적으로 면접을 마친 후 여유롭게 웃게 될 것이라고 말이다.

필자 역시 관광통역안내사 자격시험을 독학으로 준비하면서 면접장에서 술술 대답하는 장면을 매일 매일 머릿속에 그렸다. 얼마나 열심히 생각했는지 그 결과 외국인을 가이드하는 꿈을 꾸게 되었다. 외국어로 대화를 했는지는 기억이 나지 않는다. 다만 외국인들을 인솔하며 수원화성을 다녀오는 꿈을 두 차례 꾸었다.

만족스럽게 답변을 마치고 면접장을 떠나는 장면 또한 필자가 즐겨하던 상상이었다. 그리고 필자가 꾼 꿈대로 아는 문항만 질문을 받았고, 웃으며 면접장을 나올 수 있었다. 꿈을 꾸고 노력을 하면 분명 꿈 꾼대로 그 일들이 일어난다. 꿈을 이루는 상상을 하는 것은 결코 가치 없는 일이 아니다. 그러니 성공적으로 면접을 치르는 즐거운 상상을 하기 바란다. 손해 볼 것은 없지 않은가. 다만, 모든 상상에는 구체적인 자신의 노력이 수반되어야 그 진가가 발휘된다는 충고를 덧붙인다.

01 | 발화의 크기와 속도는 곧 전달력이다.

면접에서 응시자의 목소리 크기와 말하는 속도는 응시자의 정서 상태를 반영한다. 즉, 너무 긴장하면 목소리가 매우 작아지거나 말하는 속도가 제어하기 힘들 정도로 빨라질 수가 있다. 만일 원래 목소리가 작거나 말이 빠르다면 면접상황에서는 더욱 주의해야 한다. 자신이 평가를 받는다는 부담감 때문에 평소보다 더 비정상적인 목소리 크기나 발화 속도로 말하게 되기 때문이다.

목소리 크기와 속도가 적절하지 않다면 답변이 아무리 훌륭하다 해도 그 의미가 전달될 수 없다. 목소리가 작으면 면접관은 집중하여 듣기 위해 신경 쓰느라 미간을 찌푸리게 된다. 또한 말하는 속도가 너무 빠르면 도무지 무슨 말을 하는지 이해하기가 힘들어진다. 10여 분을 그렇게 대화하다 보면 면접관의 기분이 좋을 리가 없다.

실제로 사람들과 대화를 하거나 관광통역안내사 일을 할 때도 목소리 크기와 발화 속도는 중요하다. 분명히 상대에게 많은 이야기를 해 주었는데, 나중에 보면 상대방은 자신이 한 말의 핵심을 잘 모르고 심지어는 잘못 이해하고 있는 경우가 있다. 결국 혼자서만 열심히 설명하고 나서는 상대방이 모두 이해했으리라는 착각을 하고 있는 것이다. 혹시 생활 속에서 주변 사람들과 이야기할 때도 자신이 이렇지는 않은지 생각해 보라.

많은 이야기를 빨리 하는 것이 중요한 것이 아니라, 중요한 말을 상대에게 잘 전달하는 것이 중요한 것이다. 자신이 외운 것을 빠르게 쏟아 놓고 나오는 데만 집중해서는 안 된다. 듣는 사람의 입장에서 이해하기 쉽게 중요한 말을 강조하며 말하는 데 초점을 두어야 한다.

02 | '복식호흡으로, 명확하게, 적당한 속도'로 말하자.

답변을 할 때는 자연스러운 속도로 명확하게 발음한다. 의미를 가진 단어들 중심으로 귀에 쉽게 들어오도록 선명하게 발음하되, 너무 천천히 혹은 너무 빠르게 이야기하지 않도록 유의한다. 너무 빠르게 말하면 호소력이 떨어지고 면접관의 집중이 흐트러진다. 반면에 너무 천천히 말하면 부자연스럽고 외국어 실력이 미흡하다는 인상을 준다. 복식호흡을 하면서 평상시보다 여유 있게 조금 더 천천히 말한다는 느낌으로 말하면 적당한 속도가 될 것이다.

간단히 설명하자면 복식호흡은 숨을 들이마실 때 아랫배 쪽까지 공기를 불어넣고, 내쉴 때 들이마셨던 숨을 모두 내뱉는 호흡이다. 성악을 하는 사람이나 요가 수련을 하는 사람들이 훈련하는 호흡이 바로 이 복식호흡이다.

복식호흡을 하면 긴장이 완화되고 목소리가 커지는 효과가 있다. 가슴으로만 얕은 숨을 쉬면서 말하면 발화에 사용될 에너지가 부족하기 때문에 목소리가 작아지게 된다. 따라서 말을 시작하기 전에 매번 배 가득히 공기를 채우고 나서 발화하도록 한다. 또한 목소리를 낼 때는 힘주어 배를 잡아당기며 입 밖으로 공기를 많이 내보내야 한다. 목구멍은 하품을 할 때처럼 완전히 개방하고 입은 크게 벌려서 공기가 나오다가 가로 막히지 않도록 한다. 이렇게 복식호흡의 에너지를 온전히 사용하면 대화할 때 상대방이 "방금 뭐랬어?"라면서 자신이 들은 것을 재확인하는 일이 적어지게 된다.

복식호흡은 두뇌를 효율적으로 사용하기 위해서도 필요하다. 여러분은 시험 도중에 머리가 무거워지고 뇌가 멈추어 버리는 것만 같은 경험을 해본 적이 있을 것이다. 이것은 우리 뇌의 산소가 부족하기 때문에 나타나는 현상이다. 복식호흡은 우리 뇌에 산소를 많이 공급해서 두뇌회전을 빠르게 만들어 준다는 여러 연구결과들도 있다.

관광통역안내사의 면접문항에는 응시자의 임기응변 능력을 요구하는 질문들이 자주 출제된다. 즉, 본 도서의 기출문제들을 토대로 샅샅이 준비를 한다 하더라도 예기치 못한 문제가 나올 수 있다는 것이다. 이때 당신의 두뇌가 여유를 찾고 재빠르게 답을 생각할 수 있도록 하기 위해서 필요한 것 중 하나가 복식호흡이다. 면접장 대기실에 앉아있는 동안에 꼭 복식호흡을 하기 바란다.

어떤 질문을 받더라도 당신은 목소리 크기와 발화 속도라는 시험에 들게 된다. 따라서 이것들을 연습하는 것은 예상답변을 외우는 것만큼이나 중요하다. 주변 사람을 적극 활용하여 자신의 목소리 크기와 발화 속도를 점검받아 보자.

자신이 말하는 것을 녹음해서 들으면서 속도와 발음을 체크해 보는 것도 좋은 방법이다. 절대 목소리 훈련을 간과하면 안 된다. 모든 일은 정성이 있어야 이루어진다. 훈련을 통해서 말하는 방식이 더 호소력을 가질 수 있다면 기꺼이 주변 사람에게 도움을 구해서 훈련해야 한다. 단순히, "아, 그날 면접장에서 너무 빠르지 않게 크게 말해야지"라고 편하게 '생각'만 하는 것은 제대로 된 준비자세가 아니다. 시간을 투자하여 연습한 사람과 생각만 한 사람은 실전에서 분명히 차이가 난다는 사실을 기억하기 바란다.

면접을 보고 나면 응시자는 당락에 대한 느낌이 온다. 답변을 하는 중에도 이미 '붙을 것 같다'는 심증 혹은 확신은 어디서 오는 것일까? 바로 면접관의 생각과 마음이 자신과 통한 것 같다는 자신감에서 온다.

아무리 좋은 답변을 해도 면접관의 공감을 받지 못하면 좋은 점수를 얻기 힘들다. 답변을 하는 동안 면접관이 보여주는 수용의 눈빛과 고갯짓은 긍정적인 공감의 표현이다. 면접관의 마음에 와 닿고 그 안에서 울림을 일으키는 답변을 하려면 어떤 전략을 세워야 할까?

면접이라는 짧은 만남에서 상대의 마음을 움직이려면 강한 인상을 줄 수 있는 표현 방식을 택할 필요가 있다. 즉, 문장의 길이와 휴지(Pause), 중요한 이야기를 말머리에 두느냐 후미에 두느냐에 따라 답변의 설득력이 강해지기도 하고 약해지기도 한다. 여기 인상적인 답변을 위한 다음 방법들을 소개한다.

01 | 간단하고 쉬운 표현을 이용하여 효과적으로 생각을 전달하라.

외국인들은 말할 때 길고 어려운 표현을 사용하지 않는다. 문장이 길어지면 듣는 사람의 주의력이 흐트러지고 의사전달력이 떨어진다. 특히 자신의 확고한 신념이나 중요한 생각을 담고 있는 말은 짧고 간단한 문장으로 힘주어 말하는 것이 호소력이 있다.

하고 싶은 말을 쉽게, 모두 하는 것이 바로 능력이다. 빙빙 돌려가며 어려운 용어들을 늘어놓지 말고 핵심을 찌르는 몇 가지 단어들을 사용하여 포인트를 전달한다. 이 책의 답변들도 그런 방법으로 구성한 것이다. 필자는 수험생 분들이 좀 더 쉽고 간단하게 사용할 수 있는 표현들을 찾기 위해 답변을 여러 번 읽으며 표현을 가다듬었다. 여러분만의 답변을 구성할 때도 같은 의미의 말을 반복하지는 않는지, 혹은 의미 없는 말들을 늘어놓고 있지는 않는지를 여러 번 점검하기 바란다.

만일 부득이하게 긴 문장으로 말해야 할 때는 적당한 의미단위로 끊어서 말하도록 한다. 긴 문장을 단숨에 말하는 것보다 중간에 휴지를 두면서 이야기하는 것이 의사전달에 효과적이라는 것은 말할 필요조차 없다. 영어로 된 답변을 예로 들어 보겠다. 다음과 같이 한 가지 내용의 답변을 두 가지 유형으로 대답할 수 있다.

사례

Type 1

My experience as a part time worker / in the same restaurant / for 3 years / demonstrates that / I am a diligent / and hard working person.
(3년 동안 같은 식당에서 아르바이트를 한 경험은 제가 부지런하고 열심히 일하는 사람임을 보여 줍니다.)

Type 2

I had a part time job in a restaurant. / I worked in the same restaurant for 3 years. / I think it demonstrates that I am a diligent and hard working person.
(저는 음식점에서 아르바이트를 했습니다. 저는 3년 동안 같은 식당에서 일했습니다. 그것이 제가 부지런하고 열심히 일하는 사람이라는 것을 보여 준다고 생각합니다.)

Type 1은 한 문장 안에 모든 정보를 담아서 긴 문장으로 이야기하였다. 대신 명확한 의미전달을 위해서 의미단위로 끊어서 말했다. Type 2는 세 개의 문장으로 짧게 끊어서 같은 의미를 전달하였다. 이러한 짧고 단순한 구조의 문장은 이해하기 쉽다는 장점이 있다. 또한 중간에 I think, I believe 등의 자신감이 담긴 표현들을 넣어서 자연스럽게 이야기할 수 있다는 장점도 있다. 하지만 이런 말들을 과도하게 반복하는 것은 피해야 할 것이다.

02 | 중요한 말은 말머리에 하라.

답변의 첫 문장은 가장 중요한 정보나 생각을 담고 있는 짧은 문장으로 말하는 것이 좋다. 첫 문장만 듣고도 앞으로 당신이 어떤 이야기를 할지 예측할 수 있어야 한다. 그 뒤로는 그 중요한 말을 뒷받침하는 이야기들을 한다.

면접관은 여러 명의 응시자를 상대한다. 같은 의자에 앉아, 같은 위치에 앉은 여러 명의 응시자에게, 같은 문항들을 번갈아가며 질문하고 있는 것이다. 면접관도 사람이므로 주의가 산만해지기도 하고 머릿속에 다른 생각이 끼어들기도 한다. 최악의 경우 당신 직전에 들어왔던 응시자가 작은 목소리로 횡설수설하는 바람에 짜증이 나 있는 상태일 수도 있다.

따라서 주제문장(Topic Sentence)을 가장 먼저 말하고 나서 서너 문장의 부연설명을 하는 문장(Supporting Sentence)들을 말한다. 중요한 말을 먼저 하면 확고하고 강한 이미지를 풍길 수 있고 면접관의 입장에서도 답변을 이해하기가 쉽다. 또한 시간부족 등의 이유로 중간에 답변을 중지해야 하는 상황이 벌어지더라도 중요한 말을 뒤에서 하려다 기회를 놓치는 일은 벌어지지 않을 것이다. 주제문장을 말머리에 둔 답변의 예를 들어 보겠다.

➕ 사례

질문 : 당신의 인생철학은 무엇입니까?
(What is your philosophy in life?)

답변 : 제 인생철학은 '천천히 그리고 꾸준히 하면 경주에서 이긴다'입니다. 제가 그렇습니다. 어떤 일을 할 때 저는 쉬지 않고 정말 노력을 합니다. 그 일이 끝날 때까지 저는 집중을 합니다.
(My philosophy in life is "Slow and steady wins the race." This is me. When I do something, I really make an effort without stop. I am focused until it is finished.)

03 | 완전한 두세 문장으로 답하라.

➕ 사 례

질문 : 점심으로 무엇을 드셨나요?

(What did you have for lunch?)

답변 : 김밥이요.

(Gimbap.)

위와 같이 답하는 것은,

➕ 사 례

질문 : 영화 좋아하십니까?

(Do you like movies?)

답변 : 네.

(Yes.)

라고 대답하고 침묵을 지키는 것만큼이나 질문한 사람을 김빠지게 하는 대답이다. 관광통역안내사가 이런 식이라고 상상해 보자. 그와 함께하는 여행은 참으로 지루할 것이다. 혹은 당신의 친구나 배우자가 이런 식이라고 상상해 보자. 기분이 별로 좋지 않을 것이다. 하물며 당신은 면접상황에 있다. 따라서 모든 질문에 두 세 문장으로 답하는 성의를 보이고, 그러한 대답을 하게 된 이유와 세부적인 개인의 의견이나 취향을 언급하는 내용을 담아 보자. 그것이 조금이라도 면접관의 마음에 가까워지는 방법이다.

모든 질문에 응시자는 다음과 같이 추가적으로 이야기할 수 있다.

질문 : 점심은 무엇을 드셨나요?

(What did you have for lunch?)

답변 : 김밥을 먹었습니다. 저는 시간을 절약하고 공부를 더 하고 싶었거든요.

저는 김밥을 좋아해서 자주 먹습니다.

(I had Gimbap. I wanted to save time and study more. I often eat Gimbap because I like it.)

질문 : 영화 좋아하십니까?

(Do you like movies?)

답변 : 네, 좋아합니다. 실은 공상과학영화를 좋아합니다. 스타워즈 에피소드를 제일 좋아합니다.

(Yes, I do. Actually I like sci-fi movies. 'Star Wars' episodes are my favorites.)

이때 주의할 점은 어디서 그만두어야 할지를 알고 대답을 멈추어야 한다는 것이다. 너무 많은 정보를 주게 되면 면접관은 집중력이 떨어지고 어떤 정보를 받아들여야 할지 헷갈리게 된다.

위에서는 김밥을 먹게 된 이유가 시간을 절약하기 위해서라는 정보를 줌으로써 응시자가 부지런하며 열심히 공부하는 사람이라는 이미지를 주고 있다. 시간의 소중함을 마음에 새기고 있는 면접관이라면 당신이 시간을 절약하려고 김밥을 먹는다는 이야기가 긍정적으로 작용할 것이다. 또 하나는 영화를 좋아하느냐는 질문에 공상과학영화를 좋아한다고 말하면서 구체적인 영화 제목을 언급하였다. 이 경우에도 면접관이 Sci-fi 영화를 좋아한다면 면접관은 자신도 모르게 응시자에게 마음이 끌리게 될 것이다.

구체적인 정보를 주고 거기에 자신의 생각을 덧붙일 수 있는 이런 질문은 자신의 성향을 자연스럽게 드러낼 수 있는 절호의 기회이다. 당신의 인간적인 모습을 스스럼없이 드러내고 짧은 시간 동안 면접관을 당신의 편으로 만들어 보자. 당신의 담백한 태도와 모습에 면접관은 당신을 평가해야 한다는 긴장감을 늦추고 당신에게 긍정적인 감정을 느낄 것이다.

그러므로 면접관이 하는 모든 질문에 성의 있게 답하라. 당신이 나중에 관광통역안내사로 활동할 때도 마찬가지다. 관광객들의 모든 질문에 성의있게 진심어린 답변을 해 주어야 한다. 다만 면접상황에 있으므로 너무 장황하게 답변을 늘어놓지 않도록 조심하자.

04 | 자신의 경험의 의미를 구체적으로 해석한다.

경험이 아니라 경험의 의미가 중요하다. 예를 들어 세차 아르바이트 경험이 있다는 사실 자체는 당신에 대한 의미 있는 정보가 될 수 없다. 해외에서 어학연수를 했다는 사실도 그리 의미 있는 정보는 아니다. 경험들을 무의미하게 늘어놓는 것은 별 도움이 되지 못한다. 중요한 것은 그 경험의 의미를 해석하는 것이다. 자신의 과거 경험이 어떻게 해서 현재 자신이 가지게 된 자질의 밑거름이 되었는지 그 연결고리를 설명해야 한다. 다음은 세차 아르바이트 경험을 의미 있게 해석한 것이다.

➕ 사례

"저는 세차장에서 아르바이트를 했었습니다. 차 주인들이 출근할 때 차를 사용해야 해서 저는 아침 일찍 세차를 마쳐야만 했습니다. 저는 새벽 4시에 세차를 하곤 했습니다. 다음 날 일찍 일어나기 위해서 저는 늦게까지 술을 마신다거나 텔레비전을 보는 일을 자제해야 했습니다. 결과적으로는 그 일은 일찍 일어나고 제 자신을 관리하는 계기가 되었습니다. 저는 여전히 일찍 일어나 독서하는 것을 즐깁니다."

(I had a part-time job in a car wash. The owners of cars had to use their cars to work, so I had to finish washing cars early in the morning. I used to wash cars at 4. To get up early next morning, I had to refrain from drinking and watching TV late at night. In result, it gave me the reason to get up early and manage myself. I still get up early and enjoy reading books.)

'세차'라는 아르바이트 경험은 사실로만 접근하면 특별함이 없어 보인다. 또한 직접 해 보지 않았다면 그 일의 고충을 알 길이 없다. 하지만 그 어려움을 설명하면서 철저한 자기관리의 계기가 되었다는 이야기로 풀어 가면 듣는 사람의 마음을 움직일 수 있는 좋은 경험으로 만들 수 있다. 그뿐만이 아니라 '여전히 일찍 일어나 독서한다'는 말로 현재 자신의 부지런한 성향과 연결하여 답변했다는 점도 눈여겨보기 바란다. 외국에서 공부한 경험에 대해 이야기할 때도 다음 사례처럼 의미 있는 해석이 필요하다.

➕ 사례

"유학을 갔을 때 모든 것을 혼자 해야 한다는 것을 깨달았습니다. 저는 두려웠습니다. 처음에는 어딘가에 가서 무엇인가를 하려 할 때마다 도움을 구해야 했습니다. 하지만 저와 다른 문화에 적응하는 동안 저는 서서히 아주 사교적인 사람으로 변해 가고 있었습니다. 이제 저는 새로운 사람을 만나도 어색함을 없애는 데 능숙합니다. 사람들과 어울리는 것도 좋아합니다."

(When I studied abroad, I realized I had to do everything on my own. I was scared. At first, I had to ask for help everytime when I went somewhere and tried to do something. However, while I was adapting to the different culture from mine, I was slowly changing into a very sociable person. Now I am good at breaking the ice when I meet a new person. I also enjoy getting along with people.)

이처럼 '유학을 가서 공부를 하고 많은 것을 배웠습니다'와 같은 단정적인 말보다 경험이 자신의 인생이나 성격에 가져온 변화를 설명하는 것이 더 마음에 와 닿는다. 과거 자신이 극복했던 경험과 그로 인해 배운 점을 언급하면 당신의 이미지는 한층 좋아진다. 즉, 역경에 부딪혀도 포기하지 않고 이겨 낼 수 있는 사람이라는 이미지가 어필되는 것이다.

그렇다면 이런 답변은 어떻게 하면 나올 수 있는 것일까? 먼저 현재의 자신을 만든 경험이 무엇인가를 깊이 생각해 보아야 한다. 당신의 장점들은 과거에 당신이 했던 경험들로 만들어진 것이다. 과거 힘들었던 경험은 그 당시에는 괴롭고 견디기 힘들지만, 훗날 당신의 성숙과 마음의 단련을 가져온다. 중요한 경험들을 생각해 내어 의미 있게 해석해 보고 현재 자신이 가진 장점들과 연결해 본다. 그런 다음 그러한 자질들이 훌륭한 관광통역안내사의 자질과 겹치는 부분을 생각해 본다. 나는 누구인가? 나는 어떤 경험을 하였는가? 나의 장점, 내가 가진 관광통역안내사로서의 자질, 롤 모델 등에 대한 깊은 사유를 통해 자신만의 독창적인 대답을 만들어 내는 것이 중요하다.

05 | 자신의 꿈과 계획을 언급하라.

'나는 앞으로 ~을(를) 하고 싶다'는 말 속에는 자신의 꿈과 인생관이 녹아 있다. 미래를 계획하고 꿈을 생각하는 당신은 강력한 잠재력이 있는 사람이라는 인상을 준다. 면접관이 따로 물어보지 않아도 다양한 질문에 대한 대답의 마지막에 덧붙일 수 있는 것이 바로 자신의 꿈과 계획이다.

어떤 관광통역안내사가 되고 싶은지 구체적으로 생각해 보았는가? 당신은 고궁 전문 관광통역안내사로 일하거나 패키지여행 가이드로 일하고 싶을 수도 있다. 혹은 박람회나 컨퍼런스에 참가하여 통역을 해 보고 싶다는 꿈이 있을지도 모른다. 다음은 자신의 꿈과 계획을 어필하는 답변의 예들이다.

✚ 사례

[I] 제가 관광가이드가 된다면, 관광객들이 한국에 대해 좋은 기억들을 가지고 고국으로 돌아갈 수 있도록 상냥하고 친절하게 대해 주겠습니다.
If I become a tourist guide, I will be nice and kind to travelers so that they can go back to their countries with good memories about Korea.

[II] 제가 외국인 관광객들과 친구가 된다면, 그들과 페이스북을 통해서 계속 연락을 유지하겠습니다.
If I make friends with foreign tourists, I will keep in touch with them through facebook.

사례 Ⅰ은 관광통역안내사가 되고자 하는 동기를 묻는 질문에 답변하면서 자신의 소신을 언급한 것이다. 사례 Ⅱ는 기술의 발달이 관광에 미치는 영향에 대해 답변하면서 관광통역안내사가 되고 나서의 계획을 언급한 것이다.

자신의 미래의 모습을 아직 구체적으로 정하지 않았다면 지금 정하면 된다. 자신의 꿈과 계획을 이야기하는 응시자를 보았을 때 면접관은 기분이 좋아질 것이다. 꿈을 꾼다는 것 자체가 꿈을 이루기 위해 노력하고 있는 모습이기 때문이다. 그것은 현재 보이지 않는 당신이 가진 잠재력이며, 면접관이 마음속으로 당신에게 주는 플러스 점수가 될 것이다.

06 정보와 그 의미를 함께 답하라

01 | 답변 = 정보 + 의미

면접에서 물어보는 문항의 개수는 5개 내지 10개 정도(2023년 기준 평균 3개)이고 소요 시간은 10분 안팎이다. 그렇다면 어떤 계산이 나오는가? 한 문제당 답변할 시간은 그리 길지 않다. 면접 준비라고 해서 질문에 대한 답을 혼자서 길게 브리핑해야 한다는 부담을 가지지 말기 바란다. 이 책에서는 응시자들의 학습과 이해를 돕기 위해 필요할 정보들을 넉넉히 담아서 면접 문항에 충실하게 답변하고자 노력하였다. 즉, 대답을 하고도 남을 분량으로 답변을 구성하였다. 하지만 실제 면접에서 외운 것을 혼자서 강의하듯 이야기한다면 정말 지루할 것이다. 면접 또한 면접관과의 대화라는 것을 잊어서는 안 된다.

답변을 구성할 때는, 질문에 대한 사실과 정보에 대한 답변을 먼저 하고 그 답변이 가지는 의미를 추가하여 구성하는 것이 좋다. 의미 없는 정보를 두서없이 나열하는 것은 최악이다. 관광통역안내사가 문화재나 장소를 가이드하는 것을 생각해 보자. 정보를 설명한 후 반드시 그 의미와 중요성을 함께 이야기한다. 또한 특정 장소에서 일어난 사건을 이야기할 때는 그 사건이 일어난 이유를 함께 이야기한다. 이렇게 정보를 의미와 함께 구성하면 어떤 효과가 있을까?

첫째, 듣는 사람이 지루하지 않다.
정보 그 자체는 사실일 뿐 의미를 가지고 있지 않다. 여기에다 중요성이나 이유를 같이 설명해 줌으로써 '재미있다, 중요하다, 가치 있다, 놀랍다, 신기하다, 그런 차이가 있었구나, ~이었기 때문이다'와 같은 감성을 자극하는 이야기가 만들어지는 것이다. 가끔 면접 중에 면접관이 고개를 끄덕이는 것은 답변의 내용 중 무엇인가로 인해 감성을 자극받은 즐거움 때문이다.

둘째, 외우기가 쉽다.

중심문장 서너 개를 뽑고 관련된 의미 있는 문장들로 살을 붙여 두면 답변할 때 중심문장들만 떠올려도 관련된 이야기들이 쉽게 떠오른다. 필기시험이 끝나고 주어지는 면접 준비시간은 두 달이 채 되지 않는다. 그리고 필기 합격을 하고 나면 그때부터는 마음이 급해지기 쉽다. 면접에서 준비할 내용은 굉장히 방대하기 때문에 기출문제에 대한 답을 구성하기도 쉽지 않다. 이때 중심문장들과 뒤따라오는 문장을 '의미'라는 탄탄한 고리로 연결해 둔 답변이 진가를 발휘한다. 많은 분량의 내용들이 단시간에 머릿속에 들어오고 말로 나오는 일이 가능해지는 것이다.

셋째, 면접관이 추가적으로 물어볼 수 있는 꼬리질문에 대비할 수 있다.

면접관은 답변에 관련된 지식을 물어보기도 하고 답변하는 중에 응시자가 호감을 표현한 분야에 대해 더욱 상세한 설명을 요구하기도 한다. 이것이 바로 수험생을 당황시키는 꼬리질문이다. 정보와 그 의미를 연결하는 공부방법은 "왜?"라는 물음표를 항상 머릿속에 품고 있어야만 가능하다. 이것에 익숙한 수험생은 지식을 음미하면서 심도 있게 공부하는 자세가 길러진다.

예를 들어 화폐 속의 인물들을 이야기하라는 문항에서는 각 인물들에 대한 추가설명을 요구한다. 만일 수험생이 서울에 있는 5대 궁을 나열하면서 궁궐들 중에 창덕궁이 한국 궁궐의 아름다움을 가장 잘 보여 주는 궁이라고 생각한다는 말을 덧붙였다고 하자. 그 뒤로는 창덕궁이 아름다운 이유를 설명해 보라는 꼬리질문이 이어질 가능성이 크다. 이처럼 정보와 그것의 의미를 미리 생각해 두면 꼬리질문을 예측하는 것이 아예 불가능한 것만은 아니다.

한편 정보를 그 의미와 함께 구성하면 면접관이 꼬리질문을 하고 싶은 유혹이 줄어들 수도 있다. 예를 들어 다크투어리즘에 대해 설명하라는 질문을 받았을 때, 한 응시자는 다크투어리즘의 정의와 중요성만 이야기하고 답변을 마친다. 그런데 또 다른 응시자는 다크투어리즘의 정의와 중요성뿐만 아니라 그 예가 되는 관광지를 덧붙여 이야기한다. 어떤 응시자가 더 깊이 있게 공부한 것으로 보이는가? 당연히 두 번째 응시자이다. 관광지를 열거하는 모습을 본 면접관은 응시생이 충분히 답변했다는 판단하에 바로 다음 질문으로 넘어갈 것이다.

02 | 객관적인 사실은 정보와 의미에 필수적이다.

예를 들어 온돌에 대해 설명하라는 질문을 받았다고 하자. 그러면 먼저 온돌은 무엇인가를 설명해야 한다. 한국 전통가옥의 난방장치라는 정도의 대략적인 설명을 한 후 온돌의 원리에 대한 설명으로 넘어간다. 이때 외국인에게 설명한다는 가정하에 이해하기 쉽고 간단하게 설명해야 한다. 횡설수설하면서 설명이 꼬이면 듣는 사람의 심경이 불편해지므로 반드시 연습이 필요하다. 그런 다음 더 답변할 여유가 있는 응시자들이 가장 자연스럽게 연결하여 언급할 수 있는 내용은 무엇일까. 바로 온돌의 우수성이다.

본서에서는 온돌의 우수성에 대하여 부엌에서 불을 떼어 음식을 하는 동시에 방을 따뜻하게 했다는 점에서 한국의 조상들이 지혜롭고 과학적이었다고 설명하였다. 이때 주의할 점은 막무가내로 훌륭하고 우수하다는 이야기를 하면 안 된다는 것이다. 객관적인 근거와 사실을 바탕으로 설명해야 듣는 사람도 자연스럽게 수긍을 하게 될 수 있다.

07 | 꼬리질문(Subsidiary Question)에 대비하라

01 | 꼬리질문을 100% 활용하자!

단시간에 틀에 박힌 대본을 외워서 면접시험 준비를 하는 수험생들은 걱정이 있다. 바로 꼬리질문을 받으면 어쩌나 하는 고민 때문이다.

꼬리질문이란 어떤 문항에 대한 당신의 답변에 대하여 면접관이 추가적으로 던지는 질문을 말한다. 관광통역안내사 시험에 자주 등장하는 것이 꼬리질문이다. 그것은 답변 내용에 대한 예시들을 요구하기도 하고, 답변과 관련된 자신의 경험이 실제로 있는지를 물어보기도 한다. 애초에 질문은 "서울의 5대 궁에 대해서 말해 보시오" 였지만, 면접관이 "그곳에 가 본 적이 있는가? 가 봤다면 더 상세하게 이야기해 보라"고 요구할 수도 있다. 만일 당신이 질문에 대한 답변 맨 마지막에 "저는 특히 ○○○을 좋아합니다."라고 말하면 그에 대한 상세한 지식을 말해 보라고 할 수도 있다.

대체 면접관들은 왜 꼬리질문을 하는가? 여러 가지 이유가 있겠지만 명백한 결론은 당신이 관광통역안내사가 되어서도 이 꼬리질문들은 계속될 것이라는 점이다. 그때는 면접관이 아니라 당신이 인솔하는 관광객들이 꼬리질문을 할 것이다. 만일 관광객들에게 꼬리질문을 받지 않는다 하더라도 관련된 이야기를 들려주는 것은 관광객 인솔을 흥미롭게 진행하는 요령 중의 하나이다. 다시 말하면 꼬리질문에 잘 대처하는 능력 또한 관광통역안내사에게 필요한 자질 중의 하나라는 이야기이다.

외워서 앵무새처럼 말하는 지원자는 급작스런 꼬리질문에 대처할 능력이 부족하다. 심지어 어떤 지원자는 일부러 간단하게 대답하여 그런 질문을 원천봉쇄하는 경우도 있다. 이런 관광통역안내사에게 가이드를 받으며 여행을 하면 참 재미없는 관광이 될 것 같다. 당신은 꼬리질문을 회피하겠는가? 아니면 두 팔 벌려 받아들이고 아는 대로 성심성의껏 설명하겠는가?

꼬리질문을 잘 활용하면 면접관에게 내가 알고 있는 것을 마음껏 드러낼 수 있는 나의 무대가 만들어진다. 추가 질문을 받는다는 것은 면접관의 관심을 끌었다는 것이며 자신을 표현할 수 있는 새로운 기회가 부여된다는 것을 의미하기 때문이다. 응시자들이 가지고 있는 지식은 모두 비슷하다. 따라서 면접장에서는 여러 명의 응시자들이 이 비슷한 내용의 답변을 외워서 반복하는 상황이 벌어진다. 면접관의 입장에서도 이는 그다지 유쾌한 경험이 아닐 것이다. 이 순간 꼬리질문에 적절히 대처하는 당신의 능력은 빛을 발하게 될 것이다.

꼬리질문을 받았을 때의 당신의 태도 또한 중요하다. 일단 이 추가적인 질문을 환영하는 미소를 짓도록 한다. 질문에 대한 답을 알건 모르건 긍정적인 피드백을 주어야 한다. 관광통역안내사 일을 하다가 관광객에게 꼬리질문을 받았다고 인상을 쓰면 어떻게 될까? 그 상황을 생각하면서 아는 대로 친절하게 응대해 보자.

어떤 노련한 응시자는 면접관의 질문에 일부러 미끼가 들어 있는 대답을 한다고 한다. 면접관이 그 미끼를 물고 추가질문을 하는 순간 면접은 내가 짜 놓은 판대로 돌아가는 나의 무대가 되기 때문이다. 긴장되는 면접 상황 속에서 이렇게까지 유도하지는 못하더라도, 꼬리질문을 박대하지 말고 환영하는 태도를 취해 보자. 분명 당신에게 추가점수로 작용할 것이다.

02 | 꼬리질문의 위기를 기회로 바꾸는 방법

꼬리질문은 합격으로 통하는 하나의 비상구이다. 그 열쇠는 물론 당신이 쥐고 있다. 모르는 것에 대한 추가질문을 받는다고 해서 시무룩해지면 안 된다. 꼬리질문은 기회이다. 준비된 응시자는 그 기회를 통해 자신의 언어실력을 드러낼 수 있을 뿐만 아니라 모르는 것을 질문받았을 때 유연하게 대처한다면 그 위기를 합격의 기회로 바꿀 수 있다.

질문을 받으면 먼저 그에 대한 답변을 성실하게 한다. 그리고 뒷부분에 그와 관련하여 자신의 생각을 덧붙여 보자. 예를 들어 한류현상에 대하여 답변을 한 후에는 그에 대한 당신만의 생각을 덧붙인다. 이때 단순히 나는 그것을 좋아한다고 말하는 것은 의미가 없다. 좋아한다는 것은 그저 감정이기 때문이다.

예를 들어 한류현상은 한국 관광사업 발전에 큰 도움이 되었고 이제는 그것을 지속하기 위해서 노력을 해야 한다고 생각한다는 식으로 당신의 생각을 비추어 보자. 그러면 당신을 바라보는 면접관의 눈빛이 달라질 것이다. 다음에 이어질 꼬리질문은 무엇일까? 그렇다. 그렇다면 한류를 유지하고 촉진하기 위해서 한국관광은 앞으로 어떤 노력을 해야 할지를 묻는 질문이 이어질 가능성이 높다. 그러면 마음속으로 쾌재를 부르며 준비했던 답변을 말하면 되는 것이다.

단, 꼬리질문을 합격의 열쇠로 만들기 위해서는 폭넓게 공부해야 한다. 지금부터라도 공부를 할 때 기출문제에 대한 답만 외우지 말고 관련된 관광 정보와 상식에도 관심을 가지기 바란다. 특히 신문기사와 잡지, 인터넷 사이트를 찾아가며 얻은 살아있는 지식들은 관광산업에 대한 당신의 시야를 넓혀 준다. 구체적인 사례와 함께 자신의 생각을 가미하여 만든 답안이 호소력이 있다. 당신의 열쇠를 당신만의 모양으로 다듬어라. 그러면 문은 열릴 것이다.

08 | 다섯 번 이상 독파하라

01 | 복습의 중요성

여러분 앞에는 지금 관광통역안내사 2차 면접 수험서가 있다. 앞으로 100개가 넘는 질문에 대한 답변을 공부하고 자신만의 답변으로 만들어야 한다. 치밀한 성격을 가진 응시자는 남은 시간과 공부해야 할 분량을 이미 계산하고 있을지도 모르겠다. 2차 면접 시험일까지 며칠이 남았는가? 그리고 당신이 하루에 공부에 온전히 집중할 수 있는 시간은 하루 중에 얼마나 되는가?

자신이 문제집 한 권을 사서 보는 데 얼마가 걸리고 몇 번을 보는지 스스로 질문해 보자. 구입과 동시에 보지 않고 어둠 속에 꽂아 놓은 책도 있을 것이고, 공부하다가 다른 일에 주의를 빼앗기고 방치하여 책 표지만 보아도 마음이 무거워지는 책도 있을 것이다. 책 한 권을 몇 번이나 공부하는가? 책을 끝까지 다 보고 나면 과연 머릿속에 남아있는 것은 얼마만큼인지 자신 있게 답할 수 있는가?

독일의 심리학자 헤르만 에빙하우스(Hermann Ebbinghaus)의 망각곡선은 이 분야에서 아주 유명하다. 인간의 기억력은 시간의 흐름에 반비례한다는 그의 연구에 따르면 학습한 지 10분 후부터 망각이 시작되며 1시간 후에는 50%, 하루 뒤에는 70%의 기억손실이 일어나고 한 달이 지나면 80%가 망각된다고 한다. 쉽게 말해 300페이지 분량의 책을 10페이지 정도씩 한 달 동안 공부하면 페이지를 넘기는 순간부터 앞의 내용에 대한 기억손실이 일어나기 시작한다는 것이다. 그리고 한 달 후 기억에 남은 것은 100페이지도 채 안될 것이라는 예측이 나온다.

그렇다면 날개를 달고 떠날 준비만을 하는 기억을 꽁꽁 묶어 붙잡아 둘 수 있는 방법은 없을까. 모두가 알고 있듯이 그 해답은 복습에 있다. 그의 이론에 따르면 복습의 효과가 가장 뛰어난 시간은 학습이 끝난 직후이다.

따라서 공부를 할 때 마지막 10분은 그 날 공부한 것을 복습하는 시간으로 한다. 1시간을 공부하기로 한 경우 50분이 되면 공부하던 것을 멈춘다. 그리고 10분 동안 공부한 내용을 빠르게 점검한다. 이것이 바로 기억을 묶어 두는 작업이다.

이쯤에서 필자가 애용하는 '책 한 권을 다섯 번 보는 학습법'을 소개하고자 한다. 문제집을 예로 들어 보겠다. 첫 회 책을 볼 때는 자신이 몰랐던 문제와 망각할 가능성이 보이는 문항에 동그라미를 치며 진도를 나간다. 이때 주의할 점은 답이 나오는 데 단서가 될 만한 흔적을 문제집에 남기지 않는 것이다. 답 표기도 될 수 있으면 하지 않거나 연필로 흐리게 하는 것이 좋다. 끝까지 문제를 풀고 나면 연필로 표시한 답을 모조리 지우개로 지워야 하기 때문이다. 2회 차 볼 때는 동그라미 친 문항들을 다시 푼다. 이때는 기억을 되돌리는 속도가 처음보다 빠를 것이다. 그에 맞추어 걸리는 시일을 짧게 잡아 계획을 세운다.

공부를 반복하면서 내용이 기억에 남아 있는 문항은 동그라미 위에 가위표를 한다. 바로 내 장기기억에 흡수되었으므로 다음번 공부할 때는 뛰어넘겠다는 표시이다. 반복하여 보는데도 불구하고 기억이 재생되지 않는 문항은 그 위에 또 표시를 한다. 학습한 횟수가 늘어날수록 그에 맞추어 동그라미 개수가 늘어가는 문항이 있을 것이다. 이쯤하면 어떻게 공부해야 할지 감이 오시리라. 자신이 공부한 것이 기억 속에서 달아나기 전에 빠르게 훑어보며 점검하고 또 점검하라는 말이다.

이때 중요한 것은 복습의 주기이다. 처음에는 여유를 두고 하루에 공부할 분량을 적게 정하지만 횟수가 늘어갈수록 빠르게, 많은 내용에 대한 복습을 실시한다. 그래야 망각이 일어나기 전에 재빨리 기억을 붙들 수 있기 때문이다. 다음은 300페이지짜리 학습서에 대한 공부계획을 이 방법으로 대략 세워 본 것이다.

➕ **사 례**

- 1회 차 : 하루 약 23페이지씩 13일 학습
- 2회 차 : 하루 약 43페이지씩 7일 학습
- 3회 차 : 1회 차와 2회 차 때 체크한 부분을 3, 4일간 학습
- 4회 차 : 3회 차 때 체크한 부분을 2일간 학습
- 5회 차 : 1일간 총 복습

위와 같이 공부할 경우 걸리는 시일은 대략 26일이다. 만일 300페이지를 25일로 나누어서 하루에 6장(12페이지)씩 공부한다는 계획의 효과를 예측해 보자. 학습자는 '하루 6장 정도면 할 수 있어'라는 가벼운 마음으로 학습을 시작할 것이다.

하지만 시일이 지나도 책장은 잘 넘어가지 않고 공부한 부분보다 공부해야 할 부분이 두껍다는 것을 깨닫는다. 설상가상으로 앞부분에서 공부한 내용이 이틀이 지나고 일주일이 지나자 빛의 속도로 잊혀 간다. 그때의 속상함과 막막함이란! 책의 마지막 장까지 공부하고 나면 맨 앞장의 내용은 원망스럽게도 기억 저편에 있는 경우가 많다. 바로 효과적인 공부계획을 세우지 않았기 때문에 나오는 결과이다.

02 | 필기도, 면접도 복습만이 정답이다.

자신의 취약한 부분을 체크하면서 빠르게 여러 번 공부하는 방법은 아주 효과적이다. 책 한 권을 학습하고 나서 머릿속에 남아 있는 지식의 양이 훨씬 많기 때문이다. 또한 이미 아는 내용은 제쳐 두기 때문에 진도가 빠르게 나가므로 공부의 즐거움을 맛볼 수 있다. 필자가 학생들에게 항상 강조하는 것이 있다. 조금씩 매일 공부하는 것은 특히 외국어 공부에 도움이 되지 않는다는 것이다.

대신 한꺼번에 많이 공부하고 그 기억이 달아나기 전에 다시 공부하라고 충고한다. 문제집을 풀 때는 한 권을 열흘 혹은 일주일 만에 다 보고 빠르게 1페이지부터 다시 복습하라는 것이다. 그러면 책 속에 있는 단어나 표현들이 기억에서 달아나기 전에 다시 접할 수 있는 기회가 생기게 된다. 이 방법을 따르면 외국어 어휘실력이 비약적으로 상승하는 경험을 하게 된다. 단 몇 개월 만에 말이다.

하루에 열 단어씩 외워서 한 달에 300개의 단어를 외우는 것은 안이한 공부 방법이다. 하루에 10단어를 외우면 3단어는 기억에 남고 7단어는 달아난다. 하지만 하루에 100단어를 외우면 기억에 남는 단어는 30단어이다. 한꺼번에 왕창 공부하고 잊지 않았는지를 점검하며 빠르게 반복 또 반복하는 것이 효과적이라는 말이다.

단어를 알아가는 것은 친구 사귀는 것과 같다. 연락이 끊어진 친구는 그 우정을 확인할 수 없다. 관계를 돈독하게 유지하기 위해서는 내가 먼저 친구에게 안부전화를 거는 등 정성이 필요한 법이다. 단어 암기에도 정성이 필요하다. 아는지 모르는지를 점검한 흔적이 없는 단어장은 죽은 단어장이다. 시시때때로 기억여부를 점검하고 빠르게 책을 공부하면서 자신이 외운 단어를 문맥 안에서 즉시 접해야 한다.

처음에는 얼굴을 익히고, 다음에는 이름을 외우고, 다른 상황에서는 이 친구가 또 다른 어떤 모습인지를 알게 된다. 그러기 위해서는 기억 속에서 그 친구가 달아나기 전에 만나고 또 만나야 한다. 외국어로 쓰인 책에서, 나의 단어장에서, 혹은 외국어로 쓰는 나의 일기장에서라도 끌어내서 만나야 하는 친구가 바로 단어들이다.

반복을 통해서 책을 독파하고 어휘력이 늘면 외국어 기초실력이 쌓인다. 그러면 당신은 한층 자신 있게 면접에 임할 수 있게 된다. 기초실력으로 단단히 무장한 당신은 무작정 암기만으로 승부하려 하는 응시생들과는 다르다. 그들이 쌓은 성은 모래성이다. 반면에 당신이 쌓은 성은 벽돌성이다.

만일 당신이 지금 필기시험을 준비하는 중이라면 책을 다섯 번 독파하는 이 방법을 활용해 보기를 권한다. 이것은 시간을 가장 많이 절약하면서 책 한 권을 샅샅이 제대로 학습할 수 있는 방법이다. 같은 책을 다섯 번 본 적이 있는가? 이 방법을 쓰면 단기간 안에 책 안에 있는 모든 내용이 당신의 기억 속으로 들어온다. 물론 책이 너덜너덜해질 수는 있겠지만 말이다.

09 | 외국어를 잘 구사하는 새로운 자아를 만들라

01 | 언어와 자아는 한몸이다.

영어 회화 실력이 좋은 사람들이 흔히 하는 말이 있다. 바로 "영어를 말할 때는 내 성격이 바뀌는 것 같아"라는 말이다. 미국인들은 세계적으로 가장 외향적인 성향이 강한 사람들이고 영어는 그 사람들의 언어이다.

미국 영화를 보면 배우가 총에 맞아 죽으면서도 농담을 하는 것을 볼 수 있다. 아파 죽어 가면서도(?) 농담을 하는 영화가 통하는 문화를 가진 사람들의 언어가 바로 영어이다. 영어는 성격이 밝고 명랑한 사람이 확실히 잘 구사한다. 어떻게 보면 상하관계와 예의를 중시하는 사회적인 가치가 몸에 배어 있는 한국인이 당당하게 서슴없이 자신을 영어로 표현하는 일은 힘들 수도 있다.

미국 문화에서는 자신의 생각을 거침없이 표현하는 것이 자연스러운 일이다. 하지만 한국 문화에서는 그렇게 하면 '버릇없는 놈'이 된다. 미국 문화에서는 눈을 똑바로 뜨고 말하는 상대와 눈을 마주하며(Eye Contact) 이야기한다. 미국 문화에서 대화 도중에 자꾸 시선을 피하는 사람은 거짓말을 하고 있다는 오해를 받을지 모른다.

하지만 한국인들은 상대방의 눈을 빤히 쳐다보며 말하는 데 익숙하지 않다. 그렇게 하면 특히나 어른들 앞에서는 "어디서 눈을 똑바로 뜨고 할 말 다 하는 거야!"라는 말을 듣게 될지 모른다. 즉, 언어에는 그 언어를 사용하는 사람들의 민족성이 드러난다. 그리고 새로운 언어를 배우는 일은 새로운 성향을 받아들여야 한다는 말이 된다.

중국 사람들은 자기주장을 거침없이 말하고 자신과 의견이 다른 사람과 논쟁하는 것을 자연스럽게 받아들이는 경향이 있다. 우리나라 관광지에 단체 관광을 온 중국인 관광객들을 보면 알 수 있듯이 자기들의 의견을 말하고 서로 조율하는 데 경쾌한 중국어가 오간다. 그렇다면 중국어를 공부하는 사람들의 중국어 자아는 높낮이가 확실하고 활달하게 들리는 중국어에 맞게 형성된다.

일본 사람들은 예의가 바르고 사근사근한 말투로 말을 하는 경향이 있다. 질서를 잘 지키는 국민들로 알려져 있을 만큼 매사 상대방에게 피해를 주지 않는 것을 중요시 여긴다. 일본어를 열심히 공부하는 사람들 역시 개인마다 차이는 있겠지만 그에 알맞은 새로운 자아를 받아들이게 될 것이다.

확실한 것은 언어는 자아정체성과 연결되어 있다는 것이다. 예를 들어 영어 학습자는 영어로 말하는 자신을 바라보면 어색함을 느끼게 된다. 그것은 마치 한국어를 사용하는 자아가 영어를 사용하는 새로운 나를 바라보는 서먹함이라고나 할까? 한국어 자아는 새로운 외국어 자아의 언어에 대해 평가를 내리려고 폼을 잡는다. 남들 앞에서 외국어를 구사할 때 한국어로 말할 때보다 심하게 창피하고 머릿속이 하얘지는 현상이 일어날 수도 있다. 그것은 그런 낯선 자신을 받아들일 준비가 되어있지 않은 당혹감에서 온다. 자신도 받아들이기 힘든 모습을 남들 앞에 내놓으려니 자신이 어떻게 비추어질지 걱정되는 것이다.

자신에게 이런 증세가 나타난다면 일단 자신의 외국어 실력을 평가하지 않는 마음가짐이 필요하다. 낯선 자아의 발음이나 속도에 연연하지 말고 말하려는 목적에 집중하는 연습을 해야 한다. 외국어 말하기 연습을 할 때 서먹함을 줄이려고 우리는 외국어로 이름을 지음으로써 인위적으로 새로운 자아를 받아들이는 연습을 하기도 한다. 영어를 가르칠 때 필자가 노력하는 것이 있다. 바로 학생들에게 긍정적인 자아상을 만들어 주기 위한 피드백들이다.

발음이나 오류에 집중한 비판적인 피드백은 이제 막 형성되고 있는 나약한 자아에게 상처를 준다. 그러면 상처받은 영어 자아는 더욱 못나고 소심해진다. 그리고 학습자로 하여금 더욱 입을 떼기 힘들게 만든다. 그 이후로도 한번 형성된 부정적인 자아상은 나날이 강화된다. 끝내 '영어 = 괴로운 것'이라는 무조건 반사의 고리가 머릿속에 만들어진다.

02 | 외국어 회화의 첫걸음은 자신감이다.

외국어를 공부하는 자에게 필요한 것은 나는 '영어를 잘 한다, 중국어를 잘 한다, 일본어를 잘 한다, 연습하면 나도 할 수 있다'는 긍정적인 자아상이다. 자신의 새로운 자아를 스스로 격려하고 잘 보듬어 나가는 것도 외국어를 잘 할 수 있는 비결이다. 실수를 하는 것은 당연하다. 모국어가 아니기 때문이다. 이 정도 하는 것도 대단하다는 따뜻한 시선으로 자신을 바라보자.

외국어 공부는 처음에는 실력이 잘 향상되지 않다가 한 단계 올라설 때마다 비약적으로 성장하는 기쁨을 준다. 그 희열을 몇 번만 맛보아도 그것은 엄청난 양의 긍정적인 피드백과 자신감을 가져온다. 그러니 실력이 제자리걸음인 것 같은 그 잠깐의 시기를 자기 격려와 인내로 잘 극복해 나가기 바란다.

외국어 말하기는 자신감 없이는 불가능하다. 그렇다면 자신감은 어디서 나오는가? 필요한 언어를 구사할 줄 안다는 자신에 대한 확신에서 나온다. 그 확신은 피나는 노력과 연습이 바탕이 되어야 한다. 초기 단계에는 머릿속에 든 단어와 표현들이 부족하기 때문에 말이 나오지 않는 것이 당연하다. 그러므로 짧은 표현부터 내 것이 될 수 있도록 수차례 연습하고 외우는 동시에 적절한 상황에서 꺼내어 적극적으로 사용해야 한다. 머뭇거리면 타이밍을 놓치게 된다.

말하기 전에 머뭇거리게 되는 것은 그 표현이 입에 붙을 정도로 연습하지 않았기 때문이다. 하고 싶은 말이 적절한 타이밍에 입 밖으로 나오지 않아서 애가 탔던 경험은 누구에게나 있다. 연습이 충분하지 않은 상황에서 자연스럽고 과감하게 외국어를 사용하기란 힘이 들기 마련이다. 하지만 일단 한두 번 성공하게 되면 커다란 자신감을 얻는 것은 시간문제이다. 가끔 보면 외국어 실력은 별로 없어 보이지만, 한두 단어를 이용하여 그럭저럭 의사소통을 하는 사람이 있다. 어찌 그리 용케 대화를 잘 이어 나가는지 놀라울 따름이다. 그 배후에 있는 것은 무엇일까? 바로 자신감이다.

10 | 나만의 합격비결을 찾으라

01 | 자신에게 적합한 학습방법 찾기

시험날짜를 받아 놓고 보면 어떻게 공부해야 하나 고민이 생긴다. 당신이 현재 다른 직업에 종사하고 있거나 가사를 돌봐야 하는 주부여서 공부에 투자할 시간을 내기 힘들 수도 있다. 혹은 혼자 시험 준비를 하기에는 너무 막연하다는 생각이 들어서 공부를 차일피일 미루고 있었는지도 모른다.

처한 입장과 역할은 다양하지만, 합격을 위해 공통적으로 여러분이 투자해야 할 것은 시간과 노력이다. 그 전에 자신의 학습 성향을 잘 파악하고 효율적인 공부 방법을 택해야 한다. 당신은 앉아서 책을 볼 수 있는 시간이 하루에 얼마나 되는가? 의지가 강하고 적극적인 성격인가? 홀로 학습계획을 세우고 흔들리지 않고 끝까지 밀고 나가는 스타일인가? 아니면 규칙적으로 어디에 속해서 누군가와 함께 공부를 하고 지속적인 자극을 받을 필요가 있는가?

학원의 도움을 받든 믿을 만한 책을 구입하여 독학을 하든 자신의 성향에 맞는 길을 택해서 일단 '시작'을 해야 한다. 어떻게 공부를 하더라도 얻는 것과 잃는 것이 있으며 최악의 상황은 아무것도 하지 않고 시간을 보내는 것이다.

먼저 면접대비 학원을 다닐 경우를 생각해 보자. 학원에 따라 정도의 차이는 있겠지만 일단 시험에 관련된 축적된 자료와 정보를 보다 쉽게 접할 수 있으며 같은 시험 준비를 하는 사람들을 만나서 서로 협력하며 공부할 수 있는 기회가 많아진다. 하지만 학원을 다녀도 변함없는 사실은 획득한 자료를 소화하기 위해서 자신의 시간과 노력을 별도로 투자해야 한다는 점이다. 물론 학원비를 지불해야 하고 학원을 오가는 데 사용되는 시간과 에너지도 무시할 수 없다.

독학을 할 경우는 어떤가? 정리가 잘 되어있는 수험서를 구입하여 자신이 낼 수 있는 시간에 맞추어 학습계획을 세운다. 자기 페이스대로 차근차근 진도에 맞춰 공부하면서 틈틈이 관광뉴스를 읽고 관련도서들을 통해 자료를 수집한다. 이런 식으로 관광에 대한 안목을 키우면 면접장에서도 자신의 소신이 담긴 독창적인 답변을 할 수 있게 된다. 이대로 합격이라면 학원의 도움을 받지 않고 합격했다는 자부심 또한 얻을 수 있다.

하지만 독학을 할 경우 가끔씩 자신이 잘하고 있는지에 대한 의심을 떨치기 힘들 것이다. 자신감이 흔들려 초심을 잃고 흐지부지하다가 해야 할 공부를 다 하지 못하고 시험장에 들어가게 될 수도 있다. 또한 인터넷의 가장 큰 단점인 정보의 과잉 속에서 필요한 정보를 추려내는 데 과도한 시간을 사용하게 될 우려도 있다.

숙고하여 선택하고 일단 시작하라. 시작이 반이다. 자신의 선택을 신뢰하고 노력을 쏟아 부어라. 매일 열심히 사는 자기 자신을 격려하고 파이팅을 외치자. 자신감을 해치는 주변요인을 차단하고 의도적으로 자신에게 최면을 걸어서 매일매일 활활 타는 불꽃을 유지하자.

02 | 나만의 정리노트 만들기

기출문제들을 분석해 보면 알 수 있듯이 면접에 출제될 수 있는 소재들은 무궁무진하다. 신문과 인터넷 뉴스, 관광지 관련 사이트에 있는 여행정보, 여행사의 관광지 소개 자료, 여행관련 스마트폰 앱의 자료와 주요 관광지의 안내소에서 가져온 팸플릿 등이 모두 면접문항이 될 수 있다.

허나 어떤 자료든 자기 손에 들어왔다고 해서 자기 것이 되었다는 생각은 금물이다. 특히 면접장에서 입 밖으로 말하지 못하는 지식은 쓸모가 없다. 모은 자료들을 자신의 것으로 만들려면 반드시 거쳐야 하는 과정이 있다. 자료를 자신의 방식에 맞게 변환하는 과정이다. 이 변환작업은 새로운 정보를 자신의 뇌리에 자리 잡기 수월한 상태로 만들어 준다. 다른 사람이 정리해 놓은 자료를 받았을 때도 그대로 두지 말고 자료 전환을 해야 자기 것이 된다. 간단히 키워드에 줄을 치고 형광펜으로 색칠을 하는 것도 자료 전환의 방법이지만 그것만으로는 부족하다. 앞으로 접할 자료의 양이 점점 많아질 것이기 때문에 키워드를 뽑아서 번호를 매기든, 개념도를 그리든 자기 식으로 노트정리를 하라.

면접에 임박하여 말하기 실전연습을 할 때 정리노트는 당신의 효자노릇을 할 것이다. 주제별로 정리해 둔 키워드가 있으면 거기에 살을 붙여서 훌륭한 답변을 만들어 낼 수 있다.
관광통역안내사가 관광지 소개를 하는 것은 마치 기자가 뉴스를 브리핑하는 모습을 연상케 한다. 뉴스를 잘 들어보면 어떤 기사든 보도하는 형식이 비슷한 것을 알 수 있다. 기자는 특정 사건의 발생 날짜와 시간, 발생 지역, 관련인물, 사건의 주요내용과 그 시사점 등 주요정보만 추려서 뉴스를 브리핑한다. 관광통역안내사가 해설을 할 때도 마찬가지다. 중요정보를 중심으로 간결하고 체계적으로 전통문화 유산에 대한 브리핑을 할 수 있어야 한다.

그러므로 노트를 정리할 때 나중에 말할 것을 염두에 두고 정리하자. 관광지나 문화재의 위치, 역사적 배경, 특징, 가치와 의미를 체계적으로 요약하고 떠오르는 생각이 있다면 그것도 덧붙이는 것이 좋다. 그 생각들이 모여서 자신만의 소신 있고 독창적인 답변이 될 것이다. 말하기 연습을 할 때는 외국인 관광객들 앞에서 안내를 하는 관광통역안내사인 것처럼, 혹은 사건현장에서 사건을 브리핑하는 기자가 된 것처럼 또박또박 상냥하고 조리 있게 이야기하라. 나만의 노트정리가 바로 합격의 길이다.

03 | 좋은 인상 만들기 전략

어떤 합격생은 시험장에서 많이 웃었던 것이 자신의 합격요인이었다고 말한다. 어느새 웃음이 관광통역안내사의 기본자질이 아닌가 하는 생각이 들 정도이다. 하지만 답변을 하나도 못하는 수험생에게 웃음만으로 합격을 해보라고 조언할 수는 없는 노릇이다.

다양한 연령과 성별의 면접관이 앉아 있는 면접장의 분위기가 모두 같기를 기대할 수는 없다. 관광통역안내사가 관광안내를 하며 만나는 관광객들의 성향이 다양한 것처럼 말이다. 처음 만나는 사람들과의 어색함을 단시간에 극복하고 우리 문화유산과 전통을 호감가게 설명하는 것은 관광통역안내사의 임무이다. 그러니 면접장이라는 심리적인 압박감에 압도되지 말고 미리 관광안내 연습을 한다고 생각해 보자. 감당하기 힘든 엄숙한 분위기로 면접을 시작하게 되더라도 그 또한 시험에 든 것이니 자기 방식으로 면접장 분위기를 부드럽게 만들어 가기 바란다.

수험생의 입장에 있는 여러분은 자신이 마주하게 된 분위기를 불평하기보다는 어떻게 하면 면접장의 분위기를 자신에게 유리하게 만들 수 있을지 생각해 보자. 미소는 참으로 신비한 힘을 가지고 있다. 상대방의 마음을 부드럽고 편안하게 만드는 미소는 어떤 것일까? 아름다운 미소를 가진 얼굴을 분석해 보면 입만 웃는 것이 아니라 눈이 초승달 모양으로 웃고 있다. 얼굴과 입술은 좌우가 대칭이며 윗니가 보이면서 입술 양 꼬리가 올라간다.

모르는 사람과 10분 내외 동안의 첫 만남에서 인상이 주는 효과는 실로 어마어마하다. 평소 자신이 미간에 주름을 잡는 습관이 없는지 혹은 말할 때 습관적으로 눈썹에 힘을 주고 부자연스러운 표정을 짓지는 않는지 관찰해 보자. 습관적으로 좌우 비대칭인 표정을 짓는다면 미소를 짓더라도 억지로 웃는다는 인상을 줄 수 있다. 그러니 쓸데없이 얼굴 근육에 힘을 준다든지 눈썹이나 미간을 찌푸리는 일이 없도록 신경을 쓰고 평소에 편안한 표정을 짓는 연습을 하자.

눈썹과 눈은 얼굴인상을 크게 좌우한다. 중요한 말을 할 때는 일부러 눈에 힘을 주어서 강조를 하기도 하지만 불필요하게 눈에 힘이 들어가거나 습관적으로 눈썹근육이 긴장되어 제각기 따로 움직인다면 본인은 못 느끼는 가운데 부자연스러운 표정이 연출된다. 네 손가락과 엄지손가락을 이용해 양 눈썹의 살을 잡고 자근자근 꼬집고 누르며 마사지를 하면 눈썹과 눈 주변 근육의 긴장을 풀어 주므로 편안한 표정과 인상을 만드는 데 도움이 된다.

표정을 짓지 않고 있을 때 당신의 입술꼬리가 아래로 쳐져 있지는 않은지 관찰해 보라. 거울을 보고 입술의 양쪽 꼬리를 아래로 내렸다가 다시 살짝 올려 보라. 입술꼬리가 내려가면 어두운 인상이 된다. 그러므로 말을 하지 않을 때도 입술꼬리를 살짝 올리고 있는 습관을 들이도록 하자. 말을 할 때도 입을 웃는 모양으로 하고 발화를 하면 한층 상냥하고 밝은 목소리가 나온다.

당신에게서 풍기는 인상이 얼굴표정에서만 나오는 것은 아니다. 위로 들어 올린 턱, 구부정한 자세나 걸음걸이, 웅크린 어깨와 무릎 위에 얹은 손가락의 작은 움직임에서도 나온다. 우리는 일상에서 등 근육보다는 신체 앞쪽의 근육을 많이 사용한다. 따라서 고개가 앞쪽으로 치우쳐 있고 어깨는 앞쪽으로 말려 있으며 등은 구부정한 자세로 걷고 앉는 경우가 흔하다. 머리의 정수리부터 목과 척추 그리고 허리가 곧게 펴져 있어야 바른 자세가 나온다. 평소 어깨가 긴장되어 자꾸 위로 올라가는지를 체크해 보고 만일 그렇다면 의도적으로 어깨를 아래로 끌어내리고 등의 견갑골을 닫아 뒤로 모아서 귀와 어깨가 멀어지도록 한다. 완전히 자세교정을 하려면 오랜 시간이 걸리겠지만 일단 본인이 자신의 몸 상태를 의식하고 자세와 골격이 무너지지 않도록 신경 쓰는 것만으로도 훨씬 나은 효과를 얻을 수 있을 것이다.

좋은 인상은 당신이 어디에서 무슨 일을 하든지 간에 행운을 부른다. 부드러운 표정으로 자연스러운 미소를 지으며 상냥하게 말하라. 여러분을 만나는 모든 사람들이 당신을 보면 기분이 좋아져서 그날 하루 종일 좋은 일이 생길 것만 같은 즐거움에 빠지도록 말이다.

04 | 불합격 요인 피해 가기

이번에는 거꾸로 어떻게 하면 불합격 요인을 피해 갈 수 있을지 생각해 보자. 불합격 요인을 피해 가면 결국 합격에 닿을 수 있을 것이다. 다음에서 설명하는 불합격 요인이 있지는 않은지 자신을 점검해 보자.

첫째, 기본적인 관광지, 문화유산과 용어에 대한 설명이 미흡했을 경우이다.

우리나라의 유네스코 유산들과 서울을 비롯한 도별 주요 관광지, 본서에 실린 관광용어들과 우리나라 전통문화 등에 대한 공부는 기본으로 하고 면접장에 들어가야 한다. 면접관 생각에 답변할 수 있을 것이라고 예상하고 묻는 문항에서 답변하지 못할 경우 수험생의 이미지는 큰 타격을 받는다. 그러니 출제 범위가 너무 넓다고 좌절하지 말고 기본적인 내용부터 차근차근 공부하도록 하자.

둘째, 잘못된 지식을 말한 경우이다.

면접질문에 답변을 하려면 공부했던 것이 몇 초만에 답변으로 나와야 하는데 기억 재생이 잘 이루어지지 않아서 잘못된 답변을 해 버리기도 한다. 이때 그 자리에서 바로 고치면 다행인데 시험장을 나와서야 알아차리고 원통해 하는 경우도 있다. 이것은 심리적인 문제라기보다는 면접 준비가 덜 되어서 나오는 현상이다. 왜곡된 지식을 전달할 경우 당신은 무자격 가이드들과 다를 바가 없게 된다. 관광통역안내사는 관광객의 눈이며 길잡이라는 것을 잊지 말고 완벽한 설명이 나올 때까지 연습을 거듭하기 바란다.

셋째, 심리적인 요인이 실점으로 이어진다.

면접장의 분위기에 압도되어 수험생의 목소리가 너무 작아지거나 말하는 속도가 빨라지고 표정이나 말투에서 긴장감이 드러날 수가 있다. 면접상황에서 긴장하는 것은 충분히 있을 수 있는 일이다. 그러나 중요한 것은 긴장감을 이겨 내고 반드시 말해야 할 것을 끝까지 차근차근 설명할 수 있느냐이다. 불합격자는 중간에 답변을 포기하고 침묵해 버리거나 자포자기한 상태에서 성의 없게 답변한다.

11 면접 문항의 유형들 및 말하기 실전 연습 방법

01 | 한국어 구술면접 병행 실시에 대처하는 자세

요즘 관광객 수가 급증함에 따라 관광통역안내사를 제대로 선발하고 교육하는 것이 더욱 중요해졌다. 특히 말하는 수완만을 가지고 일하는 무자격 가이드들은 한국의 문화와 역사를 왜곡하여 전하고 저질 상품을 사도록 유도하는 등 관광의 만족도를 떨어뜨리고 있다. 이들 중에는 관광통역안내사 자격증을 취득하여 단속 걱정 없이 당당하고 안전하게 일하기를 원하는 경우도 많다.

이런 가운데 2015년 특별시험부터는 면접시험에 한국어 구술면접도 병행 실시되었다. 면접시간은 10분으로 종전과 변함이 없다. 수험생의 입장에서는 외국어만으로 답변을 할 때와는 또 다른 방법으로 관광지식을 설명하고 개인의 자질을 심층적으로 어필할 수 있게 되었다.

수험생들은 이제 면접 준비를 할 때 외국어와 한국어 두 가지 언어를 사용하여 말할 수 있도록 해야 한다. 만일 한국어 구사가 서투른 외국인 응시자라면 이제까지 외국어로만 구사하던 답변을 한국어로 설명하는 연습도 병행해야 한다.

한국어 면접이든 외국어 면접이든 답변의 기본자세는 동일하다. 천천히 쉬운 말로 정확한 발음을 구사하며 조리 있게 의사를 전달하는 것이 포인트이다. 한국어 구술면접을 준비함에 앞서 여러분들은 '신뢰감', '진정성'과 같은 단어들을 머릿속에 떠올리기 바란다. 그것들이 바로 한국어 구술 병행 면접에서 여러분이 꼭 전달해야 할 가치들이기 때문이다.

02 | 수험서와 기출문제가 면접시험의 전부는 아니다.

이 책은 면접에 출제되었던 문항들 중에 최근에 가장 많이 출제된 주제 또는 출제될 가능성이 있는 주제를 선정하여 답안을 구성한 것이다. 이제까지의 모든 기출문제를 정리하자면 500가지를 넘겨도 한없이 부족하다. 하지만 이 문항들은 그 500가지 문항들의 중심이다. 매년 단골로 출제되는 문항들이 대부분이기 때문에, 이 문항들을 기본적으로 이해하고 암기한다면 이 답변들을 응용해서 두 배 혹은 세 배가 넘는 수의 문항에 답할 수 있는 능력이 생길 것이다. 나아가 앞으로 어떤 문항들이 출제될지에 대한 감각도 생긴다.

일단 감각이 생기면 여러 곳에서 관광에 대한 지식을 접하도록 하자. 관광통역안내사라는 분야는 역사, 문화, 사회, 경제, 심지어는 국제관계 등 모든 분야를 아우르는 폭넓은 지식과 안목이 필요하다. 그 안목은 책 몇 권을 본다고 길러지는 것이 아니다.

인터넷에는 많은 정보가 아주 광범위하게 널려 있다. 그 중에 중요한 정보와 그렇지 않은 정보를 가려내고 자신에게 필요한 내용을 추려 이야기를 만들어 내려면 엄청난 시간과 노력이 필요하다. 이 책 역시 그 작업을 돕기 위해 쓰인 것이다. 특히 관광에 관련된 주요 인사들이 이야기한 내용들과 칼럼들을 읽으면 한국관광산업의 흐름을 이해할 수 있게 된다. 또한 신문기사와 뉴스에 관심을 가지면 자연스럽게 우리나라 관광에서 이슈가 되는 최신 정보들을 알게 된다.

그렇게 얻은 지식들은 실제 면접에서 그 진가가 발휘되는 경우가 많다. 폭 넓은 안목을 가지고 공부한 수험생은 예상치 못한 질문을 받게 되더라도 자신이 쌓아 온 지식의 폭이 넓기 때문에 그 속에서 적절한 답변을 찾을 수 있다. '운'이 아니라 평소 자신의 노력에 따른 '실력' 덕분에 생소한 문항에도 답변할 수 있는 능력이 생긴 것이다.

03 | 효과적인 '핵심기출' 활용법

이 책에서는 면접에서 나오는 문항을 크게 다섯 가지로 분류하여 정리했다.

첫째는 응시자 개인이 가진 자질에 대한 문항들이다.
응시자의 인생철학, 경험, 지원 동기 등을 묻는 질문들을 통해서 응시자가 관광통역안내사라는 직업에 적합한 사람인지를 파악한다.

둘째는 관광학에 관련된 상식을 묻는 문항들이다.
관광용어를 주고 그 정의와 의미 등을 설명하라는 형태의 문항이 출제된다.

셋째는 한국의 역사에 대한 문항들이다.
한국 역사에서 큰 흐름과 주요 사건들을 중심으로 문항이 출제된다.

넷째는 한국의 유산과 관광자원 관련 문항들이다.
유네스코 세계유산을 중심으로 서울과 경주 등 유명한 관광지와 문화유산을 정리하며 준비하도록 한다.

다섯째는 한국의 전통과 문화 관련 문항들이다.
한국을 대표하는 음식과 상징들, 그리고 전통문화와 풍습을 해당 외국어로 이해하기 쉽게 풀어서 설명하면 된다.

일단은 이해를 바탕으로 암기해 나가야 준비가 수월할 것이다. 처음부터 너무 상세한 내용까지 암기하여 말하려다 보면 쉽게 지쳐서 뒷부분을 공부하지 못하고 면접장에 들어가는 일이 생기게 되기 때문이다. 그 다음에는 키워드 중심으로 질문에 대한 답변을 암기한다. 질문을 받으면 마치 전구에 반짝하고 불이 들어오듯이 머릿속에 키워드들이 떠오르도록 연습을 하자. 그래야 실제 면접에서 긴장되어 머릿속이 하얗게 되는 현상을 극복할 수 있다. 마지막으로 그 키워드들에 자연스럽게 살을 붙여 본다.

혼자서 암기하는 연습이 끝나면 혼자 연습했던 것처럼 실제로 말할 수 있는지를 점검해야 한다. 이해와 암기도 중요하지만 실전에서처럼 듣는 사람의 눈을 맞추어 가면서 알맞은 속도와 목소리로 이야기하는 연습은 면접 준비에서 빼놓을 수 없는 부분이다. 그러나 많은 응시자들이 이 부분에 대한 연습을 소홀히 한다. 사람을 앞에 두고 말하는 연습을 실제로 해 보는 것은 정말 중요하다. 순간의 긴장 때문에 자신이 공부한 것을 발휘할 기회가 사라져 버릴 수도 있기 때문이다.

최소한 열흘 전부터는 모든 문항을 입 밖으로 이야기하며 공부하도록 한다. 만일 여러분이 책을 보면서 공부하는 데 익숙하다면 말하기 연습은 더욱 중요하다. 가장 훌륭한 실전 말하기 연습상대는 해당 외국어에 대한 이해력이 있는 사람이다. 그 사람과 연습을 하면 의사소통이 실제로 일어나기 때문이다.

조금이라도 그 언어를 아는 사람에게 외국어로 답변하는 것이 좋겠지만 그런 사람이 주변에 없을 수도 있다. 상황이 안 된다면 어쩔 수 없다. 이때는 녹음기를 이용한 자가 모니터링을 추천한다. 녹음기 스위치를 누르고 이야기하면 약간 긴장감이 생기면서 말하는 데에 신경이 쓰이게 된다. 그 긴장감을 이용하여 연습을 하고 녹음한 내용을 들으면서 자신의 목소리와 발음을 고치는 데 사용한다. 또한 많은 분량을 암기하기 힘들 때 녹음기로 내용을 녹음해 두면 이동하거나 작업을 하면서 귀로 들으며 공부를 할 수 있다. 이것은 시간을 절약하면서 집중력을 높이는 아주 좋은 공부방법이다.

시간이 없는 당신에게 암기를 위한 또 다른 방법을 소개하도록 하겠다. 바로 중요한 내용을 조그만 종이에 정리하여 시선이 자주 닿는 곳에 부착해 두고 보일 때마다 계속해서 상기하는 방법이다. 조그만 종이에 주제별로 암기할 내용을 정리하여 벽 같은 곳에 다닥다닥 붙이고 다 외운 것은 떼어 낸다. 외우기 힘든 종잇조각은 모아서 좀 높은 곳에 따로 붙이기도 하면서 자신이 이미 학습한 내용과 학습이 더 필요한 내용을 구분하며 공부할 수도 있다.

필자가 자주 사용하는 장소는 싱크대 찬장이다. 서서 공부할 때 암기력이 더 높아진다는 연구결과도 있다. 설거지를 앉아서 하는 사람은 없을 것이다. 그 때문인지 부엌일을 하면서 학습할 수 있는 분량은 꽤나 많으니 무시할 수 없다. 거울을 자주 보는 사람이라면 거울 한 켠에 붙인다. 냉장고도 좋고 식탁 옆에 있는 벽도 좋다. 시선이 자주 머무르는 곳을 활용하면 된다. 다 외웠다고 해서 그 종이들을 버리면 안 된다. 그것들을 하나로 모아서 길을 걸을 때나 정류장에서 버스를 기다릴 때 들여다보라. 이동하며 공부할 수 있는 분량이 아주 많다는 사실에 당신은 놀라게 될 것이다.

공부를 할 때는 최대한 많은 시간을 할애하여야 한다. 필요 없는 데 사용하고 있는 아까운 시간은 없는지 자신의 일과를 점검하라. 의미 없는 일을 습관처럼 반복하면서 아까운 시간을 낭비하고 있지는 않은지 말이다. 그것을 그만두면 당신이 공부에 할애할 수 있는 시간이 더 많이 확보된다. 실전 말하기 연습에도 많은 시간을 할애하라. 당신의 혀는 당신의 연습량을 기억한다. 결국 많은 시간과 노력을 투자한 사람이 승리한다. 즉, 평소에도 많이 훈련해 온 사람이 면접장에서도 자연스럽게 말문이 열리며 능숙하게 외국어로 답변하는 능력을 발휘하게 되는 것이다.

12 | 면접일 직전 다음 사항을 체크하라

01 | 격식을 갖춘 복장을 준비하라.

복장은 첫 만남에서 강력한 자기 어필 수단이다. 당연히 정장 차림에 구두를 신으면 좋지만 만일 정장을 준비하기 힘들다면 가진 옷 중에서 가장 단정하고 좋은 옷을 입는 것이 면접에 임하는 예의이다.

02 | 시험장까지 가는 교통편을 미리 확인하고 아침에 일찍 집을 나서라.

기본적인 면접생의 자세인데도 불구하고, 어떤 시험장에 가든 매번 지각생이 있다. 일찍 면접장에 도착하여 면접장 분위기를 익히고 물을 마시며 차분히 마인드 컨트롤을 하기 바란다. 그러기 위해서 전날 저녁 외출을 자제하고 준비물을 미리 챙겨 두는 것은 말할 필요도 없다.

03 | 무엇보다도 기본적인 질문에 완벽 대비하라.

면접 초반부에는 웜업(Warm-up)을 할 수 있는 기본 질문을 하는 것이 보통이다. 웜업에 해당하는 질문의 예는 다음과 같다. 비교적 답변하기 쉬운 이런 질문에 준비한 대로 술술 답변을 하고 나면 긴장감이 다소 풀리고 자신감이 붙을 것이다.

➕ 사례

- 자기소개를 하시오.
- 아침식사 혹은 점심식사로 무엇을 먹었는가?
- 해당 언어를 어떻게 배웠는가?
- 왜 관광통역안내사가 되려고 하는가?
- 관광통역안내사에게 필요한 자질은 무엇인가?
- 자신의 장점과 단점을 말해 보시오.
- 자신이 관광통역안내사라는 직업에 적합한 이유를 말해 보시오.

04 | 관광용어에 완벽 대비하라.

본서에는 가장 기본적이며 필수적인 전문용어들이 수록되어 있다. 여기에 필요에 따라 내용을 가감하면서 빈틈없이 답변할 수 있도록 준비한다. 관광학 관련 문항은 비교적 대비하기가 수월한 분야이므로 반드시 득점하기 바란다.

05 | 서울을 중심으로 기본적인 한국의 관광지를 소개할 수 있는지 점검하라.

서울에는 5궁을 비롯하여 매력적인 곳이 많다. 종로, 청와대, 삼청동, 인사동, 강남, 명동, 신촌, 홍대입구, 대학로, 난지도, 일산 등 주요 관광지에 대해 알고 있는 것을 점검하고 부족한 부분을 보충하라. 특히 자신이 살고 있는 지역에 있는 관광지를 소개할 줄 알아야 하며 강원도, 제주도, 충청, 호남, 부산 등의 관광지를 추천해 보라고 할 때 답변이 바로 나올 수 있는지 점검해 보자.

06 | 해당 언어권에 관련된 질문에 대비하라.

예를 들어 해당 언어가 중국어라면 중국의 맛있는 음식, 유명한 관광지 정도는 한두 가지 언급할 수 있어야 한다. 두 나라의 음식문화 차이를 설명하거나 관광지를 비교하라고 하는 등의 예상 질문을 생각해 보고 답변을 생각해 두면 도움이 된다.

07 | 관광통역안내사로서 개인의 소신과 취향을 묻는 질문에 대비하라.

특히 관광객에게 추천하고 싶은 것들을 분야별로 생각해 두는 것이 좋다. 다음과 같은 예상 질문에 답변할 수 있는지 체크해 보자.

➕ 사 례

- 외국인에게 소개하고 싶은 계절별 추천 관광지 / 서울에 있는 관광지 / 자신이 사는 곳의 관광지 / 한국의 음식·간식·전통술 / 한류 영화 / 한국 화장품 / 기념품을 말해 보시오.
- 관광객을 처음 만나면 환영인사는 어떻게 하겠는가?
- 존경하는 인물이나 한국의 역사적 인물 / 장군 / 문학가를 말해 보시오.

관광통역안내사 면접문제는 최근의 관광동향을 반영한다. 즉, 이슈가 되는 사건과 관련된 기본지식을 묻는 문제가 출제된다. 예를 들어 화재가 났던 숭례문의 단청복원에 문제가 생긴 후 단청의 색깔과 오방색 관련 내용들이 면접에 추가되었다. 광주 신창동 유적에서 칠궁이 출토되었다는 기사가 나온 뒤 칠궁의 의미를 묻는 질문이 출제되었으며, 간송 미술관에서 추사 김정희의 서예작품이 전시된 후 간송 미술관과 추사 김정희에 대한 질문도 출제되었다. 그러니 항시 관광뉴스에 민감해야 하고 마지막까지 관광관련 뉴스를 챙겨 읽어야 한다.

03

면접 단골질문
파헤치기

참고사항

■ PART 03은 2010~2023년, 14개년의 기출문제가 분야별로 나누어져 있습니다. 본인이 취약한 분야를 집중적으로 공부해 보시기 바랍니다.

■ PART 03부터는 녹음파일이 없습니다. 저자진의 모범답안과 TIP을 참고해 자신만의 녹음파일을 만들어 보시는 것도 편집자가 감히 추천합니다.

들어가기 앞서...

실제로 관광통역안내사 면접시험의 출제범위는 아주 광범위하다. 필기시험에서 공부했던 네 과목의 모든 내용에 응시자 개인의 자질에 대한 문항과 한국 전통문화에 대한 문항 등이 추가되기 때문이다. 또한 해당 외국어로도 그 모든 것을 설명할 줄 알아야 한다. 이런 상황 속에서 수험생이 중심으로 삼아야 할 것은 기출문제다. 가장 최근의 기출문제를 분석해야 출제의 흐름을 파악하고 앞으로의 학습방향을 정할 수 있다.

출제동향을 알고 나면 자신이 가지고 있는 자료들 중에서 면접에 필요한 내용들을 추려서 학습할 수 있는 안목이 생긴다. 인터넷에 있는 방대한 정보를 빠르게 읽고 자신에게 필요한 내용을 흡수하는 것도 수월해진다. 따라서 지금부터는 2010년부터 2023년까지 실제 관광통역안내사 면접시험에 자주 출제되었던 문항들과, 앞으로 출제될 가능성이 많은 문항들을 만나보도록 하겠다. 먼저 그 전에 숙지해야 할 사항들을 알아보자.

첫째, 본서에 수록되어 있는 문항들이 면접시험 문항의 전부는 아니다.
예상 밖의 돌발질문과 시시각각 변하는 최신 관광동향에 관련된 문항들이 출제될 가능성도 있다. 관광통역안내사 면접시험은 채점기준이나 배점이 공개되지 않는다. 그래서 우리는 기출되었던 문제들에 기대어 학습하고 있는 것이다. 이 책을 발판 삼아 최신 관광동향을 폭넓게, 그리고 더욱 민감하게 학습하고 준비하기 바란다.

둘째, 본서의 답안은 '모범답안'이지 '최고의 답'이 아니다.
최고의 답은 응시생 본인의 생각과 경험이 녹아 있는 답이다. 그래야만 면접관의 마음에 울림을 일으키는 호소력 있는 답이 탄생할 수 있다. 부디 많은 땀과 노력을 들여서 자신만의 참신한 의견과 생각이 들어간 훌륭한 답변을 만들어 내기 바란다.

※ 본서의 답안은 '영어' 관광통역안내사 면접시험을 준비하는 수험생을 기준으로 하여 작성되었다. 중국어와 일본어 수험생을 위해 외국어별 답안은 별도로 수록되어 있으며, 개인적인 경험이 포함된 내용과 표현방법 및 부연설명이 영어 위주로 작성되어 있으니 이 점을 참고하여 학습하기 바란다.

01 | 개인 신상과 관광통역안내사의 자질

■ 개인적인 신상과 관광통역안내사의 자질을 묻는 문항은 면접의 10여 개 문항들 중에 3문항 정도 출제됩니다. 미리 답변을 준비하기만 하면, 답을 몰라서 이야기를 못하는 경우는 없으므로 준비한 답변들을 이야기하면서 워밍업을 한다고 생각하면 됩니다.
■ 처음 만난 사람에게 자기소개를 한다는 마음으로 경험과 성격, 관광통역안내사로서의 포부를 담아서 신선하게 어필하기 바랍니다.

---

001 | 기출 23 · 21 · 20 · 19 · 18 · 17 · 16 · 15 · 14 · 13 · 12 · 11 · 10

관광통역안내사가 가져야 할 자질과 자세는 무엇인가?

➤ What are the qualifications and attitude of tourist guides?

➤ 旅游翻译导游应具备怎样的资质和态度？

➤ 観光通訳案内士が持つべき資質と姿勢は何か？

한국어

첫째, 관광가이드는 관광에 대한 광범위한 지식을 가지고 있어야 합니다. 관광가이드는 역사, 문화, 관습, 신화와 유물 등에 대해 알아야 합니다.

둘째, 외국어를 유창하게 하는 것은 관광가이드가 되기 위한 선행조건입니다. 여러 개의 외국어를 말하는 것은 이 분야에서 도움이 됩니다.

셋째, 관광가이드는 의사소통을 잘하는 성격을 가져야 합니다. 그는 다른 문화권에서 온 사람들과 어울리기 위해서 예의바르고, 잘 도와주며, 다정하고 사교적인 성격일 필요가 있습니다.

넷째, 문제해결능력이 필요합니다. 여행 중에는 예기치 못한 일들이 일어날 수 있으며 관광가이드는 그 문제들에 대처하고 해결책을 찾을 수 있어야 합니다.

다섯째, 좋은 관광가이드는 새로운 것들에 호기심이 많고 그것들을 배우려고 끊임없이 노력합니다. 관광가이드는 항상 최신 정보를 가지고 있어야 합니다.

First, a tourist guide needs to have an extensive knowledge of tourism. A tourist guide has to know about history, culture, custom, myths, artifacts, etc.

Second, fluency in a foreign language is a prerequisite for a tourist guide. Speaking several foreign languages is helpful in this field.

Third, a tourist guide should have a communicative personality. He/she needs to be polite, helpful, friendly, and outgoing to get along with people from other cultures.

Fourth, problem solving ability is needed. Unexpected things could happen during a trip and a tourist guide should be able to confront the problems and find the solution to them.

Fifth, a good tourist guide is curious about new things and tries to learn them without stop. He/she has to be updated with new information all the time.

중국어
第一，导游应该具备广泛的旅游知识。需要对历史、文化、习俗、神话以及遗物等有所了解。

第二，具备流畅的外语能力是成为导游的基本条件。掌握多种语言对此行业有所帮助。

第三，导游应拥有善于沟通的性格。为了与来自不同文化背景的人交流，需要拥有彬彬有礼、乐于助人、友好合群的性格。

第四，需要具备解决问题的能力。在旅游过程中将也许会遇到一些突发事件，这时导游要去应对问题并要找出合理的解决方案。

第五，优秀的导游对新奇的事物感到较强的好奇心，并且不断地去努力学习这些新奇的事物。导游应时常掌握最新的信息。

PART
03

일본어

まず、ツアーガイドは観光に関する幅広い知識を持っているべきです。ツアーガイドは、歴史、文化、ならわし、神話や遺物などについてよく知らなければなりません。

第二に、外国語を流暢に話すことはツアーガイドの前提条件です。複数の外国語を駆使する事がこの分野で役に立ちます。

第三に、ツアーガイドは高いコミュニケーション能力を持つ快活な性格であることが望まれます。他の文化圏から来た人々と交流するために、礼儀正しく協力的で、親切なうえ社交的でなければなりません。

第四に、問題解決能力が必要です。旅行中には予期せぬことが起こる可能性があり、ツアーガイドは、これらの問題に対処し解決策を見つける事ができなければなりません。

第五に、良いツアーガイドは新しい事に好奇心を持ち、それらを学ぼうと絶えず努力しなければなりません。ツアーガイドは常に最新の情報を持っているべきです。

백쌤의 TIP

키워드만 외운 후 자신의 생각과 표현으로 살을 붙이는 것이 좋습니다. 이 밖에도 관광통역안내사에게 필요한 자질을 말할 때는 리더십(Sense of Leadership), 유쾌한 성격(Pleasing Personality), 많은 사람 앞에서 말하는 능력(Public Speaking Skills), 사람에 대한 진정한 관심(Genuine Interest in People), 신뢰가 가는(Trustworthy), 지략이 있는 (Resourceful), 열정적인(Enthusiastic), 체력이 튼튼한(Physically Fit), 시간안배능력(Time Management Skill) 같은 단어들을 언급할 수 있습니다.

관광통역안내사를 하고자 하는 동기는 무엇인가?

➤ What made you apply for a tourist guide job?

➤ 想当旅游翻译导游的动机是什么？

➤ 観光通訳案内士になろうとする理由と動機は何か？

한국어

저는 여행을 하고 다른 문화를 경험하기를 희망했습니다. 그래서 관광가이드가 되기로 결심했습니다. 관광업 분야에서는 유창한 영어(중국어, 일본어)실력이 중요하다고 생각했기 때문에 저는 영어(중국어, 일본어)를 아주 열심히 공부해 왔습니다. 외국인 친구를 만날 때 저는 한국 문화에 대해 이야기해 주려고 노력합니다. 한국의 것들에 대해 이야기하는 것은 제가 자부심을 느끼게 해 줍니다.

저는 관광가이드가 제게 맞는 직업이라고 생각합니다. 사람들은 저더러 함께 있으면 유쾌한 사람이라고 말합니다. 저는 재미있는 이야기를 해서 그들을 자주 웃게 만듭니다. 새로운 누군가를 만날 때, 저는 먼저 이야기를 시작하는 사람이며 그 사람과 서로 빨리 가까워집니다.

제가 관광가이드가 된다면, 관광객들이 한국에 대해 좋은 기억들을 가지고 고국으로 돌아갈 수 있도록 상냥하고 친절하게 대해 주겠습니다.

영 어

I hoped to travel and experience different cultures. So, I decided to become a tourist guide. I have studied English very hard because I thought fluent English skill is important in the field of tourism. When I meet foreign friends, I try to tell them about Korean culture. Talking about Korean things just makes me feel confident.

I think tourist guide is the right job for me. People say I am a pleasing person to be with. I often make them laugh by telling them funny stories. When I meet someone new, I am the person who starts talking and we get close to each other quickly.

If I become a tourist guide, I will be nice and kind to travelers so that they can go back to their countries with good memories about Korea.

중국어

我平时希望通过去旅游体验更多的不同文化。因此，我决定要成为旅游翻译导游。我个人认为在旅游行业掌握流利的汉语非常重要，所以我努力地学习了汉语。当我与外国朋友交流时，努力地介绍给他们听有关韩国文化的内容。每当讲一讲韩国有关内容时这使我感到自豪。

我认为旅游翻译导游就是对我最合适的职业。周边人说，与我相伴让人愉快。我经常讲一些有趣的故事让他们开心。当我遇到新朋友的时候，我一般会主动去和他交谈，并且很快地与新朋友拉近关系。

如果我成为一名导游，我会用我的温和友好的姿态对待旅客，让旅客带着对韩国的好印象回到自己的国家。

일본어

私は旅行をしながら他国の文化を経験したいと思いました。それでツアーガイドになりたいと思いました。観光分野では、日本語を流暢に話す事が重要だと思ったので、私は日本語を熱心に勉強してきました。外国人の友達に会ったときは、私は韓国の文化について紹介するように努力しています。韓国のことについて話しながら私は誇りを感じます。

私はツアーガイドが自分に合った仕事だと思います。人は私と一緒にいると楽しくなると言います。私は面白い話をして彼らをよく笑わせます。初対面の人に出会うとき、私はまず話しかける方であり、すぐに親しくなります。

私がツアーガイドになれば、観光客が韓国に対して良い思い出を持って故国に帰ることができるように、親切で丁寧に案内するつもりです。

백쌤의 TIP

자신이 관광가이드가 되어야겠다는 생각이 들게 한 동기를 이야기합니다. 어려서부터 여행에 관심이 많았다거나, 결정적인 계기가 된 일이 있었다면 그것을 언급하도록 합니다. 관광가이드가 되고 싶은 강력한 동기가 있으며 그것이 꼭 이루고 싶은 꿈이라는 점을 어필하세요.

거짓으로 이야기를 지어내는 것은 금물입니다. 자신이 왜 관광가이드가 되어야 하는지를 진지하게 생각해야 자신만의 답변이 나옵니다. 자신의 꿈을 말하는 사람의 눈빛과 표정은 어떨까요? 면접관은 그것을 읽습니다. 예상되는 꼬리질문으로는 "어디서 혹은 어떻게 해당 언어를 공부했는가?"입니다.

관광통역안내사를 준비하기 위해 어떤 노력들을 했는가?

➤ What kind of efforts did you make to prepare for the tourist guide job?

➤ 为了成为旅游翻译导游都做了哪些的努力？

➤ 観光通訳案内士を準備しながらどういった努力をしたか？

한국어

첫째, 광범위한 여행지식을 갖기 위해서 저는 항상 제 주변에 호기심을 가지고 여행에 대한 정보를 수집하려고 노력합니다. 현재의 관광이슈에 대한 지식을 얻기 위해서 뉴스, 책과 잡지를 많이 읽습니다.

둘째, 다른 문화를 경험하기 위해서 저는 호주에서 대학을 다녔습니다(여행을 자주 다녔습니다). 그것은 영어(외국어)실력을 향상하고 세상에 대한 시야를 넓힐 수 있는 좋은 기회였습니다.

셋째, 저는 항상 다른 사람들의 마음을 이해하려고 노력해 왔습니다. 특히 병원에서 봉사활동을 한 경험은 제가 다른 사람들이 필요로 하는 것들을 민감하게 알아차리는 데 도움이 되었습니다. 저는 환자들이 목욕하는 것을 도왔습니다. 이 봉사활동이 제가 서비스 정신을 가진 마음이 따뜻한 사람이 되게 해 주었다고 생각합니다.

호주에 머무르던 2년 동안(여행을 다니는 동안) 저는 많은 문제들에 직면해야 했고 혼자서 해결책을 찾아야 했습니다. 그곳에서는 부모님께 의존할 수 없었습니다. 제 주변의 모든 것들이 새롭지만 적응해야 했습니다. 고난을 겪은 후 저는 뛰어난 문제해결력을 가지게 되었습니다. 이제 제가 극복하지 못할 것은 없다고 생각합니다.

PART
03

First, to have an extensive knowledge of tourism, I always try to be curious about my surroundings and collect information for travel. I read news, books, and magazines a lot to get the knowledge of current travel issues.

Second, I went to college in Australia to experience other cultures. It was a good chance to improve my English and broaden my viewpoint about the world.

Third, I have always tried to understand other people's mind. Especially, my volunteer work experience at hospital helped me become sensitive to other people's needs. I helped patients bathing. I think this volunteer work made me become a warm-hearted person with service mindset.

While staying in Australia for 2 years, I had to confront a lot of problems and I had to find the solutions by myself. I couldn't depend on parents there.

Everything around me was new but I had to adjust to them. After I went through hardships, I could get strong problem solving skills. Now I believe there is nothing I cannot overcome.

第一，为了拥有广泛的旅游知识，我时常带着好奇心收集身边的旅游信息。为了获取当今的旅游焦点，我需要多读一些新闻、书和杂志。

第二，我为了体验不同文化，常常去了旅游。这提高了我的外语能力，并成了对于世界扩展视野的好机会。

第三，我总是为了理解别人的心情做出了努力。尤其在医院做的义工活动帮助了我敏感地去注意到别人的需求。我在医院帮助病人洗澡。我相信服务精神让我成为了更温暖的人。

在旅游的时候，我遇到过很多问题，而且这些问题需要我独自解决。我在那里也不能依靠父母。我虽然我身边的环境都很生疏，可是只能适应新的环境。经受苦难之后，我具有了出众的解决问题的能力。我认为现在没有我克服不了的问题。

まず、旅行全般の広範囲な知識を持つために、私は常に周りに関心を持ち、旅行に関する情報を収集しようと努力しています。現時点の観光問題に関する知識を得るためにニュース、書籍や雑誌もたくさん読むようにしています。

第二に、他の文化を体験するために旅行によく行きました。それは外国語能力を向上させ、視野を広げることができる良い機会でした。

第三に、私はいつも他の人の気持ちを理解しようと努力してきました。特に病院でボランティア活動をした経験は、人が何を必要としているのかを敏感にキャッチする事ができる様になるいい機会でした。私は患者の入浴を手伝いました。このボランティア活動を通して、私はサービス精神を持つ、心の温かい人になる事ができたと思います。

旅行する中で私は多くの問題に直面し、一人で解決策を見つけざるを得ませんでした。そこでは両親に依存することはできませんでした。私の周りのすべてが新しく、慣れていくしかありませんでした。困難な事を経験した後、私は優れた問題解決力を持つようになりました。今は私に克服できないことはないと思います。

백쌤의 TIP

면접에서 개인 신상에 대한 답변을 준비하는 과정은 자신을 되돌아보는 계기가 됩니다. 과거에 일어났던 일들이 모여서 현재의 자신이 만들어집니다. 이 책을 보고 계신 여러분은 1차 필기시험을 준비하고 있거나 이미 합격한 분들일 겁니다. 시간과 노력을 들여서 열심히 공부했던 기억을 더듬어 보세요. 지금의 이 언어 실력을 갖추기 위해 여러분은 어떤 노력을 해 왔으며, 또 어떤 노력을 하고 계십니까? 때론 힘들어서 좌절했지만 그것을 어떻게 극복하였는지 구체적으로 이야기해 보세요. 면접관이 봤을 때 '아, 이 사람은 정말 열심히 노력을 하는 사람이구나.'라는 느낌이 들면 성공입니다.

가이드는 왜 민간외교관이라고 불릴까?

> Why is a tourist guide called a nongovernmental diplomat?
> 导游为何被称为民间外交官？
> ガイドはなぜ民間外交官と呼ばれるのか？

한국어

관광가이드는 한국의 좋은 이미지를 만들기 위해서 상냥하고 공손해야 합니다. 관광가이드는 외국 여행객의 가까이에 있는 한국인입니다. 그러므로 그들의 이미지는 한국인의 대표 이미지입니다. 그들의 임무는 외교관의 임무와 같습니다. 그래서 그들은 민간외교관이라고 불립니다. 만약 그들이 좋은 이미지를 만드는 데 성공하면 한국은 외국인들에게 여행하기 좋은 나라로 알려질 것이고 전 세계 사람들이 점점 더 많이 한국을 방문할 것입니다.

영 어

A tourist guide has to be nice and polite to make a good image of Korea. Tourist guides are the nearby Korean to foreign travelers. Therefore their image is the representative image of Korean. Their mission is like that of a diplomat. So they are called nongovernmental diplomats. If they succeed to make a good image, Korea will be known to foreigners as a good country to travel and more and more people from all over the world will visit Korea.

중국어

为了树立良好的韩国形象，导游应该和蔼有礼。导游是在旅客身旁的韩国人。因此，导游的形象代表着韩国人的形象。导游的任务与外交官的任务相同。因此，他们也被称之为民间外交官。如果他们成功树立了良好形象，将会给外国人留下韩国是旅游好去处的印象，也将会让越来越多的外国人到韩国旅游。

일본어

ツアーガイドは韓国の良いイメージを作るために親切で謙遜な態度で観光客に対するべきです。ツアーガイドは外国人旅行者にとってもっとも近い韓国人です。したがって彼らのイメージは韓国人の代表的なイメージとなります。彼らの使命は外交官の任務と同じです。そのため彼らは民間外交官と呼ばれます。もし彼らが良いイメージを作ることに成功すれば、韓国は外国人にとって旅行しやすい国として有名になるでしょうし、全世界の人々がますます韓国へ訪問する事になるでしょう。

관광객이 아프거나 다쳤을 경우 어떻게 대처하겠는가?

➤ How will you handle it in case your client gets sick or damaged?

➤ 假如旅客生病或被受伤的时候应该如何处理？

➤ 観光客が病気になったり怪我をした場合、どのように対処するか？

한국어

해외여행을 할 때 적절한 의료 혜택을 위한 정보를 얻을 수 있는 가장 좋은 곳은 영사관이나 대사관입니다. 만약 제 고객이 심하게 아프거나 다치면 그들의 영사관이나 대사관에 연락을 취하는 것을 돕겠습니다. 그곳에서 그들은 근처에 있는 의료서비스기관을 정하고 가족과 친구들에게 알리는 것에 대한 도움을 받을 수 있습니다. 필요하다면 영사관원은 고국으로부터 송금하는 것도 도와줄 수 있습니다.

영 어

When traveling abroad, the best resource for appropriate medical care would be a consulate or embassy. If my clients get seriously sick or injured, I will help them to contact their country's consulate or embassy. There, they can get help with locating nearby medical service and informing their family or friends. If necessary, a consular officer can also assist in transferring money from their home country.

중국어

在海外旅游时为了采取适当的医疗措施，最容易获取信息的地方就是领事馆或大使馆。如果我的顾客病情严重或受了伤，将会帮他们联系到其国家的领事馆或大使馆。在此机关的帮助下，旅客会找到适当的医疗服务机构并且可以与亲朋家属联系。领事馆按照情况，也将会帮助旅客从所属国家汇款过来。

일본어

海外旅行をする際、適切な医療情報を得ることができる場所は、大使館や領事館です。もし顧客の体調が悪かったり怪我をしたとき、各領事館や大使館に連絡を取れるようにします。彼らはそこで近くの医療サービス機関を決めたり、家族や友人に知らせるなどの手助けをしてもらえます。必要に応じて領事館員は母国からの送金も手伝ってくれます。

PART 03

관광객이 여권을 분실했을 경우 어떻게 해야 하는가?

> What should you do in case your client has lost his or her passport?
> 假如旅客丢失护照时应当如何处理?
> 観光客がパスポートを紛失した場合どうすべきか?

한국어

저는 그들을 신속하게 돕기 위해 최선을 다하겠습니다. 만약 관광객의 여권이 분실되면 즉시 경찰에 신고해야 합니다. 그것은 신원도용과 다른 사람의 여권사용으로부터 관광객을 보호하기 위해서입니다. 그래서 저는 경찰에 최대한 빨리 신고하도록 도울 것입니다. 그런 후, 그들의 영사관이나 대사관에 연락하는 것을 도울 것입니다. 혹시 그들이 여권 사본을 갖고 있는지 물어보고 영사관에 도착하기 전에 두 장의 여권사진을 준비하도록 도와줄 것입니다.

영 어

I will make every effort to help them quickly. If a traveler's passport has been lost, it should be reported to police immediately. It is to protect the traveler against identity theft and someone else's using the passport. So I will help them report to police as quickly as possible. After that, I will help them contact their consulate or embassy. I will ask if they happen to have a copy of their passport and help them prepare 2 passport photos before they arrive at the consulate.

중국어

我会尽最大努力迅速地去帮助他们。如果旅客丢失护照立即要报警。这是为了保护游客的护照,不让别人身份盗窃以及非法使用护照采取的举措。因此,我将会尽快地通知警察局。然后,我将会帮助旅客和领事馆或大使馆取得联系。另外,我先问他们有没有护照复印件,在旅客到达领事馆之前帮旅客准备好两张护照照片。

일본어

私は迅速に対処するために最善を尽くします。もし観光客がパスポートを紛失したら、即警察に通報します。これは個人情報の盗難やパスポートを使用されるなどの被害から観光客を保護するためです。ですから私は警察にできるだけ早く届け出るようにします。次に、領事館や大使館に連絡が取れるように手伝います。パスポートのコピーを持っているかどうかを尋ねて、領事館に到着する前に二枚のパスポートサイズの写真を準備するようにします。

관광객이 불평불만을 늘어놓을 경우 어떻게 하겠는가?

➤ How will you handle it in case your client complains a lot?
➤ 假如旅客满腹牢骚应该要如何？
➤ 観光客が不平不満を言う場合はどうすべきか？

한국어

만일 여행 중에 관광객들로부터 경미한 불평을 듣는다면 저는 그들에게 상황을 설명하겠습니다. 그러나 만일 상황이 심각하다면 저는 문제를 해결하기 위해 최선을 다하겠습니다.

만일 문제가 호텔 방에 의해 발생했다면 우리가 호텔에 있는 동안에 즉시 항의를 제기하겠습니다. 만일 교통 때문에 발생한 문제라면 운송회사에 연락을 하겠습니다. 상황이 즉시 변하지 않는다 하더라도 저의 항의들이 제 미래의 고객들을 위해 문제를 개선하는 데 도움을 줄 것이라고 믿습니다. 또한 저의 그런 태도가 제 고객의 기분을 나아지게 할 것이라고 생각합니다.

물론, 예방이 최선의 방법입니다. 그래서 저는 여행 전에 여행상품의 모든 부분을 재차 확인할 것입니다.

영 어

If I hear minor complaints from travelers while traveling, I will explain the situation. However, if the situation is serious, I will make every effort to solve the problem. If the problem is caused by their hotel room, I will make my complaint immediately while we stay in the hotel. If the problem is caused by transportation, I will contact the transportation company. Even if the situations can't be changed immediately, I believe my complaints will improve the problem for my future clients. Also, I think my attitude like that will help my clients feel better.

Of course, prevention is the best policy. So I will double check every part of travel products before traveling.

중국어

如果旅客有轻微的不满，我会向他们解释现在的情况。但是万一事情很严重，我将会尽最大的努力去解决。

如果问题出于酒店，我将会立刻向酒店提出意见。如果问题出于交通，我将会联系相关客运公司。即使这些行动对现状没有太大的作用，可是我认为我采取的行动有助于未来的旅客能得到更好的服务。我想我当时采取的行动也会对旅客缓解不满情绪有帮助。

当然，预防就是最好的方法。因此，我会提前确认好所有旅行中的各个环节。

もし旅行中に観光客から軽度の不満を聞いたなら、私は彼らに状況を説明します。しかし、万が一状況が深刻ならば私は問題を解決するために最善を尽くします。

問題がホテルの部屋のために生じた場合、我々がホテルにいる間に抗議を申し入れます。もし交通のために発生した問題ならば、運送会社に連絡します。状況が直ちに変わらないとしても、私の抗議が未来の顧客のための問題を改善するのに役立つと思います。また、私のそのような態度が顧客の気分を慰める事になると思います。

もちろん、予防が最善の方法です。ですから私は旅行前に旅行商品のすべてを再度確認するようにします。

백쌤의 TIP

왜 관광객의 불평불만을 바로 해결하기 위해 노력해야 할까요?
소셜 미디어의 발달과 함께 여행객들의 불평불만에 대처하는 것이 예전보다 더 중요해졌습니다. 여행에 불만이 있는 관광객들은 여행 후 자신들의 불평을 블로그, 페이스북, 트위터나 여행 게시판에 게시할지도 모릅니다. 그렇게 되면 여행지에 대한 나쁜 기억은 영원히 회복할 수 없게 됩니다. 또한 관광지에 대한 나쁜 평판으로 인해 미래의 고객마저 잃게 될 것입니다. 승무원이나 호텔리어 직종이 서비스를 중요시하고 컴플레인에 민감하듯이 관광가이드도 관광객의 소리에 귀를 기울여야 합니다.

관광객 한 명이 지각을 하여 다른 관광객들이 불평한다면 어떻게 하겠는가?

➤ If one of your clients is late and the others complain, what will you do?

➤ 有一名旅客迟到导致其他旅客不满时应当怎样处理？

➤ 観光客の一人が遅刻して他の観光客が文句を言う時、どうするか？

한국어

우선 저는 다른 관광객들에게 기다려주는 것에 대해 감사를 표할 것입니다. 특히 여행을 할 때는 시간이 소중하기 때문에 저는 그들의 불평을 이해합니다.

만일 늦게 오는 한 명의 관광객을 모든 다른 관광객들이 기다려야 한다면, 저는 기다리는 시간을 서로를 알아가는 데 사용하겠습니다. 만일 그들을 처음 만나는 것이라면 제 소개를 하고 그들을 환영하는 말을 하며 그 날의 일정을 안내할 것입니다. 또한, 관광객들에게 어디에서 왔느냐고 물어보고 서로에게 서로를 소개해 줄 것입니다. 새로운 사람들을 만나는 것은 관광객들이 경험할 수 있는 큰 즐거움입니다. 그런 식으로 제가 그 상황에 대처할 수 있을 것이라고 생각합니다.

영 어

First of all, I will thank the other travelers for waiting. I understand their complaints because time is precious especially when they travel.

If all other travelers have to wait for a late traveler, I will spend the waiting time getting to know each other. If it is the first time I meet them, I will introduce myself, welcome them, and give them introductions of that day's schedule. Also, I will ask travelers where they're from and introduce them to each other. Meeting new people is a great pleasure that travelers can experience. I think I can handle the situation like that.

중국어

首先，我将会向其他旅客因耐心等待表示感谢，之所以我很理解旅客们的抱怨，是因为尤其在旅游的时候时间更宝贵。

如果因一位旅客的迟到，不得不让其他的旅客等待的话，我会利用这个时间使旅客互相认识。如果是第一次见面的话，我先会介绍一下自己，然后说欢迎词，最后会介绍当天的日程安排。我还会问旅客从哪里来，并且将会相互之间介绍自己。交到新的朋友对于旅客来说也是个很愉快的经历。我认为采取这种方式就能够应对好那种情况。

まず、私は他の観光客に待ってくださった事に対する感謝を伝えます。特に旅行する時は時間が大事なので、彼らの不満は十分に理解できます。

もし遅れてくる一人の観光客を他のすべての顧客が待たなければならないならば、私は待ち時間を利用してお互いを紹介するようにします。もしもそれが最初に出会う時間ならばまず自己紹介をした後、彼らを歓迎する言葉を伝え、その日のスケジュールを案内します。また、観光客にどこから来たのか聞くなど、お互いが知り合えるように努力します。旅行中新しい人々と付き合う事は観光客が体験する大きな楽しみの一つです。そうやって私はその状況に対処することができると思います。

02 | 관광학 관련 상식

■ 관광학에서 다루는 용어들을 해당 외국어로 명확하게 설명하는 능력이 요구됩니다. 용어의 정의만 정확히 알아 두면 다른 분야의 질문에 비해 답변하기가 수월해집니다.
■ 가장 흔히 출제되는 질문은 관광에 관련된 용어의 정의를 내리는 유형입니다. 그와 관련하여 구체적인 예를 들거나, 다른 용어와 비교하여 설명하라는 문항들도 출제될 수 있습니다.
■ 최근 관광 현황 정보를 빠르게 섭렵하기 위해서 면접시험 전까지 관광에 관련된 다양한 최신 기사들을 관심 있게 챙겨 보시기 바랍니다.

009　기출 15 · 14 · 13 · 10

여행업(Travel Business)의 종류를 설명하시오.

➤ Explain the types of travel businesses.
➤ 请说明一下旅游行业(Travel Business)的种类。
➤ 旅行業(Travel Business)の種類を説明しなさい。

한국어　관광진흥법에 따르면 여행업의 종류에는 세 가지가 있습니다. 종합여행업, 국내외여행업, 그리고 국내여행업입니다. 첫째, 종합여행업은 한국이나 해외를 여행하는 한국인과 외국인을 대상으로 합니다. 둘째, 국내외여행업은 한국이나 해외여행을 하는 한국인을 대상으로 합니다. 셋째, 국내여행업은 국내여행을 하는 한국인을 대상으로 합니다.

영 어　Under the Tourism Promotion act, there are three types of travel businesses. They are general travel business, domestic or foreign and domestic travel businesses. First, general travel business is for both Korean and foreigner who travel in Korea or abroad. Second, domestic or foreign travel business is for the Korean who travel Korea foreign countries. Third, domestic travel business is for the Korean who takes domestic trips.

根据观光振兴法，旅游业分为综合旅游业、国内外旅游业和国内旅游业三种。第一，综合旅游业的服务对象为在韩国或国外旅游的韩国人跟外国人。第二，国内外旅游业的服务对象为在韩国或国外旅游的韩国人。第三，国内旅游业的服务对象为在韩国国内旅游的韩国人。

観光振興法によると、旅行業の種類には3つがあります。総合旅行業、国内外旅行業、そして国内旅行業です。第一、総合旅行業は韓国や海外を旅行する韓国人と外国人を対象とします。第二、国内外旅行業は韓国や海外を旅行する韓国人を対象とします。第三、国内旅行業は国内旅行をする韓国人を対象とします。

여권(Passport)이란 무엇이고, 그 종류에는 어떤 것들이 있는지 말해 보시오.

> Explain what passport is and describe the types of passports.
> 请说明一下护照的概念和种类。
> 旅券とは何であり、その種類にはどんなものがあるか言いなさい。

한국어

여권은 관광객의 신분과 국적을 증명하고 국제여행을 승인하는 여행문서입니다. 관광객은 출국이나 귀국을 하기 위해 여권이 필요합니다.

일반여권, 관용여권, 외교관여권의 세 가지 유형의 여권이 있습니다. 일반여권은 한국 국민을 대상으로 합니다. 국외여행을 하는 횟수에 따라 일반여권은 단수여권과 복수여권으로 나누어집니다. 관광객들은 단수여권을 가지고 국외여행을 단 한 번 할 수 있습니다. 하지만 복수여권을 가지고는 만료일 전에 여러 번 국외여행을 할 수 있습니다.

관용여권은 공무를 위해 여행하는 공무원들과 그 동반자들에게 발행됩니다. 여행목적과 그들의 직위에 따라 국제적인 업무를 위해 여행하는 외교관과 동반자들에게는 외교관여권이 발행됩니다.

영 어

A passport is a travel document that certifies the identity and nationality of a traveler and authorizes his/her international travel. Travelers need their passport to travel abroad and return to their country.

There are three types of passports – general passport, official passport and diplomatic passport. A general passport is for the Korean people. According to the number of times that a person travels overseas, a general passport is divided into singular passport and multiple passport. Travelers can travel overseas only once with a singular passport. With a multiple passport, they can travel overseas many times before the expiration date.

An official passport is issued to public officials and their accompanying people who travel for official business. According to the travel goals and their status, a diplomatic passport is issued to diplomats and their accompanying people who travel for international business.

护照是证明旅客身份和国籍并且承认国际旅游的旅行文书。旅客为了出国或入国都需要护照。

护照分为普通护照、公务护照和外交护照。韩国国民使用的是普通护照。根据国际旅游的次数又分为单次访问护照和多次访问护照。旅客可以使用单次访问护照只能访问一次海外，而多次访问护照在护照有效期内可以多次访问海外。

公务护照是针对于公务旅行的公务员以及随行者发行。根据旅游目的和职位的不同，为了完成国际业务，外交护照会颁发给外交官以及相关的随行人员。

パスポートは観光客の身分と国籍を証明し、国際旅行を承認する旅行文書です。観光客は出国や帰国をする際にパスポートが必要です。

一般旅券、公用旅券、外交旅券の3種類のパスポートがあります。一般旅券は、韓国国民が対象です。国外旅行をする回数に応じて、一般旅券は単数旅券と複数旅券に分かれています。単数旅券の場合、国外旅行に一度だけ行くことができます。複数旅券を持っていれば有効期限内に何度も国外旅行をする事ができます。

公用旅券は、公務のために旅行する公務員とその同伴者に発行されます。旅行目的とその職位に応じて国際的な業務のために旅行する外交官と同伴者に発行されるのが外交旅券です。

참고 외교부 여권안내 홈페이지(www.passport.go.kr)

백쌤의 TIP

여행증명서(Travel Certificate)라는 것도 있습니다. 그것은 관광객이 정규여권을 발급받을 시간적 여유가 없을 때 여권 대신 발급받는 여행증명서입니다. 1년 이내의 유효기간이 부여되며 여행 목적이 달성되면 효력이 상실됩니다. 여권을 분실했는데 빨리 귀국해야 할 경우 가까운 경찰서에 신고한 다음 여권분실증명서(Police Report)를 받고, 한국 영사관에 가서 여행증명서를 발급받을 수 있습니다. 여행증명서로 귀국은 가능하지만 임시 여행증명서이기 때문에 다른 나라에서는 인정받지 못하는 경우가 많습니다.

여권(Passport)과 비자(Visa)의 차이는 무엇인가?

➤ What is the difference between passport and visa?
➤ 护照和签证有什么区别。
➤ 旅券とビザ(Visa)の違いは何か？

한국어　여권은 해외여행에서 관광객의 신분과 국적을 증명하는 문서입니다. 그것은 중앙정부가 발급합니다. 비자는 관광객이 특정국가에 출입하는 것을 허용하는 관허(공식적인 허가)입니다. 이 허가는 관광객이 방문하는 나라로부터 승인받습니다. 여권은 해외여행 동안에 관광객의 신원을 확인해 주지만 비자는 관광객이 특정한 나라에 머무르는 것을 일시적으로 허가합니다.

영 어　A passport is a document that certifies a traveler's identity and nationality in overseas travels. It is issued by a national government. A visa is an official permission that allows a traveler into a specific country. This permission is granted by the country the traveler visits. Passports identify travelers during overseas travels, but visas temporarily authorize travelers to stay in specific countries.

중국어　护照是证明旅客身份和国籍的证明文书，由中央政府发放。签证是旅客出入特定国家的官方许可。这个许可由旅客访问的国家来签发。护照能够在海外旅游中证明游客身份，而签证是旅客临时滞留特定国家的许可。

일본어　パスポートは海外旅行で観光客の身分と国籍を証明する文書です。これは、中央政府から発行されます。ビザは観光客が特定の国に出入りすることを許可する官許(公式的な許可)です。この許可は観光客が訪れる予定の国から承認を受けます。パスポートは海外旅行の間、観光客の身元を保証してくれますが、ビザは観光客が特定の国に留まることを一時的に許可してくれます。

PART
03

인바운드 관광(Inbound Tourism)과 아웃바운드 관광(Outbound Tourism)의 차이점은 무엇인가?

➤ What is the difference between inbound tourism and outbound tourism?

➤ 入境观光和出境观光有何不同？

➤ インバウンド観光(Inbound Tourism)とアウトバウンド観光(Outbound Tourism)の違いは何か？

한국어 인바운드 관광은 한국을 방문하는 외국여행자들을 대상으로 하는 관광업이고 아웃바운드 관광은 외국을 방문하는 한국 관광객들을 대상으로 하는 관광업입니다. 한국인의 입장에서 볼 때, 만일 중국인이 한국을 방문하면 그것은 인바운드 관광입니다. 그러나 만일 한국인이 중국을 방문하면 그것은 아웃바운드 관광입니다.

아웃바운드 관광보다 인바운드 관광이 많은 나라는 관광흑자가 생깁니다. 인바운드 관광객이 많을 때, 외국인 관광객은 한국에 있는 호텔, 음식점, 기념품과 다른 편의시설에 많은 돈을 씁니다. 그것은 많은 경제적 이득을 발생시킵니다. 아웃바운드 관광 또한 비행기 티켓과 관광을 위한 새로운 상품들로 인한 자본을 생성합니다. 하지만 결국, 본국에서 외국으로 자본이 이동합니다.

영 어 Inbound tourism is the travel business for foreign travelers visiting Korea, and outbound tourism is the travel business for Korean travelers visiting foreign countries. From a Korean perspective, if a Chinese visits Korea, it is inbound tourism, but if a Korean visits China, it is outbound tourism.

If a country has more inbound than outbound tourism, it creates a surplus in travel. When there are a lot of inbound travelers, foreign tourists spend a lot of money on hotels, restaurants, souvenirs and other facilities in Korea. It generates a lot of economic benefits. Outbound tourism also generates some money from selling plane tickets and new products for travel. However, In the end, money moves from the home country to foreign countries.

入境观光是访问韩国的外国人为对象的观光业，而出境观光是出国旅游的韩国人为对象的观光业。对于韩国人来说，如果中国人访问韩国，这就被称之为入境观光，与此相反韩国人访问中国就被称之为出境观光。

入境观光比出境观光多的国家就会有观光顺差。入境观光多的时候，外国旅客会在酒店、餐厅、纪念品等不同的旅游设施上消费大量的金钱。这将会带来经济上的盈利。出境观光也会在飞机票或者旅游产品上获得资本。可是，最终资金会流向国外。

일본어

インバウンド観光は、韓国を訪問する外国人旅行者を対象とした観光業であり、アウトバウンド観光は、外国を訪問する韓国人観光客を対象とした観光業です。韓国人の立場から見ると、もし中国人が韓国を訪問すればそれはインバウンド観光です。しかしもし韓国人が中国を訪問するとそれはアウトバウンド観光となります。

アウトバウンド観光よりもインバウンド観光の多い国は観光黒字が生じます。インバウンド観光客である外国人観光客は韓国のホテル、レストラン、お土産屋やその他の設備で多くのお金を使います。それは大きな経済的利益を発生させます。アウトバウンド観光もまた、飛行機のチケットや新しい観光商品などの資本を生み出します。しかし最終的には本国から外国へ、資本が移動します。

백쌤의 TIP

인바운드 관광을 촉진하면 관광이익이 늘어나는 것은 사실입니다. 하지만 인바운드 관광과 아웃바운드 관광은 둘 다 겉으로 드러나지 않는 잠재적 효과가 있습니다. 자국에서 벗어나 외국을 여행함으로써 세계관을 넓힐 수 있으며 나라들 간의 우호적인 관계형성에도 도움이 되는 점 등이 그것입니다.

지속가능한 관광(Sustainable Tourism)은 무엇인가?

> What does Sustainable Tourism mean?
> 什么是可持续旅游(Sustainable Tourism)？
> 持続可能な観光(サステイナブル ツーリズム)とは何か？

한국어

지속가능한 관광의 개념은 1987년 브룬트란트 보고서에서 처음 논의되었습니다. 지속가능한 관광은 사람들이 환경과 지역문화에 미치는 영향을 최소화할 것을 촉구합니다. 지속가능한 관광은 경제성장, 환경보호와 사회적 평등을 추구합니다. 장기간의 지속능력(Sustainability)을 확보하기 위해서 이 세 가지 측면이 균형을 이루어야 합니다.

개발과 자연 사이의 균형을 유지하기 위해서 사람들은 무모한 개발을 조절하고 환경문제를 생각해야 합니다. 사회적 평등을 위해서 지역주민들은 관광사업에 참여하도록 권장됩니다. 그들이 재정적인 이득을 얻으면 부유한 지역과 가난한 지역의 수입격차가 완화될 수 있습니다.

영 어

The concept of Sustainable Tourism was first discussed in the Brundtland Report in 1987. Sustainable tourism encourages people to minimize the impact on the environment and local culture. Sustainable tourism seeks after economic growth, environmental protection, and social equality. These three aspects must be balanced to guarantee the long-term sustainability.

To maintain a balance between development and nature, people should control reckless development and think about the environmental issues. For social equality, local residents are encouraged to participate in tourist industry. If they get financial benefits, the income gap between wealthy and poor regions can be released.

중국어

可持续旅游的概念最初在1987年的布伦特兰报告中首次被提及。可持续旅游要求人们尽量减少对环境和地域文化的影响。可持续旅游追求经济增长、环境保护和社会平等。为了保证长期可持续能力(Sustainability)这三项需要保持均衡的发展。

为了维持经济开发和自然环境之间的平衡，必须减少一味的开发，并且要考虑环境问题。为了社会平等，鼓励当地人参与到旅游行业中。他们如果得到了财政收入，将可以拉短富人区和穷人区之间的收入差异。

持続可能な観光の概念は、1987年にブルントラント報告書で初めて議論されました。持続可能な観光は人々が環境や地域文化へ与える影響を最小限に留めるように促します。持続可能な観光は、経済成長、環境保護と社会的平等を追求します。長期間の持続能力(Sustainability)を確保するために、この3つの側面でバランスを保たなければなりません。開発と自然との間のバランスを維持するために人々は無謀な開発を調整し、環境問題を考える必要があります。社会的平等のために地元の人々が観光事業に参加することが勧められます。彼らが財政的な利益を得れば、豊かな地域と貧しい地域の収入格差が和らぐことでしょう。

백쌤의 TIP

브룬트란트 보고서는 1987년 세계환경개발위원회(WCED ; World Commission on Environment and Development)가 발행한 '우리 공동의 미래(Our Common Future)'라는 제하의 문서를 말합니다. 이 브룬트란트 보고서에서 지속가능한 개발(Sustainable Development)이라는 개념이 처음으로 공식화되었습니다. 지속가능한 개발은 환경과 경제개발이라는 두 가지 목표를 조화하여 환경을 파괴하지 않고 경제개발을 해야 하는 세계 전체의 문제에 대한 접근법입니다. 그것은 경제발전, 사회적 통합 및 환경보전을 함께 이루어가는 미래지향적인 발전을 의미합니다.

참고 한국국제협력단 국제개발협력 용어집

에코투어리즘에 대해 설명하시오.

➤ Give the explanation of Ecotourism.
➤ 请说明生态旅游。
➤ エコツーリズムについて説明しなさい。

한국어

생태관광은 자연 지역으로 떠나는 책임 있는 관광입니다. 관광은 훼손을 가져오지만 생태관광은 호텔, 운송수단 그리고 다른 기반시설들의 나쁜 영향을 최소화하기 위해서 노력합니다. 생태관광 단체는 소규모이며 생태관광 가이드는 환경윤리와 생태학에 대한 지식을 가지고 있습니다. 생태관광을 통해서 관광객들은 책임감을 가지고 환경을 보호하는 것의 중요성을 깨닫습니다. 생태관광은 관광객들에게 친환경 상품들을 사용할 것을 권장합니다. 그들은 재활용된 물건들, 친환경 화장실, 재생 가능한 에너지원을 사용하도록 요구됩니다. 쓰레기의 안전한 처리와 수질 보호가 자주 강조됩니다. 예민한 환경에 주는 영향을 최소화하기 위해서 방문객의 수 그리고 어떤 행동들이 규제될 수도 있습니다.

영 어

Ecotourism is a responsible travel to natural areas. Tourism causes damages, but ecotourism tries to minimize the negative influence of hotels, transportations, and other infrastructures. The size of an eco tour group is small and an eco tourist guide has environmental ethics and knowledge of ecology. Through ecotourism, travelers realize the importance of protecting the environment with responsibility.

Ecotourism encourages travelers to use eco-friendly products. They are asked to use recycled materials, eco-friendly toilet, and renewable sources of energy. Safe disposal of wastes and water conservation are often emphasized. To minimize the impact on sensitive environments, the number of visitors and some of their behaviors could be regulated.

중국어生态旅游是在自然旅游区旅游的赋有责任的观光。虽然观光会带来损坏，可是生态旅游尽量减少住宿、客运方式和其他旅游设施带来的负面影响。生态旅游是小规模的，并且生态旅游导游要具备环境伦理和生态学方面的知识。通过生态旅游让旅客认识到保护环境的重要性。

生态旅游要求旅客使用环保产品。旅客们要使用可回收物品、环保厕所和可再生能源。生态旅游经常会强调废弃物的处理和水质的保护。为了尽量减少对环境的影响，访问人员数以及游客的一些举动也将会受限制。

일본어生態観光、エコツーリズムとは自然地域を訪れる責任ある観光の事です。観光は環境破壊をもたらしますが、エコツーリズムはホテル、輸送手段およびその他の施設の悪影響を最小限にするために努力します。エコツーリズム団体は小規模で、エコツアーガイドは環境倫理と生態系に関する知識を持っています。エコツーリズムを通して観光客は責任を持って環境を保護することの重要性を実感するようになります。

エコツーリズムは観光客に環境に優しい商品を使うことを勧めます。彼らはリサイクルされた物、エコトイレ、再生可能なエネルギー源を使用するように要求されます。ごみの安全な処理と水質保護が頻繁に強調されます。敏感な環境に与える影響を最小限にするために訪問者の数と行動が規制される事もあります。

PART
03

백쌤의 TIP

창덕궁 후원에 입장할 수 있는 관광객의 수는 제한되어 있습니다. 그것도 특별 관람을 허용하는 기간이 아니면 가이드와 함께 관람하도록 제한되어 있습니다. 지리산의 노고단 정상에서는 음식물을 섭취할 수 없습니다. 수질오염을 막기 위해 포세식 화장실이 설치되어 있으며 휴지를 사용하지 말라는 협조문이 붙어 있습니다. 이처럼 주변에 있는 생태관광의 예를 생각해 두시기 바랍니다.

녹색관광(Green Tourism)에 대해 설명하시오.

> Give the explanation of green tourism.
> 请说明一下绿色旅游。
> グリーンツーリズム(Green Tourism)について説明しなさい。

한국어

원래 녹색관광은 농촌지역과 같은 생태관광지를 방문하는 데 관심이 집중되어 있었습니다. 관광객들은 도시의 부산함에서 멀리 떠나 농촌지역에서 평화로움과 행복을 느낄 수 있습니다. 녹색관광의 또 다른 개념은 지속적이고 공해가 없는 관광에 대한 것입니다. 이명박 정부는 향후 10년을 위한 국가비전으로 '저탄소 녹색성장'을 발표하였습니다. 그리하여 녹색관광은 저탄소 관광을 포함하는 개념이 되었습니다.

예를 들어 순천만은 갯벌 생태계가 아주 잘 보존된 자연 관광지입니다. 한국에서 가장 넓은 갈대밭과 끝없는 갯벌이 철새들을 모읍니다. 갈대와 갯벌에 둘러싸여 산책을 하면 관광객들은 마음이 편안해집니다.

영 어

Originally green tourism was focused on visiting ecological tourist attractions like rural areas. Travelers make a getaway far from the bustle of the city and feel peaceful and happy in rural areas.

Another concept of green tourism is about sustainable and non-polluting tourism. The Lee Myung-bak administration announced 'low carbon, green growth' as a national vision for the next decade. Thus, green tourism has become the concept embracing the low-carbon tourism.

For example, Suncheon Bay is the natural tourist attraction where a tidal flat ecosystem is well preserved. The largest reed fields in Korea and endless mud flats gather migratory birds. Taking a walk surrounded by reeds and mud flats, travelers can feel relaxed.

중국어

原本绿色旅游一般着重于乡村地区等的生态观光区。旅客远离都市的喧嚣来享受乡村的平静和幸福。

绿色旅游另一个概念是可持续并无公害的观光。李明博政府在10年计划中提出了'低碳绿色成长'的国家目标。因此，绿色旅游业成为了包含低碳旅游的概念。

比如，顺天湾是保存良好的泥滩生态系统的自然旅游景点。在韩国最大的芦苇地和泥滩环境会吸引很多的候鸟。当游客漫步在芦苇和泥滩围绕的环境中，心情会变得平安。

일본어

もともとグリーンツーリズムは農村地域の生態観光地を訪問することに関心が集中していました。観光客は都市の喧騒から遠く離れた農村地域で安らぎと幸せを感じることができます。

グリーンツーリズムのもう一つの概念は、持続的で無公害の観光です。李明博政府は、今後10年間の国家ビジョンとして「低炭素グリーン成長」を発表しました。そのためグリーンツーリズムは低炭素観光を含む概念となりました。

例えば、順天湾は干潟の生態系が非常によく保存された自然観光地です。韓国で最も広い葦原と干潟があり、渡り鳥が集まっています。葦と干潟に囲まれて散歩すると観光客は気持ちが和やかになります。

백쌤의 TIP

한국관광공사에서는 전국에 있는 '걷기 여행길'을 발굴하고 소개하고 있습니다. 경관이 좋은 아름다운 길에 둘레길, 올레길, 가람길 같은 이름을 붙이고 방문하여 도보여행을 즐기도록 안내하는 것입니다. 자전거를 이용하거나 대중교통 이용하기, 에어컨 사용을 줄이고 전력 소비량을 낮추는 것 등이 모두 녹색관광 캠페인의 일환입니다. 녹색관광지로는 DMZ, 습지, 철새 도래지, 슬로시티, 자연동굴, 해안사구 등이 모두 포함됩니다.

참고 대한민국 구석구석(korean.visitkorea.or.kr)

인센티브 투어(Incentive Tour)는 무엇인가?

> What is incentive tour?
> 什么是奖励旅游(Incentive Tour)？
> インセンティブツアー(Incentive Tour)とは何か？

한국어

인센티브 투어는 회사가 기획한 업무관련 여행입니다. 인센티브 투어의 목적은 직원들에게 보상을 제공하는 것입니다.

회사는 이전에 이룬 성과를 보상하기 위해서 인센티브 투어에 드는 비용을 지불하고 우수 직원들은 동료들과 여행을 합니다. 회사는 여행을 다녀와서 직원들이 더 성공적으로 일하기를 기대합니다. 직원들의 관점에서 보면, 인센티브 투어는 여행할 기회뿐만 아니라 결속의 시간을 줍니다. 우수한 직원들을 위한 고품격 여행상품이 필요하기 때문에 인센티브 관광은 관광사업에 막대한 경제적 이득을 발생시킵니다.

제주도는 고품격 호텔, 흥미로운 장소들과 뛰어난 자연의 아름다움 때문에 아시아에서 유명한 인센티브 투어 관광지입니다. 또한 아시아 주요 도시들과 가까운 곳에 위치해 있습니다.

영 어

Incentive tour is the business-related travel that is designed by company. The goal of incentive tour is to provide incentives for employees.

The company pays the cost of incentive tour to reward a previous achievement and excellent employees take trips with their colleagues. The company expects employees to become more successful after the tour. From employees' perspective, incentive tour provides not only a chance to travel but also a great bonding time. Incentive tourism generates huge economic profits in travel industry because excellent employees need travel products of high quality.

Jeju island is a famous incentive tour destination in Asia because of its high-quality hotels, interesting places and outstanding natural beauty. Also, It is located close to major Asian cities.

奖励旅游是由公司来策划的业务有关的旅游。奖励旅游的目的是给职员提供福利待遇。
公司为了补偿职员的业绩成果，提供旅游资助，使优秀的职员与同事一起旅游。公司
期望旅游归来的职员能更好地处理业务。在职员看来，奖励旅游不仅仅是一次旅游，
而且更是搞好同事关系的机会。为了优秀的职员要求高品质的旅游产品，因此，奖励
旅游给旅游业将会带来巨大的经济收益。

济州岛因高品质的酒店、有趣的场所和非常美丽的自然环境而被视为亚洲著名的奖励
旅游区。并且济州岛与亚洲各个重要城市相隔不远。

インセンティブツアーは会社が企画した業務関連旅行です。インセンティブツアーの目的は
社員に報酬を提供することです。

会社は成し遂げた成果に対する報酬としてインセンティブツアーの費用を支払い、優秀な社
員達は同僚と共に旅行に出かけます。会社は社員が旅行から帰って来てより一生懸命に働
くことを期待します。社員から見ると、インセンティブツアーは旅行だけするのではなく互いに
結束する時間を持つことができます。優秀な社員のための高品質の旅行商品が求められる
ため、インセンティブツアーは観光事業に莫大な経済的利益を発生させます。

済州島は高品質のホテルと興味深い観光地、美しく素晴らしい自然を持つため、アジアで
有名なインセンティブツアー観光地です。また、アジアの主要都市から遠くない場所に位置
しています。

PART
03

017 기출 19 · 13 · 11 · 10

패키지 투어(Package Tour)에 대해 설명해 보시오.

➤ Give the explanation of package tour.

➤ 请说明一下包价旅游。

➤ パッケージツアー(Package Tour)について説明してみましょう。

한국어

패키지 투어는 이동방법, 숙박과 다른 여행 서비스들이 포함된 여행 패키지입니다. 여행사는 여행상품을 싼 가격에 대량으로 구매하고 여행자들을 모집합니다. 여행을 하는 동안에 여행자들은 여행사가 관리하는 여행일정을 따릅니다.

만약 관광객들이 여행 중에 특별한 경험을 원한다면 선택 관광을 택할 수 있습니다. 그 경우에 선택 관광에 대한 비용을 따로 지불해야 합니다.

영 어

A package tour is a travel package that includes transport, accommodations and other travel services. A travel agency purchases a large number of travel products at a low price and gathers travelers. While traveling, travelers follow the travel itineraries managed by travel agency.

If tourists want specific experience during their trip, they can choose optional tours. In that case, they have to pay for the optional tour separately.

중국어

包价旅游是包括移动方式、住宿和其他旅游服务的套餐旅游。旅行社廉价购买大量的旅游产品并且召集游客。在旅游过程中，旅客要按照旅行社制定的行程走。

如果观光过程中旅客想要体会到特别的经验，也可以享受选择观光。在此情况下，旅客另外要支付选择观光的费用。

일본어

パッケージツアーは移動方法、宿泊施設やその他の旅行サービスが含まれている旅行パッケージです。旅行会社は旅行商品を安い価格で大量に購入し、旅行者を募集します。旅行をする間観光客は旅行会社が管理するスケジュールに従います。

もしも観光客が旅行中に特別な経験を願うならばオプショナルツアーを選ぶことができます。その場合にはオプショナルツアーの費用を別に支払う必要があります。

의료관광(Medical Tourism)이란?

➤ What does medical tourism mean?
➤ 什么是医疗观光？
➤ 医療観光とは？

한국어

의료관광의 목적은 의료치료를 받는 것입니다. 한국의 의료기술이 진보됨에 따라 많은 외국인들이 한국에 있는 병원에 방문합니다. 그들은 암치료, 치과치료, 성형수술 등 다양한 의료치료를 받습니다. 더욱이 한류 덕택에 한국에서의 성형수술은 아시아에서 인기가 많아졌습니다. 그러나 한국은 의료관광을 위한 충분한 인프라(기반시설)들이 부족합니다. 환자와 그 가족들은 치료를 받는 동안 한국에 머물러야 합니다. 그래서 그들은 병원과 연계된 호텔과 재활센터가 필요합니다. 그들은 머무르는 동안 관광도 하고 싶어합니다. 한국은 늘어나는 의료관광객들을 지원하기 위해서 더욱 준비할 필요가 있습니다.

영 어

The purpose of medical tourism is to get medical treatment. As Korean medical technology has been advanced, a lot of foreigners visit hospitals in Korea. They receive various medical treatments – cancer treatment, dental treatment, plastic surgery, etc. Moreover, thanks to Korean wave, plastic surgery in Korea has become popular in Asia.

However, Korea doesn't have enough infrastructures for medical tourism. Patients and their families need to stay in Korea while getting treatment. So they need hotels, rehabilitation centers connected to hospital. They also want to go sightseeing while staying. Korea needs to be more prepared to support the increasing number of medical tourists.

중국어

医疗观光的目的在于接受治疗。随着韩国的医疗水平的提高，许多外国人来到韩国来治病。旅客们接受癌治疗、牙科治疗、整形手术等的各种医疗服务。因为受到韩流的影响，韩国的整形手术在亚洲很有人气。

但是韩国缺乏足够的设施来满足医疗观光的需求。患者和家人在患者接受治疗的期间需要留在韩国。因此，他们需要和医院连接的酒店和康复中心。他们在韩国逗留的期间也想去旅游观光。韩国应该为了支援与日俱增的医疗观光旅客需要付出更多的努力。

PART 03

03

メディカルツーリズムの目的は医療治療を受けることです。韓国の医療技術が進歩するに伴い、多くの外国人が韓国の病院を訪問しています。彼らはがん治療、歯科治療、美容整形手術など様々な医療サービスを受けに来ます。最近は韓流のおかげで韓国での美容整形手術が、アジアで人気が高まっています。

しかし韓国にはメディカルツーリズムのための十分なインフラ(基盤施設)が不足しています。患者とその家族は治療を受ける間、韓国に滞在しなければなりません。そのため彼らには病院と連携されているホテルとリハビリセンターが必要です。また彼らは滞在中に観光もしたいと考えています。韓国は増えているメディカルツーリストをサポートするために、さらなる準備が必要です。

백쌤의 TIP

한국의 대형병원에는 최첨단 의료장비가 갖추어져 있으며 의료기술 또한 훌륭합니다. 특히 한국의 암, 장기이식 의료기술은 세계적인 수준입니다. 거기에 진료비는 미국의 30% 수준으로 선진국들보다 상대적으로 저렴하다는 이점이 있습니다. 한국은 이제 세계적으로 주목받는 의료 관광국가입니다. 특히 한국의 미용성형기술, 한방의학과 접목된 메디컬 스킨케어, 한의학 치료는 한국 의료진만이 가지고 있는 특화된 기술입니다.

다크투어리즘(Dark Tourism)이란 무엇이고, 그 중요성은 무엇인지 설명하시오.

➤ Explain what Dark Tourism is and describe its importance.
➤ 请说明一下黑色旅游(Dark Tourism)及其重要性。
➤ ダークツーリズム(Dark Tourism)とは何であり、その重要性は何か説明しなさい。

한국어

다크투어리즘은 관광객이 비극과 죽음을 조명하는 장소를 방문하는 유형의 관광입니다. 다크투어리즘은 관광객들이 전쟁, 대량학살이나 재난의 장소를 둘러봄으로써 교훈을 얻을 수 있기 때문에 중요하며 의미가 있습니다.

예를 들어 사람들이 용산에 있는 전쟁기념관을 방문하면 그들은 전쟁의 상처와 한국인의 독립정신을 떠올릴 수 있습니다. 5 · 18 국립묘지는 방문자들에게 민주주의의 가치를 가르쳐 줍니다. 제주 4 · 3 평화공원과 거제 포로수용소 또한 다크투어리즘을 위한 장소들입니다.

영 어

Dark Tourism is a type of tourism in which tourists visit the places highlighting tragedy and death. Dark tourism is important and meaningful because the tourists can learn a lesson from looking around the place of war, homicide or disaster.

For example, when people visit The War Memorial in Yongsan, they can recall the war damage and Korean spirit of independence. May 18th national cemetery teaches the value of democracy to visitors. Jeju 4 · 3 Peace Park and historic park of Geoje POW camp are also the destinations for dark tourism.

중국어

黑色旅游就是旅客访问审视着悲剧和死亡的场所的一种旅游方式。黑色旅游使旅客观光战争、大量屠杀或灾难发生过的场所，从而可以得到教训。因此这种旅游富有很重要的意义。

例如，人们通过访问龙山的战争纪念馆，会想起战争的伤痛和韩国人的独立精神。5 · 18国立墓地教导旅客们懂得民主主义的价值。济州4 · 3和平公园和巨济战俘营也是黑色旅游景点。

PART **03**

일본어 ダークツーリズムは、観光客が悲劇の死を悼む場所を訪問するタイプの観光です。ダーク
ツーリズムは観光客が戦争や大量虐殺、災害のあった場所を探索する事により教訓を得る
ことができるので、重要な意味があります。

例えば人々が龍山にある戦争記念館を訪問すると、彼らは戦争の痛みと韓国人の独立精
神を思い浮かべることができます。5・18国立墓地は訪問者に民主主義の価値を教えてくれ
ます。済州4・3平和公園と巨済捕虜収容所もダークツーリズムのための場所です。

마이스(MICE)란 무엇이고, 그 중요성과 한국 경제에 미치는 영향을 설명하시오.

➤ Explain what MICE is and describe its importance and effect on the Korean economy.
➤ 请说明一下MICE的含义和重要性，以及对于韩国经济产生的影响。
➤ マイス(MICE)とは何であり、その重要性と韓国経済に与える影響を説明しなさい。

한국어

MICE는 회의(Meeting), 보상관광(Incentives), 컨벤션(Convention), 박람회(Exhibition)의 머리글자입니다. 이 네 가지 행사는 모두 회의 산업과 관련돼 있어서 각 나라에서 온 많은 사람들의 이동을 수반합니다.

회의 행사에는 대개 회사가 제공하는 보상 프로그램인 인센티브 투어가 포함됩니다. 컨벤션은 토의, 정보 교류, 상품소개 등을 위해 기획된 회의의 한 형태입니다. 마지막으로, 박람회는 상품과 서비스를 전시하는 행사입니다.

MICE 산업은 고부가가치 산업입니다. 이 산업의 성공적인 개최는 관광수입, 새 일자리, 지역 발전 등과 같은 막대한 경제적 이득을 가져옵니다. 게다가 한국 상품들을 세계에 소개하는 좋은 기회를 제공한다는 점에서 훌륭한 미래 가치가 있습니다.

영 어

MICE is the initial letters of Meeting, Incentive, Convention and Exhibition. These four events are all related to meeting business, causing a lot of people from other countries to travel.

Meeting events normally involve incentive tour, which is the incentive program offered by the company. Convention is a kind of meeting planned for discussion over a specific topic, information exchange, product instruction and so on. Lastly, exhibition is the event to display products and services.

MICE industry is a higher value-added business. Its successful host brings a huge economic profits to the venue such as tourism income, new jobs, regional development, etc. Besides, it contains a future high value in the fact that it provides a good opportunity to introduce Korean products to the world.

MICE是会议(Meeting)、奖励旅游(Incentives)、大型企业会议(Covention)、活动展览(Exhibition)的第一个字母大写组成。这四项活动都与会议产业有关，有许多来自世界各地的参加者。

会议活动通常包括奖励旅游，这是公司提供的补偿项目。会议是为讨论、信息交流、商品介绍等而计划的会议形式。最后，博览会是展示商品和服务的活动。

MICE产业是高附加值产业。其成功举办会带来旅游收入、新工作岗位、地区发展等巨大的利益。再加上向世界介绍韩国商品的机会，因此具有良好的未来价值。

MICE(マイス)は会議(Meeting)、インセンティブ観光(Incentives)、コンベンション(Convention)、展示会(Exhibition)の頭文字です。これらの4つのイベントは、全て会議の産業と関連されていて、各国から来た大勢の人々の移動を伴います。会議のイベントには、通常、会社が提供する報奨プログラムであるインセンティブツアーが含まれます。コンベンションはディスカッション、情報交流、商品紹介などのために企画された会議の一形態です。最後に、展示会は、商品やサービスを展示するイベントです。

MICE産業は高付加価値産業です。この業界の成功的な開催は観光収入、新しい雇用、地域の発展など、莫大な経済的な利益をもたらします。さらに、韓国商品を世界に紹介する絶好の機会を提供するということで、優れた将来価値を持っています。

백쌤의 TIP

"MICE 관광이 이루어지는 곳의 예를 들어 보시오"와 같은 꼬리질문이 나올 수 있습니다. 킨텍스는 한국에 있는 대표적인 박람회와 컨벤션 회의장 중 하나이며, 그 전시장의 규모는 아시아에서 네 번째입니다. 행사기간 동안에 외국인 바이어들은 가까이에 있는 호텔, 식당과 다른 편의시설을 이용합니다.

우리나라의 대표적인 컨벤션 센터로는 서울 코엑스(COEX), 부산 벡스코(BEXCO), 고양 컨벤션센터(KINTEX), 제주 국제컨벤션센터(ICC JEJU), 광주 김대중컨벤션센터(KDJ Center), 창원 컨벤션센터(CECO), 대구 전시컨벤션센터(EXPO) 등이 있습니다.

2021년 12월 마포구 홍대 일대(서교동, 동고동, 합정동, 상수동 일원)가 관광특구로 지정됐습니다. 이로써 서울의 관광특구는 명동·남대문·북창·다동·무교동, 이태원, 동대문 패션타운, 종로·청계, 잠실, 강남, 홍대 문화예술까지 총 7곳이 되었습니다.

슬로시티(Slowcity) 운동이란 무엇인가?

➤ What is Slowcity movement?

➤ 慢城(Slowcity)运动是什么？

➤ スローシティ(Slowcity)運動とは何か？

한국어

슬로시티 운동은 슬로푸드(Slow Food)에서 비롯되었습니다. 패스트푸드의 대명사인 맥도날드가 1986년 이탈리아 로마에 매장을 열자 이탈리아 사람들은 크게 충격을 받아서 지역 고유의 전통 음식을 지키려는 모임을 만들기 시작했습니다. 슬로푸드 운동은 도시의 삶 전체에 느림을 도입하자는 운동으로 확산됐습니다.

오늘날 많은 사람들이 예전에 누렸던 자연적이고 전통적인 방식의 삶을 그리워합니다. 슬로시티는 교통량이 덜하고 지역주민이 적습니다. 또한 환경오염이 없고 그곳의 삶의 방식은 여유롭습니다. 그러나 슬로시티의 슬로(Slow)라는 단어는 단순히 패스트(Fast)의 반대 의미가 아닙니다. 그것은 개인과 공동체의 가치에 대한 인식, 마음의 여유와 균형을 의미합니다. 슬로시티 운동은 지역의 정체성을 찾고, 옛 것과 새 것의 조화를 이룸으로써 지속가능한 도시 발전과 주민의 삶의 질 향상을 실현하고자 합니다.

한국의 국제 슬로시티로는 전라남도 신안, 전라남도 완도, 전라남도 담양, 전라북도 전주, 경상남도 하동, 충청남도 예산 등이 있습니다.

영 어

Slowcity movement originated from slow food. When McDonald, the representative of fast food business, opened in Rome, Italy in 1986, Italians were so shocked that they began to make a community to conserve their traditional local food. Slow food movement spread to the movement for adopting slow life style to the city.

Nowadays a lot of people miss the natural and traditional way of life that they used to have. The Slowcity has less traffic and fewer residents. Also, there is no environmental pollution and the life style there is relaxing. The word 'Slow' in Slowcity, however, does not simply mean the opposite of 'Fast'. It means recognition of the value of individual and community, composure and balance.

Slowcity movement aims at sustainable urban development and improvement of residents' life quality by balancing the old with the new. Korean international slow cities are Jeollanam-do, Shinan, Jeollanam-do, Wando, Jeollanam-do, Damyang, Jeollabuk-do, Jeonju, Gyeongsangnam-do, Hadong, Chungcheongnam-do, Yesan, etc.

중국어

慢城运动源自慢食(Slow Food)。麦当劳作为快餐的代名词，于1986年在意大利罗马开设卖场，意大利人由此受到巨大的冲击，开始组织起守护本地区传统饮食的活动。慢食活动扩大为将"慢"引入到城市生活每一部分的活动。

今天，仍然还有很多人怀念以前享受自然的、传统的生活方式。慢城的交通少，居民也少。而且没有环境污染，生活方式十分悠闲。但是慢城的"慢(Slow)"这一词，并不单纯只是"快(Fast)"的反义词。它体现了对于个人及共同体价值的认识，意味着心灵的从容和平衡。慢城运动旨在寻找地区认同感，通过旧与新的协调，实现可持续的城市发展和居民生活质量的提高。

韩国的国际慢城包括全罗南道的新安、全罗南道的莞岛、全罗南道潭阳、全罗北道全州、庆尚南道河东、忠清南道礼山等。

일본어

スローシティ運動はスローフードから始まりました。ファーストフードの代名詞であるマクドナルドが1986年イタリアのローマに開店すると、イタリア人は大きくショックを受け、地域固有の伝統料理を守ろうとする集まりを作り始めました。スローフード運動は、街の人生全体にゆっくりを取り入れようとする運動に広がりました。

最近、多くの人々が以前に味わった自然的で伝統的な方式の生活を懐かしがっています。スローシティは交通量が少なく、地域住民が多くありません。また、環境汚染がなく、そこの生活様式は余裕があります。しかし、スローシティのスロー(Slow)という言葉は単純にファースト(Fast)の反対の意味ではありません。それは個人とコミュニティの価値の認識、心からの余裕とバランスを意味します。スローシティ運動は地域のアイデンティティを探し、古いものと新しいものの調和を取り入れることで持続可能な都市の発展と住民の生活の質向上を実現しようとします。

韓国のスローシティとしては全羅南道の新安、全羅南道の莞島、全羅南道の潭陽、全羅北道の全州、慶尚南道の河東、忠清南道の礼山などがあります。

슬로시티 중에서 한 곳을 설명하라는 꼬리질문이 이어질 수 있습니다. 예를 들어 완도 청산은 나지막한 지붕들, 돌담길과 적은 수의 지역주민들이 사투리를 사용하는 등의 여유로움이 있습니다. 또한, 전라남도 담양 창평은 마을 전체 주민이 500명 정도이며, 전통한옥과 조선시대의 옛 돌담길이 잘 보존되어 있는 슬로시티입니다.

2020년에는 전주 한옥마을이 슬로시티로서 너무 관광객으로 붐빈다고 생각하지 않느냐는 꼬리질문이 등장했습니다. 전주 한옥마을은 늘어나는 상업화 시설의 증가, 지나치게 많은 관광객의 방문으로 슬로시티로서의 정체성 논란에 휩싸이고 있습니다.

그러나 과거 전통 한옥 변경 형태 금지령 등 지역 주민들이 희생을 감수하면서 지켜 낸 한옥마을은 전국 각지의 한옥마을이 오늘처럼 보존된 데 마중물 역할을 했던 곳입니다. 전주 한옥마을이 슬로시티뿐만 아니라 지속적인 전통관광명소로 발전하기 위해서는 개발제한 규제가 필요하겠지만 지역주민의 공감대를 얻는 일이 중요합니다. 또한 한옥마을에 집중되어 있는 관광객을 현재 이루어지고 있는 "슬로길" 발굴 등 다양한 전략을 통해서 분산할 필요가 있습니다.

현재 한국의 슬로시티는 아래 17개입니다.

- 전남 신안군 증도
- 전남 완도군 청산도
- 전남 담양군 창평면
- 경남 하동군 악양면
- 충남 예산군 대흥면
- 전북 전주시 한옥마을
- 경북 상주시 함창·이안·공검면
- 경북 청송군 주왕산면·파천면
- 강원도 영월군 김삿갓면

- 충북 제천시 수산면
- 충남 태안군 소원면
- 경북 영양군 석보면
- 경남 김해시 봉하마을, 화포천습지
- 충남 서천군 한산면
- 전남 목포시 외달도·달리도·1897 개항 문화거리
- 강원도 춘천시 실레마을
- 전남 장흥군 유치면, 방촌문화마을

참고 한국 슬로시티 본부(cittaslow.co.kr)

CIQ란 무엇인가?

> What is CIQ?
> 什么是CIQ？
> CIQとは何か？

한국어 CIQ는 공항에서 출입국을 위해 여행객이 통과해야 하는 절차인데 각각 Customs(세관), Immigration(출입국 심사), Quarantine(검역)을 말합니다.

세관을 통과하기 위해서 신고할 물품이 있는 여행자는 탑승객 세관신고서를 작성해야 합니다. 신고할 물품이 없는 승객은 면세 통로를 거치고 신고나 추가 검사가 필요한 물품이 있는 승객은 세관검사 통로를 거치게 됩니다. 면세 통로에서는 휴대물품을 전부 엑스레이에 통과시켜 검사를 받아야 하고 여행자는 문형 탐지기를 통과해야 합니다.

출입국 심사에서는 여행객이 출국이나 입국할 자격이 있는지를 심사합니다. 이 과정에서 출입국 관리소 직원은 여권과 비자의 유효기간, 여행의 목적, 체류 기간 등을 확인합니다.

검역에서는 국내외로 전염병이나 위험 요소가 퍼지는 것을 방지하기 위해서 여행자와 화물에 대해 검역 절차와 예방조치를 합니다. 동식물 같은 규정된 화물들은 검역소를 거쳐야 하며 발열, 설사 같은 감염 징후가 있는 여행자들은 이를 보고해야 합니다.

영 어 CIQ refers to the procedure that travelers have to go through for leaving or entering a country in an airport. They are Customs, Immigration and Quarantine respectively.

To go through customs, travelers with goods to declare shall complete a Customs Passenger Declaration Form. Passengers without items to declare shall choose the duty-free tunnel while passengers with items to declare or requiring further inspection shall choose the inspection tunnel. In the duty-free tunnel, all baggage must be checked by being passed through the X-ray machine and travelers have to pass through the gate detector.

In the Immigration inspection, travelers are examined for qualification to enter or leave the country. In this process, immigration workers check the validity of passport and visa, the purpose of visit, length of stay, etc.

In the quarantine process, travelers and cargoes get quarantine procedure and precaution to prevent infectious disease or danger from spreading inside or outside of the country. Prescribed cargoes such as animals or plants have to be sent to the quarantine station for examination and the travelers with symptoms like fever or diarrhea have to report that.

중국어 CIQ是乘客在机场出入境时都要通过的程序，各指Customs(海关)、Immigration(出入境检验)、Quarantine(检疫)。

携带需要进行申报物品的旅客必须填写旅客行李物品申报单以便通关。没有物品申报的乘客可以从免税通道出去，如有物品需要申报或者检查的乘客应该从海关检验通道走。过免税通道时，对随身携带的物品需要进行X光照片检查，旅行者要通过金属探测安检门。

在出入境检查时，对乘客是否具有出入境资格，进行检查。在此过程中出入境管理处职员确认护照和签证的有效期间、旅行目的以及滞留期间等信息。

在做检疫时，为了防止传染病和危险要素扩散到国内外，对于旅行者和货物，进行检疫并采取预防措施。动物和植物等被指定的货物类必须通过检疫所，如果有发烧、腹泻等感染症状的旅行者，必须向有关部门申报。

일본어 CIQは、空港で出入国のために旅行者が通過しなければならない手順で、各にCustoms(税関)、Immigration(出入国審査)、Quarantine(検疫)を言います。

税関を通過するために申告品がある旅行者は、税関申告書の作成が義務付けられています。申告する物品がない乗客は免税通路を通じ、申告や追加検査が必要な物品がある乗客は税関検査通路を通過します。免税通路では携帯物品を全てX線を通過させて検査を受けるべきで、旅行者は金属探知機のゲートをくぐります。

出入国審査では旅行者が出国や入国する資格があるかを審査します。この過程で出入国管理所の職員はパスポートとビザの有効期間、旅行の目的、滞在の期間などを確認します。

検疫では国内外へ伝染病やリスクが広がることを防ぐために旅行者と貨物の検疫手続きと予防処置をします。動植物のような規定された貨物は検疫所を経なければなれない、発熱、下痢のような感染の症状が出る旅行者はこれを報告しなければなりません。

참고 인천공항본부세관 사이트(www.customs.go.kr/incheon-airport)

관광경찰에 대해 설명하시오.

> Give the explanation of tourist police.
> 请说明一下观光警察。
> 観光警察について説明しなさい。

한국어

관광경찰은 외국인 관광객을 돕기 위해 관광지에 배치된 경찰입니다. 관광경찰의 임무는 외국인 관광객들이 한국에서 안전하고 편리하게 여행하는 것을 돕는 것입니다. 그들은 서울에서 6곳(명동, 이태원, 동대문, 인사동, 홍대입구, 남대문 주변)과 인천 및 부산의 관광지에서 활동합니다.

그들은 범죄와 불법행위를 막고 관광정보와 통역서비스를 제공합니다. 관광경찰들은 다른 색깔의 배지들을 다는데, 그것은 그들이 사용 가능한 언어의 종류를 나타냅니다. 관광경찰은 바가지요금, 쇼핑 강매와 불법 콜밴을 단속할 것으로 기대됩니다.

영어

A tourist police is the police officer who is placed in tourist attractions. Their mission is to help foreign travelers travel safely and conveniently in Korea. They work in 6 regions in Seoul(Myeongdong, Itaewon, Dongdaemun, Insadong, Hongik University Entrance, the vicinity of Namdaeman gate) and in the tourist sites in Incheon and Busan.

They prevent crimes, illegal acts and provide travel information and translation service. They wear different colors of badges, which show the kind of language they can speak. Tourist polices are expected to prohibit ripping off, high-pressure selling, and illegal call vans.

중국어

观光警察是为了帮助旅客而安排在旅游景点的警察。观光警察的任务就是帮助外国旅客在韩国旅游得更加安全及方便。这些警察被安置在首尔6个地区(明洞、梨泰院、东大门、仁寺洞、弘大入口、南大门周边)和仁川及釜山的旅游景点。

他们防止犯罪和非法行为并且提供旅游信息和口译服务。观光警察会佩戴不同颜色的徽，这些徽章表示这位警察可以使用的语言。有望观光警察将会打击高昂费用、强卖和非法客运的行为。

観光警察は外国人観光客を助けるために観光地に配置された警察です。観光警察の任務は、外国人観光客が韓国で安全かつ便利に旅行できるよう手助けする事です。彼らはソウルの６ヵ所(明洞、梨泰院、東大門、仁寺洞、弘大入口、南大門周辺)と仁川及び釜山の観光スポットで活動しています。

彼らは犯罪と不法行為を防ぎ、観光情報や通訳サービスを提供します。観光警察はそれぞれ違った色のバッジをつけていますが、それは彼らが使える言語の種類を表しています。

観光警察はふっかけ料金、押し売りと不法コールバンなどを取り締まってくれる事でしょう。

참고 경찰청(www.police.go.kr)

백쌤의 TIP

'바가지를(바가지요금을) 씌우다'(Overcharge/Rip off), '쇼핑 강매'(High-pressure Selling) 같은 단어들은 한국 관광업이 가진 문제점이나 외국인이 한국에서 느끼는 불편사항들을 설명할 때 유용하므로 해당 언어로 미리 암기해 두시기 바랍니다.

관광단지(Resort Complex)와 관광지(Tourist Resort)는 무엇이 다른가?

> ➤ What is the difference between resort complex and tourist resort?
> ➤ 旅游园区和旅游景区有何区别？
> ➤ 観光団地と観光地の違いは何か？

한국어

'관광지'는 자연적 또는 문화적 관광자원을 갖추고 관광객을 위한 기본적인 편의시설을 설치하는 지역으로서 이 법에 따라 지정된 곳을 말합니다(관광진흥법 제2조 제6호).

'관광단지'는 관광객의 다양한 관광 및 휴양을 위하여 각종 관광시설을 종합적으로 개발하는 관광 거점 지역으로서 이 법에 따라 지정된 곳을 말합니다(관광진흥법 제2조 제7호).

관광단지는 관광지보다 더 넓은 지역을 포함합니다. 관광지는 주차장과 화장실 같은 기본적인 시설들만 갖추어진 반면에 관광단지는 관광과 오락을 위한 다양한 편의시설을 갖추고 있습니다. 그래서 만일 관광지가 관광단지로 변경되면, 그 지역은 법적인 근거하에 통합적으로 개발될 것입니다. 또한 많은 시설들을 통해 여행자들의 다양한 욕구를 충족할 수 있게 될 것입니다.

영 어

The term 'tourist resort' means a place which is provided with natural or cultural sightseeing resources, in which the basic facilities for tourists are installed, and which is designated under this Act - Article 2(6), Tourism Promotion Act.

The term 'resort complex' means an area which is a sightseeing base in which various tourist facilities are developed for sightseeing and recreation of tourists, and which is designated under this Act - Article 2(7), Tourism Promotion Act.

Resort complex contains wider area than tourist resort. While tourist resort has basic facilities like parking lot and toilet, resort complex has various facilities for sightseeing and entertainment. So, if tourist resort is changed into resort complex, the area will be developed in an integrated way under the legal basis. Also it will be able to meet the various needs of travelers with many facilities.

'旅游景区'具备自然或文化旅游资源，并且为旅客提供基本的旅游设施。根据以下法律规定指定的地点。(观光振兴法第二条第六号)

'旅游园区'是为了给旅客提供各种观光及休养服务，将各个旅游设施进行综合性开发的观光旅游区，也是根据此法规指定的地方。(观光振兴法第二条第七号)

'旅游园区'要比'旅游景区'拥有更大的地区。'旅游景区'只提供停车场、洗手间等基本的设施。与此相反，'旅游园区'为观光与娱乐具备的多种多样的服务设施。于是如果'旅游景区'变更为'旅游园区'就会根据法律规定进行综合开发，并且通过这些设施可以满足游客的多种需要。

「観光地」は、自然や文化的な観光資源を備え、観光客のための基本的な設備を持つ地域で、法律に基づいて指定された場所です。(観光振興法第2条第6号)

「観光団地」は観光客の観光および休養のために様々な観光施設を総合的に開発する観光拠点地域で、法律に基づいて指定された場所です。(観光振興法第2条第7号)

観光団地は観光地より広い領域を含んでいます。観光地は駐車場やトイレなどの基本的な設備だけが整っている一方、観光団地は観光や娯楽のための様々な設備が備わっています。そのため、もし観光地が観光団地に変更されると、その地域は法的な根拠の下で統合的に開発されるようになります。また、多くの施設を通して旅行者の多様なニーズを満たすことができるようになります。

PART
03

참고 관광진흥법, 국가법령정보센터 홈페이지(www.law.go.kr)
한국관광공사 홈페이지(www.visitkorea.or.kr)
Tourism Promotion Act-Laws and regulations concerning attraction of investors

람사르 협약(The Ramsar Convention)에 대해 설명하시오.

➤ Give the explanation of the Ramsar Convention.
➤ 请说明一下拉姆塞尔公约(the Ramsar Convention)。
➤ ラムサール条約(the Ramsar Convention)について説明しなさい。

한국어

람사르 협약은 세계에 있는 중요한 습지들을 보호하기 위한 국제조약입니다. 습지는 야생동물과 생태계를 보호하기 위해 생태학적으로 중요합니다. 이 협약으로 인해 이 나라에서 저 나라로 움직이는 새들이 보호받을 수 있습니다.

람사르 협약은 1971년 이란의 람사르에서 결성되었습니다. 한국도 협약에 동의했고 한국의 습지들을 람사르 협약에 등록했습니다.

경상남도 창녕에 있는 우포늪은 수초들과 연꽃들이 있는 람사르 습지입니다. 전라남도에 있는 순천만은 유명한 람사르 습지들 중 하나인데 희귀한 새와 철새들을 볼 수 있는 넓은 갈대밭이 있습니다.

영 어

The Ramsar Convention is an international treaty to conserve important wetlands in the world. Wetlands are ecologically important to protect wildlife and ecosystem. Birds moving from country to country can be protected by this treaty.

The Ramsar Convention was created in 1971 in Ramsar, Iran. Korea also signed the tready and enrolled Korean wetlands in the Ramsar Convention.

Upo Wetland in Changnyeong, Gyeongsangnam-do is a Ramsar wetland with water plants and lotus flowers. Suncheonman Bay in Jeollanam-do, one of the famous Ramsar wetlands, has vast reed fields where rare birds and migratory birds can be seen.

拉姆塞尔公约是为了保护世界重要沼泽签订的国际条约。沼泽为了保护野生动物和生态系统从生态学上具有很重要的意义。得益于此项公约，飞行不同国家的鸟类才受到了保护。

拉姆塞尔公约在1971年在伊朗的小城拉姆塞尔签订了公约。韩国也同意了其公约，并且将韩国的沼泽也列入了拉姆塞尔公约中。

庆尚南道昌宁的牛浦湿地是拥有水草和莲花的拉姆塞尔湿地。全罗南道的顺天湾是著名的拉姆塞尔湿地之一，那里有能观察罕见的鸟类和候鸟的芦苇地。

ラムサール条約とは世界にある重要な湿地を保護するための国際条約です。湿地は野生動物や生態系を保護するためにも生態学的にとても重要です。この条約により国々を渡り歩く鳥の群れが保護されています。

ラムサール条約は、1971年にイランのラムサールで締結されました。韓国も条約に同意し、韓国の湿地をラムサール条約に登録しました。

慶尚南道昌寧の牛浦沼は水草と蓮の花の咲くラムサール湿地です。全羅南道の順天湾も有名なラムサール湿地の一つですが、珍しい渡り鳥などを見ることのできる広々とした葦原があります。

우리나라 관광의 문제점과 개선방향은 무엇인가?

➤ What are the problems of Korean tourism and what is the direction for improvement?
➤ 在我国旅游行业存在的问题和改善方向是什么？
➤ 韓国の観光の問題点と改善方法は何か？

한국어

첫째, 외국인들이 의사소통에 어려움이 있습니다. 둘째, 쇼핑 강매, 바가지요금, 불법 콜밴과 무자격 관광가이드 같은 나쁜 관행들이나 불법적인 행위들이 많습니다. 셋째, 관광객들이 서울과 제주도에만 붐빕니다. 그 문제들을 개선하기 위한 몇 가지 방법들이 있습니다.

첫째, 의사소통문제를 개선하기 위해 외국어로 된 간판과 문서들이 더 많이 있어야 합니다. 둘째, 나쁜 관행들과 불법행위를 근절하기 위해서 더 강력한 처벌이 필요합니다. 동시에 캠페인을 통해 관광에 대한 대중적인 인식을 높여야 합니다. 셋째, 서울과 제주 너머로 관광객들을 분산시키기 위해서 더욱 다양한 관광 상품들이 개발되어야 합니다. 관광객들을 위한 편리한 교통과 기반시설도 마련되어야 합니다.

영 어

First, foreign tourists have difficulties in communication. Second, there are a lot of bad practices or illegal acts like high-pressure selling, overcharging, illegal call van and unqualified tourist guide. Third, travelers are crowded only in Seoul and Jeju island. There are several ways to improve those problems.

First, there should be more signboards and documents in foreign language to improve communication problems. Second, greater penalties are needed to eradicate bad practices and illegal acts. At the same time, Public awareness about tourism should be raised through campaigns. Third, more various travel products should be developed to disperse travelers beyond Seoul and Jeju. Convenient transportation and infrastructures for the travelers should be prepared, too.

第一，外国人在交流上有困难。第二，存在很多像强卖、高费用、非法客运、无资格导游等的不良做法和非法行为。第三，旅客都集中在首尔和济州岛。为了改善这些问题需要采取如下几种解决方案。

第一，为了改善沟通问题，需要增加更多的外语招牌和文件。第二，为了断绝不良做法和不法行为需要更强有力的处置手段。同时，通过宣传活动要提高大众对旅游的认识。第三，为了让旅客分散到除了首尔和济州岛以外的别的地区，开发各种各样的观光商品的同时，也要具备便利的交通环境和基本设施。

まず、外国人との意思疎通問題があります。第二に、押し売り、ふっかけ料金、不法コールバンと資格の無いツアーガイドのような悪い慣習や違法行為がたくさんあります。第三に、観光客がソウルと済州島だけに混み合っています。その問題を改善するためのいくつかの方法を提示したいと思います。

まず、コミュニケーションの問題を改善するためには、外国語で表示された看板と文書がもっと必要です。第二に、悪い慣習と不法行為を根絶するためには強力な処罰が必要です。同時にキャンペーンを通して観光に対する国民の認識を高める必要があります。第三に、ソウルと済州島以外にも観光客を分散させるためには、より多様な観光商品が開発されなければなりません。観光客のための便利な交通サービスと基盤施設も準備する必要があります。

관광산업이 국가 경제에 미치는 영향은 무엇인가?

➤ What is the effect of tourism industry on the national economy?

➤ 旅游业对国家经济带来什么样的影响？

➤ 観光産業が国家経済に及ぼす影響は何か？

한국어

관광산업은 나라에 막대한 경제적 이익을 가져옵니다.

첫째, 관광산업은 외화를 버는 가장 좋은 방법입니다. 관광은 '보이지 않는 무역'이라고 불립니다. 전문가들은 수십 개의 전자제품을 파는 것보다 관광객 한 명을 끌어들이는 것이 더 가치가 있다고 말합니다.

둘째, 관광은 고용에 기여합니다. 관광이 인적 서비스를 기반으로 하는 다른 산업들과 연관되어 있기 때문에 많은 직업을 만들어 냅니다. 예를 들어 숙박과 음식점은 많은 직업을 창출합니다.

셋째, 관광은 한국으로 들어오는 외국자본의 유입을 증가시킵니다. 한국에 대한 관심은 더 많은 수출과 외국인의 투자로 이어집니다.

영 어

Travel industry brings huge economic profits to the country.

First, travel industry is the best way to earn foreign currency. Tourism is called 'invisible trade'. Experts say attracting a foreign tourist deserves more than exporting dozens of electric appliances.

Second, tourism contributes to employment. It creates a lot of jobs because tourism is related to other industries based on human service. For example, accomodations and restaurants creates a lot of jobs.

Third, tourism increases the foreign capital flowing into Korea. The interest in Korea leads to more exports and foreign investment.

旅游业为国家带来莫大的经济收益。

第一，观光业是争取外汇的最好的方法。观光也被称为'看不见的贸易'。专家们提出比起销售数十个电子产品，还不如吸引一名旅客来旅游更有价值。

第二，旅游将会促进就业。旅游业是基于人的服务为基础与其他产业相关的，于是将会创造出大量的工作岗位。比如，住宿和餐厅会创造出大量的工作岗位。

第三，旅游业将会加大外国资本流入。对韩国的关心将会关系到更多的出口和外国人的投资。

観光産業は国に莫大な経済的利益をもたらします。

まず、観光産業は外貨を稼ぐ最善の方法です。観光は「見えない貿易」と呼ばれています。専門家たちは数十個の電気製品を売るよりも、観光客一人を呼び寄せる方がより価値があると言っています。

第二に、観光は雇用に貢献します。観光は接客をベースにした他の産業と関連しているため、多くの雇用を生み出します。例えば宿泊施設とレストランなどは多くの雇用創出が期待できます。

第三に、観光は韓国に入ってくる外国資本の流入を増加させます。韓国への関心はより多くの輸出と外国人の投資につながります。

PART 03

백쌤의 TIP

관광업이 굴뚝 없는 산업이라는 건 무슨 의미일까요?
관광객 한 명이 여행을 가면 항공비, 숙박비, 식사비, 교통비와 관광지 입장료 등으로 지출을 하게 됩니다. 그런데 여행지의 여행관련 업계 입장에서는 그게 매출이 되겠지요. 매출이 오르면 관련 업계에서는 직원을 더 고용할 것이고 결과적으로 그 지역의 일자리가 늘어날 것입니다. 이처럼 관광업은 여행지의 항공업, 운송업, 외식업, 유통업 등 거의 모든 산업 분야에서 파급효과를 지닙니다. 공장을 세우지 않고도 이처럼 경제적인 가치를 창출하기 때문에 관광업은 '굴뚝 없는 산업'이라고 불립니다.

한류현상과 한류가 앞으로 나아갈 방향을 이야기해 보시오.

➤ Explain Hallyu phenomenon and offer a direction to go in.

➤ 请说明一下韩流现象和韩流未来的前进方向。

➤ 韓流現象と韓流が今後進むべき方向について話しなさい。

한국어

한류란 1990년대 이래로 한국 문화가 국외의 국가들을 휩쓸며 그 인기가 급증한 현상을 말합니다. 한류는 처음에 동아시아, 남아시아와 동남아시아 일대에서의 K-드라마와 K-팝의 인기로 시작되었습니다. 그 당시에 한류는 음악(K-팝), 예능 프로그램과 드라마(K-드라마) 같은 분야에서만 특히 강세를 보였습니다. 한류는 2000년대 후반에 그 인기가 식는 듯했고 지속력이 10년을 넘기기 힘든, 그저 빠르게 지나가는 유행인 것처럼 보였습니다.

다행히 지금 한류는 인터넷, 소셜 미디어, 유튜브에 나날이 늘어가는 K-팝 뮤직비디오로 전해져서 세계적인 현상이 되었습니다. 그 분야도 영화, 패션, 게임, 스포츠, 음식과 문학 등으로 확장되고 있습니다. 한류가 오래가지 않을 것이라는 우려는 사라졌습니다. 새로 생겨난 이 인기는 신한류라고 불립니다. 최초의 한류와 비교하여 신한류는 유튜브, 온라인과 모바일 상품과 같은 신미디어에 기반하고 있으며 한국 문화의 다양한 면까지 확장되고 있습니다.

이제 우리는 모두 인터넷을 이용해서 한국의 문화가 어떤 것인지를 홍보하고 보여 주는 것의 중요성을 압니다. 무수하게 많은 한국 콘텐츠가 생산되어 인터넷에 게시되고 있습니다. 우리는 인터넷에 게시된 인기 있는 K-콘텐츠를 쉽게 찾아볼 수 있지만 그 콘텐츠들이 직접적인 수익을 창출하는지는 의문입니다. K-팝을 비롯한 한류 콘텐츠의 체계적인 유통시스템이 필요한 때입니다.

Hallyu, Korean wave, is the increasing popularity of South Korean culture sweeping over other countries outside Korea since the 1990s. The Korean wave was first driven by the spread of K-dramas and K-pop across East, South and Southeast Asia. At that time, it was strong especially in the fields of music(K-pop), entertainment programs and dramas(K-dramas). Hallyu seemed to weaken in the late 2000s losing its population, being just a fleeting trend that wouldn't last more than 10 years.

Fortunately Hallyu became a global phenomenon now, carried by the Internet , social media and the increasing K-pop music videos on YouTube. It is also expanding its fields into movie, fashion, game, sports, foods, literature, etc.

The worry that Hallyu won't last long melted away. This revived popularity is called New Korean Wave. Compared to original Korean Wave, New Korean Wave is based on new media like YouTube, On-line and mobile products and its fields are extending into various aspects of Korean culture.

Now we all know the importance of advertising and showing what Korean culture is like by using the internet. Innumerable K-contents are being created and posted on the internet. It is easy to find popular K-contents posted on the internet, but it is doubtful if the contents directly generate income. It is time for us to get the systematic circulation system of K-contents including K-pops.

중국어

韩流是指1990年以来，将韩国文化传播到国外并其人气急剧上升的一种现象。韩流最初在东亚洲、南亚洲以及东南亚一带，韩国电视剧(K-drama)和韩国音乐(K-pop)很受人们的欢迎而开始的。当时的韩流人气主要在音乐(K-pop)、综艺节目和电视剧(K-drama)这三个方面较为突出。不过韩流2000年后半年显示出人气逐渐下降，很多人都认为韩流人气不可能持续到10年以上，它只是暂时性的文化流行现象。

可是到了现在，通过网络、社交网络、Youtube等媒体，K-pop音乐影片传播到全世界，韩流已成为了一种全球文化现象。韩流范围并拓展到电影、时尚、游戏、体育、饮食以及文学等诸多方面。因此，韩流不可持久性的忧虑也随之渐渐消失。这种通过新媒体宣传的韩流被称为新韩流。与早期的韩流相比，新韩流是以Youtube、网络以及移动通信等新媒体为基础，所涉及范围扩展到各式各样的韩国文化。

现在我们都知道使用互联网进行文化传播的重要性。最近成千上万的韩国网销产品上传到网上。我们虽然很容易找到在网上很火的K-产品，但是不知道该创作者会不会得到相应的利润。因此，现在正是非常需要韩国音乐等网销产品打造系统的韩流流通体系的时候。

일본어

韓流とは1990年代以降、韓国の文化が海外を席巻し、その人気が急上昇した現象です。韓流は最初に東アジア、南アジアと東南アジアなどでK―ドラマやK―ポップが人気を呼んだことから始まりました。当時の韓流は特に音楽(K―ポップ)、娯楽番組とドラマ(K―ドラマ)のような分野だけが強かった。韓流は2000年代後半になるとその人気が冷めるように感じられて、10年以上は続かないような目まぐるしい流行に過ぎないと思われた。

幸いに、今の韓流はインターネット、ソーシャルメディア、ユーチューブなどでどんどん増えていくK―ポップのミュージックビデオに伝われて、世界的な現象となっています。その分野も映画、ファッション、ゲーム、スポーツ、食べ物と文学などにも広がっています。韓流が長く続かないのではないかという懸念は消えてしまいました。新たに生まれたこの韓流は「新韓流」と呼ばれています。最初の韓流に比べて、新韓流はユーチューブ、オンラインやモバイル製品のような新しいメディアを基盤に、韓国文化のさまざまな側面に広がっています。

現在、私たちはみんなインターネットを使って韓国の文化がどんなことなのかを広報して紹介することの重要性を知っています。数え切れないほどの韓国コンテンツが制作され、インターネット上に掲載されています。私たちはインターネット上に掲載された人気のあるK-コンテンツをすぐに見つかりますが、そのコンテンツが直接的な収益を上げているかどうかは疑問です。今こそ、K-ポップをはじめ、韓流コンテンツの体系的な流通システムが必要な時期です。

참고 네이버 지식백과 '신한류'

- 역사는 범위가 넓고 내용이 많아서 공부할 부분이 많습니다. 하지만 1차 필기시험을 합격하신 분들은 이미 역사 관련 면접질문에 답변하기 위한 기본적인 준비가 되어 있으므로 자신감을 가지시기 바랍니다. 범위가 너무 넓다는 생각이 들 때는 기본에 충실하여 최선을 다하면 됩니다.
- 각 왕조들의 건국과 교체, 중요한 역사적 사실들을 중심으로 차근차근 범위를 넓혀 가며 공부하시기 바랍니다.

---

029 | 기출 14 · 13

단군 신화와 단군 왕검의 의미는 무엇인가?

▶ What is the meaning of Dangun mythology and Dangun Wang-geom?

▶ 檀君神话和檀君王俭的意义是什么？

▶ 檀君神話と檀君王儉の意味は何ですか。

한국어

한국의 신화에서 단군 왕검은 한국의 첫 번째 왕국인 고조선의 시조(始祖)입니다. 단군은 하늘의 신, 환웅의 아들입니다. 환웅은 바람과 구름과 비를 관장하는 세 신하를 데려 와서 인간 세상을 다스렸습니다. 환웅은 웅녀와 결혼했고 그들 사이에서 단군이 태어났습니다.

단군이란 단어는 하늘, 태양이나 신을 의미합니다. 왕검은 지배자를 뜻합니다. 날씨를 관장하는 환웅의 세 신하는 환웅이 농사에 필요한 능력을 지녔음을 의미합니다. 곰과 호랑이가 쑥과 마늘을 먹었다는 대목은 고조선 사람들이 농사를 중요하게 여겼음을 뜻합니다.

이 이야기는 한민족의 혈통에 대한 민족적 자부심과도 결부됩니다. 왜냐하면 환웅, 단군의 아버지는 하늘에서 왔고 환웅 또한 천제(天帝), 환인의 아들이기 때문입니다. 이리하여 고조선은 농경사회였으며, 단군 왕검은 풍작을 위해 제사를 지냈던 제사장 겸 통치자였던 것으로 추정됩니다.

PART
03

Korean mythology represents Dangun Wang-geom as the founder of Gojoseon, the first kingdom of Korea. Dangun is a son of Hwan-ung, God of heaven. Hwan-ung brought three ministers who controlled wind, cloud, and rain respectively and governed the human world. Hwan-ung married the bear woman and Dangun was born between them.

The word, Dangun means the sky, the sun or God. Wang-geom means a governor. Hwan-ung's three ministers who control weather represent Hwan-ung's ability for agriculture. The part where bear and tiger ate mugwort and garlic shows Gojoseon people signified agriculture.

This story is also connected to national pride about the blood of Korean people because Hwan-ung, Dangun's father, is from heaven and Hwan-ung is also the son of Hwan-in, Lord of Heaven. Thus, it is estimated that Gojoseon was an agricultural society and Dangun Wang-geom was the governor and priest who held rites for good harvests.

在韩国神话里檀君王俭是韩国的第一个国家高朝鲜的始祖。檀君是天神——桓雄的儿子。桓雄带来分别掌管风、云、雨的三个大臣，管制人间世界。后来桓雄和熊女结婚，生了檀君。

檀君的名字意味着天、太阳或神，王俭是指统治者。掌管天气的三个大臣表示桓雄具有种地所需要的能力。熊和虎吃艾蒿和大蒜的故事表示高朝鲜人们非常重视种地。

这故事跟韩民族对血统的民族骄傲心有关。因为桓雄——檀君的爸爸——从天上来的，而且他是天帝——桓因的儿子。由此可以猜测，高朝鲜时期是农耕社会，檀君王俭是为了丰收祭祀的祭司兼作统治者。

韓国の神話での檀君王倹は韓国の最初の部族国家である古朝鮮の始祖です。檀君は天帝の桓雄の息子です。桓雄は風と雲と雨を司る3臣下を率いて、人間世を治めました。桓雄は熊女と結婚し、その間で檀君が生まれました。

檀君という言葉は天、太陽や神様を意味します。王倹は支配者という意味です。天気を司る桓雄の3臣下は、桓雄が農業に必要な能力を持っていたことを意味します。熊と虎がモグサとニンニクを食べたという部分は、古朝鮮の人々が農業を大事にしていたということを意味します。

この話は朝鮮民族の血統に対する民族的プライドとも結び付きます。なぜなら、桓雄と檀君の父親は天から来て、桓雄こそ天帝の桓因の息子だからです。斯くして、古朝鮮は農耕社会で、檀君王倹は豊作のために祭祀を行った祭祀長兼統治者だったと推定されます。

한국의 역사를 대략적으로 말해 보시오.

➤ Give the outline of Korean history.

➤ 请大致叙述韩国的历史。

➤ 韓国の歴史を大まかに述べなさい。

한국어

한반도에는 백만 년만큼이나 오래전, 구석기시대부터 인류가 살았습니다. 한반도 최초의 나라, 고조선은 기원전 2333년에 단군 왕검에 의해 한반도 북쪽과 만주에 세워졌습니다. 고조선이 멸망할 무렵, 부족국가들이 생겨났는데 북부 지역에는 부여와 고구려가, 한반도 북동지역에는 옥저와 동예가, 한반도 남쪽에는 마한, 진한, 변한 – 삼한이 생겼습니다.

4세기부터 7세기 중엽까지 한반도는 고구려, 백제, 신라, 세 나라가 있었습니다. 그들은 영토 확장을 위해 서로 경쟁을 했습니다. 신라는 거의 1000년 동안 지속되었던 왕조였습니다. 신라는 676년 삼국을 통일했습니다. 698년 고구려 출신 대조영은 고구려의 계승 국가로 발해를 세웠습니다. 발해는 번성하면서 고구려의 영토를 거의 되찾았으나 926년 거란족에게 멸망했습니다.

통일신라가 쇠퇴하고 내분이 일어남에 따라 900년에 견훤이 후백제를, 901년에 궁예가 후고구려를 세웠습니다. 그것은 신라, 후백제, 후고구려의 후삼국시대였습니다.

918년 후고구려의 장수 왕건은 궁예를 몰아내고 고려를 세웠습니다. 고려는 936년에 후삼국을 통일했습니다.

1392년 이성계가 고려를 무너뜨리고 조선을 세웠습니다. 조선은 500여 년 동안 지속되었는데 조선시대의 학문, 과학, 문화적인 발전은 현재의 한국 전통문화의 기반이 되었습니다. 조선은 1592년 일본의 조선 침입, 임진왜란과 1636년 만주족의 조선 침입, 병자호란으로 인해 심각한 위기를 겪었습니다.

1897년 고종은 외세로부터 독립하려는 노력의 일환으로 대한제국을 선포했습니다. 그럼에도 불구하고 1910년 강제된 한일합방조약으로 인해 한국은 일본에 주권을 빼앗겼습니다. 한국은 35년간 일본의 지배를 받았습니다. 1945년 해방이 되었지만 한반도 북쪽은 소련과 중화인민공화국의 통제하에 있었고 한반도 남쪽은 미국과 서부 유럽의 통제하에 있었습니다. 그들 간의 이념 차이는 1950년 6월 25일의 한국전쟁을 야기했습니다. 3년간의 전쟁 후 정전협정을 맺었고 한국은 남한과 북한이라는 두 나라로 남았습니다.

Human beings have been lived in Korean peninsula since the paleolithic age, which is old like a million years ago. Gojoseon, the first country in Korean peninsula was established in the northern peninsula and Manchuria by Dangun Wang-geom in 2333 B.C. Toward the fall of Gojoseon, there arose tribal states—Buyeo and Goguryeo in the northern area, Okjeo and Dongye in the northern east peninsula and Samhan(Mahan, Jinhan, and Byeonhan) in the southern peninsula.

From the 4th to the middle of 7th century, Korean peninsula had three kingdoms – Goguryeo, Baekje and Silla. They competed with one another for territorial expansion. Silla was the kingdom that lasted for almost a thousand years. Silla unified three kingdoms in 676. In 698, Dae Jo-yeong who was from Goguryeo, established Balhae as a successor nation of Goguryeo. Balhae regained most of the territory of Goguryeo as it flourished but was destroyed by the Khitans in 926.

As the united Silla decayed and was divided against itself, Gyeon hwon established Hubaekje in 900 and Gung ye established Hugoguryeo in 901. That was the Later Three Kingdoms period of Silla, Hubaekje and Hugoguryeo.

In 918, Wang Geon expelled Gung ye and established Goryeo. Goryeo reunified the later three kingdoms in 936.

In 1392, Lee Seong-gye destroyed Goryeo and established Joseon. Joseon Dynasty lasted for 500 years and the academic, scientific and cultural development of Joseon Dynasty became the base of current Korean traditional culture. Joseon experienced serious crises from Imjin War, the Japanese invasions of Joseon in 1592 and Byeongja Horan, the second Manchu invasion of Joseon in 1636.

In 1897, Gojong proclaimed the Korean Empire in a bid to be independent from foreign powers. Nevertheless, in 1910, through the forced Korea—Japan Annexation Treaty, the Korea's sovereignty was stripped by Japan. Korea was ruled by Japan for 35 years. In 1945, Korea was liberalized, but the north of the peninsula was under the control of the Soviets and the People's Republic of China while the south of the peninsula was under the control of USA and Western Europe. The different ideologies between them caused Korean War on June 25th, 1950. After three years of war, they signed a cease-fire agreement and Korea remained as two states, South and North Korea.

从百万年前的旧石器时代，韩半岛上便有人类居住生活。公元前2333年韩半岛最早的国家古朝鲜被檀君王俭建在韩半岛北边和满洲地区。古朝鲜灭亡之时，分生出多个部落国家，北部地区为扶余和高句丽，韩半岛北东地区为沃沮和东濊，韩半岛南部地区由马韩、辰韩、弁韩这三韩割据。

从4世纪到7世纪中叶，韩半岛分为三国，高句丽、百济、新罗。它们为扩张领土相互竞争。新罗是延续近千年的王朝，676年统一三国。698年，出身于高句丽的大祚荣继承高句丽建立了渤海国。虽然渤海国在强盛时期几乎收回了高句丽的领土，但在926年被契丹族而亡。

统一新罗衰退之后，内部纷争不断。900年甄萱建立后百济，901年弓裔建立后高句丽。新罗、后百济、后高句丽形成后三国时代。918年后高句丽的王建驱逐弓裔，建立高丽。高丽于936年统一了后三国。

1392年李成桂推翻高丽，建立朝鲜。朝鲜持续了500多年。朝鲜时代的学问、科学、文化上的发展，成为现今韩国传统文化的基石。朝鲜曾因1592年日本的入侵—壬辰倭乱，1636年满族的入侵—丙子胡乱而陷入了深重危机。

1897年，高宗将国号改为大韩帝国，欲独立于外部势力。尽管如此，1910年因被迫签订韩日合邦条约，韩国主权丧失于日本。韩国忍受了35年之久的日帝统治。1945年虽迎来解放，但韩半岛北部受苏联和中华人民共和国的管制，而南部则受美国和欧洲的管制。由于两者之间的意识形态差异，导致了在1950年6月25日爆发的韩国战争。3年后签订停战协议，韩国分为南韩和北韩两个国家。

朝鮮半島には百万年も前、旧石器時代から人類が住んでいました。朝鮮半島の最初の国、古朝鮮は紀元前2333年に壇君王俭により朝鮮半島の北側と満州に建国されました。古朝鮮が滅亡する頃、部族国家ができましたが、北部地域には夫餘と高句麗が、朝鮮半島の北東地域には沃沮と東濊が、朝鮮半島の南側には馬韓、辰韓、弁韓の三韓ができました。4世紀から7世紀の中頃まで、朝鮮半島は高句麗、百済、新羅の三国がありました。それらは領土の拡張のためにお互いに競争しました。新羅は約1000年間続いた王朝でした。新羅は676年に三国を統一しました。698年に高句麗出身の大祚栄は高句麗の継承国として渤海を建国しました。渤海は繁栄しながら高句麗の領土を取り戻しましたが、926年に契丹族により滅亡しました。

統一新羅が衰退し、内紛が起ったことにより、900年に甄萱が後百済を、901年に弓裔が後高句麗を建国しました。それは新羅、後百済、後高句麗の後三国時代でした。

918年に後高句麗の将帥であった王建は弓裔を追い払い、高麗を建国しました。高麗は936年に後三国を統一しました。

1392年に李成桂が高麗を倒して朝鮮を建国しました。朝鮮は約500年間続きましたが、朝鮮時代の学問、化学、文化的な発展は、韓国の伝統文化の基盤となりました。朝鮮は1592年に日本の朝鮮侵略、壬辰倭乱*と1636年の満州族の朝鮮侵略、丙子胡乱により深刻な危機を迎えます。

1897年に高宗は外国の勢力から独立しようという努力の一環として大韓帝国を宣布しました。それにもかかわらず、1910年に強制された韓日合併条約により、韓国は日本に主権を奪われました。韓国は35年間、日本の支配を受けました。1945年に解放されましたが、朝鮮半島の北側はソ連と中華人民共和国の統制下にあって、朝鮮半島の南側はアメリカと西ヨーロッパの統制下にありました。それらの国家間の理念の違いは、1950年6月25日の韓国戦争を引き起こしました。3年間の戦争後、停戦協定を結び、韓国は南韓と北朝鮮という二つの国に分かれました。

*일본에서는 임진왜란과 정유재란의 7년 전쟁을 당시 자신들의 연호를 따서 '文禄・慶長の役(ぶんろく・けいちょうのえき)'라고 부른다.

백쌤의 TIP

대한민국에서 '대한'은 한반도 고대 부족국가였던 마한, 진한, 변한과 관련되어 있습니다. 고대의 삼한을 통합하는 의미로 고종은 새 국호를 '대한'으로 정하고 조선이 자주독립국임을 대외적으로 알리고자 대한제국을 선포했던 것입니다.

가야에 대해서 설명해 보시오.

➤ Give the explanation of Gaya.

➤ 请对伽倻解释一下。

➤ 伽倻について説明しなさい。

한국어

〈삼국유사〉에 따르면 김수로는 서기 42년 가야연맹에서 가장 힘이 셌던 금관가야의 왕이 되었습니다. 오래전부터, 낙동강 하류와 경상남도 해안에는 각자의 우두머리를 가지고 있던 가야연맹이 형성되었습니다.

가야에 대한 기록은 많지 않지만 무덤에서 나온 철제기구들에 대한 연구를 통해서 가야가 농경과 철제기술에서 진보되어 있었다는 정보가 밝혀졌습니다. 가야는 해운을 이용해서 중국, 일본과 무역을 하였습니다.

가야는 또한 세련된 문화를 가지고 있었습니다. 가야국의 가실왕은 가야금의 창제로 유명합니다. 가야의 위대한 음악가 우륵은 가야금으로 연주할 수 있는 곡을 많이 썼습니다. 그는 작곡, 가야금 연주와 춤에 능했습니다. 훗날 가야의 우월한 문화는 신라에 흡수되었습니다.

영 어

According to 〈Samgungnyusa〉, in the year AD 42, Kim Suro became the king of Geumgwan Gaya which was the strongest in the Gaya confederacy. For a very long time, the Gaya confederacy with their own leaders had been formed around the downstream of the Nakdonggang river and the seashore of Gyeongsangnam-do.

There are not many records of Gaya, but the study on iron tools from tombs found the information that Gaya was advanced in agriculture and ironware techniques. By marine transport, Gaya traded with China and Japan.

Gaya also had a sophisticated culture. King Gasil of Gaya Kingdom is famous for the invention of Gayageum. The Gaya's great musician, Ureuk, composed a lot of music that could be played with Gayageum. He was good at composition, Gayageum performance and dancing. Later, the Gaya's superior culture was absorbed into Silla.

据〈三国遗事〉记载，金首露于西紀42年成为了伽倻联盟最强有力的金官伽倻王。很久以前在洛东江下游和庆尚南道海岸就形成了各自有自己首领的伽倻联盟。

虽然对于伽倻的记载不是很多，但是通过对于坟墓里发现的铁制器具的研究，可以发现伽倻当时在农耕和制铁方面的技术比较领先。而且通过海运与中国和日本进行了贸易。

伽倻当时拥有成熟的文化。伽倻国的嘉悉王因创制伽倻琴而闻名。伽倻的伟大的音乐家于勒写了许多能够用伽倻琴演奏的曲目。他擅长作曲、伽倻琴的演奏和跳舞。在后期，新罗继承了优秀的伽倻文化。

〈三国遺事〉によると、金首露は西暦42年に伽倻連盟で最も力が強かった金官伽倻の王になりました。古くから洛東江下流の慶尚南道海岸には、それぞれ首領を持つ伽倻連盟が形成されていました。

伽倻に対する記録は多く残っていませんが、墓から出た鉄の器具の研究を通して伽倻は農耕と鉄の技術が進んでいたことが明らかになりました。伽倻は海運を利用して中国、日本と貿易をしていました。

また、伽倻は洗練された文化を持っていました。伽耶国の嘉悉王は伽椰琴を作ったことで有名です。伽倻の偉大な音楽家である于勒は伽椰琴で演奏することのできる曲をたくさん書いています。彼は作曲、伽椰琴の演奏と踊りに長けていました。後日伽椰の優れた文化は新羅に吸収されました。

参考　〈고구려 백제 신라와 가야를 찾아서, 한국사 이야기 2〉, 이이화
〈단군과 고조선사〉, 노태돈
〈미완의 문명 7백년 가야사〉, 김태식
〈철의 제국 가야, 잊혀진 가야왕국의 실체〉, 김종성

PART
03

백쌤의 TIP

철의 제국이라 불리는 가야의 역사는 한국 고대사의 미스터리라고 할 만큼 잘 알려져 있지 않습니다. 〈가락국기〉라는 책이 있었으나 전해지지 않으며 그 책이 〈삼국유사〉에 요약된 것을 보고 그 건국시기를 추정합니다. 금관가야가 성립되기 오래전부터 있었던 가야 연맹의 성립시기 또한 정확히 알 수 없습니다. 광개토대왕이 신라를 도와서 금관가야를 무너뜨린 시기(4C말)를 기준으로 가야는 가야 전기(AD 1~3C)와 가야 후기(AD 4~6C)로 나누어집니다. 여러 해 동안 고구려와 신라의 연합국과 맞서 싸웠음을 감안할 때 가야는 상당한 경쟁력과 군사력을 갖추고 있었던 것으로 보입니다.

고구려, 신라, 백제의 차이점은 무엇인가?

➤ What are the differences of Goguryeo, Baekje and Silla.
➤ 请指出高句丽、新罗、百济的差异。
➤ 高句麗、新羅、百済の違いは何か？

한국어 삼국은 모두 한민족에 의해 세워진 나라였지만 다른 상황들 속에서 세 가지 다른 문화들을 발전시켰습니다. 고구려는 만주의 넓은 벌판에서 외적과 맞서야 했습니다. 그것은 고구려 민족이 힘차고 씩씩한 기상을 가지게 했습니다. 하지만 그들은 노래하고 춤추는 것 또한 즐겼습니다. 백제는 고구려에 뿌리를 두고 있었고 고구려의 영향을 많이 받았습니다. 하지만 백제의 문화는 더 포용적이고 부드러웠습니다. 백제는 비옥한 땅이 있었고 발달한 중국문화를 해상무역을 통해서 받아들였습니다. 결과적으로 백제는 씩씩한 기상과 힘 대신 조화롭고 섬세한 문화를 발전시켰습니다.

신라는 고구려와 백제의 문화를 통합하면서도 독자적인 문화를 발전시켰습니다. 신라는 당나라의 발달한 문화를 받아들였고 불국사, 석굴암, 석탑들과 같은 많은 걸작들을 만들어 냈습니다.

영 어 All the three Kingdoms are the countries established by Korean people, but they developed three different cultures under the different situations. Goguryeo had to confront the foreign enemies in the wide field of Manchuria. It made its people energetic and brave hearted. However, they also enjoyed singing and dancing.

Baekje was rooted in Goguryeo and was heavily influenced by Goguryeo. However, the Baekje's culture was more embracing and soft. Baekje had a fertile land and accepted the advanced Chinese culture through overseas trading. In result, instead of brave heart and energy, Baekje developed a harmonious and sophisticated culture.

Silla developed an independent culture integrating the cultures of Goguryeo and Baekje. Silla accepted the advanced culture of the Tang Dynasty and created a lot of masterpieces like Bulguksa Temple, Seokguram grotto and stone pagodas.

虽然三国全部都是由韩民族建立而成的国家，但是由于不同的状况形成了三种不同的文化。高句丽不得不在满洲大地上抵抗敌人的入侵。这导致高句丽民族拥有朝气蓬勃和充满活力的气象。但是他们依然还喜欢唱歌跳舞。

百济扎根于高句丽，受到了高句丽的影响。但是百济的文化相比之下比较柔和。百济拥有肥沃的土地而且通过海上贸易接受了中国文化的熏陶。总之，百济虽然没有朝气蓬勃和充满活力的气派，但是拥有了和谐而精致的文化。

新罗不仅融合了高句丽和百济的文化，还开发了自己独有的文化。新罗接受了唐朝文化的熏陶还创建了付佛国寺、石窟庵、石塔等杰作。

三国は全て韓民族によって建てられた国でしたが、互いに違う状況の中で3つの異なる文化を発展させました。高句麗は満州の広い原野で外敵に立ち向かわなければなりませんでした。それは高句麗民族に力強くたくましい気概を持たせました。彼らはまた、歌って踊ることも楽しみました。

百済は高句麗に根を置いていたため、高句麗の影響を強く受けました。しかし百済の文化はより包容的で柔らかいものでした。百済には肥沃な土地があり、発達した中国文化を海上貿易を通して受け入れました。結果的に百済はたくましい気概と力の代わりに調和のとれた繊細な文化を発展させました。

新羅は高句麗と百済の文化を統合しながらも独自の文化を発展させました。新羅は唐の発達した文化を受け入れ、仏国寺、石窟庵、石塔のような多くの傑作を作り上げました。

조선의 건국배경을 설명하시오.

> Describe the background of Joseon's foundation.
> 请说明一下朝鲜的建国背景。
> 朝鮮の建国背景を説明しなさい。

한국어 조선왕조 바로 전에 고려왕조가 있었습니다. 고려왕조 말, 권문세족이 권력과 부를 독점하였습니다. 그래서 평민들은 궁핍한 환경에서 살았습니다. 더구나 고려는 요동지역(다른 이름은 만주)을 정벌하려는 계획을 세웠습니다. 이성계는 고려의 영향력 있는 장군이었습니다. 그는 요동지방의 명나라를 공격하기로 되어 있었습니다. 하지만 요동에 가는 도중에 고려로 돌아와서 고려왕조를 무너뜨렸습니다. 그는 새로운 나라 조선을 건국했는데 그것은 고조선을 계승하려는 의도였습니다.

영 어 Right before the Joseon Dynasty, there was the Goryeo Dynasty. In the late Goryeo dynasty, influential families monopolized power and wealth. So common people lived in bad circumstances. Moreover, Goryeo planned to conquer Yodong(Manchuria in another name) area. Lee Seong-gye was an influential general of Goryeo. He was supposed to attack the Ming Dynasty in Yodong area. On his way to Yodong, however, he turned back to Goryeo and destroyed the Goryeo Dynasty. He founded a new country, Joseon, which was meant to succeed to Gojoseon.

중국어 朝鲜王朝之前就是高丽王朝。高丽王朝末，权门势族垄断权利和钱财，致百姓于穷乏的环境之下。加上，高丽树立了征伐辽东地区(满洲)的计划。李成桂是在高丽比较有影响力的将军。他原本要攻打辽东地区的明国。但是他在途中返回高丽，推翻了高丽王朝。由于他有想继承古朝鲜的想法，他重新建立了朝鲜。

朝鮮王朝のすぐ前には高麗王朝がありました。高麗王朝の末期、権門勢族が権力と富を独占していました。そのため民衆は貧しい環境の中で生きていました。そのうえ高麗は、遼東地域(他の名称で満州)を征服するという計画を立てました。李成桂は高麗で影響力のある将軍でした。彼は遼東地方の明を攻撃する事になっていました。しかし遼東に行く途中で高麗に戻り、反対に高麗王朝を倒しました。彼は新しい国、朝鮮を建国しましたが、それは古朝鮮を継承しようという意図からでした。

PART
03

한국 불교의 영향과 그 관련 문화유산을 말해 보시오.

> Explain the effect of the Korean Buddhism and relevant cultural assets.
> 请说出佛教对韩国的影响与其相关文化遗产的想法。
> 韓国仏教の影響と関連する文化遺産について話しなさい。

한국어

삼국시대 이래로 불교는 한반도 많은 나라들의 국교였습니다. 불교는 과거에 가장 영향력 있는 종교였습니다. 그것이 우리나라 전역에 절이 많은 이유입니다. 불교는 나라를 정신적으로 통일시켜 주곤 했으며 한국 사람들이 서로 협력하여 외세로부터 방어하는 데 도움을 주었습니다. 많은 문화유산들이 불교로 인해 만들어졌습니다. 불국사, 석굴암, 다보탑과 석가탑은 신라의 국력을 강화하기 위해 만들어졌습니다. 팔만대장경은 몽고의 침입으로부터 고려를 방어하기 위해 만들어졌습니다.

영어

Since the period of the Three Kingdoms, Buddhism has been the state religion of many countries in Korean peninsula. Buddhism was the most influential religion in the past. That is why we have a lot of temples all around the country. Buddhism often unified the country spiritually and helped Korean people cooperate with each other and protect themselves from foreign powers.

A lot of cultural treasures were made due to Buddhism. Bulguksa Temple, Seokguram grotto, Dabotap and Seokgatap pagodas were made to strengthen the national power of Silla. Tripitaka Koreana was made to defend Goryeo from the invasion of Mongolia.

중국어

从三国时期以来，佛教就是韩半岛很多国家的国教。它也曾经是最有影响力的宗教。这就是我们国家有这么多寺庙的原因。佛教从精神上统一了国家，同时鼓动韩国人同心协力抵抗外部势力，对于保卫自己的国家做出了很大的贡献。

很多文化遗产来自于佛教。佛国寺、石窟庵、多宝塔和释迦塔是为了增加新罗的国力而制作的。八万大藏经是为了防御蒙古的入侵而制作的。

三国時代以来、仏教は韓半島の多くの国々の国教でした。仏教は過去に最も影響力のある宗教でした。それが韓国全域に寺が多く残っている理由です。仏教は国を精神的に統一した上、韓国の人々が互いに協力して外部勢力から身を守れるようにしました。

多くの文化遺産が仏教によって作られました。仏国寺、石窟庵、多宝塔と釈迦塔は新羅の国力を強化するために作られました。高麗八萬大蔵経はモンゴルの侵入から高麗を守るために作られました。

을미사변이 일어난 곳은 어디인가?

➤ Where did the Eulmi Incident happen?
➤ 乙未事变是在哪里发生的。
➤ 乙未事変が起きた場所はどこか?

한국어

을미사변은 건청궁에서 일어났습니다. 을미사변은 명성황후가 1895년 일본인에 의해 암살된 비극입니다. 건청궁은 경복궁 뒤쪽에 자리하고 있었습니다. 그것은 경복궁 안에 있는 고종의 궁이었습니다. 따로 분리된 궁을 지음으로써 그는 아버지로부터 정치적인 독립을 하고자 했습니다. 조선 궁에서 일어난 을미사변은 한국인들에게 국력의 중요성을 가르쳐 줍니다.

영 어

The Eulmi Incident happened in Geoncheonggung. Eulmi incident is the tragedy that Empress Myeongseong was assassinated by Japanese in 1895. Geoncheonggung was located in the rear of Gyeongbokgung. It was Emperor Gojong's palace within Gyeongbokgung palace. By building a separate palace, he intended to achieve political independence from his father. The Eulmi incident that happened in Joseon palace teaches Koreans the importance of national power.

중국어

乙未事变发生于乾清宫。乙未事变是明成皇后被日本人暗杀的悲剧。乾清宫位于景福宫的后侧，是景福宫内的高宗的宫。通过建立各别被分离出来的宫殿，他谋求了从他父亲政治上的独立。在朝鲜宫中发生的乙未事变让韩国人明白了国力的重要性。

일본어

乙未事変は乾清宮で起こりました。乙未事変とは明成皇后が1895年に日本人によって暗殺された悲劇です。乾清宮は景福宮の後ろの方にありました。景福宮の中にある高宗の宮でした。分離された宮を建てることにより、彼は父親から政治的に独立しようとしました。朝鮮の宮中で起きた乙未事変は韓国人に国力の重要性を教えてくれています。

지폐에 있는 인물을 소개해 보시오(세종대왕, 율곡 이이, 퇴계 이황, 신사임당).

> Introduce the people's figures on the bills(King Sejong, Yulgok Yi I, Toegye Yi Hwang, Shin Saimdang).
> 请你介绍一下纸币上的人物(世宗大王，栗谷李珥，退溪李滉，申师任堂)。
> 紙幣の人物を紹介しなさい(世宗大王、栗谷李珥、退溪李滉、申師任堂)。

한국어

한국 지폐의 앞면에는 한국 역사에서 존경받는 인물들의 이미지가 있습니다.

1,000원짜리 지폐에는 퇴계 이황의 초상화가 있습니다. 퇴계는 그의 필명입니다. 그는 조선시대 관리 겸 철학자였습니다. 그는 성리학을 집대성했습니다.

5,000원짜리 지폐에는 율곡 이이의 초상화가 있습니다. 율곡은 그의 필명입니다. 그는 조선시대 관리 겸 철학자였습니다.

10,000원짜리 지폐에는 조선시대 세종대왕의 모습이 있습니다. 그는 한국의 글자, 한글을 발명하고 조선의 과학적인 발전을 증진하였습니다.

50,000원짜리 지폐에는 신사임당의 모습이 있습니다. 그녀는 5,000원짜리 지폐 그림에 있는 율곡 이이의 어머니입니다. 그녀는 조선시대에 유명한 여류화가였습니다.

영 어

In the front of the Korean bills, there are the images of respected people in the Korean history.

In the 1,000 won bill, there is a portrait of Toegye, Yi Hwang. Toegye is his pen name. He was a government official and philosopher in the Joseon Dynasty. He compiled Neo-Confucianism.

In the 5,000 won bill, there is a portrait of Yulgok, Yi I. Yulgok is his pen name. He was a government official and philosopher in the Joseon Dynasty.

In the 10,000 won bill, there is an image of King Sejong the Great of the Joseon Dynasty. He invented Korean alphabet, Hangeul, and promoted the scientific development of the Joseon Dynasty.

In the 50,000 won bill, there is an image of Shin Saimdang. She is the mother of Yulgok, Yi I who is in the picture of the 5,000 won bill. She was a famous female painter in the Joseon Dynasty.

韓国纸币的前面附有韩国历史上受人尊敬的人物图片。

1,000元的纸币正面有退溪李滉的肖像画。退溪是他的笔名。他是朝鲜时代官吏兼哲学家。他是理学的集大成者。

5,000元纸币正面有栗谷李珥的肖像画。栗谷是他的笔名。他是朝鲜时代官吏兼哲学家。

10,000元纸币正面有朝鲜时代世宗大王的肖像画。他发明了韩国文字'韩文', 而且对于朝鲜的科学发展立了巨大贡献。

50,000元纸币正面有申师任堂的肖像画。她是画在5,000元纸币上的栗谷李珥的母亲。她是朝鲜时代有名的女画家。

韓国紙幣の表面には、韓国の歴史の中で尊敬されている人物のイメージが載っています。

1,000ウォン紙幣には退溪李滉の肖像画があります。退溪は彼の筆名でした。彼は朝鮮時代の官吏兼哲学者でした。彼は性理学を集大成しました。

5,000ウォン紙幣には、栗谷李珥の肖像画があります。栗谷は彼の筆名です。彼もやはり朝鮮時代の官吏兼哲学者でした。

10,000ウォン紙幣には、朝鮮時代の世宗大王の姿があります。彼は韓国の文字、ハングルを発明し、朝鮮の科学的な発展を促進させました。

50,000ウォン紙幣には申師任堂の姿があります。彼女は5,000ウォン紙幣に描かれている栗谷李珥の母親です。彼女は朝鮮時代の有名な女流画家でした。

백쌤의 TIP

1,000원짜리 지폐 뒷면에도 이황의 그림이 있는 것을 아십니까? 이황의 초상화 뒷면에 있는 그림은 그 유명한 겸재 정선이 그린 〈계상정거도〉입니다. 이 그림은 퇴계 이황의 도산서원과 그 주변의 모습을 담고 있습니다. 도산서원 안을 자세히 보면 아주 조그만 퇴계 선생이 글을 읽고 앉아 있는 모습이 보입니다.
지폐 속의 인물 중 한 명에 대해 이야기해 보라는 꼬리질문이 이어질 가능성도 있습니다. 다음 설명처럼 각 인물별로 간단히 이야기할 수 있도록 준비하시기 바랍니다.
이황은 34세부터 70세까지 140여 차례 관직에 임명되었고 79번이나 관직을 사양했다는 기록이 있습니다. 그는 기회가 주어져도 높은 벼슬에 올라 권세를 누리기보다는 조용히 학문을 연구하는 길을 택했습니다. 이황이 존경받는 이유는 일생 동안 벼슬과 부귀영화에 대한 욕심이 없이 검소하고 청명한 삶을 살았으며 조용히 글을 쓰고 후진 양성에 힘쓰는 한결같은 뜻을 실천하며 살았기 때문입니다.
이황과 이이는 둘 다 조선시대의 유명한 성리학자들이지만 학문적으로는 다른 입장에 있었습니다. 우주 속에 존재하는 모든 현상을 이(理)와 기(氣)로 설명할 때 이황은 '이'와 '기'를 대립되는 것으로 보면서 인간의 본성과 도덕적인 원리를 중요시하였습니다.

반면, 이이는 '이'와 '기'를 둘이면서 하나요, 하나이면서 둘이라고 주장했습니다. 또한 '수기(修己)'와 '치인(治人)'을 모두 갖추어야 참된 선비라고 했습니다. '수기'는 자기 수양을 말하고 '치인'은 나라의 정치를 의미하기 때문에 이는 벼슬길을 멀리했던 이황과는 대조적인 자세였습니다. 이이는 백성들의 현실세계에 필요한 조세제도 개혁, 방납 폐단 시정 등의 체제 개혁을 주장했으며 임진왜란이 있기 수년 전에 10만 군병을 기르는 것을 조정에 제안했었다는 일화가 있습니다.

▌ 퇴계 이황(Toegye Yi Hwang / 退溪李滉)

이황은 조선시대의 위대한 유학자입니다. 그는 경상북도 안동에서 태어났습니다. 과거시험에 통과한 후 그는 고위 관직을 제안받았습니다. 하지만 모두 거절하고 고향에 돌아와 성리학 교육기관인 도산서당을 세웠습니다. 거기서 그는 후진을 양성하고 성리학을 집대성했습니다. 그가 죽은 후 제자들이 그의 업적을 기리기 위해 도산서원을 지었습니다.

Yi Hwang is a great confucian scholar in the Joseon Dynasty. He was born in Andong in Gyeongsangbuk-do. After he passed the state exam, he was offered high governmental positions. However, he refused them all, came back to his home town and set up Dosan Seodang, the private Confucian academy. There he fostered the younger generation and compiled Neo-Confucianism. After his death, his disciples built Dosan Seowon to commemorate his achievements.

李滉是朝鲜时代有名的儒学者。他出生于庆尚北道安东。通过考上科举他曾被提议高位官职。但是他拒绝了所有的邀请回到故乡建立了理学教育机构 "陶山书堂"。在那里他培育后人，同时他集了理学之大成。他的学子为了传扬他的业绩，在他去世以后建立了 "陶山书院"。

李滉は朝鮮時代の偉大な儒学者です。彼は慶尚北道安東で生まれました。科挙に合格した後、彼は高位官職を提案されました。しかし全て断って故郷に帰り性理学の教育機関である陶山書院を設立しました。そこで彼は後輩を育成し、性理学を集大成させました。彼が死んだ後、弟子たちが彼の業績を称えるために陶山書院を建てました。

▌ 율곡 이이(Yulgok Yi I / 栗谷李珥)

율곡은 어려서부터 재능이 매우 뛰어나서 어린 나이에 과거시험을 아홉 번 통과했습니다. 그는 조선시대 관리 겸 철학자였습니다. 이황과 함께 그는 조선시대의 위대한 성리학자들 중 하나였습니다. 그는 이론을 실천에 옮겨야 하며 사회 제도를 개혁해야 한다고 주장하였습니다.

Yulgok was so talented from childhood that he passed the state exam 9 times at an early age. He was a government official and philosopher in the Joseon Dynasty. Along with Yi Hwang, he was one of the great confucian scholars in the Joseon Dynasty. He insisted to put a theory into practice and reform the social system.

李珥从小就才能出众，共有9次考上了科举。他是朝鲜时代官吏兼哲学家。他同李滉都是在朝鲜时代的伟大理学家之一。他主张理论要应用到实际上，社会制度需要改革。

栗谷は幼い頃から非常に優れた才能を持ち、若い年齢で科挙試験に九回も合格しました。彼は朝鮮時代の官吏であり、哲学者でした。李滉と共に、彼は朝鮮時代の偉大な性理学者の内の一人でした。彼は、理論は実践に移さなければならず、社会制度は改革されなければならないと主張しました。

▍세종대왕(King Sejong the Great / 世宗大王)

세종대왕은 한국에서 가장 존경받는 인물들 중의 한 사람입니다. 세종대왕은 백성을 매우 사랑해서 그들이 편하게 살도록 하고 싶었습니다. 그래서 백성들이 쉽게 읽고 쓸 수 있는 한글을 만들었습니다. 세종대왕 시대 동안에 조선은 많은 과학적 발전을 이룩하였습니다. 그는 학자들에게 편리한 생활을 위한 발명품들을 만들도록 명하였습니다. 그의 대표적인 발명품, 측우기는 유명한 우량계입니다. 해시계와 물시계도 발명되었습니다. 그는 활자 인쇄술에도 관심이 많아서 백성들의 실생활을 위한 많은 책들을 발간했습니다.

King Sejong the Great is one of the most respected people in Korea. He loved his people so much that he wanted to help them live conveniently. So he created Hangeul for his people to read and write easily. During the time of King Sejong, Joseon achieved a lot of scientific developments. He ordered the scholars to make inventions for convenient life. His representative invention, Cheugugi is the famous rain gauge. Sundials and water clocks were invented, too. He was interested in printing type typography and published many books for people's real life.

世宗大王是韩国最受尊敬的人物之一。世宗大王由于热爱他的百姓，想给予他们安逸的生活。因此，他制作了易读易写的韩国文字。世宗大王时代科学也得到了卓越的发展。他督促那些学者们制作可以让生活更加便利的发明。他具有代表性的发明"量雨器"是著名的雨量计。日晷和水表也都是由他来发明的。他对活字印刷术也有极大的兴趣，为他的百姓实际生活，发刊了很多书籍。

世宗大王は韓国で最も尊敬されている人物の一人です。世宗大王は民衆を愛し、彼らが楽に生活できるようにしたいと思いました。そのため民が容易に読み書きできるようにとハングルを作りました。世宗大王時代の間に朝鮮は多くの科学的な発展を遂げました。彼は学者たちに生活を便利にするための発明品を作るように命じました。彼の代表的な発明である測雨器は有名な雨量計です。日時計と水時計も発明されました。彼は活字印刷術にも関心が高く、民衆の実生活のため、多くの本を出版しました。

▍신사임당(Shin Saimdang / 申师任堂 / 申師任堂)

신사임당은 좋은 아내, 현명한 어머니의 귀감으로 여겨집니다. 유교적 가르침에 따르면 여성에게는 아내와 어머니로서의 역할이 아주 중요합니다. 좋은 아내 겸 지혜로운 어머니를 '현모양처'라고 부릅니다. 그녀는 풍경, 포도, 대나무와 같은 다양한 소재들을 그렸습니다. 초충도는 풀과 벌레의 그림인데 그녀를 유명하게 만든 그림들 중의 하나입니다.

Shin Saimdang is considered as a model of a good wife and wise mother. According to Confucian teachings, the role as a wife and mother is very important to a woman. A good wife and wise mother is called "Heonmoyangcheo". She drew various objects like landscape, grape, bamboo. Chochungdo, the picture of grass and insects, is one of the pictures that made her famous.

申师任堂是人们当作镜鉴的一个好妻子既是明智的母亲。据儒家思想所说，作为一个女性妻子和母亲的角色是非常重要的。我们把好妻子兼明智的母亲叫做"贤妻良母"。她用了风景、葡萄、竹子等多样的素材作画。"草虫画"是画画草和昆虫的作品，这幅画是让她为人所知的著名的作品之一。

申師任堂は良い妻、賢明な母の鑑とされています。儒教的な教えによると、女性は妻や母親としての役割がとても重要です。良い妻であり賢い母のことを「良妻賢母」と言います。彼女は風景、ブドウ、竹など様々な素材を描きました。草虫画は草と虫の絵ですが、彼女を有名にした絵画の一つです。

이순신 장군에 대해 설명해 보시오.

➤ Give the explanation of Admiral Yi Sunsin.
➤ 请介绍李舜臣将军。
➤ 李舜臣将軍について説明しなさい。

한국어

이순신은 한국인에게 영웅으로 존경받습니다. 그는 조선시대의 장군이었습니다. 그는 임진왜란 동안 일본 해군에 맞서 이룬 수많은 승리들로 유명합니다. 일본은 1592년 조선을 침략했고 그 전쟁은 7년간 계속되었습니다.

그는 밤낮으로 전술과 무기를 연구하여 마침내 일본에 맞서 많은 승리를 이끌어 낸 거북선을 발명했습니다. 거북선은 용 모양의 머리가 달려 있고 갑판은 철심으로 뒤덮여 있습니다. 난중일기는 이순신 장군이 쓴 전쟁 일기입니다. 그것은 임진왜란에 대한 구체적이고 생생한 기록이 담겨있으며 2013년 유네스코 세계기록유산으로 지정되었습니다.

대표적인 승리로는 한산, 명량, 노량 등에서의 해전에서였습니다. 이순신 장군은 노량해전에서 전사했습니다. 그의 마지막 남긴 말이 유명한데 그것은 "내 죽음을 적에게 알리지 말라"입니다.

영어

Yi Sunsin is honored as a hero by Koreans. He was a general in the Joseon Dynasty. He is famous for a number of victories against the Japanese navy during the Imjin war. Japan invaded Joseon in 1592 and the war lasted for 7 years.

He studied tactics and weapons day and night and finally invented Geobukseon, a turtle ship which led many victories over Japan. Geobukseon has a dragon-shaped head and the deck is covered with iron spikes.

Nanjung Ilgi is War Diary written by Admiral Yi Sunsin. It includes a concrete and vivid record of the Imjin war and was designated as the UNESCO World Documentary Heritage in 2013.

The representative victories were in naval battles at Hansan, Myeongryang and Noryang, etc. Admiral Yi Sun-sin died at the battle of Noryang. His last word is famous, which is "Do not announce my death to the enemy."

중국어

李舜臣是韩国人心目中的大英雄，深受爱戴。他是朝鲜时代的将军，在壬辰倭乱时，抵抗日本海军，因赢得数场胜利而闻名于世。1592年日本侵略朝鲜，战争持续7年之久。

李舜臣早晚研究战术和武器，终于发明了抵抗日本引向胜利的乌龟船。乌龟船前为龙头，甲板为铁芯。《乱中日记》是李舜臣将军写的战争日记，具体详实地记录了壬辰倭乱，在2013年入选联合国教科文组织世界纪录遗产。

具有代表性的胜利为闲山、鸣梁、露梁等地的海战。李舜臣将军战死于露梁海战。他留下的最后一句话最为出名，那便是"不要将我的死讯告知敌人"。

일본어

李舜臣は韓国人に英雄として尊敬されています。彼は朝鮮時代の将軍でした。彼は壬辰倭乱*の間、日本の海軍に立ち向かって成し遂げた数多くの勝利で有名です。日本は1592年に朝鮮を侵略し、その戦争は7年間続きました。

彼は日夜戦術と武器を研究し、ついに日本に立ち向かって多くの勝利を導いた亀甲船を発明しました。亀甲船は竜の頭をかたどった船首がついており、甲板は鉄芯で覆われています。乱中日記は李舜臣将軍が書いた戦争日記です。その日記には壬辰倭乱*に対する具体的で生々しい記録が残されていて、2013年にユネスコ世界記憶遺産として指定されました。

代表的な勝利は閑山、鳴梁、露梁などでの海戦でした。李舜臣将軍は露梁海戦で戦死しました。彼が最後に残した言葉が有名ですが、それは「私の死を敵に知らせるな」です。

*일본에서는 임진왜란과 정유재란의 7년 전쟁을 당시 자신들의 연호를 따서 '文禄・慶長の役'라고 부른다.

백쌤의 TIP

이순신 장군이 남긴 다음 명언을 해당 언어로 이야기해 보세요.
'죽고자 하면 살 것이고 살고자 하면 죽게 될 것이다'[필사즉생 필생즉사(必死則生 必生則死)]
'If you are willing to die, you will survive, but if you struggle to survive, you will die.'
임진왜란 중 이순신 장군은 20여 회의 전투에서 전승을 거두었습니다. 그것은 이순신 장군의 통찰력과 정신력, 그리고 치밀한 작전이 만들어 낸 결과였습니다. 그의 승리 이면에는 험난한 관직생활이 있었습니다. 원칙만을 준수하는 그의 강직한 성품은 그 시대의 관리들을 감복시키기도 했지만 동시에 시기와 모함을 받기 일쑤였기 때문입니다. 2014년 영화 '명량'의 인기에 힘입어 그 배경이 된 해남과 진도 울돌목에서는 명량대첩축제가 열렸고 40만 명의 관광객이 몰리는 유례없는 호황을 누리기도 했습니다.

한국통일 후에 변화할 관광현상에 대해 설명하시오.

➤ Describe the tourism phenomenon that will be changed after the unification of Korea.

➤ 请说明一下韩国统一之后观光现象将会有哪些变化。

➤ 韓国統一後、変化する観光現象について説明しなさい。

한국어

한국의 통일은 한국 관광에 놀라운 영향을 미칠 것입니다.

첫째, 사람들은 한국에서 아시아와 유럽대륙으로 육로 여행을 할 수 있고 그 반대로도 여행할 수 있게 될 것입니다. 부산, 서울, 평양을 유럽과 아시아의 다른 도시들과 연결하는 교통로가 생길 것입니다.

둘째, 외국인 관광객들은 전쟁에 대한 걱정 없이 한국에 방문할 수 있을 것입니다. 통일된 한국의 안전한 이미지는 세계에서 더 많은 관광객들을 끌어들일 것입니다.

영 어

The unification of Korea will have wonderful effects on Korean tourism.

First, people will be able to travel by land from Korea to the continent of Asia and Europe, and vice versa. There will be a transportation route that connects Busan, Seoul, Pyeongyang to other cities in Europe and Asia.

Second, foreign tourists will be able to visit Korea without worrying about war. The safe image of the unified Korea will attract more travelers in the world.

중국어

韩国统一将会给韩国的观光带来惊人的影响。

第一，人们可以通过路面从韩国到亚洲以及欧洲自由旅行，而且也可以从相反方向做旅游。釜山、首尔、平壤等城市可以和亚洲其他城市建立路面交通渠道。

第二，外国游客可以不必为战争而担忧安心访问韩国。统一给韩国所带来的安全的形象将会吸引更多来自海外的游客。

韓国の統一は韓国の観光業界に驚くべき影響を与える事でしょう。

まず、人々は韓国から出発してアジア、ヨーロッパ大陸まで陸路を通って旅行することができ、その逆の旅行もする事ができるようになります。釜山、ソウル、平壌をヨーロッパやアジアの他都市と繋ぐ交通路が作られるでしょう。

第二に、外国人観光客たちは戦争に対する心配をせずに韓国に訪問することができます。統一韓国の安全なイメージは、世界からより多くの観光客を呼び寄せる事ができるようになるでしょう。

백쌤의 TIP

남북통일에 대한 자신의 생각을 정리해 둘 필요가 있습니다. 독일의 통일 사례에서 볼 수 있듯이 남북의 경제격차나 이념차이로 초반에는 갈등과 어려움이 있을 수 있습니다. 하지만 북한의 풍부한 지하자원과 남한의 인프라, 경제발전 노하우, 첨단기술들이 융합되면 한반도에 커다란 시너지 효과가 나타날 것입니다.

또한 남한 단독으로는 인구나 영토의 크기 면에서 세계 강대국과 겨루기 힘들지만, 통일이 될 경우 한국의 영토는 21만 제곱킬로미터, 인구는 7~8천만 명 정도가 됩니다. 바로 영국과 이탈리아 등과 비슷해지는 것입니다. 전문가들은 통일된 한국이 과도기를 거친 후, 안정되면 세계 경제력 10위권 안에 들어갈 것으로 예상합니다.

04 | 한국의 유산과 관광자원

■ 유네스코 세계유산들을 중심으로 하여 서울, 경주 등 주요 관광지 등을 해당 언어로 소개하는 능력이 요구됩니다. 모범답안처럼 문화유산이나 관광지를 정해서 2, 3분 정도로 정리하여 설명하는 연습을 하시기 바랍니다.

■ 세부적인 내용부터 설명하면 지루해지고 장황해 보이기 쉽습니다. 답변을 할 때는 그 유산이나 관광지가 가진 가장 중요한 특징을 앞부분에서 강조하며 말하도록 하세요.

---

039 | **기출** 23 · 20 · 18 · 17 · 16 · 15 · 13 · 12 · 11

서울의 5대궁과 정전을 설명해 보시오.

➤ Give the explanations of 5 palaces in Seoul and their main throne halls.

➤ 请讲述一下韩国首尔的五大宫殿及正殿。

➤ ソウルの5大宮殿と正殿について説明しなさい。

한국어

서울, 그 당시 한양은 조선의 수도였습니다. 조선의 다섯 궁은 경복궁, 창덕궁, 창경궁, 경희궁과 덕수궁입니다. 각 궁들은 왕의 정사를 위한 정전을 가지고 있습니다.

경복궁은 조선왕조의 정궁으로 지어졌습니다. 그것은 다섯 궁궐들 중에 가장 웅장한 궁이었습니다. 정전은 근정전입니다. 그 이름은 "폐하가 근면하면 나랏일이 잘 다스려질 것입니다."라는 것을 의미합니다. 국가의례, 외국 사신 영접과 대관식 같은 국가 행사들이 그곳에서 개최되었습니다. 방문객들은 정문 앞에서 수문장 교대의식을 볼 수 있습니다.

창덕궁은 조선왕조의 제2궁으로 지어졌습니다. 정전은 인정전입니다. 임진왜란 동안에 궁들이 불탄 후, 창덕궁은 가장 먼저 재건되어 270년간 정궁으로 사용되었습니다. 창덕궁은 주변 자연과 조화를 이루는 건축으로 유명합니다. 아름다운 후원과 함께 창덕궁은 조선 궁의 유일한 아름다움을 보여 줍니다. 그래서 1997년 유네스코 세계문화유산으로 지정되었습니다.

창경궁은 원래 세종대왕이 그의 아버지 태종을 위하여 지은 수강궁이었습니다. 나중에 성종이 왕후들의 거처로 그것을 수리하도록 하고 창경궁이라 이름 지었습니다. 그 정전은 명정전입니다. 일제강점기 동안 일본인은 조선왕실의 권위를 손상시키기 위해 창경궁에 동물원, 식물원과 박물관을 지었습니다. 현재 일본 구조물들의 철거와 함께 창경궁은 재건되었습니다.

경희궁은 경복궁 서쪽에 위치하고 있었기 때문에 서궐이라 불리었습니다. 그 정전은 숭정전입니다. 대부분의 경희궁 건물들은 일본인들에 의해 파괴되고 이전되었습니다. 현재는 경희궁의 일부분만이 재건되어 있습니다. 덕수궁은 원래 경운궁으로 불렸습니다. 을미사변 후에 고종황제는 경복궁을 떠나 결국 덕수궁에서 살게 되었습니다. 그때 덕수궁은 현재의 이름을 얻게 되었습니다. 정궁은 중화전입니다. 다른 조선의 궁들과는 달리 덕수궁은 전통적인 나무 건축물들을 서양 건축과 융합하였습니다.

영 어

Seoul, Hanyang at that time, was the capital of the Joseon Dynasty. The 5 Joseon palaces are Gyeongbokgung, Changdeokgung, Changgyeonggung, Gyeonghuigung and Deoksugung. Each of them has the main throne hall for the king's state affairs. Gyeongbokgung was built as the main palace of the Joseon Dyansty. It was the grandest among 5 palaces. Its throne hall is Geunjeongjeon. The name means that "Your Majesty's diligence will help manage the state affairs properly." The state events like national rituals, receptions for foreign envoys, and coronation ceremony were held there. Visitors can watch the royal guard changing ceremony in front of the main gate.

Changdeokgung was built as a secondary palace of the Joseon Dynasty. Its main throne hall is Injeongjeon. After palaces were burnt during the Imjin war, Changdeokgung was rebuilt first and served as the main palace for about 270 years. Changdeokgung is famous for the architecture which is in harmony with the surrounding nature. Along with its beautiful back garden, Changdeokgung shows the unique beauty of Joseon palace. So it was designated as the UNESCO World Heritage Site in 1997.

Changgyeonggung was originally Sugganggung that was built by King Sejong for his father, Taejong. Later, King Seongjong had it repaired for the residence of queens and named it Changgyeonggung. Its main throne hall is Myeongjeongjeon. During the Japanese occupation, Japanese built a zoo, botanical garden and museum in the palace to undermine the authority of the Joseon Dynasty. At present, Changgyeonggung has been restored with the removal of Japanese structures.

Gyeonghuigung was called Western Palace as it was located west of Gyeongbokgung. Its main throne hall is Sungjeongjeon. Most structures of Gyeonghuigung were destroyed and moved by Japanese. At present, just some parts have been restored. Deoksugung was originally called Gyeongungung. After the Eulmi Incident, Emperor Gojong left Gyeongbokgung and ended up living in Deoksugung. It was when Deoksugung got its current name. Its main throne hall is Jungwhajeon. Unlike other Joseon palaces, Deoksugung fused traditional wooden structures with Western architecture.

중국어

首尔，在朝鲜王朝时代被称为汉阳，是朝鲜的都城。朝鲜的五大宫殿包括景福宫、昌德宫、昌庆宫、庆熙宫和德寿宫。每个宫殿里都有国王可从政的正殿。

景福宫是朝鲜王朝的正宫，是五大宫殿中最雄伟的宫殿。勤政殿是景福宫的正殿，取意皇帝勤政务本，勤于思政，便可治国安民。主要用于举行国家的重大庆典，接见外国使节，戴冠式等重大外事活动。游客可在景福宫正门观看手门将换岗仪式。

昌德宫是朝鲜王朝所修建的第二座宫殿，其正殿为仁政殿。壬辰倭乱时期，很多宫殿被焚毁，昌德宫最早被重建并长达270年作为朝鲜的政宫使用。昌德宫与四周的自然环境和谐地融为一体而闻名。美丽的后苑使昌德宫成为朝鲜王宫中最具魅力的宫殿。1997年昌德宫被联合国教科文组织指定为世界文化遗产。

昌庆宫是世宗大王专为其父太宗所修建的寿康宫，后来成宗把它修建为王后的住所并改名为昌庆宫，其正殿为明正殿。在日本殖民统治期间，为了破坏朝鲜王朝的权威，日本人在昌庆宫内修建了动物园和植物园以及博物馆。现拆除日本构筑物之后重建了昌庆宫。

庆熙宫位于景福宫西侧，因此也被称为西宫，其正殿为崇政殿。大部分的庆熙宫建筑被日本人毁损或移至。现庆只重建了庆熙宫的一部分。

德寿宫原称为庆运宫。乙未事变后高宗皇帝离开景福宫，并把居处移到了此处。德寿宫当时得到了现在的名称。其正殿为中和殿。与其他朝鲜宫殿相比，唯德寿宫把正统木材建筑和西洋式建筑物融合起来。

ソウル、当時の漢陽は朝鮮の首都でした。朝鮮の五宮は景福宮、昌徳宮、昌慶宮、慶熙宮と徳寿宮です。各宮には王が政を司る正殿があります。

景福宮は、朝鮮王朝の正宮として建てられ、5宮廷の中で最も壮大な宮殿でした。正殿は勤政殿です。その名は「陛下が勤勉ならば国事がうまく治まるでしょう」ということを意味します。国家儀式、外国使臣の迎接や戴冠式などの国家行事はそこで開催されました。訪問客は、正門前で守門将の交代儀式を見ることができます。

昌徳宮は朝鮮王朝の第2宮として建てられました。正殿は仁政殿です。壬辰倭乱により宮殿らが焼けた後、昌徳宮は一番最初に再建され、270年間正宮として使用されました。昌徳宮は周囲の自然と調和を成した建築物として有名です。美しい後苑と共に昌徳宮は朝鮮王宮の独特な美しさを見せてくれます。そのため1997年にはユネスコ世界文化遺産として指定されました。

昌慶宮はもともと世宗大王が彼の父、太宗のために建てた寿康宮でした。後に成宗が王妃達の住まいとして修理させ、昌慶宮と名付けました。正殿は明政殿です。日帝強制占領期間の間、日本人は朝鮮王室の権威を損なわせるために昌慶宮に動物園や植物園、博物館を建てました。現在は日本の構造物の撤去と共に昌慶宮は再建されました。

慶熙宮は景福宮の西側に位置していたため、西闕と呼ばれていました。正殿は崇政殿です。ほとんどの慶熙宮の建物は日本人によって破壊され、移転されました。現在は慶熙宮の一部だけが再建されています。

徳寿宮は元々慶運宮と呼ばれていました。乙未事変の後、高宗皇帝は景福宮を離れ、最終的に徳寿宮で暮らすようになりました。その時徳寿宮は現在の名前を得ることになりました。正宮は中和殿です。他の朝鮮の宮殿とは異なり、徳寿宮は、伝統的な木製の建造物を西洋建築と融合しました。

우리나라의 유네스코 세계문화유산에 대해 설명하시오.

➤ Give the explanations of UNESCO World Cultural Heritages in our country.
➤ 请说明一下被联合国教科文组织所指定的韩国世界文化遗产都有什么。
➤ 韓国のユネスコ世界文化遺産について説明しなさい。

한국어

한국은 2024년 3월 기준 열네 가지 유네스코 세계문화유산을 보유하고 있습니다. 그 중 다섯 개의 세계문화유산이 조선왕조로부터 온 것입니다. 그것은 창덕궁과 종묘, 화성, 조선 왕릉과 2014년에 등재된 남한산성입니다.

경주에는 두 가지 유네스코 세계문화유산이 있습니다. 경주는 1,000년 동안 신라왕실의 수도였습니다. 그래서 유적과 유물들이 많이 있습니다. 경주역사유적지구는 2000년에 세계문화유산으로 지정되었습니다. 경주의 석굴암과 불국사는 1995년에 등재되었습니다.

경상남도 해인사 장경판전은 조선시대 때 만들어진 것입니다. 그것은 고려시대 제작된 목판(팔만대장경)을 보관하기 위한 건축물입니다. 그래서 그것은 1995년에 세계유산으로 지정되었습니다.

고창, 화순, 강화에 있는 고인돌 유적지는 선사시대 고인돌의 수백 가지 예를 보여 줍니다. 그것들은 2000년에 세계유산에 등재되었습니다. 한국의 역사마을 하회와 양동이 2010년에 세계유산에 등재되었습니다.

2015년 백제역사유적지구가 세계문화유산에 등재되었습니다. 백제역사유적지구는 5~7세기 한·중·일 고대 동아시아 왕국들 사이의 교류와, 그 결과로 나타난 건축기술의 발전과 불교의 확산을 보여 주는 고고학 유적입니다.

2018년에는 산사, 한국의 산지승원이 유네스코 세계문화유산에 추가되었습니다. 7세기에서 9세기 사이에 창건된 이 산지승원은 불교의 신성지로 남아 신앙과 수도생활의 중심지로서의 역할을 이어 오고 있습니다.

2019년 한국의 서원이 유네스코 세계유산에 등재되었습니다. 서원은 유교 사당과 사립학교의 기능을 겸하는 곳으로, 지방의 지식인들이 설립한 사립 교육기관이었습니다. 서원은 중국에서 온 성리학이 한국의 여건에 맞게 변화하는 역사적인 과정을 보여 준다는 점에서 '탁월한 보편적 가치'를 인정받았습니다.

PART
03

2023년 가야고분군이 유네스코 세계유산에 등재되었습니다. 가야고분군은 1~6세기 한반도 남부에 있었던 '가야'의 7개 고분군으로 이루어진 연속유산입니다. 7개 고분군에는 대성동 고분군, 말이산 고분군, 옥전 고분군, 지산동 고분군, 송학동 고분군, 유곡리·두락리 고분군, 교동·송현동 고분군이 있습니다. 가야는 연맹왕국체제를 유지하면서도 주변의 더욱 강력한 중앙집권국가와 병립하였습니다. 가야 고분군은 가야가 독특한 동아시아 고대 문명이었음을 증명하는 독보적인 유산일 뿐만 아니라 동아시아 고대 문명이 다양한 양상을 띠었다는 방증입니다.

영 어

Korea has 14 UNESCO World Cultural heritages as of March, 2024. Among them, 5 World Heritage Sites are from the Joseon Dynasty. They are Changdeokgung Palace Complex, Jongmyo shrine, Hwaseong Fortress, Royal Tombs of the Joseon Dynasty and Namhansanseong Fortress, which was listed in 2014.

There are 2 UNESCO World Heritage Sites in Gyeongju. Gyeongju was the capital of the Silla Kingdom for 1,000 years. So it has a lot of monuments and relics. Gyeongju Historic Areas were designated as the World Heritage Site in 2000. Seokguram Grotto and Bulguksa Temple in Gyeongju were placed on the list in 1995. Haeinsa Temple Janggyeong Panjeon, the Depositories for the Tripitaka Koreana Woodblocks was built in the Joseon Dynasty. It is a structure to help preserve the Printing woodblocks of the Tripitaka Koreana, which was made in the Goryeo Dynasty. So it was designated as the World Heritage Site in 1995.

Gochang, Hwasun, and Ganghwa Dolmen Sites show hundreds of examples of dolmens in prehistoric times. They were placed on the World Heritage list in 2000. Historic Villages of Korea : Hahoe and Yangdong were placed on the World Heritage list in 2010.

In 2015, Baekje Historic Areas were placed on the list of UNESCO's World Cultural Heritage Sites. Baekje Historic Areas are archaeological sites that show the development of architectural technology and the spread of Buddhism as the result of exchanges among the ancient East Asian kingdoms, Korea, China and Japan from 5th to 7th centuries.

In 2018, Sansa, Buddhist Mountain Monasteries in Korea were added to the list of UNESCO World Cultural Heritage. Built between the 7th to 9th century, these mountain monasteries have been remained as sacred places of Buddhism, which have survived as living centers of faith and daily religious practice.

In 2019, nine Seowons, Korean Neo-Confucian Academies were added to the UNESCO World Heritage List. Seowon is a private learning institution founded by local intellectuals that combined the functions of Confucian shrine and preparatory school. Seowon was recognized its "Outstanding Universal Value" illustrating a historical process in which Neo-Confucianism from China was adapted to Korean conditions.

In 2023, the Gaya Kingdom was declared a UNESCO World Heritage Site. The Gaya Kingdom is a series of heritages consisting of seven ancient tombs from Gaya, which were located in the southern part of the Korean peninsula from the 1st to 6th centuries. The seven ancient heritages include the Daeseong-dong tombs, the Malisan tombs, the Okjeon tombs, the Jisan tombs, the Jisan tombs, the Songhak-dong tombs, the Yugok-ri · Durak-ri tombs, and the Gyodong · Songhyeon-dong tombs. The Gaya kingdom was not only a unique heritage that proved that Gaya was a unique ancient civilization in East Asia, but also a testament to the diverse aspects of the ancient civilization in East Asia.

중국어

至2024年3月为准，联合国教科文组织指定的韩国世界文化遗产已有十四种。其中五个世界文化遗产都是来自于朝鲜王朝时代。分别为昌德宫和宗庙、华城及朝鲜王陵、在2014年被列为世界文化遗产的南汉山城。

庆州有两种联合国教科文组织指定的世界文化遗产。庆州作为新罗王朝的首都近1,000多年，因此庆州具有悠久的遗迹和遗物。在2000年庆州历史区被列为世界文化遗产。而庆州的石窟庵与佛国寺在1995年已被列入世界遗产名录。

庆尚南道海印寺藏经板殿修建于朝鲜王朝时代，它是为保存在高丽时代制作的木刻八万大藏经，而建成了此建筑物。于是，1995年它已被联合国教科文组织指定为世界遗产。

高敞、和顺、江华支石墓遗址展现了史前时期的数百种石墓，在2000年它们被列入为世界文化遗产。韩国的历史村庄河回和良洞在2010年也被列入世界遗产目录。

2015年百济历史遗迹地区被列入了世界文化遗产。百济历史遗迹地区是展现出5-7世纪韩中日古代东亚王国之间的交流，其结果带来的建筑技术的发展和扩散佛教的考古遗迹。

于2018年，"山寺——韩国的山地僧院"被登录为联合国教科文组织世界文化遗产。从7世纪到9世纪期间建造的山地僧院作为佛教的圣地，到目前为止起着宗教信仰和修道生活的作用。

2019年韩国书院被列入了联合国教科文组织世界遗产名录。书院是由儒教祠堂和私立学校功能兼有的地方知识分子设立的私立教育机关。书院由中国引入的性理学，展现了其根据韩国文化传统演变的历史过程，因此被认可为具有"卓越的普遍价值"。

2023年，伽倻古坟群被列入联合国教科文组织世界遗产名录。伽倻古坟群是由1~6世纪位于韩半岛南部的"伽倻"的7个古坟群组成的连续遗产。7个古坟群包括大成洞古坟群、末伊山古坟群、玉田古坟群、池山洞古坟群、松鹤洞古坟群、酉谷里·斗洛里古坟群、校洞·松岘洞古坟群。伽倻在维持联盟王国体制的同时，与周边更强大的中央集权国家并立。伽倻古坟群不仅是证明伽倻独特的东亚古代文明的独一无二的遗产，也是东亚古代文明呈现出多种形态的旁证。

일본어

韓国は2024年3月を基準として、14個のユネスコ世界文化遺産を保有しています。そのうち5つの世界文化遺産が朝鮮王朝のものです。それは昌德宮と宗廟、華城、朝鮮王陵と2014に登録された南漢山城です。

慶州には二つのユネスコ世界文化遺産があります。慶州は千年の間、新羅王室の首都でした。従って多くの遺跡と遺物があります。慶州歴史地区は2000年に世界文化遺産に指定されました。慶州の石窟庵と仏国寺は1995年に登録されました。

慶尚南道の海印寺蔵経板は朝鮮王朝の時作られたものです。それは高麗時代に作られた木版(八万大蔵経)を保存するための建築物です。そのため1995年に世界遺産として指定されました。

高敞、和順、江華のドルメン遺跡は先史時代のドルメンの何百もの例を見せてくれます。それらは2000年に世界遺産に登録されました。韓国の歴史村河回と良洞が2010年に世界遺産として登録されました。

2015年に百済考古遺跡が世界文化遺産に登載されました。百済考古遺跡は韓中日東アジア諸国間の交流と、その結果として現れた建築技術と仏教の広まりを示す考古遺跡です。

2018年には山寺(サンサ)、韓国の山地僧院がユネスコ世界文化遺産に追加されました。7世紀から9世紀の間に創建されたこの山地僧院は仏教の神聖な場所として残っていて、信仰と修道生活の中心地の役割を続けています。

2019年、韓国の書院がユネスコの世界遺産に登録されました。書院は儒教の祠堂と私立学校の機能を兼ねる所で、地方知識人たちが設立した私立教育機関でした。書院は、中国から来た性理学が韓国の状況に合わせて変化する歴史的な過程を示すという点で、'優れた普遍的価値'を認められました。

2023年、伽耶古墳群がユネスコの世界遺産に登録されました。　伽耶古墳群は、1~6世紀に韓半島南部にあった「伽耶」の7つの古墳群からなる連続遺産です。　7つの古墳群には大成洞古墳群、末伊山古墳群、玉田古墳群、池山洞古墳群、松鶴洞古墳群、酉谷里・斗洛里古墳群、校洞・松峴洞古墳群があります。加耶は連盟王国体制を維持しながらも、周辺のより強力な中央集権国家と並立しました。伽耶古墳群は伽耶が独特な東アジア古代文明であったことを証明する独歩的な遺産であるだけでなく、東アジア古代文明が多様な様相を呈したという傍証です。

참고　문화재청 홈페이지(www.cha.go.kr)
유네스코 한국위원회 홈페이지(www.unesco.or.kr)

백쌤의 TIP

세계유산이란 세계유산 협약이 규정한 탁월한 보편적 가치를 지닌 유산으로서 그 특성에 따라 자연유산, 문화유산, 복합유산으로 분류합니다. 유네스코 세계자연유산인 제주화산섬과 용암동굴(2007), 한국의 갯벌(2021)을 포함하면 한국의 유네스코 세계유산은 모두 16개가 됩니다. 그 밖에 유네스코에 등재된 유산의 종류에는 인류무형문화유산(The Intangible Cultural Heritage of Humanity)과 세계기록유산(Memory of the World)이 있습니다.

2019년 유네스코 문화유산으로 선정된 서원은 「한국의 서원」은 소수서원(경북 영주), 도산서원(경북 안동), 병산서원(경북 안동), 옥산서원(경북 경주), 도동서원(대구 달성), 남계서원(경남 함양), 필암서원(전남 장성), 무성서원(전북 정읍), 돈암서원(충남 논산) 총 9곳입니다.

우리나라의 유네스코 세계기록유산에 대해 설명하시오.

➤ Give the explanations of UNESCO World Documentary Heritages in our country.

➤ 请说明一下被联合国教科文组织所指定的韩国世界记录遗产都有什么。

➤ 韓国のユネスコ世界記憶遺産について説明しなさい。

한국어

한국은 18개의 유네스코 세계기록유산을 보유하고 있습니다. 1997년에는 훈민정음과 조선왕조실록이 등재되었습니다. 2001년에는 왕의 비서가 쓴 일기인 승정원일기와 백운화상초록불조직지심체요절 제2권이 세계기록유산으로 지정되었습니다. 불조직지심체요절은 세계 최초의 금속활자입니다. 2007년에 조선왕조 왕실의례인 의궤와 고려대장경판 및 제경판이 등재되었습니다. 동양의학의 원리와 실제인 동의보감은 2009년에 세계유산으로 지정되었습니다. 그것은 조선시대 허준이 쓴 의학서적입니다. 일상에 대한 회고 기록인 일성록이 2011년에 등재되었습니다. 그것은 왕의 일상과 국정에 대한 이야기들을 담고 있습니다. 1980년 인권기록유산 5·18 광주 민주화운동 기록물이 2011년에 등재되었습니다. 2013년에는 이순신 장군의 전쟁일기인 난중일기와 새마을운동(새로운 지역사회 만들기 운동) 기록물이 세계기록유산으로 지정되었습니다. 2015년에 KBS 특별생방송 '이산가족을 찾습니다' 기록물과 한국의 유교책판이 세계기록유산으로 등재되었습니다. KBS 특별생방송 '이산가족을 찾습니다' 기록물은 전쟁의 분단과 참상을 전 세계에 알리고 인류애를 고취한 생생한 기록물로 그 중요성을 인정받았으며, 한국의 유교책판은 조선시대 5백여 년간 지속된 집단지성의 성과물로 가치가 높다는 평가를 받았습니다.

2017년에는 조선왕실 어보와 어책, 조선통신사에 관한 기록과 국채보상운동 기록물이 유네스코 세계기록유산으로 등재되었습니다.

'조선왕실 어보와 어책'은 조선왕실을 위해 제작된 왕실의 어보(御寶)들과 책봉에 대한 책들의 모음입니다. 어보와 책들은 관제의 책봉이나 취임 같은 일생일대의 행사나 의식을 기념하기 위해서 왕과 왕비에게 수여되었습니다.

'조선통신사에 관한 기록 : 17세기~19세기 한일 간 평화구축과 문화교류의 역사'는 일본 막부의 요청으로 1607년부터 1811년 사이에 한국에서 일본으로 12회에 걸쳐 파견된 외교사절에 관한 내용입니다. 조선통신사는 임진왜란으로 좌절되었던 양국의 외교 관계를 회복하고 평화로운 관계를 구축하는 데 기여했습니다.

'국채보상운동 기록물'은 정부가 일본에 진 거액의 빚을 갚아서 나라의 식민지화를 막기 위해서 1907년부터 1910년에 걸쳐 한국 국민들이 국가 전역에 걸쳐 전개한 운동의 역사와 전 과정을 보여 주는 기록물입니다.

2023년에 두 개의 전국적인 민초들의 혁명에 대한 한국의 기록들, 4·19혁명 기록들과 동학농민혁명기록물이 세계기록유산에 등재됐습니다. 4·19혁명은 1960년 4월 19일에 일어났으며 독재정권에 대항한 학생 중심의 민주화 운동입니다. 동학농민혁명은 조선시대에 부패한 지도층과 외세의 침략에 대항한 농민들과 동학 신도들이 주도한 무력 저항운동입니다.

영 어

Korea has 18 UNESCO World Documentary Heritage items. 'Hunmin Jeongum Manuscript' and 'The Annals of the Joseon Dynasty' were placed on the list in 1997. 'Seungjeongwon Ilgi : the Diaries of the Royal Secretariat' and 'Baegun hwasang chorokbuljo jikji simcheyojeol (vol. II)' were designated as the World Documentary Heritage in 2001. Buljo Jikji simcheyojeol is the first movable metal type blocks in the world. 'Uigwe : The royal protocols of the Joseon Dynasty' and 'Printing woodblocks of the Tripitaka Koreana and miscellaneous Buddhist scriptures' were placed on the list in 2007.

'Donguibogam : Principles and Practice of Eastern Medicine' was designated as the World Heritage in 2009. It is the medical book written by Heo Jun in the Joseon Dynasty. 'Ilseongnok : Records of Daily Reflections' was placed on the list in 2011. It contains episodes about kings' daily lives and state affairs of the Joseon Dynasty. 'Human Rights Documentary Heritage 1980 Archives for the May 18th Democratic Uprising against Military Regime, in Gwangju, Republic of Korea' was listed in 2011. In 2013, 'Nanjung Ilgi : War Diary of Admiral Yi Sun-sin' and 'Archives of Saemaul Undong (New Community Movement)' were designated as the World Documentary Heritages. In 2015, The Archives of the KBS Special Live Broadcast "Finding Dispersed Families" and Confucian Printing Woodblocks in Korea were listed on the UNESCO's Memory of the World register. The Archives of the KBS Special Live Broadcast "Finding Dispersed Families" was recognized the value as the vivid records that inspired the love for humanity, letting the whole world know about the war-torn division and its horrors. Confucian Printing Woodblocks in Korea was also recognized its high value as an example of collective intelligence that had lasted for about 500 years of the Joseon period.

In 2017, Royal Seal and Investiture Book Collection of the Joseon Dynasty, Documents on Joseontongsinsa and Archives of the National Debt Redemption Movement were listed on the UNESCO's Memory of the World register.

'Royal Seal and Investiture Book Collection of the Joseon Dynasty' is a collection of royal seals and investiture books created for the royal sovereigns of Joseon. The seals and books were bestowed to the kings and queens, commemorating their important lifetime occasions and ceremonies such as investitures and inauguration of official titles.

'Document on Joseon Tongsinsa : The History of Peace Building and Cultural Exchanges between Korea and Japan from the 17th to the 19th Century' comprises materials related to 12 diplomatic missions dispatched from Korea to Japan between 1607 and 1811 at the request of Japan's Shogunate government.

Joseon Tongsinsa contributed to restoring diplomatic relations between two countries and to maintaining peaceful relations, which had been frustrated due to the Imjin war. 'The Archives of the National Debt Redemption Movement' is a documentary heritage chronicling the entire process and history of a nationwide campaign undertaken by the Korean public from 1907 to 1910, to help their government pay back a huge debt owed to Japan and thereby save their country from colonization.

In 2023, Korean archival records related to two of the nation's historic grassroots revolutions were added to Unesco Memory of the World Register the archives of the April 19 Revolution and the the archives of the Donghak Peasant Revolution. The April 19 Revolution, arising on April 19th, 1960, is the student-led democratization movement against the dictatorship. The Donghak Peasant Revolution was an armed rebellion led by peasants and followers of the Donghak religion against the corrupt leadership and foreign intrusion during the Joseon Dynasty.

중국어

联合国教科文组织指定的韩国世界记录遗产已有18种。1997年，训民正音和朝鲜王朝实录被列入为世界记录遗产目录。2001年国王的秘书写的日记-承政院日记和白云和尚抄录佛祖直指心体要节第二卷被列入世界记录遗产目录。佛祖直指心体要节是世界最早的金属活字。2007年朝鲜王朝国家仪礼-仪轨、高丽大藏经叛和谐经版被列为世界记录遗产。亚洲医学原理和实际的东医宝鉴在2009年被列为世界遗产，这是在朝鲜王朝许浚总编的医学书籍。对日常的回忆记录-日省录在2011年登载为世界记忆遗产，日省录是国王每天记载国政运营情况及日常生活的手写日记。1980年人权记录遗

产5·18光州民主化运动记录物在2011年被列为世界记录遗产。2013年，李舜臣将军的战争日记-乱中日记及新村运动(新地域社会运动)资料已被联合国教科文组织指定为世界记录遗产。2015年，KBS特别节目"寻找离散家属"记录物和韩国的儒教册板正式被联合国教科文组织指定为韩国世界记录遗产名录。KBS特别节目"寻找离散家属"是一片宣传战争导致的分裂惨况以及鼓舞人类之爱的记录物，其重要性得到了认可。韩国儒教册板是朝鲜时代持续500多年集体智慧的成果，它得到了很高的评价。2017年，朝鲜王室御宝和御册、朝鲜通讯使记录以及国债报偿运动记录物被列入为世界记录遗产目录。

"朝鲜王室御宝和御册"是专为朝鲜王室制作的王室御宝和关于册封的御册。御宝和御册为了纪念册封或赐职位等的仪式，授予了王和王妃。

"朝鲜通信使记录——从17世纪到19世纪韩日之间的建立和平、交流文化的历史"是指自1607年到1811年朝鲜应日本江户幕府邀请，十二次从韩国派遣到日本的外交使节内容。朝鲜通信使对因为壬辰倭乱导致的破裂两国关系，做出恢复并建立和平的贡献。

"国债报偿运动记录物"是展现了韩国民众为了偿还韩国政府向日本欠的债，并阻止成为日本的殖民地，从1907年到1910年间在全国各地展开的运动历史和全过程的记录物。

2023年，两个有关全国性群众革命的韩国文献记录-4·19革命记录和东学农民革命记录-被列入世界记忆文化遗产。4·19革命是发生在1960年4月19日，以学生运动为中心，对抗独裁政权的民主化运动。东学农民革命是农民和东学的信徒主导的，对朝鲜时代腐败的领导层以及外国势力的入侵进行抵制的武装抵抗运动。

일본어

韓国は18個のユネスコ記憶遺産を保有しています。1997年には、訓民正音と朝鮮王朝実録が登録されました。2001年には王の秘書が書いた日記である承政院日記と白雲和尚抄録仏祖直指心体要節の第2巻が世界記憶遺産として指定されました。仏祖直指心体要節は、世界初の金属活字です。2007年に朝鮮王朝の王室儀式である儀軌と高麗大蔵経板および諸経板が登録されました。東洋医学の原理が書かれている東医宝鑑は、2009年に世界遺産に指定されました。それは、朝鮮時代に許浚が書いた医学書です。日常の回顧録である日省録が2011年に登録されました。それは王の日常と国政に対する話が盛り込まれています。1980年の人権記録遺産5·18光州民主化運動記録物が2011年に登録されました。2013年には李舜臣将軍の戦争日記である乱中日記とセマウル運動(新しい地域社会づくり運動)の記録物が世界記憶遺産に指定されました。2015年にKBS特別生放送「離散家族を探します」の映像記録と「韓国の儒教冊版」がユネスコの世界記録遺産に登録されました。KBS特別生放送「離散家族を探します」は、戦争と分断の惨状を世界に発信し人類愛を訴えた生々しい記録として認められ、「韓国の儒教冊版」は朝鮮王朝500年間続いた集団的知性の成果としての価値を高く評価されました。

2017年には朝鮮王室の御宝と御冊、朝鮮通信使の記録と国債補償運動の記録がユネスコ記憶遺産に登録されました。

「朝鮮王室の御宝と御冊」は朝鮮王室のために製作された王室の御宝と冊封に対する集書です。御宝と御冊は官制の冊封か即位のような一世一代の行事や意識を記念するために王と后へ授与しました。

「朝鮮通信使の記録：17世紀〜19世紀の韓日の平和構築と文化交流の歴史」は日本の江戸幕府の招請により、1607年〜1811年までの間に、朝国から日本へ12回にかけて派遣された外交使節団に関する内容です。朝鮮通信使は壬辰倭乱で挫折した両国の外交関係を回復し、平和的な関係を構築するのに大いに寄与しました。

「国債補償運動の記録」は韓国の政府が日本から負った膨大な借金を返済して、国の植民地化を防ぐために1907年から1910年まで韓国の国民が国全域で展開した運動の歴史と全過程を示した記録です。

2023年に2件の全国的な民衆の革命に関する韓国の記録、四・一九革命の記録と東学農民革命の記録が世界記憶遺産に登録されました。四・一九革命は1960年4月19日に起き、独裁政権に抵抗した学生中心の民主化運動です。東学農民革命は朝鮮時代に腐敗した指導者と外勢の侵略に抵抗した農民と東学信徒が主導した武力抵抗運動です。

참고 유네스코와 유산(heritage.unesco.or.kr)
유엔교육과학문화기구(en.unesco.org)

백쌤의 TIP

조선통신사에서 '통신(通信)'이란 '신의를 나눈다'는 의미입니다. 조선통신사를 통한 교류는 신뢰를 기반으로 한 조선과 일본의 평화와 선린(善隣)우호를 상징한다고 할 수 있습니다.

임진왜란은 조선을 황폐하게 만들었지만 조선으로 출병하지 않았던 도쿠가와 이에야스는 사명대사 유정과의 교섭을 통해 조선과의 국교를 회복하였습니다. 이후, 도쿠가와 바쿠후는 조선통신사의 일본방문을 '쇼군(將軍) 일대의 의식'으로 매우 중요시하였습니다. 총 400명에서 500명에 이르는 조선통신사 사절단이 한양을 출발하여 일본의 수도인 에도까지 도착하는 데는 반년 이상이 소요되었습니다. 긴 여로의 곳곳에서 통신사는 일본의 많은 문인들과 필담을 나누고 노래와 술잔을 주고받았습니다. 조선통신사의 선단(船團)과 행렬은 일본의 민중들로부터 열광적인 환영을 받으며 일본 각 계층의 사람들에게 크나큰 영향을 끼쳤습니다.

참고 조선통신사 역사관 사이트(www.tongsinsa.com)

창덕궁과 비원에 대하여 이야기해 보시오.

➤ Tell me about Changdeokgung palace and the Secret Garden.
➤ 请讲述一下昌德宫和秘苑。
➤ 昌德宮と秘苑について話しなさい。

한국어

창덕궁은 한국 궁궐의 고유의 아름다움을 보여 줍니다. 그것은 산자락에 지어졌지만 그 지역 원래의 지형이 보존되었습니다. 건물은 자연에 순응하면서 숲속에 자리하고 있습니다. 나무, 언덕과 시내가 건물과 완벽하게 조화를 이루고 있습니다.

전체 궁궐의 60퍼센트 가량이 비원입니다. 그곳은 왕과 왕족들이 휴식을 취하는 장소였습니다. 활쏘기 대회나 연회도 그곳에서 열렸습니다. 경치 좋은 장소가 골짜기 속에 숨어 있기 때문에 방문객들은 골짜기 속으로 들어가야 그 장소들을 발견할 수 있습니다.

영 어

Changdeokgung shows the unique beauty of Korean palace. Even though it was built at the foot of a mountain, the original topography of the area was preserved. The buildings were placed in the forest conforming to nature. Trees, hills, valleys and streams are perfectly in harmony with buildings.

About 60% of the entire palace is the Secret Garden. It was a place for kings and royal family members to relax. Various outdoor activities like archery contests and banquets were also held there. Since the beautiful sites are hidden in the valley, visitors have to walk into the valley to find them.

중국어

昌德宫展示了韩国宫殿固有的独特美丽，它虽然建立在山脚，但该地区的地形已完好无损的被保存下来。建筑物顺应自然，建立在森林之中。树木，山丘，溪及建筑物完美融合成一体。

整个宫殿之中约60％是秘苑。秘苑是朝鲜国王和王族们休息的场所。在秘苑可以举行射箭锦标赛或晚宴。风景秀丽的地方躲藏在山谷之中，所以游客们需要步行进入山谷才能寻找景点。

昌德宮は韓国宮廷の固有の美しさを見せてくれます。それは山裾に建てられているのですが、その地域の元の地形をそのまま保存しています。建物は自然に順応しながら森の中に位置しています。木、丘と小川が建物と完全に調和を成しています。

全宮廷の60％ほどが秘苑です。そこは王と王族達が休息をとる場所でした。弓術大会や宴会もそこで開かれました。景色の良い場所が谷間の中に隠れているので、訪問客は谷間に歩いて入るとその場所を見つけることができます。

백쌤의 TIP

창덕궁의 정문 돈화문 안쪽에는 금천교가 있습니다. 이곳에는 남쪽으로 명당수가 흘렀는데, 임금을 알현하기 전이 곳을 지나며 몸과 마음을 깨끗하게 한다는 의미가 담겨 있습니다. 덕수궁과 경희궁에도 금천교가 있는데 창덕궁 금천교는 현존하는 궁궐 안 돌다리 중에서 가장 오래된 것으로 2012년 3월 보물로 지정되었습니다.

참고 문화재청 홈페이지(www.cha.go.kr)

경복궁과 창덕궁의 차이는 무엇인가?

> What are the differences between Gyeongbokgung palace and Changdeokgung palace?
> 请说明一下景福宫和昌德宫之间的区别是什么？
> 景福宮と昌徳宮の違いは何か？

한국어

첫째, 경복궁의 건물들은 중앙에 주된 축을 따라 대칭적으로 배열되어 있습니다. 그것은 정궁의 근엄함을 보여 주기 위한 것입니다. 반면, 창덕궁의 건물들은 주변 자연과의 조화를 고려하면서 비대칭으로 놓여 있습니다.

둘째, 경복궁은 역사적인 비극들을 겪으면서 많이 파괴된 반면 창덕궁은 잘 보존되어 있습니다. 임진왜란 후 경복궁은 폐허로 남겨졌지만 창덕궁은 궁궐들 가운데 가장 먼저 재건되었습니다. 그 후로 창덕궁은 270년 동안 정궁의 역할을 하였고 그 건축물들은 왕들의 교체와 함께 조금씩 발전되었습니다.

셋째, 창덕궁은 1997년에 유네스코 세계유산에 등재되었습니다. 창덕궁이 한국 궁궐의 자연적인 아름다움과 궁궐건축의 역사를 보여 주는 반면에 경복궁은 정궁으로서의 웅장한 규모와 위엄을 보여 줍니다. 유네스코는 창덕궁의 유일한 가치를 인정하고 세계문화유산으로 지정하였습니다.

영 어

First, the buildings in Gyeongbokgung are arranged symmetrically along a main axis in the middle. That is to show the dignity of the main palace. On the other hand, the buildings in Changdeokgung are layed out asymmetrically, considering the harmony with the surrounding nature.

Second, Gyeongbokgung was destroyed a lot by historical tragedies, whereas Changdeokgung was well preserved. After the Imjin war, Gyeongbokgung was left in ruins but Changdeokgung was rebuilt first among palaces. After that, Changdeokgung served as the main palace for 270 years and its structures were improved little by little along with the changes of kings.

Third, Changdeokgung was placed on the UNESCO World Heritage list in 1997. Changdeokgung shows the natural beauty of Korean palace and the history of palace architecture, whereas Gyeongbokgung shows the grand scale and dignity as the main palace. UNESCO has recognized the unique value of Changdeokgung and designated it as the World Heritage Site.

首先，景福宫的建筑物是以显示正宫的谨严威武为目的，沿中央轴线为主体中心对称布置。与持相反，昌德宫考虑到与周围的大自然和谐相处，非对称的布置了建筑物。

第二，景福宫经历史悲剧，被多次毁损而昌德宫保存得比较完整。经壬辰倭乱时期，景福宫的很多宫殿被焚毁，但昌德宫在宫殿中最早被重建。之后近270年，昌德宫一直作为正宫使用。随着国王的交替，昌德宫也随逐渐发展了起来。

第三，在1997年昌德宫被联合国教科文组织指定为世界遗产。昌德宫展现出韩国宫殿的自然风貌及宫殿建筑的历史，而景福宫作为正宫展现出雄伟富丽的规模及威严。联合国教科文组织认定昌德宫独有的价值并指定为世界文化遗产。

まず、景福宮の建物は中央の主な軸に従って対称的に配置されています。これは正宮の厳かさを示すためのものです。一方昌德宮の建物は、周囲の自然との調和を考慮しながら非対称に配置されています。

第二に、景福宮は歴史的悲劇を経ることにより何度も破壊されたのに対し、昌德宮はよく保存されています。壬辰倭乱の後、景福宮は廃墟として残されていましたが、昌德宮は宮廷の中で一番最初に再建されました。その後昌德宮は270年の間正宮の役割を果たし、建築物は王の交代と共に少しずつ発展しました。

第三に、昌德宮は1997年にユネスコ世界遺産に登録されました。昌德宮が韓国の宮廷の自然な美しさと宮廷建築の歴史を示す一方、景福宮は正宮としての壮大な規模と威厳を見せてくれます。ユネスコは昌德宮の独特な価値を認め、世界文化遺産として指定しました。

백쌤의 TIP

서양식 정원과 한국식 정원의 차이점을 알아봅시다. 한국식 정원은 최대한 자연에 순응하는 방식으로 정원을 조성합니다. 즉, 나무, 돌, 물의 흐름 등을 있는 그대로 보존하면서 빼어난 자연 경관 속에 절묘하게 정자를 얹어 놓은 듯 자연의 아름다움을 살리는 묘미가 있습니다.

반면 서양식 정원에서는 자연의 아름다움을 보존하기보다는 아름다움을 직접 만들어 내려고 합니다. 예를 들어 구한말 조선 덕수궁 석조전 앞에 조성된 서양식 정원을 보면 인공 분수대와 물개 조형물이 등장합니다. 분수대에서는 물이 아래에서 위로 솟구칩니다. 그것은 한국식 정원에서 시내와 계곡의 흐름을 그대로 보존하는 것과 대조됩니다. 배치를 보면 서양식은 조경수와 조형물들을 대칭으로 배치하고 한국식은 정자와 누각을 골짜기 사이사이에 비대칭으로 배치합니다.

조선 왕릉에 대해 이야기해 보시오.

➤ Tell me about Royal Tombs of the Joseon Dynasty.

➤ 请讲述一下朝鲜王陵。

➤ 朝鮮王陵について話しなさい。

한국어

조선왕조의 왕릉은 서울, 경기, 강원에 있는 18군데의 장소에 있습니다. 유교사상이 조선시대의 통치 이념이었기 때문에, 왕이 서거하면 그들을 위해 커다란 무덤이 만들어졌습니다. 그곳에서 조선의 500년 역사를 거쳐 제사가 치러져 왔습니다. 그렇게 함으로써 조선은 유교의 원리를 유지할 수 있었고 왕권을 강화할 수 있었습니다. 그 당시에 '풍수'는 건축에 대한 영향력 있는 사상이었습니다. 그것은 지형에 기초한 일종의 점술이지만 다소 철학적이고 과학적인 것입니다. 왕릉에 있는 무덤, 건축물, 석조물들은 풍수 사상을 반영합니다. 이것이 조선 왕릉이 독특한 아름다움을 가지고 있다고 여겨지는 이유입니다. 그리하여 조선 왕릉은 2009년 유네스코 세계문화유산에 등재되었습니다.

영 어

Royal Tombs of the Joseon Dynasty are located in 18 places in Seoul, Gyeonggi and Gangwon. Since Confucianism was the ruling ideology of the Joseon period, after the death of the kings, magnificent tombs were made for them. Ancestral rites have been held there throughout Joseon's 500 years of history. By doing so, Joseon could maintain the principles of Confucianism and strengthen the power of the king. At that time, 'Pungsu' was the influential idea for constructions. It is kind of a divination based on topography but it is more of philosophic and scientific. All tombs, architectures, and stone objects in Royal Tombs reflect 'Pungsu' idea. This is why royal tombs of the Joseon Dynasty is considered to have unique beauty. Thus, Royal Tombs of the Joseon Dynasty was added to the World Cultural Heritage list by UNESCO in 2009.

朝鲜王朝的王陵分别位于首尔、京畿、江原境内的18个地区。朝鲜以儒教思想为统治理念，因此国王逝世以后为他们修建大王陵。通过朝鲜的500年历史王陵祭礼在王陵进行了祭礼。从此朝鲜能够维持了儒教原理且强化了王权。当时'风水'对建筑具有相当的影响力。虽然它是基于地形的一种堪舆术(或占术)，但多少具有哲学性和科学性。王陵的墓、建筑、石雕等都反映了风水。这是朝鲜王陵具有独特魅力的一个理由。由此，在2009年朝鲜王陵被联合国教科文组织指定为世界文化遗产。

朝鮮王朝の王陵は、ソウル、京畿、江原の18ヶ所にあります。儒教思想が朝鮮時代の国家統治理念だったため、王が逝去すると、彼らのために大きな墓が作られました。そしてそこで朝鮮王朝500年の歴史を経て祭祀が行われました。そうすることによって、朝鮮は儒教の原則を維持することができ、王権を強化することができました。その当時「風水」は、建築における影響力のある思想でした。これは地形に基づいた一種の占いですが、多少哲学的で、科学的な部分もあります。王陵の墓、建築物、石造物は、その風水思想を反映しています。これが朝鮮王陵が独特な美しさを持っているとされる理由です。そのため朝鮮王陵は2009年にユネスコ世界文化遺産に登録されました。

종묘에 대해 설명해 보시오.

> Give the explanation of Jongmyo.
> 请对于宗庙进行一下说明。
> 宗廟について説明しなさい。

한국어

종묘는 조선왕조 왕실의 사당입니다. 유교사상에 따르면 사당은 죽은 사람의 영혼이 머무르는 곳이고 무덤은 육체가 머무르는 곳입니다. 종묘는 왕과 왕비들과 나라의 공신들의 영혼을 위한 특별한 사당입니다. 종묘에서 치러지는 제사, 종묘제례는 아주 중요한 국가행사였습니다.

신주들을 모시기 위하여 정전은 19칸으로 되어 있습니다. 그것은 태조 시대에 처음 지어졌고 수년간 확장기간을 거쳤습니다. 영녕전은 부차적인 사당으로 세종 시대에 처음 지어졌습니다. 나중에 칸 수가 늘어나서 그곳은 16개의 칸을 가진 사당이 되었습니다.

화려한 색깔과 장식을 피하여 장엄하고 엄숙한 분위기를 만들었습니다. 일렬로 늘어선 19칸의 구조물은 건축 역사에서 유일합니다. 그리하여 종묘는 1995년 유네스코 세계유산에 등재되었습니다.

영 어

Jongmyo is the Royal Ancestral Shrine of the Joseon Dynasty. According to Confucianism, the shrine is where the spirit of the dead stays and the grave is where the body stays. Jongmyo is the special shrine for the spirit of the kings, queens and contributors to the country. Jongmyo Jerye, the rite held in Jongmyo, was a really important national event.

The main hall consists of 19 cells to shrine the spirit tablets. It was first build in the era of King Taejo and went through the period of extension for many years. Yeongnyeongjeon was first built as a secondary shrine in the era of King Sejong. Later, the number of cells were increased and it has become the shrine of 16 cells. Loud colors and adornments were avoided to make a magnificent and solemn atmosphere. The structure of 19 cells aligned in a row is unique in the architectural history. Thus, Jongmyo was added to the World Heritage list by UNESCO in 1995.

PART
03

宗庙是朝鲜王朝王室的祠堂。根据儒教思想祠堂是去世人的灵魂栖息之所，而坟墓是肉体栖息之所。宗庙是供奉朝鲜王朝君主，王妃以及功臣的灵位的特殊祠堂。在宗庙举行的祭礼、宗庙祭礼是非常重要的国家仪式。

为供奉神主，正殿由19间来构成。正殿最初太祖时代所修建，并经过多年逐渐扩建。永宁殿作为辅助祠堂最初建于世宗时代。随后继续增建，到现在永宁殿共有16间。

宗庙避免了绚丽的色彩和装饰而显示出一个庄严、肃穆的气氛。19个神龛列成一排的宗庙在建筑历史上也是独一无二的。由此，1995年宗庙被联合国教科文组织指定为世界文化遗产。

宗廟は朝鮮王朝の王室の祠です。儒教思想によると、祠は死んだ人の魂が留まる所で墓は肉体が留まる場所です。宗廟は王と王妃、国の功臣たちの魂のための特別な祠堂です。宗廟で行われる祭祀、宗廟祭礼は非常に重要な国家行事でした。

神主を迎えるために、廟は19個の仕切りになっています。それは太祖の時代に初めて建てられ数年間拡張されました。永寧殿は二次的な祠として世宗の時代に建てられました。後に仕切りの数が増え、そこは16個の仕切りを持つ祠堂になりました。

派手な色や装飾を避け、荘厳で厳粛な雰囲気を作りました。一列に並んだ19個の仕切りの構造物は建築の歴史で唯一のものです。そのため宗廟は、1995年にユネスコ世界遺産に登録されました。

백쌤의 TIP

지금도 매년 5월에 종묘제례 의식이 열립니다. 조선시대부터 이어진 국가적 차원의 행사는 유교의 충효사상을 지키고 국가의 유대감을 강화하는 역할을 하였습니다. 종묘제례에는 종묘제례악이라는 음악과 춤이 동반되는데 의례절차, 음악, 제기들, 악기와 무용이 아주 잘 보존되어 내려옵니다. 500년 이상 지속된 종묘제례는 세계 어느 곳에서도 발견할 수 없는 귀중한 유산입니다. 종묘제례와 종묘제례악은 2001년 유네스코에 의해 '인류구전 및 무형유산걸작'으로 선정되어 세계무형유산에 등재되었습니다.

> 북촌과 서촌의 차이점을 설명해 보시오.

> ➤ Explain the differences between Bukchon and Seochon.
> ➤ 请说明一下北村与西村之间的差别。
> ➤ 北村と西村の違いを説明しなさい。

한국어

첫째, 조선시대에 북촌은 상류층의 마을이었으나 서촌은 중산층의 마을이었습니다. 북촌과 비교했을 때 서촌은 서민 주거지의 분위기를 가지고 있습니다. 예를 들어 서촌에는 서민들이 생계를 꾸리기 위해서 물건을 팔았던 시장이 있습니다.

둘째, 북촌의 한옥들은 한옥보존정책에 따라 말끔하게 개조되었습니다. 북촌에는 크고 고급스러운 한옥들이 보존되어 있는 반면에 서촌에는 오래된 한옥들이 벽돌집들과 함께 섞여 있습니다.

셋째, 북촌은 북촌 팔경이 개발되어 있습니다. 관광객들은 길을 따라 걸으면서 북촌에 있는 여덟 군데의 아름다운 곳을 방문할 수 있습니다. 반면에 서촌에는 복잡하고 좁은 골목들이 있습니다.

넷째, 북촌에는 많은 인간문화재와 장인들이 삽니다. 관광객들은 북촌에서 한국 전통 공예품을 만드는 것을 경험할 수 있습니다. 한편, 서촌은 예술과 문학의 본거지로 여겨지고 있습니다. 많은 재능 있는 문예가들이 그곳에 살았습니다. 조선시대에는 겸재 정선과 추사 김정희가 그곳에 살았습니다. 세종대왕은 서촌에서 태어났습니다. 윤동주, 서정주, 이상은 작품을 창작하면서 서촌에 머물렀습니다. 그들의 거처는 아직 남아있고 방문객들은 그 자취를 따라갈 수 있습니다.

영 어

First, in the Joseon Dynasty, Bukchon was the village of upper class people, but Seochon was the village of middle class people. Compared to Bukchon, Seochon has the atmosphere of common people's residence. For example, Seochon has an old market where common people used to sell products to make their living.

Second, hanoks in Bukchon was renovated neatly according to the hanok conservation policy. Large and classy hanoks are preserved in Bukchon whereas old hanoks are mixed with brick houses in Seochon.

Third, 8 View of Bukchon was developed in Bukchon. Travelers can visit 8 beautiful sites in Bukchon walking along the road. On the other hand, Seochon has complicated narrow lanes.

Fourth, a lot of human cultural assets and craftsmen live in Bukchon. Travelers can experience making Korean traditional crafts in Bukchon. On the other hand, Seochon is considered as the base for art and literature. A lot of talented literary men lived there. Gyeomjae Jeong Seon and Chusa Kim Jeong-hui lived there in the Joseon Dynasty. King Sejong was born in Seochon. Yun dong-ju, Seo Jeong-ju, Yi sang and Yi Jung-seop stayed there creating their works. Their residences still remain and visitors can follow their trace.

중국어

首先，在朝鲜时代北村属于上流层的村庄而西村属于中上层的村庄。与北村比较起来，西村更具有居民住居地的氛围。如西村具有居民们为了生计而卖东西的市场。

第二，北村的韩屋根据韩屋保存政策而改建的非常整齐。北村保存下来的韩屋比较大型豪华，而相反西村保存下来的韩屋比较古老，且与砖房混在一起。

第三，北村的八大景已被开发，游客们随着韩屋村道路，便可走路欣赏北村的八大美景。而西村的胡同比较狭窄且很复杂。

第四，北村住居着许多文艺才人和工匠。游客可以在韩国北村体验传统工艺。在另一方面，西村被认定为艺术和文学的故乡。很多有才华的文艺家在西村居住过。朝鲜时代谦斋-郑歆，秋史金正喜在此居住过，世宗大王诞生于西村。尹东柱、徐延柱、李箱居住在西村创作作品，那里保留着他们的故居，游客们依然可以看到他们生活过的印记。

일본어

まず、朝鮮時代の北村は上流階級の人が住む町であり、西村は中流階級の住む町でした。北村と比較したとき、西村は庶民の住居らしい雰囲気を持っています。例えば西村では庶民達が生活のために物を売り買いした市場があります。

第二に、北村の韓屋は、韓屋の保存政策に基づいてきれいに改装されました。北村には大きくて高級感のある韓屋が保存されている一方、西村は古い韓屋がレンガ造りの建物と一緒に混じっています。

第三に、北村は北村八景が開発されています。観光客は道に沿って歩きながら、北村にある八箇所の美しい場所を訪れることができます。一方西村は、複雑で狭い路地にあります。

第四に、北村には多くの人間文化財と職人達が住んでいます。観光客は北村で韓国の伝統工芸品を作る体験をすることができます。一方西村は、芸術と文学の本拠地とされています。多くの才能ある文芸家たちがそこに住んでいました。朝鮮時代には謙斎鄭歆と秋史金正喜がそこに住んでいました。世宗大王は西村で生まれました。尹東柱、徐廷柱、李箱は作品を創作しながら西村に留まりました。彼らの住まいはまだ残っていて訪問客はその跡をたどることができます。

안동에 있는 관광지를 소개해 보시오.

➤ Introduce tourist attractions in Andong area.

➤ 请介绍一下安东的旅游景点。

➤ 安東にある観光地を紹介しなさい。

한국어

하회 민속마을은 안동지역에서 가장 유명한 곳 중 하나입니다. 풍산 류씨의 자손들이 유교적인 전통을 지키면서 그곳에 살아왔습니다. 하회라는 이름은 '물이 돈다'는 뜻입니다. 그 이름처럼, S자 모양의 강이 하회마을 주변을 돕니다. 또한 산이 마을을 병풍처럼 감싸고 있습니다. 이 자연환경은 '배산임수'라고 불리는데 산을 뒤에 두고 물을 바라보는 명당자리입니다. 그것은 풍수 사상들 중의 하나입니다. 그 아름다운 경치와 잘 보존된 전통 때문에 하회마을은 2010년 유네스코 세계유산에 등재되었습니다.

안동하회 민속마을은 한국 전통 탈춤에서 사용되어 온 하회탈의 본거지입니다. 하회 별신굿은 가장 유명한 탈춤들 중 하나입니다. 관광객들은 안동 국제탈춤 페스티벌에서 다양한 전통 탈춤을 볼 수 있습니다.

도산서원 또한 안동에서 가 봐야 할 곳입니다. 그곳은 유학자들을 위한 교육기관이었습니다. 이황은 조선시대의 훌륭한 학자였습니다. 그의 제자들이 이황의 업적을 기리기 위해서 도산서원을 지었습니다.

PART
03

영 어

Hahoe Folk Village is one of the most famous place in Andong area. The descendants of Pungsan Ryu clan have lived there preserving their Confucian tradition. The name 'Hahoe' means 'water turns'. Like its name, S-shaped river turns around Hahoe village. Also, mountains surround the village like a folding screen. This natural surrounding is called 'Baesanimsu' — the best site which faces water with mountains in the back. It is one of the ideas of 'Pungsu'. Because of its beautiful scenery and well-preserved tradition, Hahoe village was placed on the UNESCO World Heritage List in 2010. The Andong Hahoe Folk Village is home to the Hahoe Masks which have been used in Korean traditional mask dances. Hahoe Pyeolshingut is one of the famous Mask Dances. Travelers can watch various traditional mask dances in Andong International Mask Dance Festival.

Dosan Seowon is also a must-visit in Andong. It was an educational institute for the Confucian scholars. Yi Whang was a great scholar of the Joseon Dynasty. His disciples built Dosan Seowon to commemorate his achievements.

중국어

河回民俗村是在安东地区最有名的地方之一。丰山柳氏的子孙一直维持着儒教传统并集中居住在此。'河回村'一名取之于'河回于此'之义。如其名字，呈S型的江环绕着河回村流过。此外，诸多山城包裹了村庄就像一个屏风。这样的自然环境称为'背山面水'–是背后靠山，面前是水的明堂。这是风水的理念之一。2010年河回村因其美丽的风景和完好保存下来的传统被联合国教科文组织列入世界遗产名录。

安东河回民俗村是韩国传统面具舞中使用的河回面具根据地。河回别神巫俗假面剧'是最有名的假面舞之一。游客们可以在安东国际假面舞节观赏各种传统假面舞。

陶山书院也是在安东必需去的一个地方。该地方是教授儒学并研修学问的教育机构。李滉是朝鲜时代的一个伟大学者。陶山书院是李滉的门徒为纪念李滉的学识及品德而牵头修建的儒学学校。

河回民俗村は安東地域で最も有名な場所のひとつです。豊山柳氏の子孫たちが儒教的な伝統を守りながらそこで暮してきました。河回という地名は「水が回る」という意味です。その名の通り、S字状の川が河回村の周りを流れています。また、山が村を屏風のように取り囲んでいます。この自然環境は「背山臨水」と呼ばれ、山を後ろに水を眺める優れた場所です。これは風水思想の一つです。その美しい景色とよく保存された伝統のために河回村は2010年にユネスコ世界遺産に登録されました。

安東河回民俗村は韓国の伝統仮面劇で使用されてきた仮面の本拠地です。河回別神祭祀は、最も有名な仮面舞踊の一つです。観光客は安東国際仮面舞踊フェスティバルで、さまざまな伝統的仮面舞踊を見ることができます。

陶山書院も安東では見逃せない場所です。そこは儒学者たちのための教育機関でした。李滉は朝鮮時代の偉大な学者でした。彼の弟子たちが李滉の業績を称えるために陶山書院を建てました。

백쌤의 TIP

국보인 하회탈은 우리나라에 현존하는 가장 오래된 탈놀이 가면으로 고려 중기에 탄생한 것으로 추정됩니다. 바가지나 종이로 만든 탈에 비해 하회탈은 오리나무를 깎고 그 위에 여러 번 옻칠을 해서 만들었으며 다루는 법과 보존하는 규율이 엄격했습니다. 현재 하회탈은 안동시 하회마을에서 이어지고 있으며 하회별신굿탈놀이에 사용됩니다.

참고 안동하회마을 홈페이지(www.hahoe.or.kr)

양동마을의 특징을 설명하시오.

> Explain the characteristics of Yangdong village.
> 请说明一下良洞村的特点。
> 良洞村の特徴を説明しなさい。

한국어

양동마을은 경주 북쪽에 위치하고 있습니다. 양동마을은 한국의 전통 민속마을 중에서 가장 큽니다. 그곳에 두 문중의 후손들이 500년의 유교 문화와 역사를 보존하면서 살고 있습니다. 그들은 경주 손씨와 여강 이씨입니다. 조선시대에 그 두 문중은 서로 경쟁하며 인재를 배출했습니다.

양동마을의 자연환경은 '배산임수'를 따르는데 산을 뒤에 두고 물을 바라보는 명당자리입니다. 그것은 풍수 사상들 중의 하나입니다. 문화유산, 국보와 민속자료들도 많이 보유하고 있습니다. 영국의 찰스 황태자가 1992년에 그 마을을 방문해서 마을은 더 유명해졌습니다. 양동마을은 2010년 유네스코 세계유산에 등재되었습니다.

영 어

Yangdong village is located in the north Gyeongju. Yangdong village is the largest among traditional folk villages in Korea. There have lived the descendants of 2 clans preserving the 500 years of Confucian culture and history. They are Son clan of Gyeongju and Yi clan of Yeogang. In the Joseon period, those 2 clans produced talented people, competing with each other.

The natural surroundings of Yangdong village follows 'Baesanimsu', the best site which faces water with mountains in the back. It is one of the ideas of 'Pungsu'. It also has a lot of cultural heritages, national treasures and folk materials. Charles, Prince of Wales, visited the village in 1992, which made the village more famous. Yangdong village was placed on the World Heritage List by UNESCO in 2010.

良洞村位于庆州北部，是在韩国规模最大的传统民俗村。两大宗氏的后代保留着500余年的儒教文化和历史繁衍生息于此。他们分别为庆州孙氏和骊江李氏。在朝鲜时代，两个家族相互竞争着培出了人才。

良洞村的自然环境根据‘背山面水’，是背后靠山，面前是水的明堂。这是风水的理念之一。良洞村持有大量的文化遗产、国宝和民俗材料。在1992年，英国的查尔斯王子参观此镇而更闻名。良洞村在2010年被联合国教科文组织列入世界遗产名录。

良洞村は、慶州の北に位置しています。良洞村は韓国の伝統民俗村の中で最も大きい場所です。そこには二つの氏族の子孫が500年の儒教文化と歴史を維持しながら暮しています。彼らは慶州孫氏と驪江李氏です。朝鮮時代、この両氏族は互いに競争して人材を輩出していました。

良洞村の自然環境は「背山臨水」であり、山を後ろに水を眺めています。それは風水思想の一つです。文化遺産、国宝や民俗資料もたくさん保有しています。英国のチャールズ皇太子が1992年にその町を訪問した事から村はますます有名になりました。良洞村は2010年にユネスコ世界遺産に登録されました。

PART
03

안압지에 대해 설명해 보시오.

➤ Give the explanation of Anapji pond.
➤ 请对于雁鸭池讲述一下。
➤ 雁鴨池について説明しなさい。

한국어

안압지는 경주 국립공원에 있는 인공호수입니다. 삼국사기의 기록에 따르면 안압지는 신라시대에 문무왕에 의해 지어졌습니다. 신라 사람들은 아름다운 정원을 만들기 위해서 많은 노력을 하였습니다. 그들은 작은 산을 만들고 꽃을 심고 보기 드문 새와 짐승들을 거기에 키웠습니다. 그리하여 안압지는 궁궐 안에 있는 이국적인 정원의 중심이 되었습니다.

1975년에 2년에 걸친 발굴 작업이 시작되었습니다. 연못의 물을 빼내고 인부들은 많은 보물과 유물들을 발견하였습니다. 그들은 또한 물 아래 있었던 커다란 구형의 물체 3개를 발견하였는데 그것은 연못 안에 3개의 섬이 있었다는 것을 증명했습니다. 연구 결과들과 역사기록들을 바탕으로 안압지는 복원되었고 한국에서 가장 아름다운 관광지들 중 하나가 되었습니다.

영 어

Anapji is an artificial pond in Gyeongju National Park. According to the record in Samguk Sagi, Anapji pond was built by King Munmu during the Silla period. The Silla people made every effort to make a beautiful garden. They made small mountains, planted flowers and raised rare birds and animals there. Thus, Anapji pond became the center of exotic garden inside the palace.

2 years of excavation project was started in 1975. The pond was drained and workers found a lot of treasures and relics. They also found 3 large spherical objects that had been underwater, which proved that there had been 3 islands in the pond. Based on the findings and historical records, Anapji Pond has been restored and has become one of the most beautiful tourist sites in Korea.

중국어

雁鸭池是位于庆州国立公园的人工湖。据三国史记记载，雁鸭池是新罗时代被文武王所修建的。新罗时代的人们为修建一个美丽的花园付出了很多努力，他们叠石为山，栽植花草，蓄养珍禽奇兽，通过这样的努力雁鸭池成为了宫中异国情调花园的中心。

从1975年起，经过两年的挖掘工作，完全除去池塘的水后人夫们发现了许多珍品和文物。他们还在池底下发现了三个球形物体，这证明了池塘里面有三个小岛。基于这项研究结果和历史记录雁鸭池已被恢复，并成为韩国最美丽的旅游景点之一。

일본어

雁鴨池は慶州国立公園にある人工湖です。三国史記の記録によると、雁鴨池は新羅時代に文武王によって建てられました。新羅の人々は美しい庭園を作るために多大な努力をしました。彼らは小さな山を作り、花を植え珍しい鳥や獣をそこで育てました。そのため雁鴨池は宮廷の中にある異国的な庭園の中心となりました。

1975年に2年にわたる発掘作業が始まりました。池の水を抜いた場所から人夫達は多くの宝や遺物を発見しました。また、水の下にあった大きな球形の物体を3つ発見しましたが、それは池の中に3つの島があったことを証明しました。研究の結果と歴史上の記録をもとに雁鴨池は復元され、韓国で最も美しい観光地の一つとなりました。

백쌤의 TIP

현재 안압지의 공식 명칭은 '경주 동궁과 월지'(사적)입니다.

석굴암과 그 과학적 원리에 대해 설명하시오.

➤ Give the explanation of Seokguram Grotto and its scientific principles.
➤ 请说明一下石窟庵及其科学原理。
➤ 石窟庵とその科学的原理について説明しなさい。

한국어

석굴암은 신라시대의 발전한 문화와 과학을 보여 줍니다. 또한 그것은 신라 사람들의 종교적인 열정의 산물입니다. 석굴암은 세계에서 유일한 인공 석굴입니다. 거친 화강암을 아름다운 석굴과 자애로운 불상으로 조각하는 데 40년이 걸렸습니다. 석굴암은 불국사와 함께 1995년에 유네스코 세계유산에 등재되었습니다. 석굴암에는 과학적인 면들이 많이 있습니다.

첫째, 석굴암은 자연적인 방식으로 온도와 습도가 조절되도록 하였습니다. 바닥에 만들어진 샘이 공기 중의 이슬을 모아 불상은 습기와 이끼로부터 안전할 수 있었습니다. 석굴의 통풍을 위해 지붕은 많은 자연석과 흙으로 뒤덮였습니다. 불행히도 샘은 일본인에 의해 파괴되었습니다. 둘째, 사각 돌덩어리들만 가지고 거대한 돔 모양의 천장이 튼튼하고 견고하게 만들어졌습니다. 천장에 있는 돌덩어리들 사이에 쐐기돌을 끼워 넣음으로써 돌들은 단단하게 고정될 수 있었습니다.

영 어

Seokguram Grotto reflects the developed culture of the Silla Kingdom. Also, it is the fruit of religious passion of the Silla people. Seokguram is the only artificial grotto in the world. It took about 40 years to carve the rough granite into the beautiful grotto and benevolent Buddha statue. Seokguram Grotto was added to the UNESCO World Heritage List together with Bulguksa Temple in 1995. There are a lot of scientific aspects in Seokguram.

First, the temperature and humidity in Seokguram Grotto were intended to be controlled in a natural way. A spring created in the floor gathered dew in the air and the Buddha statue was safe from humidity and moss. For the ventilation of the grotto, the roof was covered with a lot of natural stones and soil. Unfortunately the spring was destroyed by Japanese.

Second, the grand domed ceiling was made strong and stable only with square stone blocks. By inserting stone wedges between stone blocks in the ceiling, the stones could be fixed firmly.

중국어

石窟庵体现了新罗时代的优秀文化和科学，也是新罗人对宗教有热情的产物。它是世界上唯一的人造石窟。新罗人足足花了40年把坚固的花岗岩雕刻为美丽的石窟和一个仁慈的佛像。1995年石窟庵与佛国寺一同被列入联合国世界遗产名录。石窟庵拥有许多科学的一面。

首先，石窟庵通过天然方式控制温度和湿度。地上的源泉把空中的露珠聚集吸收起来使佛像从湿气和苔藓之中安全地保护下来。为了石窟的良好地通风，屋顶上覆盖着许多天然石和泥土。不幸的是，源泉已被日本人遭到了破坏。

其次，只使用方形石块就创造了坚固结实的巨大的圆顶形天花板。在天花板上的石块之间镶嵌了楔石使天花板上的石块更加牢牢地被固定拧紧。

일본어

石窟庵は新羅時代の発展した文化と科学を見せてくれます。またそれは、新羅の人々の宗教的情熱の産物です。石窟庵は世界で唯一の人工石窟です。きめの粗い花崗岩から美しい石窟と慈愛に満ちた仏像を彫りあげるのに40年かかりました。石窟庵は仏国寺と共に1995年にユネスコ世界遺産に登録されました。石窟庵には科学的な面もたくさんあります。

まず、石窟庵は自然な方法で温度と湿度が調節されるようになっています。床の上に作られた泉は空気中の露を集め、仏像を湿気やコケから守ります。石窟の換気のために屋根は多くの自然石と土で覆われています。残念ながら泉は日本人によって破壊されてしまいました。

第二に、正方形の石の塊だけを使って、巨大なドーム状の天井が丈夫で頑丈に作られています。天井の石の塊の間にくさび石を打ち込む事によって石は堅く固定されています。

PART
03

백쌤의 TIP

고려시대에 만들어진 우리나라 유네스코 세계기록유산인 팔만대장경은 700년이 넘게 원형의 모습을 그대로 유지하고 있습니다. 그 비밀은 자연적으로 온도와 습도를 조절하는 통풍 장치에 있습니다. 판전을 보관하는 수다라장은 바람이 잘 통하는 일자형 목조건물입니다. 판전 벽의 살창은 위 창은 작게 아래 창은 크게 설계되어 있습니다. 이는 습하고 무거운 공기가 아래 창으로 원활하게 빠져나가게 하기 위해 고안한 과학적인 장치입니다.

석가탑과 다보탑을 비교해 보시오.

> Compare Seokgatap pagoda with Dabotap pagoda.
> 请比较一下释迦塔与多宝塔。
> 釈迦塔と多宝塔を比較しなさい。

한국어　석가탑과 다보탑은 신라시대 예술의 정수로 여겨집니다. 석가탑은 단순하고 기본적인 디자인을 가진 대표적이고 일반적인 유형의 석탑인 반면에 다보탑은 섬세한 구조와 장식을 가진 특별한 유형의 탑입니다.

석가탑의 아름다움은 완벽한 균형에서 옵니다. 삼층 석탑은 균형감과 안정감을 만들어 냅니다. 한편, 다보탑의 아름다움은 다양한 모양의 돌들과 세련된 장식에서 옵니다. 돌을 자유자재로 다루었고 틀에 얽매이지 않은 모양으로 조각하였습니다. 그것은 네 개의 돌계단, 서쪽을 바라보는 사자(원래 네 마리 사자인데 지금은 한 마리)와 돌로 된 난간들이 있습니다. 신라 사람들은 이 대조적인 탑을 같은 장소에 두었는데 그것은 신라의 예술적인 우수함을 보여 줍니다.

영 어　Seokgatap and Dabotap pagodas are considered as the essence of the art of the Silla period. Seokgatap pagoda is a representative general-type pagoda with a simple and basic design, whereas Dabotap pagoda is a special-type pagoda with delicate structures and decorations.

The beauty of Seokgatap pagoda comes from the perfect symmetry. The three-story pagoda creates the sense of balance and stability. On the other hand, the beauty of Dabotap pagoda comes from various shapes of stones and refined decorations. Stones were handled skillfully and carved into an unconventional shape. It contains 4 stone staircases, a lion facing west(originally four lions, now one) and stone rails. The Silla people put these contrasting pagodas in the same place, which shows the artistic excellence of the Silla Kingdom.

釋迦塔和多宝塔是新罗时代的艺术精髓。釋迦塔是简洁、具有基本设计的代表性普通类型的塔，而多宝塔是具有细致精湛的结构和装饰的特殊类型的塔。

释迦塔的美感来自于完美的均衡。三层石塔展现出完美的均衡感和稳定感。而多宝塔的美感来自于各种形状的石头和精湛的装饰。工匠们自由自在的不拘不束的对石头进行了雕刻，它由四个石阶和望着西边的狮子(原来是四只狮子，但现在只有一只)和石栏杆构成。新罗人把这具有鲜明对比的两个塔安置在同一个场所，这展现了新罗的杰出的艺术感。

釈迦塔と多宝塔は、新羅時代の芸術の真髄とされます。釈迦塔は単純で基本的なデザインを持つ代表的で一般的なタイプの石塔である一方、多宝塔は繊細な構造と装飾を持つ特殊なタイプの塔です。

釈迦塔の美しさは完璧なバランスから見ることができます。三層石塔はバランス感と安定感を生み出します。一方多宝塔の美しさは様々な形の石と洗練された装飾から見ることができます。石を自由自在に扱い、型にはまらない形に彫刻しました。多宝塔は4つの石段、西を眺めるライオン(元は四匹のライオンだったが今では一匹)と石でできた手すりを持っています。新羅の人々は、この対照的な塔を同じ場所に置き、新羅の芸術的な優秀さを見せ付けています。

PART
03

백쌤의 TIP

석가탑과 다보탑은 불국사 대웅전 앞에 마주보고 서 있습니다. 다보탑은 동쪽에, 석가탑은 서쪽에 있습니다. 이 두 탑은 법화경의 내용을 형상화한 것입니다. 불경 속에서 과거의 부처인 다보부처는 현세의 부처 석가모니에게 나타나 부처님 말씀이 옳다는 것을 증명합니다. 다보부처는 다보석탑 안에 가부좌를 틀고 앉아 석가모니에게 들어와 앉기를 청하는데 이 불경의 내용을 형상화한 것이 다보탑과 석가탑입니다. 불국사 석굴암을 비롯한 이 모든 걸작들이 불교를 향한 신라인들의 열정과 예술적 감각에서 나왔다는 사실이 놀랍습니다.

첨성대에 대해 이야기해 보시오.

➤ Tell me about Cheomseongdae.

➤ 请讲述一下瞻星台。

➤ 瞻星台について話しなさい。

한국어

첨성대는 경주의 천문학 관측소입니다. 선덕여왕 시대에 만들어졌습니다. 그것은 동양에서 현존하는 가장 오래된 관측소이며 국보로 지정되었습니다. 첨성대는 천문학 관측과 점성술을 위해 사용되었을 것으로 추정됩니다.

첨성대는 한국어로 '하늘을 바라보는 탑'을 의미합니다. 첨성대는 안에 빈 공간이 있는 원통 모양으로 지어졌습니다. 탑은 362개의 화강암으로 만들어졌는데 그것은 음력에서의 일 년인 362일을 나타냅니다. 탑의 가운데에는 창문이 있습니다. 창문 아래로 12층의 돌이 있고 창문 위로 12층의 돌이 있습니다. 바닥에는 12개의 밑돌이 사각형으로 놓여 있습니다. 이 12세트들은 일 년의 12달을 의미합니다.

첨성대가 만들어진 후 천문학의 기록들이 늘어났고 더 정확해졌습니다. 첨성대는 신라왕국의 발달한 과학을 보여 줍니다.

영 어

Cheomseongdae is an astronomical observatory in Gyeongju. It was built in the era of Queen Seonduk. It is the oldest existing observatory in the east and was designated as the national treasure. It is estimated that it was used for astronomical observation and astrology.

Cheomseongdae means 'Star Gazing Tower' in Korean. Cheomseongdae was built in a cylinder shape with the empty space inside. The tower was made of 362 granite blocks, which represent the 362 days in a lunar year. There is a window in the middle of the tower. 12 stone layers are below the window level and 12 are above. On the bottom, 12 base stones are placed in a square shape. Those 12 sets represent the 12 months of the year.

After the construction of Cheomseongdae, the astronomical records were increased and became more precise. Cheomseongdae reflects the developed science of the Silla Kingdom.

瞻星台是庆州的天文观测所，在善德女王时代被修建。它是在东洋现存的观测所中历史最悠久的一个，已被指定为国宝，瞻星台是专为观测天文学和占卜术而使用。

瞻星台用韩语意味着"望着天空的塔"。瞻星台里面是以空心的圆筒模样修建的，且一共用了362花岗岩来修建，这362表示的是农历中一年的362天。塔中间有窗，窗上下各有12层石头，底部由12个石头以四角形形状分布，这12表示一年的12个月。

自从瞻星台修建以后，使天文学的记录逐渐增加、更精确。瞻星台展现了新罗王国先进的科学。

瞻星台は、慶州の天文学観測所です。善徳女王の時代に作られました。それは東洋に現存する最古の天文台であり、国宝に指定されています。瞻星台は天文学の観測と占星術のために使用されたと思われます。

瞻星台は韓国語で「空を眺める塔」を意味します。瞻星台は中が空洞になっている円筒状に作られています。塔は362個の花崗岩で作られていて、それは旧暦の一年である362日を表しています。塔には窓があります。窓の下に12段の石があり、窓の上に12段の石があります。床には、12個の礎石が正方形に置かれています。この12セットは、一年の12ヶ月を意味します。

瞻星台が作られた後天文学の記録が増え、より正確になりました。瞻星台は新羅王国の発達した科学を見せてくれています。

국보와 보물의 차이점은 무엇인가?

➤ What is the difference between treasure and national treasure?

➤ 国宝和宝物之间的区别是什么？

➤ 国宝と宝物の違いは何か？

한국어

보물과 국보의 차이점은 그 가치에 매긴 등급에 있습니다. 중요한 유형문화유산은 보물로 지정됩니다. 만일 그 보물이 유일무이하고 충분히 가치가 있으면, 국보로 지정됩니다.

보물이 국보가 되기 위해서는 몇몇 기준들을 충족해야 합니다. 국보는 역사적, 예술적, 혹은 학술적인 가치를 지니고 있어야 합니다. 또한 아주 오래된 연대의 것이거나 그 시대를 대표하는 것이어야 합니다. 이 외에 디자인과 기술의 훌륭함과 희소성, 저명한 인물과의 연관성 등에 따라 국보가 지정됩니다.

그동안 문화유산 지정번호가 문화유산의 가치를 의미한다는 오해가 다소 있어 왔습니다. 문화유산 번호들은 일제강점기 때 조선총독부가 붙인 것입니다. 새로운 문화유산법 시행에 따라 문화유산의 지정번호를 이제 모두 삭제하게 됐습니다.

영 어

The difference between treasure and national treasure lies in their rate of value. The important tangible cultural heritage is designated as a treasure. If the treasure is unique and valuable enough, it is designated as national treasure.

A treasure should meet some standards to become a national treasure. A national treasure is supposed to have historical, artistic or academic value. Also, it should be of very ancient date or it should be the representative of the time. In addition, it is designated according to the excellence and rareness of the design and technology, connection with a notable figure and so on.

There has been some misunderstanding that the designation numbers of cultural properties represent the value of the cultural properties. The numbers were attached by the Japanese Government-General of Korea during the Japanese occupation period. According to the implement of new Cultural Properties Protection Law, now all the designation numbers have got to be deleted.

宝物和国宝的区别在于其价值等级。重要的物质文化遗产称为宝物，假如此宝物独一无二且具有充分的价值则被誉为国宝。

宝物想要成为国宝，必须满足一些标准。国宝应该具有历史、艺术或学术方面的价值。国宝应该有着悠久的历史，或者是它所在时代的象征。此外认定国宝时也会参考设计和技术是否优秀或稀缺，是否跟著名人物具有关联性等。

一直以来，人们多少有些误会，认为文化遗产的编号代表着这个文化遗产的价值。其实文化遗产的编号是日本殖民统治时期朝鲜总督府所赋予的。随着新的《文化遗产法》的实施，文化遗产的编号现已被全部删除。

宝物と国宝の違いはその価値をつけたグレードにあります。大事な有形文化遺産は宝物と指定されます。もしその宝物が唯一無二で価値が十分にあれば、国宝に指定されます。

宝物が国宝になるためにはいくつかの基準を満たす必要があります。国宝は歴史的、芸術的、または学術的な価値を持っていなければなりません。また、非常に古い年代のものであるか、その時代を代表するものでなければなりません。このほかにデザインと技術の素晴らしさと希少性、著名な人との関連性などによって国宝が指定されます。

これまでは文化遺産の指定番号が文化遺産の価値を意味するという誤解が多少ありました。文化遺産の番号は日帝強占期の時、朝鮮総督府がつけたものです。新しい文化遺産法の施行により、文化遺産の指定番号をもう全て削除することになりました。

국보와 보물을 세 가지씩 설명하시오.

> Explain three national treasures and three treasures.
> 请分别介绍3个国宝和3个宝物。
> 国宝と宝物を三つずつ説明してください。

한국어　먼저 한국의 국보를 말하겠습니다. 숭례문은 조선시대에 도성을 둘러싸고 있었던 성곽의 정문입니다. 서울 도성의 사대문 중에 남쪽에 있기 때문에 남대문이라고도 불립니다. 숭례문은 현존하는 성문 건물로는 우리나라에서 가장 규모가 크지만 2008년 화재로 인하여 전소됐습니다. 그 후 5년 3개월에 걸친 복구 작업 끝에 다시 개방되었습니다.

원각사지 십층석탑은 조선시대에 대리석으로 만들어졌는데 디자인과 장식이 특출해서 동시대 석탑들 중에 최우수로 손꼽힙니다. 서울특별시 종로구 원각사 터에 있습니다. 제가 마지막으로 언급하고자 하는 국보는 북한산 신라 진흥왕 순수비입니다. 그것은 진흥왕의 확장한 영토 시찰을 경축하기 위해 새로운 국경인 한강 유역에 세워진 비석입니다.

이제 한국의 보물을 말하겠습니다. 흥인지문은 조선시대 한양도성의 동쪽 문으로 동대문(東大門)이라고도 불립니다. 옛 보신각 동종은 조선시대에 사대문을 여닫는 것을 알리기 위해 타종됐습니다. 현대에는 새해 전날 자정에 제야의 종으로 타종됐습니다. 그 종은 현재 국립중앙박물관에 보관돼 있습니다. 마지막으로 서울 원각사지 대원각사비가 있습니다. 그것은 조선전기에 건립된 원각사의 창건 내력이 적힌 사적비입니다. 그것은 서울특별시 종로구 탑골공원에 있습니다.

영 어　Let me begin with Korean national treasures. Sungnyemun gate is the main gate of the fortress wall that surrounded the capital city in the Joseon period. Located in the south among the four Sadaemun gates, it is also called Namdaemun. Sungnyemun is the biggest among the current fortress gates in Korea but it was burnt up in the fire in 2008. After the restoration of 5 years and 3 months, it reopened.

Ten-story Stone Pagoda at Wongaksa Temple Site was made with marble in Joseon period and is considered the best among contemporary pagodas for its outstanding design and decorations. It lies in Jongno-gu Wongaksa Temple Site. The last national treasure I want to mention is Monument on Bukhansan Mountain Commemorating the Border Inspection by King Jinheung of Silla. It is the stone monument that was set up to celebrate King Jinheung's inspection to the Han River Valley, the new border of expanded territory.

Now I will tell you Korean treasures. Heunginjimun gate is the east gate of Hanyang fortress in the Joseon period, so it's also called Dongdaemun gate. Bronze Bell of old Bosingak Tower was hit to announce opening and closing of the Sadaemun gate. In modern times, it was hit at midnight on new year's eve as the Watch-Night bell. The bell is kept in the Central National Museum at present. The last treasure I want to mention is Stele for the Construction of Daewongaksa Temple at Wongaksa Temple Site. It is a memorial stone where the historical background on the construction of the Wongaksa Temple was inscribed.

중국어

首先介绍一下韩国的国宝。崇礼门是朝鲜时期围绕着都城的城郭的正门。它是首尔都城四大门之一，因为其位于南侧，也被称为南大门。崇礼门是韩国现存的城门建筑中规模最大的，但在2008年因为火灾被全部烧毁。之后经过5年零3个月的恢复重建，得以重新开放。

圆觉寺址十层石塔位于首尔特别市钟路区圆觉寺旧址。于朝鲜时期用大理石建造而成，其设计和装饰十分出众，在同时代的石塔建筑中首屈一指。

我要介绍的最后一个国宝是北汉山新罗真兴王巡狩碑，它是为庆祝真兴王对扩张的领土进行视察，在汉江流域，也就是新的国境处所立的石碑。

接下来介绍一下韩国的宝物。兴仁之门是朝鲜时代汉阳都城的东门，也被称为东大门。普信阁的铜钟现存于韩国国立中央博物馆，在朝鲜时代它是为了告知四大门的开关而敲响，现在则是在新年前一天的子时，作为除夕的钟声而敲响。最后一个是首尔圆觉寺的大圆觉寺碑。它位于首尔特别市中路区的塔谷公园，是一座史迹碑，记录了朝鲜前期所建立的圆觉寺的创建历程。

まず、韓国の国宝について説明します。崇礼門は朝鮮時代に都城を囲んでいた城郭の正門です。ソウル都城の四大門の中で南にあるため、南大門とも呼ばれます。崇礼門は現存する城門の建物としては韓国で最も規模が大きいが、2008年の火事により全焼されました。その後、5年3ヶ月にわたる回復作業の末に再び公開されました。

円覚寺址十層石塔は朝鮮時代に大理石で作られましたが、デザインと装飾が特出して、同時代の石塔の中で最優秀に数えられています。ソウル特別市鍾路区円覚寺の敷地にあります。

私が最後に説明したい国宝は北漢山新羅真興王巡狩碑です。これは真興王が拡張した領土を視察することを祝うために新しい国境である漢江流域に建てた碑石です。

さて、韓国の宝物について説明します。興仁之門は朝鮮時代の漢陽都城の東門で、東大門とも呼ばれます。昔の普信閣銅鐘は朝鮮時代に四大門を開閉することを知らせるために撞きました。現代には大晦日の深夜12時に除夜の鐘で鳴りました。現在、その鐘は国立中央博物館に保管されています。最後に、ソウルの円覚寺址大円覚寺碑があります。これは朝鮮前期に建てられた円覚寺の創建以来の歴史が書かれた史跡碑です。これはソウル特別市鍾路区のタプコル公園にあります。

참고 대한민국 구석구석(korean.visitkorea.or.kr)
문화재청(www.cha.go.kr)

백쌤의 TIP

조선시대에는 새벽 4시께 보신각종을 33번 쳐서 성문을 여는 것을 알렸습니다. 그것이 새해맞이 의미로 바뀌어서 새해전야 자정에 33번 타종하는 '제야의 종'이 되었습니다. 조선시대 대표적인 종이었던 보신각종은 국립중앙박물관에 보관되어 있습니다. 그리고 현재 보신각에 걸려 있는 종은 에밀레종을 본떠 만든 것입니다.

국가유산청이 모든 국보·보물·사적·천연기념물 등 국가지정·등록유산 앞에 숫자를 붙이지 않는 문화유산법을 시행함에 따라 '국보 1호 서울 숭례문'은 '국보 서울 숭례문'으로 '보물 1호 서울 흥인지문'은 '보물 서울 흥인지문'으로 표기가 바뀌게 되었습니다. 국가지정유산은 1962년 공포된 문화재보호법에 따라 지정된 순서에 따라 번호가 부여됐습니다. 그러나 번호가 국가유산이 지닌 가치 순으로 오인돼 국가유산 서열화 논란이 있었고, 이에 국가유산청은 지정번호를 삭제하기로 한 것입니다.

동대문과 남대문의 역사와 차이점을 설명하시오.

➤ Explain the history of Dongdaemun Gate and Namdaemun Gate and their differences.
➤ 请说明一下东大门与南大门的历史和差别。
➤ 東大門と南大門の歴史と違いを説明しなさい。

한국어

동대문은 한국의 보물이고 남대문은 한국의 국보입니다.

동대문의 원래 이름은 흥인지문입니다. 그 이름은 유교가치 '인(仁)' 사상에 근거를 두고 있는데 그것은 자비로움을 뜻합니다. 태조에 의해 처음 축조되었고 그것은 한양을 둘러싼 벽에 있는 동쪽의 주요 대문 역할을 했습니다. 단종에 의해 개조되었고 현재의 구조는 고종 시대에 다시 지어진 것입니다. 오늘날 동대문 주변은 동대문 시장으로 알려져 있습니다. 쇼핑몰과 지하상가들이 많이 있습니다.

남대문의 원래 이름은 숭례문입니다. 그 이름은 유교가치관 '예(禮)' 사상에 근거를 두고 있는데 그것은 예의범절을 뜻합니다. 숭례문은 남쪽의 대문이었고 한양으로 들어오는 주요 대문 역할을 하였습니다. 태조 시대에 축조되어서 세종 시대에 다시 지어졌습니다.

2008년 화재 전에는 남대문이 서울에서 가장 오래된 목조건물이었습니다. 복구는 2013년에 끝났지만 허점들이 있었습니다. 현재는 단청과 지붕 기와를 중심으로 다시 복원 중에 있습니다. 남대문 시장은 대표적인 한국 전통시장입니다. 관광객들은 다양한 한국 물건들을 저렴한 가격에 살 수 있습니다.

Dongdaemun Gate is Korea's treasure and Namdaemun Gate is Korea's national treasure.

The original name of Dongdaemun is Heunginjimun. The name is based on the Confucian value, 'In', which means benevolence. It was first built by King Taejo and served as the major eastern gate in the wall surrounding Hanyang. It was renovated by King Danjong and the current structure is the one rebuilt in the era of King Gojong. Today, the area around Dongdaemun is known as Dongdaemun Market. There are a lot of shopping malls and underground shops.

The original name of Namdaemun is Sungnyemun. The name is based on the Confucian value, 'Ye', which means propriety. Sungnyemun was the southern gate and served as the main gate to Hanyang. It was first built in the era of King Taejo and rebuilt in the era of King Sejong.

Before the 2008 fire, Namdaemun had been the oldest wooden structure in Seoul. The restoration was finished in 2013, but it had some faults. It is currently being restored again focusing on Dancheong and roof tiles. Namdaemun market is the representative Korean traditional market. Travelers can purchase various Korean products at a low price.

중국어

东大门是韩国的宝物, 而南大门是韩国的国宝。

东大门原名叫兴仁之门, 其中"仁"字是根据儒家价值观, 即意味着慈悲性。第一次由太祖来建造, 是汉阳都城东边的主要大门。后来在端宗时期重新被改造, 现在东大门的结构是在高宗时期被重修的。今日, 东大门周边以东大门市场而扬名。有很多购物中心和地下商场。

南大门原名叫崇礼门, 其中"礼"字是根据儒家价值观, 即意味着礼节。崇礼门是南边的大门, 是进入汉阳的主要大门, 在太祖时代被建造, 并在世宗时代重新被修建。

在2008年火灾之前, 南大门曾经是在首尔历史最悠久的土木建筑物。虽然在2013年南大门重新被修复, 但还有很多漏洞。现在南大门以彩绘和房瓦为中心, 重新被修复之中。南大门市场是具有韩国代表性的传统市场, 许多游客能够以低廉的价格在此购买多种多样的韩国产品。

東大門は韓国の宝物であり、南大門は韓国の国宝です。

東大門の元の名前は興仁之門です。その名は儒教の価値である「仁」の思想に基づいていますが、それは慈悲深さを意味します。太祖によって初めて築造され、漢陽を取り巻く壁の東側の主要な門の役割をしました。端宗によって改造され、現在の構造は高宗の時代に再び建てられたものです。今日の東大門周辺は、東大門市場として知られています。ショッピングモールや地下街がたくさんあります。

南大門の元の名前は崇礼門です。その名は儒教の価値観「礼」の思想に基づいていますが、それは礼儀作法を意味します。崇礼門は南の大門であり、漢陽に入るための主要な門の役割をしていました。太祖の時代に築造され、世宗時代に再建されました。

2008年の火災の前は南大門がソウルで最も古い木造建造物でした。復元は2013年に終わりましたが、不具合がありました。現在は丹青と屋根瓦を中心に再び復元中です。南大門市場は、代表的な韓国の伝統市場です。観光客は様々な韓国の品物を手頃な価格で買うことができます。

유교와 관련된 유적지를 소개해 보시오.

> Introduce the historic sites that are related to Confucianism.
> 请介绍一下跟儒教有关的遗址。
> 儒教と関連した遺跡を紹介しなさい。

한국어

조선시대에는 서원이라고 불리는 사설 유학 교육기관이 있었습니다. 그것들은 유교 사당과 교육장소로서 기능을 하였습니다. 예를 들어 도산서원은 안동에 있는 대표적인 서원입니다. 그것은 한국의 위대한 유학자인 이황의 제자들에 의해 세워졌습니다. 유교의 중요한 가치들 중 하나는 선비정신입니다. 서원은 선비정신을 나누기 위한 장소였습니다. 유교적 가르침에 따르면 덕이 있는 사람이 되는 것이 선비의 삶의 목표입니다. 선비는 덕을 위해서 목숨도 기꺼이 내놓습니다. 그는 겸손함과 검소함과 같은 유교적 윤리를 따릅니다. 그것이 도산서원이 크지도 화려하지도 않은 이유입니다. 도산서원은 영남 지방 유교 교육의 중심이었습니다.

영 어

There were private confucian academies named Seowon in the Joseon Dynasty. They functioned as Confucian shrine and a place for education. For example, Dosan Seowon is the representative Seowon in Andong. It was established by the disciples of Yi Hwang, a great Korean Confucian scholar. One of the important values of Confucianism is Seonbi spirit. Seowon was the place to share Seonbi spirit. According to Confucian teachings, becoming a man of virtue is the goal of Seonbi's life. A Seonbi is willing to give up his life for his virtue. He follows Confucian ethics like modesty and frugality. That's why Dosan Seowon is neither grand nor splendid. Dosan Seowon was the center of Confucianism education in Yeongnam area.

중국어

朝鲜时代曾有叫做书院的私设儒学教育机关，它们作为儒教祠堂和教育场所所使用。例如，陶山书院是一所位于安东的具有代表性的书院，它由韩国伟大的儒家学者李滉的弟子所建。儒生精神是儒教的重要价值之一。书院是分享儒生精神的场所。根据儒教教学儒生以学习儒教，从而成为有道德之人为人生目标，他们可以为道德牺牲自己的生命。他们遵循谦逊和节俭的儒教伦理。这就是为什么陶山书院既不大也不华丽的原因。陶山书院曾是岭南地方的儒教教育中心。

朝鮮時代には書院と呼ばれる私設の儒学教育機関がありました。それらは儒教の祠堂と教育の場としての機能をしました。例えば陶山書院は安東の代表的な書院です。それは韓国の偉大な儒学者である李滉の弟子たちによって建てられました。儒教の重要な価値の一つは、士の精神です。書院は士の精神を共有するための場所でした。儒教的教えによると、徳のある人になることが、士の高尚な人生の目標です。士は徳のためなら命も喜んで捨てます。彼は謙遜や質素などの儒教的倫理に従います。それが陶山書院が大きくも派手でもない理由です。陶山書院は嶺南地方の儒教教育の中心でした。

백쌤의 TIP

공자와 맹자의 유교사상을 '성리(性理), 이기(理氣)' 등 형이상학 체계로 해석한 것이 성리학입니다. 성리학자들은 이(理)와 기(氣)를 연구했는데 '이'는 만물에 깃든 자연법칙이요, '기'는 거기에 작용하여 다양한 사물을 만들어 내는 것이었습니다. 인간의 마음에 있는 순수한 본성이 바로 '이'인데 그것에 따르면 착해진다고 하였습니다. 이 착한 본성은 예(禮)를 통해 현실사회에 실현되었습니다. 조선시대에 관례, 혼례, 상례, 제례의 법도와 절차를 중요시했던 이유가 바로 그것입니다.

성리학에서는 하늘이 부여한 본성을 실현하는 '군자'가 자신의 기질대로 사는 '소인'을, 즉 양반이 평민을 잘 이끌어야 한다고 하였습니다. 따라서 임금은 임금답기 위해 항상 학문을 익혔고, 부모는 부모답게 자식은 자식답게 도리를 다 하는 것이 중요시되었습니다. 따라서 선비는 하늘에서 받은 본성을 드러내기 위해 매일같이 독서와 사색을 게을리하지 않았던 것입니다.

참고 〈마주보는 한일사 Ⅱ〉, 전국역사교사모임(한국)·역사 교육자 협회(일본)

PART
03

한강에 대해 설명해 보시오.

➤ Give the explanation of Han River.

➤ 请说明一下汉江。

➤ 漢江について説明しなさい。

한국어

영국 런던에 템스강이, 프랑스 파리에는 센강이 있다면 한국 서울에는 한강이 있습니다. 한강은 압록강, 두만강, 낙동강에 이어 한반도에서 네 번째로 긴 강입니다. 한강의 발원지는 강원도 태백 검룡소입니다. 한강의 길이는 514km이며 평균 폭은 1.2km입니다. 한강이라는 이름은 큰 물줄기를 뜻하는 우리말 '한가람'에서 유래됐습니다. '한'은 '큰, 넓은, 가득한, 바른'이라는 의미를 지니고 있습니다.

한강이 서울을 관통하기 때문에 예로부터 강을 건너기 위해 나루들이 한강을 따라 존재했습니다. 오늘날 아름다운 조명이나 분수 등으로 꾸며진 한강의 다리들은 서울의 대표적인 야경명소입니다. 한강에 놓인 첫 번째 다리는 한강철교입니다. 한강철교는 한국전쟁 동안에 파괴되었지만 이후에 복구되었습니다. 한강 위의 첫 번째 인도교는 한강대교인데, 제1한강교라고 불리기도 합니다. 잠수교는 평소에는 물 위에 드러나 있으나 홍수 때는 물에 잠기는 다리입니다. 잠수교 위의 2층 교량은 반포대교입니다. 반포대교는 음악과 어우러진 화려한 조명과 분수로 환상적인 야경을 보여 줍니다.

한강 주변의 지역들은 보행자 도로, 자전거 도로, 공원 등으로 사용됩니다. 다양한 스포츠와 여가활동을 위한 테마공원과 생태공원이 조성되어 있습니다. 한강은 서울 주변 어디에서도 접근성이 좋아서 서울의 가장 인기있는 관광지 중 하나입니다.

As the Tames River in London, England, the Seine River in Paris, France, the Han River is in Seoul. The Han River is the fourth longest river in the Korean peninsula after the Amrok, Duman, and Nakdong rivers. The source of Han River is Geomnyongso Pond in Taebaek, Gangwondo. The Han River is 514km in length and 1.2km in width on average. The name, Han River originated from hangaram, a pure Korean word meaning large stream. Han means 'large, spacious, full and straight'.

As the Han River goes through Seoul, river ports to cross the river have existed from old times. These days, decorated with lights and fountains, the Han River bridges serve as representative locations for night scenery in Seoul.

The first bridge over the Han River is Hangang Railway Bridge. It was destroyed during the Korean War but has been restored later. The first footbridge over the Han River is the Han River Bridge, which is also called Hanganggyo 1. The Jamsu Bridge is usually above the water but submerges when the flood arrives. The two-story bridge over the Jamsu Bridge is the Banpo Bridge. The Banpo Bridge shows a fantastic night scenery with fancy lights and fountains in harmony with music.

The areas around the Han River are used as pedestrian walkways, bicycle paths public parks, etc. Theme parks and ecological parks are made for various sports and leisure activities. As the Han River is approachable from any places near Seoul, it is one of the most popular tourist sites in Seoul.

PART
03

中国어

如果说英国有泰晤士河，法国有塞纳河的话，那么韩国首尔就有汉江。汉江是继鸭绿江、图们江、洛东江之后朝鲜半岛上第四长的江。汉江的发源地是江原道太白市的俭龙沼，汉江长514千米，平均宽度1.2千米。汉江这个名字来源于韩语中意为巨流的'한가람(大江)'一词。'한'有'大，宽，满，正'的意思。

汉江贯通首尔，自古以来沿着汉江就有很多为了渡江而存在的渡口。如今用美丽的灯光和喷泉等装饰的汉江之上的桥梁成为了首尔著名的代表性夜景地。

汉江上的第一座桥是汉江铁桥。汉江铁桥在朝鲜战争期间遭到破坏，但之后得到了修复。汉江之上的第一座人行桥是汉江大桥，也叫做第一汉江桥。潜水桥是平时露在水面之上但发洪水时浸在水里的桥。潜水桥再上面一层的桥梁是盘浦大桥，盘浦大桥上与音乐相得益彰的华丽灯光和喷泉展现了梦幻般的夜景。

汉江周边的地区被开发为人行道，自行车道，公园等，建造了很多可以开展各种体育活动、休闲活动的主题公园和生态公园。从首尔周边的任何地方出发都能很方便地到达汉江，因此汉江成为首尔最受欢迎的旅游景点之一。

イギリスのロンドンにはテムズ川が、フランスのパリにはセーヌ川があるなら、韓国のソウルには漢江があります。漢江は鴨緑江、豆満江、洛東江に続いて朝鮮半島で4番目に長い川です。漢江の発原地は江原道・太白・検龍沼です。漢江の長さは514kmで、幅は平均1.2kmです。漢江という名前は広い水流を意味する韓国語'ハンガラム'から由来しました。'韓'は'大きい、広い、いっぱい、正しい'という意味を持っています。

漢江はソウルを貫通しています。それで昔から川を渡るために漢江に沿ってナル(渡し場)がありました。今、美しい照明や噴水などで飾られた漢江の橋はソウルの代表的な夜景スポットです。

漢江に架けられた最初の橋は漢江鉄橋です。漢江鉄橋は朝鮮戦争中に破壊されましたが、その後復旧しました。漢江の上の最初の人道橋は漢江大橋で、第一漢江橋とも呼ばれます。潜水橋は普段は水面上に現れていますが、洪水時には水に浸かる橋です。潜水橋の上の2層橋は盤浦大橋です。盤浦大橋は音楽と調和した華やかな照明と噴水で素晴らしい夜景を演出します。

漢江周辺は、歩行者用道路、自転車道、公園などとして使用されています。様々なスポーツと余暇活動のための公園とエコパークが造成されています。漢江はソウル周辺のどこからもアクセスがよくて、ソウルで最も人気の観光地の一つです。

백쌤의 TIP

반포대교의 달빛무지개분수는 1140m 구간에 설치돼 세계에서 가장 긴 교량 분수로 2008년 기네스북에 등재돼 있습니다.

참고 대한민국 구석구석(korean.visitkorea.or.kr)

서울에 있는 관광특구는 어디이고, 관광특구의 설정 기준은 무엇인가?

➤ Where are Special Tourist Zones in Seoul and what is the standard for establishment?

➤ 首尔的旅游特区有哪些，旅游特区的设定标准是什么？

➤ ソウルの観光特区はどこで、観光特区の設定基準は何か？

한국어

서울에 있는 관광특구는 명동·남대문·북창·다동·무교동, 이태원, 동대문 패션타운, 종로·청계와 잠실, 강남, 홍대 문화예술입니다. 관광특구는 외국인 관광객을 유치하기 위해서 지정됩니다. 많은 경우에 관광특구는 관계법의 영향을 받지 않거나 완화된 법이 적용됩니다.

관광특구로 지정되기 위해서는 첫째, 외국인 관광객의 수가 대통령령이 정하는 기준보다 많아야 합니다. 둘째, 그 지역은 외국인 관광객의 수요를 충족할 수 있는 관광안내시설, 공공편의시설과 숙박시설이 갖추어져 있어야 합니다. 셋째, 그 지역은 관광활동과 관련 없는 토지의 비율을 지켜야 합니다. 넷째, 그 세 가지 조건을 갖춘 지역이 분리되어 있지 않아야 합니다.

영 어

Special Tourist Zones in Seoul are the areas in Myeondong, Namdaemun, Bukchang, Dadong, Mugyodong, Itaewon, Dongdaemun Fashion Town, Jongno, Cheonggye and Jamsil, Gangnam, Hongdae Culture&arts. Special Tourist Zone is designated to attract foreign tourists. In many cases, the Special Tourist Zone is not influenced by the related laws or modified law is applied.

To be designated as Special Tourist Zone, first, the number of foreign tourists should be over the standard set by the Presidential decree. Second, the zone should be equipped with tourist guidance facilities, public amenities and accomodations to meet the foreign tourists' needs. Third, the zone should keep the ratio of land which is not related to tourist activities. Fourth, the zones that meet those three conditions should not be located separately.

首尔的旅游特区有明洞、南大门、北仓、茶洞、武桥洞、梨泰院、东大门时装城、钟路・清溪、蚕室、江南、弘大文化艺术。旅游特区为了吸引外国游客而指定。在许多情况下，旅游特区不受有关法律的影响或只适用放宽后的法律。

想要被指定为旅游特区，第一，外国游客的数量要多余总统令规定的标准；第二，其地区必须设有能够满足外国游客的向导设施、公共简易设施以及招待所；第三，其地区必须要保持遵守与旅游活动相关和不相关的土地面积比例。第四，满足以上三个条件的地区不容分割。

ソウルの観光特区は、明洞・南大門・北倉・茶洞・武橋洞、梨泰院、東大門ファッションタウン、鍾路・清渓と蚕室、江南、ホンデ文化芸術です。観光特区は外国人観光客を誘致するために指定されます。多くの場合観光特区は、関係法の影響を受けないか、緩和された法律が適用されます。

観光特区に指定されるためにはまず、外国人観光客の数が大統領令が定める基準よりも多くなければいけません。第二に、その地域は外国人観光客の需要を満たすことができる観光案内施設、公共設備と宿泊施設が整っている必要があります。第三に、その地域は観光活動とは関係のない土地の割合を守らなければなりません。第四に、その3つの条件を備えた地域が分離していないことです。

사대문을 나열해 보시오.

➤ List Four Great Gates.
➤ 请列出一下四大门。
➤ 四大門をすべて言いなさい。

한국어

조선시대 도성을 둘러싸고 있는 벽에는 8개의 역사적인 문들이 있습니다. 그들은 '사대문'과 '사소문'입니다. 사대문은 북쪽의 숙정문, 동쪽의 흥인지문, 남쪽의 숭례문, 서쪽의 돈의문입니다. 그 이름들은 인·의·예·지라는 유교사상의 가치들에 근거한 것입니다. 그들은 각각 자비로움, 정의, 예절과 지혜를 의미합니다.

숭례문은 2008년에 화재로 피해를 입었고 2013년 복구되었습니다. 돈의문은 일제강점기 동안 허물어졌기 때문에 존재하지 않습니다.

영 어

There were 8 historical gates in the wall which surrounded the capital in the Joseon Dynasty. They are 'Four Great Gates' and 'Four Small Gates'. Four Great Gates are Sukjeongmun in the north, Heunginjimun in the east, Sungnyemun in the south, and Donuimun in the west. Their names are based on the values of Confucianism, In, Ui, Ye, Ji. They mean benevolence, righteousness, propriety, and wisdom respectively.

Sungnyemun was damaged by fire in 2008 and its restoration was finished in 2013. Donuimun no longer exists because it was torn down during the Japanese occupation.

중국어

朝鲜时代围绕都城的城墙共有8个具有历史意义的门。它们是'四大门'和'四小门'。四大门是北边的肃靖门、东边的兴仁之门、南边的崇礼门、西边的敦义门。它们的名字根据儒教思想的仁义礼智而命名，意味着慈悲、正义、礼节和智慧。

崇礼门曾在2008年遭受火灾，并于2013年被重建。敦义门因为在日本殖民统治期间已被拆毁，所以已不存在。

일본어 朝鮮時代、都城を取り囲んでいた壁には8つの歴史的な門がありました。それらは「四大門」と「四小門」です。四大門は北の肅靖門、東の興仁之門、南の崇礼門、西の敦義門です。その名は仁義礼智という儒教思想の価値観に基づいて付けられたものです。それらは慈悲、正義、礼儀と知恵を意味します。

崇礼門は2008年に火災で焼失し、2013年に復旧されました。敦義門は日帝強占時代に壊されてしまい、残っていません。

백쌤의 TIP

보물 서울 흥인지문에는 다른 사대문들에는 없는 특이한 것이 있습니다. 바로 문밖을 반원형으로 둘러싸고 있는 옹성(甕城)입니다. 한양 성곽은 애초에 외적의 침입을 방비하기 위해 축조되었는데 특히 흥인지문이 지어진 곳은 지형이 낮고 평탄하여 적을 방어하기에 부적절했습니다. 흥인지문에 옹성을 쌓아올린 것은 성곽의 지리적인 약점을 보완하기 위함이었던 것입니다. 또 다른 특징은 흥인지문이라는 이름이 네 글자라는 점입니다. 다른 성문들처럼 흥인지문도 원래는 흥인문이라는 세 글자 이름을 가지고 있었습니다. 그런데 희한하게도 동쪽으로부터의 침입이 잦았고 임진왜란을 포함하여 한양에 외침이 있을 때마다 매번 흥인문을 통하여 적군이 들어오더란 말입니다. 이에 우리 선조들은 낮은 지형을 보완하기 위해 산을 쌓는 대신, 문의 이름에 '지(之)'자를 추가하는 방법을 택하였습니다. 즉, 용이 오는 모습이나 산맥의 모양을 나타내는 지(之)의 기운을 빌려오고자 했던 것입니다.

참고 태믹스의 역사지식문화 콘텐츠

수원화성에 대해 이야기해 보시오.

➤ Tell me about Suwon Hwaseong Fortress.

➤ 请讲述一下水原华城。

➤ 水原華城について話しなさい。

한국어

수원화성은 동양 성곽의 백미라고 불립니다. 조선의 정조왕은 심한 당쟁 때문에 아버지를 잃었습니다. 그는 아버지를 안타깝게 여겨 수원에 성곽을 짓고 아버지의 묘를 그곳으로 옮겼습니다. 기존의 수도 한양은 당쟁의 중심이었습니다. 그래서 그는 수원에서 정치를 개혁하고 왕권을 강화하고자 했습니다.

수원화성에는 현대 건축기술이 한국식 건축양식에 통합되어 있습니다. 수원화성의 설계자 정약용은 성을 튼튼하게 만들기 위해 돌과 벽돌 두 가지 다 사용할 것을 제안했습니다. 건축재료, 재료를 운반하는 수레, 성을 쌓는 방식이 과학적으로 계획되었습니다. 그것은 지휘대, 전망 탑, 총안 흉벽, 감시초소와 벙커를 포함하는데 조선시대 성곽에서는 볼 수 없는 것들입니다.

수원화성은 동양적인 웅장함과 서양적인 화려함과 실용성 때문에 높이 평가됩니다. 그리하여 수원화성은 1997년 유네스코 세계문화유산에 등재되었습니다.

영어

Suwon Hwaseong Fortress is one of the best fortress in the East. King Jeongjo of the Joseon Dynasty lost his father because of the serious party dispute. He felt sorry for his father and built a fortress in Suwon and moved his father's grave there. Hanyang was the core of the party dispute. So he wanted to reform the politics and strengthen the king's power in Suwon.

The modern construction technology is incorporated with Korean way of architecture in Suwon Hwaseong. The designer of Suwon Hwaseong, Jeong Yak-yong offered to use both rocks and bricks to make it strong. The construction materials, the wagon to carry the materials and the way to pile up the fortress were planned scientifically. It includes military defense facilities such as command posts, observation towers, battlements, guard posts and bunkers, which can't be seen from any other fortresses in the Joseon period.

Suwon Hwaseong is appreciated for its oriental magnificence and western splendor and practicality. Thus, Suwon Hwaseong fortress was placed on the World Heritage List by UNESCO in 1997.

중국어 水原华城被称为东洋城廓的白媚。朝鲜正祖大王因激烈的党争失去了父亲，他怜惜父亲，在水原建造了城廓，把父亲的墓移葬在那里。首都汉阳是党争的中心地，所以他力图在水原政治改革，强化王权。

水原华城结合了现代建筑技术与韩国式建筑风格。水原华城的设计人丁若镛为了把城建造的坚固一些，建议使用石头与砖两种材料，科学地计划了建筑材料、搬运材料的推车及堆建城的方式，这里包括指挥台、展望塔、铳眼胸壁、守望台和掩体，它们都是朝鲜时代在一般城廓里看不到的东西。

水原华城具有东洋的雄壮与西方的宏伟的华丽与实用性而受到了高评价。于是在1997年，水源华城被联合国教科文组织指定为世界文化遗产。

일본어 水原華城は、東洋城郭の白眉と呼ばれています。朝鮮の正祖は激しい党派争いのために父親を亡くしました。彼は父親を可哀想に思い、水源に城を建てて父親の墓をそこに移しました。既存の首都、漢陽は党派争いの中心地でした。そこで彼は水原で政治を改革し、王権を強化しようとしました。

水原華城は、現代の建築技術が韓国式の建築様式と統合されています。水原華城の設計者である丁若鏞は、城を丈夫にするために石とレンガの両方を使うことを提案しました。建築材料、材料を運搬する荷車、城を積んでいく方法が科学的に計画されました。それは指揮台、展望塔、銃眼胸壁、監視警戒所とバンカーを含む、朝鮮時代の城では見られなかったものでした。

水原華城は、東洋的な壮大さと西洋的な華やかさと実用性を持ち合わせ、高く評価されています。そのため水原華城は1997年にユネスコ世界文化遺産に登録されました。

백쌤의 TIP

정조는 1776년 25세의 나이에 왕위에 올라 그 해에 왕립도서관 규장각을 설립했습니다. 창덕궁 후원에 위치한 규장각은 정조가 학자들과 함께 학술과 정책을 연구하고 출판까지 했던 특별기구였습니다. 또한 1782년에는 국방상 요충지였던 강화도 행궁에 외규장각을 건립하여 의궤를 비롯한 중요한 왕실물품과 도서를 보다 체계적으로 보관하였습니다.

참고 국립중앙박물관 사이트(www.museum.go.kr)

독도가 한국 땅인 이유를 설명해 보시오.

> Explain why Dokdo island is Korean territory.
> 请说明一下独岛是韩国领土的理由。
> 独島が韓国の地である理由を説明しなさい。

한국어

독도가 한국 영토임을 증명하는 많은 증거들이 있습니다.

첫째, 삼국사기의 기록에 따르면 신라시대에 이사부 장군이 울릉도를 정복했습니다. 독도는 울릉도 주민의 생활공간이었습니다. 그 두 섬은 밀접하게 관련되어 있어서 분리될 수 없습니다.

둘째, 안용복 장군이 일본에 가서 독도가 조선에 속해 있다는 것을 증명하는 증서를 획득하였습니다. 그 증서는 독도를 더 이상 침범하지 않겠다는 것에 대한 것이었습니다.

셋째, 조선시대 세종실록지리지는 울릉도와 독도가 조선의 영토임을 확실히 명시합니다. 거기에 "두 섬은 그리 멀지 않다. 날씨가 맑은 날에는 한 섬에서 또 다른 섬이 보인다."라고 적혀 있습니다.

넷째, 동국여지승람에서도 울릉도와 독도는 강원도 울진현에 소속된 섬으로 명시되어 있습니다. 독도가 한국의 영토라는 것을 증명하는 증거들은 너무나 많습니다. 일본인들이 발행한 많은 지도와 문서들조차도 독도를 한국 영토로 나타냅니다.

There are a lot of evidences that prove Dokdo island is Korean territory.

First, according to the record in Samguksagi, Admiral Yi Sa-bu conquered Ulleungdo Island in the Silla period. Dokdo was the living space of Ulleungdo residents. Those two islands can't be separated because they are closely related.

Second, Admiral An Yong-bok went to Japan and obtained the certificate that proved Dokdo island belongs to the Joseon Dynasty. The certificate was about not invading Dokdo island anymore.

Third, Sejong-Sillok-Jiriji clearly states that Ulleungdo and Dokdo are the islands that belong to Joseon territory. It says "The two islands are not far apart. On clear days, one island can be seen from the other."

Fourth, Dongguk Yeoji Seungnam also states that Ulleungdo and Dokdo are the islands that belong to Uljin-hyeon of Gangwon-do. There are so many evidences that prove Dokdo island is Korean territory. Even many maps and documents published by Japanese describe Dokdo as Korean territory.

有许多证据可以证明独岛是韩国领土。

第一，根据三国史记的纪录，在新罗时代异斯夫将军征服了郁陵岛，独岛是郁陵岛居民的生活空间，两个岛有着密切的关系不能分开。

第二，安龙福将军到日本拿到了关于独岛是属于朝鲜的证书。证书上写到日本不再侵犯独岛的相关内容。

第三，在朝鲜时代世宗实录地理志里，明确表示郁陵岛和独岛是朝鲜的领土，并记载着：两个岛距离并不远，晴天可在岛上看到另外一个岛。

第四，在东国舆地胜览中也明确表示了郁陵岛和独岛属于江原道蔚珍县。能证明独岛是韩国领土的证据有很多，日本人发行的诸多地图和文书上也显现了独岛是韩国的领土。

独島が韓国領土であることを証明する多くの証拠があります。

まず、三国史記の記録によると、新羅時代に異斯夫将軍が鬱陵島を征服しました。独島は鬱陵島の住民の生活空間でした。その二つの島は密接に関連していて分離することはできません。

第二に、安龍福将軍が日本に行き、独島が朝鮮に属しているということを証明する証書を取得しました。その証書は独島をこれ以上侵さないということに対するものでした。

第三に、朝鮮時代の世宗実録地理志は鬱陵島と独島が朝鮮の領土であることを確実に明示しています。そこに「二つの島は遠くない。晴れた日には一つの島から別の島が見える」と記されています。

第四に、東国輿地勝覧でも鬱陵島と独島は江原道蔚珍県に属した島と明示されています。独島が韓国の領土であるということを証明する証拠は沢山あります。日本人が発行した多くの地図や文書にさえ、独島は韓国の領土として表示されています。

참고 〈독도와 대마도〉, 한일관계사 연구회

PLZ에 대해 설명하시오.

➤ Give the explanation of PLZ.

➤ 请对PLZ进行说明。

➤ PLZについて説明しなさい。

한국어　PLZ는 평화생명지대(Peace Life Zone)의 약자입니다. 북한과 남한 사이를 가로지르는 38선 주변에 비무장지대가 있습니다. 비무장지대는 반세기 동안 접근제한 구역이었기 때문에 야생동물과 생태계가 잘 보존되어 있습니다. 그 천연 자원들이 새로운 관광지인 평화생명지대로 개발되었습니다.

방문객들은 특별한 관광코스를 따라 평화생명지대를 둘러볼 수 있습니다. 비무장지대는 방문객들에게 전쟁의 비극을 떠올리게 하는 반면에 평화생명지대는 오염되지 않은 자연환경에 더 초점을 두고 있습니다. 관광객들은 평화생명지대를 방문할 때 남한과 북한 사이에 새로운 평화가 오기를 희망합니다.

영어　PLZ is a short word for Peace Life Zone. There is Demilitarized Zone(DMZ) around 38th parallel between North and South Korea. Since DMZ has been a restricted access area for half a century, wildlife and ecosystem in DMZ are preserved very well. Those natural resources were developed into the new travel product, PLZ.

Visitors can look around PLZ along the special tour course. The DMZ reminds visitors of the tragedy of war whereas PLZ is more focused on unpolluted natural environment. When travelers visit PLZ, they hope a new peace will come between North and South Korea.

중국어 PLZ是和平生命之地(Peace Life Zone)的简称。横断北朝鲜跟南朝鲜的38线周边有个非武装地带。非武装地带在持续半个世纪的时间内一直是为禁止接近的地区，这里还存在保存完好的野生动物跟生态系统。这纯天然资源现在以和平生命之地的观光区而被开发。

游客们可根据特别的观光路线观光这和平生命之地。非武装地带使得游客们想起战争的悲剧，而相反，和平生命之地把焦点放在未受污染的自然环境上。每当游客们访问这和平生命之地的时候都会期盼着南韩跟北朝鲜之间新的和平到来。

일본어 PLZは平和生命地帯(Peace Life Zone)の略です。北朝鮮と韓国の間を横切る38度線の周りには非武装地帯があります。非武装地帯は半世紀の間接近が制限されていた区域なので、野生動物や生態系がよく保存されています。その天然の資源が新たな観光地、平和生命地帯として開発されています。

訪問客は、特別な観光コースに沿って平和生命地帯を探索することができます。非武装地帯は、訪問客に戦争の悲劇を思い出させる一方、汚染されていない自然環境により焦点を当てています。観光客は平和生命地帯を訪問しながら韓国と北朝鮮の間に新たな平和が来る事を願います。

판문점이란 어떤 곳이며 JSA의 의미는 무엇인가?

➤ What kind of place is Panmunjeom and what is the meaning of JSA?

➤ 请说明一下板门店是什么样的地方，JSA又意味着什么？

➤ 板門店とはどんなところで、JSAの意味は何か？

한국어   판문점은 원래 남한과 북한 사이의 경계에 위치한 널문리라 불리는 작은 마을이었습니다. 1953
년 6·25전쟁 휴전협정이 그곳에서 맺어졌습니다. 그 후에 그 마을의 공식이름은 JSA가 되었
으며, 그것은 공동경비구역을 의미합니다. 공동경비구역에서는 남과 북의 군인들이 얼굴을 마
주보고 서 있습니다. 1976년 도끼만행사건 이후, 낮은 콘크리트단이 그들 사이의 경계로 사용
됩니다. 여러 개의 건물이 있는데 그곳에서 북한이 남한이나 유엔사령부와 회담을 합니다.

영 어   Panmunjeom was originally the small village called Neolmunli located in the border
between North and South Korea. 1953 Korean War Armistice Agreement was signed
there. After that, the official name of the village has become JSA, which means
Joint Security Area. In JSA, North and South Korean soldiers stand face-to-face.
Since the Axe Murder Incident in 1976, a low concrete platform has been used as
the border between them. There are several buildings, where North Korea has
meetings with south Korea or United Nations Commands.

중국어   板门店原为位于韩国跟朝鲜分界线上的称之为Neolmunli的小村庄。1953年的6·25战
争的休战协定就是在这个村庄签订的，随后这个村庄正式名称改为JSA，其意味着联
合警备区。在这联合警备区中韩国与朝鲜的军人面对面站立着。1976年的爆发斧头暴
行事件之后，那里用混凝土建起了站岗境界线。周围还有多个建筑，这被用于朝鲜与
韩国或联合国的会谈场所。

일본어   板門店はもともと韓国と北朝鮮の境界に位置するノルムンリと呼ばれる小さな村でした。1953
年、朝鮮戦争の休戦協定がそこで結ばれました。そしてその後、町の正式名称は共同警
備区域を意味するJSAとなりました。共同警備区域では南と北の軍人たちが顔を向かい合
わせて立っています。1976年の斧蛮行事件(ポプラ事件)以後、低いコンクリートの段が彼ら
の間の境界として使用されています。複数の建物があり、そこでは北朝鮮が韓国や国連司
令部と会談をします。

05 | 한국의 전통과 문화

- 한국 고유의 전통문화를 해당 언어로 설명하는 능력이 요구됩니다. 답변하는 연습을 할 때 외국인에게 한국의 전통문화를 소개하고 있다고 상상하시기 바랍니다.
- 이해하기 쉽게 설명하면서도 꼭 포함해야 할 중요한 사항들을 언급하면서 자랑스러운 한국 문화의 우수성이 드러나도록 답변하여야 합니다.

---

064 기출 18 · 17 · 14 · 13 · 12 · 11 · 10

태극기에 대해 설명하시오.

➤ Give the explanation of Taegeukgi.

➤ 请说明一下太极旗。

➤ 太極旗について説明しなさい。

한국어

태극기는 한국의 국기입니다. 태극기는 세계에서 가장 상징적인 깃발로 여겨집니다. 흰색 바탕은 순결을 나타냅니다. 중앙의 원은 파랑부분과 빨강부분이 있는데 그것은 각각 음과 양을 상징합니다. 동양철학에 따르면 그들은 음과 양, 남자와 여자, 하늘과 땅, 빛과 어둠 등을 나타내는 두 가지 우주의 힘입니다. 음과 양의 조화는 우주의 원리를 유지합니다.

태극기의 모퉁이에는 네 종류의 세 줄로 된 문양들이 있습니다. 그들은 건(乾), 곤(坤), 감(坎), 리(離)인데 각각 하늘, 땅, 물, 불을 상징합니다. 2002년 월드컵이 성공적으로 개최된 후 태극기는 전 세계 사람들에게 친숙해졌습니다.

Taegeukgi is Korean national flag. Taegeukgi is considered as the most symbolic flag in the world. The white background represents purity. The circle in the center has blue and red sections, which symbolizes yin and yang respectively. According to the oriental philosophy, they are two kinds of cosmic forces that represent negative and positive, male and female, heaven and earth, light and darkness etc. The balance between yin and yang maintains the principle of the universe.

In the corners of the flag, there are four different trigrams. They are Geon, Gon, Gam, Li, which symbolize sky, earth, water and fire respectively. After the successful hosting of 2002 World Cup, Taegeukgi became familiar to people all over the world.

太极旗是韩国的国旗。太极旗是在世界上最具有象征性的旗帜。白色代表纯洁，中央部分的圆圈有蓝色部分跟红色部分，这些各自代表阴和阳。根据东洋哲学来说的话这些阴和阳、男和女、天和地、光明与黑暗是代表两种宇宙的力量，阴和阳的组合会维持宇宙的秩序。

太极旗四角有四种三条横线图案，分别为乾、坤、坎、离，且各自象征着天、地、水、火。自从2002年成功举行世界杯之后太极旗在全世界广为人知。

太極旗は韓国の国旗です。太極旗は世界で最も象徴的な旗とされています。白地は純潔を表します。中央の円は青い部分と赤い部分がありますが、それはそれぞれ陰と陽を象徴します。東洋哲学によると、それらは陰と陽、男と女、天と地、光と闇などを表す2つの宇宙の力です。陰と陽の調和は、宇宙の原理を維持します。

太極旗の角には四種類の3行の模様があります。それらは乾、坤、坎、離ですが、それぞれ天、地、水、火を象徴しています。2002年のワールドカップが成功的に開催された後、太極旗は世界中の人々に親しまれました。

무궁화가 어떻게 해서 한국의 국화가 되었는지 설명하시오.

➤ Explain how Mugunghwa has become Korean national flower.

➤ 请说明一下木槿花(无穷花)何以成为了韩国的国花？

➤ 無窮花がどのようにして韓国の国花になったか説明しなさい。

한국어

무궁화는 아름다움과 강인함의 꽃으로 알려져 있습니다. 기록에 따르면 고조선 시대부터 한반도에는 무궁화가 많았던 것으로 추정됩니다. 옛날부터 무궁화는 한국인들에게 사랑을 받아서 자연스럽게 한국의 국화가 되었습니다. 이 영원함과 인내는 불운한 역사와 모든 좋지 않은 환경을 이겨낸 한국 민족의 정신과 연관되어 있습니다.

'무궁'이라는 단어는 영원함을 의미합니다. 무궁화는 7월에서 10월까지 100일 동안 꽃을 피웁니다. 어떤 꽃들이 지고나면 다른 꽃들이 꽃을 피웁니다. 그런 식으로 꽃들은 차례로 계속해서 꽃을 피웁니다. 무궁화는 일본의 통치하에 경시되었습니다. 하지만 한국의 조상들은 그것을 지키려고 온갖 노력을 다하였습니다.

영 어

Mugunghwa is known as a flower of beauty and resilience. According to the records, it is estimated that there had been a lot of Mugunghwa in the Korean Peninsula from the Gojoseon era. From old times, Korean people have loved Mugunghwa and it naturally became national flower of Korea. This immortality and perseverance is related to the sprit of Korean people who have overcome the unfortunate history and all the negative environments.

The word 'Mugung' means immortality. Mugunghwa blooms for 100 days from July through October. After some flowers fall off, other flowers blooms. That way, flowers bloom in turns on and on. Mugunghwa was degraded under the control of Japan. However, the ancestors of Korea made every effort to preserve it.

PART
03

木槿花以美丽与坚强广泛于人心。根据记载古朝鲜时代开始韩半岛就有很多木槿花盛开。从古代开始木槿花就颇受韩国人的爱戴自然而然就成为了韩国的国花。这永恒和忍耐跟胜过不幸的历史与所有艰难环境的韩国民族精神息息相关。

'无穷'一词意味着永恒。木槿花在7月至10月之间近100天左右盛开。经过一番花谢花开，以这种形式每种花都在各自盛开的季节里开花绽放。木槿花被日本殖民统治下遭到了轻视，但是韩国祖先们为了守住此花而做出了很多努力。

無窮花は美しく強い花として知られています。記録によると、古朝鮮の時代から韓半島には無窮花が多かったとされています。昔から無窮花は韓国人に愛されて、自然と韓国の国花になりました。この永遠と忍耐は、不運な歴史と恵まれない環境を勝ち抜いた韓民族の精神と関連しています。

「無窮」という言葉は永遠を意味します。無窮花は7月から10月までの100日間花を咲かせます。いくつかの花が散った後、他の花が咲きます。そんな風に順番に花を咲かせます。無窮花は日本の統治下では軽視されていました。しかし韓国の先祖達は無窮花を守ろうとあらゆる努力をしました。

한글에 대해 이야기해 보시오.

> Tell me about Hangeul.
> 请对于韩文进行一下讲述。
> ハングルについて話しなさい。

한국어

한국인들의 문맹률은 일 퍼센트보다도 낮습니다. 그것은 한국 사람들이 한글을 사용하기 때문입니다. 한글은 과학적이고 배우기가 쉽습니다.

옛날에 한국은 글자가 없었습니다. 한자라 불리는 중국의 글자가 사용되었지만 그것은 평민들이 배우기 어려운 글자였습니다. 그래서 그들 대부분은 문맹이었고 편지 한 장조차 쓸 수 없었습니다.

조선 제4대 임금 세종은 그들을 안타깝게 여겨서 1443년 훈민정음을 창제하였습니다. 그는 혀, 목구멍과 입술 같은 조음기관의 모양에 근거하여 글자를 만들었습니다. 한글은 19개의 자음과 21개의 모음이 있습니다. 한글은 독창적이고 놀라운 표음문자입니다. 당신이 어떤 소리를 들으면 그것을 한글로 직접 쓸 수 있습니다. 외국의 전문가들은 한글은 세계에서 가장 과학적인 표기체계라고 말합니다. 그들은 또한 한글날이 국경일이라는 사실에 놀랍니다.

영 어

The illiteracy rate of Koreans are lower than 1 percentage. It is because Korean people use Hangeul. Hangeul is a very scientific language and it is also easy to learn.

Long time ago, Korea didn't have letters. Chinese character called Hanja was used, but it was a difficult letter for common people to learn. So, most of them were illiterate and couldn't even write a piece of letter.

King Sejong, the 4th king of the Joseon Dynasty felt sorry for them and created Hunminjeongeum in 1443. He created letters based on the shape of articulators-tongue, throat and lips. Hangeul has 19 consonants and 21 vowels. Hangeul is an original and remarkable phonographic script. If you hear any sounds, you can write them down directly in Hangeul. Foreign experts say that Hangeul is the most scientific writing system in the world. They are also surprised at the fact that Hangeul day is a national holiday.

PART
03

韩国的文盲率少于百分之一的原因就是韩国人使用韩文。韩文具有科学性且容易学到。以前韩国没有属于自己国家的文字，那时借用了中国的汉字，但对于平民百姓来说学习汉字太费时间又困难，因此大多数平民成为了连一张书信都写不了的文盲。

朝鲜时代第四代王世宗大王怜惜他们在1443年创制了训民正音。他根据舌头、喉咙、嘴唇等发音器官的形状创制了文字。韩文由19个辅音和21个元音21来构成，韩文是一种具有独创性的，惊人的拼音字母。你可以把任何你所听到的直接用韩文写下来，国外的很多专家认为韩文采用了世界上最科学的标记体系，他们对于韩文日作为国庆日的事实也感到非常惊讶。

韓国人の非識字率は1パーセントもありません。それは韓国人がハングルを使用するためです。ハングルは科学的で学習が容易です。

昔の韓国には文字がありませんでした。漢字と呼ばれる、中国の文字が使用されましたが、それは一般市民が学ぶには難しい文字でした。そのためほとんどは文盲であり、手紙一枚書くことができませんでした。

朝鮮の第4代国王世宗はそれを哀れに思い、1443年訓民正音を創作しました。彼は舌、喉や唇などの調音器官の形態に基づいて文字を作りました。ハングルには19の子音と21の母音があります。ハングルは独創的で素晴らしい表音文字です。どんな音であれ、それをハングルで直接表すことができます。外国の専門家はハングルは世界で最も科学的な表記体系だと言います。また、彼らはハングルの日が祝日であるという事実に驚きます。

한글 맞춤법 제4항은 한글 자모의 수를 스물넉 자로 하고, 그 순서와 이름을 보기와 같이 한다는 내용입니다.

ㄱ(기역)	ㄴ(니은)	ㄷ(디귿)	ㄹ(리을)	ㅁ(미음)
ㅂ(비읍)	ㅅ(시옷)	ㅇ(이응)	ㅈ(지읒)	ㅊ(치읓)
ㅋ(키읔)	ㅌ(티읕)	ㅍ(피읖)	ㅎ(히읗)	
ㅏ(아)	ㅑ(야)	ㅓ(어)	ㅕ(여)	ㅗ(오)
ㅛ(요)	ㅜ(우)	ㅠ(유)	ㅡ(으)	ㅣ(이)

그리고 한글 맞춤법 제4항 [붙임1]에서는 그 스물넉 자의 자모로 적을 수 없는 소리는 두 개 이상의 자모를 어울려서 적되, 그 순서와 이름을 보기와 같이 정해둔다는 말이 나옵니다.

ㄲ(쌍기역)	ㄸ(쌍디귿)	ㅃ(쌍비읍)	ㅆ(쌍시옷)	ㅉ(쌍지읒)	
ㅐ(애)	ㅒ(얘)	ㅔ(에)	ㅖ(예)	ㅘ(와)	ㅙ(왜)
ㅚ(외)	ㅝ(워)	ㅞ(웨)	ㅟ(위)	ㅢ(의)	

마지막으로 표준발음법 제2항에서는 표준어의 자음을 19개로, 표준발음법 제3항에서는 표준어의 모음을 21개로 한다는 내용이 나옵니다.

자음 ㄱ ㄲ ㄴ ㄷ ㄸ ㄹ ㅁ ㅂ ㅃ ㅅ ㅆ ㅇ ㅈ ㅉ ㅊ ㅋ ㅌ ㅍ ㅎ

모음 ㅏ ㅐ ㅑ ㅒ ㅓ ㅔ ㅕ ㅖ ㅗ ㅘ ㅙ ㅚ ㅛ ㅜ ㅝ ㅞ ㅟ ㅠ ㅡ ㅢ ㅣ

참고 〈한국어 발음 교육의 실제〉 황인권, 푸른사상

한글의 자음과 모음의 개수를 말할 때 기본자 24자인지 겹자음과 겹모음을 포함한 40자인지(자음 19개, 모음은 21개) 혼란을 일으킬 수 있습니다. 그러나 겹자음, 겹모음으로 불리는 글자들이 하나의 음운이므로(음운 ; 말의 뜻을 구별하여 주는 소리의 가장 작은 단위) 한글 자모의 수를 40개로 정리하였음을 참고 바랍니다.

한옥의 장점은 무엇인가?

➤ What are the merits of Hanok?
➤ 请讲述一下韩屋的优点是什么？
➤ 韓屋の利点は何か？

한국어

한옥은 한국의 전통가옥입니다. 한국은 뚜렷한 4계절이 있기 때문에 한옥은 난방과 냉방에 모두 대비해야 했습니다. 여기 '온돌'이라 불리는 과학적인 시스템이 있습니다. 그것은 유명한 한국의 방바닥 아래에 있는 난방시스템입니다. 방바닥 아래에는 달구어지도록 되어 있는 돌로 된 층이 있습니다. 부엌에 있는 아궁이로부터 열기가 나와 통로를 통해 전달됩니다. 돌이 데워지면 바닥이 따뜻해지고 방 안의 공기도 따뜻해집니다.

한옥의 건축 재료는 모두 자연에서 온 것입니다. 그것들은 자연에서 바로 얻은 흙, 돌, 나무와 종이입니다. 나무가 한옥을 짓는 데 사용될 때는 나무의 자연적인 굴곡이 남아있는 경우가 흔합니다. 그것이 한옥의 독특한 아름다움입니다. 유리와 플라스틱 대신 한국 전통한지가 창문과 문에 사용됩니다. 한지는 보온과 통풍에 좋기 때문에 방을 겨울에는 따뜻하고 여름에는 시원하게 유지하는 데 도움이 됩니다.

영 어

Hanok is the traditional Korean-style house. Since Korea has 4 distinct seasons, Hanok had to be prepared for both heating and cooling. Here is the scientific system that is called 'Ondol'. It is the famous Korean under-floor heating system. Under the room floor, there is a layer of stone which is supposed to be heated. The heat is transferred through a passage from the furnace in the kitchen. If the stone is heated, the floor gets warm and the air in the room gets warm, too.

All construction materials of hanok are from nature. They are earth, stone and wood that are taken directly from nature. When wood is used to build hanok, the natural curves of wood often remain. That is the unique beauty of hanok. Korean traditional paper is used for windows and doors instead of glass and plastics. As Korean traditional paper is good for insulation and ventilation, it helps keep the room warm in winter and cool in summer.

韩屋是韩国的传统家屋。因为韩国有明显的四季变化，所以韩屋要做好采暖和制冷的准备。韩屋有叫做'温石'的科学的采暖系统。这是有名的韩国地板采暖的供热系统。在地板下有一层加热石板。热量从厨房的壁炉通过通道传递过去。石板加热之后地板和屋内空气就开始变得温暖。

韩屋的建筑材料都来自于自然界。这些材料有泥土、石头、木头和纸张等等。当木头用来建造韩屋的时候，木头经常被留下自然地曲线，这也是韩屋的独到魅力之处。代替玻璃和塑料，韩国传统的韩纸被用在韩屋的窗户和门上。韩纸易通风且保温效果好，这有利于韩屋冬天保温夏天散热。

韓屋は韓国の伝統家屋です。韓国には四季があるので、韓屋は暖房と冷房の両方に対応しなければなりませんでした。ここに「オンドル」と呼ばれる科学的なシステムがあります。それは有名な韓国の床の下にある暖房システムです。床の下には熱くなるように石の層があります。台所のかまどから熱気が出て通路を介して伝わるようになっています。石が熱されると床が暖かくなり、部屋の中の空気も温まります。

韓屋の建築材料はすべて自然から来ています。それらは自然から直接得た土、石、木と紙です。韓屋を建設するために木を使う場合、木の自然な形が残っている事が一般的です。それが韓屋の独特の美しさです。ガラスとプラスチックの代わりに韓国伝統韓紙が窓やドアに使用されます。韓紙は保温と通気性に優れているので、冬は暖かく、夏は涼しくするのに役立ちます。

PART
03

백쌤의 TIP

용인민속촌과 안동하회마을은 어떤 점에서 다를까요?

용인민속촌은 각 지방에 남아있던 조선시대의 가옥들을 옮겨 와서 조성한 마을로 지방별 다양한 가옥들과 전시물을 볼 수 있습니다. 따라서 현재는 비어 있지만 사람이 실제 살았던 가옥들을 둘러보면서 조선시대 백성들의 다양한 삶을 경험할 수 있습니다.

반면에 한국의 유네스코 세계유산인 안동하회마을은 실제 주민들이 살고 있는 자연마을입니다. 마을 전체의 건축물이 자연과 더불어 조화롭게 배치되어 있으며 조선시대의 유교문화, 전통놀이, 세시풍속, 전통 관혼상제 등 살아 있는 무형유산들이 세대를 이어 그대로 전승되고 있다는 점에서 세계적인 가치를 지니고 있습니다.

온돌에 대해 설명하시오.

➤ Give the explanation of Ondol.
➤ 请介绍一下温突。
➤ オンドルについて説明しなさい。

한국어

온돌은 방바닥 아래에 설치하는 한국 전통의 난방장치입니다. 온돌이라는 말은 '따뜻한 돌'을 의미합니다. 온돌은 그 역사가 선사시대까지 거슬러 올라갑니다. 한국인들은 추운 겨울에 집을 따뜻하게 하기 위해 온돌을 사용해 왔습니다.

부엌에는 아궁이가 있고 그 열기는 방바닥 아래를 지나는 통로를 통해 이동합니다. 방바닥 아래는 돌로 된 층이 있습니다. 바닥이 따뜻해지면 방안의 공기도 따뜻해집니다. 부엌의 불은 또한 요리하는 데도 사용될 수 있었습니다. 수천 년 전에 한국의 조상들이 온돌을 만드는 지식과 지혜를 가지고 있었다는 것은 놀랍습니다. 오늘날의 난방장치는 스위치를 누르는 것만으로 바닥이 데워지기 때문에 원래 온돌보다 훨씬 더 편리합니다.

외국 사람들은 한국에서 방에 들어갈 때 신발을 벗는 것에 익숙하지 않습니다. 하지만 그들이 온돌난방장치를 알고 나면 왜 한국인들에 바닥에 앉는지에 대해서 이해합니다.

영어

Ondol is Korean traditional underfloor heating system. The word 'Ondol' means 'warm stone'. Ondol dates back to the pre-historic age. Koreans have used ondol to warm their houses in the cold winter.

A kitchen has a furnace(Agung-i in Korean) and its heat is transferred through the passage that runs beneath the room's floor. Under the room's floor, there is a layer of stone. If the floor gets warm, the air in the room gets warm, too. The fire in the kitchen could be also used for cooking. It is surprising that thousands of years ago, the ancestors of Korea had the knowledge and wisdom to make ondol. Today's heating systems is a lot more convenient than the original ondol because the floor is heated just by a flick of a switch.

Western people are not used to taking off their shoes to enter a room in Korea. However, When they become aware of the ondol heating system, it makes sense as to why Korean people sit on the floor.

温突是安装在炕底下的韩国传统的采暖设备。温突的一词意味着'温暖的石头',温突的历史可以追溯到史前时代,韩国人为了抵挡寒冷用温突作为取暖设施。

厨房里有一个灶口,热气可以通过炕底下的通道来回传递。炕底下有用石头做的炕间墙。当炕面热起来散发热量时,室内也可保持较高的温度。另外,厨房的火还可以用来做饭。几千年前韩国的祖先就具有制造温突来取暖的知识和智慧,这使我们感到很震惊。如今的取暖设备只需轻按开关即可加热地板,所以比起原来的温突更加方便。

外国人刚开始进去房间时不习惯拖鞋,但一旦知道了温突取暖设备系统,他们就可以理解韩国人为什么喜欢坐在地板上。

オンドルは韓国伝統の床の下の暖房装置です。オンドルという言葉は「温かい石」を意味します。オンドルの歴史は先史時代にまで遡ります。韓国人は寒い冬の間、家を暖かくするためにオンドルを使ってきました。

台所にはかまどがあり、その熱気は床の下の通路を通って移動します。床の下には石でできた層があります。床が暖かくなると部屋の中の空気も温まります。台所の火は料理にも使いました。数千年前に韓国の先祖たちがオンドルを作る知恵を持っていたことには驚かされます。今日の暖房装置はスイッチを押すだけで床が暖まるため、元のオンドルよりもはるかに便利です。

外国人は韓国で部屋に入るとき靴を脱ぐことに慣れていません。しかし彼らがオンドル暖房装置を知ると、なぜ韓国人たちが床に座るのかを理解するようになります。

김치의 역사와 효능, 가치에 대해서 설명하시오.

➤ Explain the history, effect and value of Kimchi.

➤ 请说明一下辛奇的历史、效能及价值。

➤ キムチの歴史と効能、価値について説明しなさい。

한국어

김치는 채소로 만든 한국의 대표적인 음식입니다. 한국인들은 추운 겨울에 채소를 먹기 위해서 '절임'이라는 저장방법을 발달시켰습니다. 기록에 따르면 붉은 고추는 임진왜란 중에 들어왔습니다. 18세기에는 매운 고춧가루가 김치 만들기의 주재료로 사용되었습니다.

적절한 온도는 김치가 잘 발효되도록 도와줍니다. 너무 추우면 김치는 얼어버립니다. 너무 따뜻하면 김치가 쉬어버립니다. 잘 발효된 김치는 많은 젖산과 비타민을 함유하고 있습니다. 채소는 식이섬유가 풍부합니다. 그 안에 든 마늘은 면역기능을 향상합니다. 김치에 들어가는 발효된 생선은 칼슘의 공급원입니다. 또한 연구들은 김치가 항암효과가 있다는 것을 입증하였습니다.

김치는 거의 매 식사에 나옵니다. 한국인들은 겨울 동안에 김치를 먹기 위해서 많은 양의 김치를 준비합니다. 그것은 '김장'이라고 불립니다. 그들은 가족, 친척 그리고 이웃과 함께 김장을 합니다. 현대식 김치 냉장고가 있어도 김장을 하는 풍습은 대대로 전수되었습니다. 김장문화는 2013년에 유네스코 무형문화유산으로 지정되었습니다.

Kimchi is the Korean representative dish made of vegetables. To have vegetables in cold winter season, Koreans developed a storage method, 'Pickling'. According to records, red pepper came in during the Imjin war. In the 18th century, hot red pepper was commonly used as the major ingredients for kimchi.

Moderate temperature helps kimchi ferment well. If it is too cold, it will freeze. If it is too warm, it will turn sour. Well-fermented kimchi contains lots of lactic acid and vitamin. The vegetables are rich in dietary fiber. The garlic in it improves immunity function. The fermented fish added to kimchi is the source of calcium. Also, experiments have proved kimchi is effective against cancer.

Kimchi is served at almost every meal. Koreans prepare large quantities of kimchi for the winter season. That is called Kimjang. They often make kimjang with their families, relatives and neighbours. In spite of modern kimchi refrigerator, the custom of kimjang has been passed down the generations. Kimjang ; Making and Sharing Kimchi was designated as the Intangible Cultural Heritage by UNESCO in 2013.

辛奇是由蔬菜制作成的韩国代表性食物。韩国人为了在寒冷的冬天也能吃上蔬菜，而不断开发了'腌制'的存储方法。据记载，壬辰倭乱时期红辣椒被引进韩国，而在18世纪，红辣椒面已被用来作为制作辛奇的主要原料。

适当的温度有助于辛奇的发酵，若过冷辛奇会冻掉而过热的话辛奇将会变酸。发酵良好的辛奇含有大量的乳酸菌和维生素，蔬菜中含有丰富的膳食纤维，辛奇里面的大蒜可以提高免疫功能，作为原料的发酵鱼是提供钙的供应来源。而且最近研究已经表明辛奇还具有防癌抗癌作用。

韩国人每餐几乎都少不了辛奇。他们为了冬季吃上辛奇，提前大量准备辛奇。这种辛奇叫'过冬辛奇'。他们跟家庭成员、亲戚和邻居一起做过冬辛奇，即使现在有辛奇冰箱但做过冬辛奇的习俗还是代代传下来。过冬辛奇文化在2013年被联合国教科文组织指定为非物质文化遗产。

キムチは野菜を使った韓国の代表的な食べ物です。韓国人たちは寒い冬に野菜を食べるために「漬け物」という保存方法を発達させました。記録によると赤唐辛子は壬辰倭乱の間に韓国に入ってきました。18世紀には辛い唐辛子がキムチ作りの主材料として使用されました。

適切な温度はキムチがうまく発酵するようにします。あまり寒いとキムチは凍ってしまいます。暖かすぎるとキムチが腐ってしまいます。よく発酵したキムチは、多くの乳酸とビタミンを含んでいます。野菜は食物繊維が豊富です。その中でもニンニクは免疫機能を向上させてくれます。キムチに入る発酵した魚は、カルシウムの供給源です。また、研究ではキムチが抗がん効果もあると発表されました。

キムチはほぼすべての食事に出てきます。韓国人は冬の間にキムチを食べるために大量のキムチを準備します。それは「キムジャン」と呼ばれています。彼らは家族と親戚、近所の人達と一緒にキムジャンをします。現代、キムチ冷蔵庫が出来てからもキムジャンをする風習は代々続いています。キムジャン文化は2013年にユネスコ無形文化遺産に指定されました。

백쌤의 TIP

한국의 김장문화(Kimjang ; Making and Sharing Kimchi)가 유네스코 인류무형문화유산으로 지정된 것은 세대를 거쳐 전수되어 내려온 방식으로 김장을 담고 이웃 간 함께 나누어 먹는 우리 문화의 가치를 세계적으로 인정받은 것입니다. 즉, 김장문화가 유네스코 유산으로 지정된 것은 식품으로서 김치의 훌륭함 때문이라기보다는 대대로 전수된 김장문화의 나눔(Sharing)과 협동정신(Cooperative Spirit) 덕분입니다.

비빔밥을 소개해 보시오.

> Introduce Bibimbap.
> 请介绍一下拌饭。
> ビビンバを紹介しなさい。

한국어

비빔밥은 최고의 한국 전통음식들 중 하나입니다. 특히 전주비빔밥이 가장 유명합니다. 흰밥이 콩나물, 가지, 시금치, 무, 버섯, 고사리와 같은 나물들과 함께 나옵니다. 밥 위의 다양한 나물은 색깔도 화려할 뿐만 아니라 건강에도 좋습니다. 먹기 전에 나물과 밥을 고추장에 함께 비빕니다.

많은 외국인들이 기내음식으로 비빔밥을 먹어 봅니다. 비빔밥은 채식주의자들을 비롯한 외국인 관광객들에게 사랑을 받습니다. 많은 한국인들이 비빔밥을 전 세계에 알리려고 노력을 하고 있습니다. 최근 한복을 입은 홍보대사와 비빔밥의 사진이 뉴욕 타임즈에 나왔습니다. 비빔밥 시식 행사들도 외국에서 열립니다.

영어

Bibimbap is one of the best Korean traditional dishes. Especially Jeonju bibimbap is the most famous. Cooked white rice is served with vegetables like bean sprout, eggplant, spinach, radish, mushroom and bracken. Various vegetables on the rice are not only colorful but also healthy. Before eating, vegetables and rice are mixed with red pepper paste.

Many foreigners try bibimbap as an in-flight meal. Bibimbap is loved by foreign travelers including vegetarians. Many Koreans are making an effort to publicize bibimbap around the world. Recently, the picture of bibimbap with the honorary ambassador in Hanbok was on New York times. Bibimbap tasting events are also held in foreign countries.

PART
03

중국어
拌饭是数一数二的韩国传统食品之一，尤其是全州拌饭特别有名。拌饭中米饭一般跟豆芽、茄子、菠菜、萝卜、蘑菇、蕨菜等野菜放在一起，米饭上的各种野菜的颜色不但华丽，而且还有益健康，吃拌饭之前需要用辣酱把米饭和野菜拌起来。

很多外国游客在飞机里可以吃到机内拌饭，拌饭深受素食者以及外国游客的喜爱。许多韩国人为了把拌饭宣传到各国而尽了很多努力。近期纽约时报还发布了穿韩服的宣传大使和拌饭的照片，在外国还举行品尝拌饭的活动。

일본어
ビビンバは最高の韓国伝統料理の一つです。特に全州ビビンバが最も有名です。白飯ともやし、ナス、ほうれん草、大根、きのこ、ワラビのようなナムルが一緒に出てきます。ご飯の上の様々なナムルは、色が華やかなだけでなく、健康にも最高です。食べる前にナムルとご飯をコチュジャンで混ぜ合わせます。

多くの外国人は機内食にビビンバを食べています。ビビンバは菜食主義者をはじめとする外国人観光客たちに愛されています。多くの韓国人がビビンバを全世界に広めようと努力しています。最近は韓服を着た広報大使とビビンバの写真がニューヨークタイムズに載りました。ビビンバの試食会も外国で開かれています。

불고기에 대해 이야기해 보시오.

➤ Tell me about Bulgogi.
➤ 请介绍一下韩式烤肉。
➤ プルコギについて話しなさい。

한국어

불고기는 한국에서 가장 맛있는 음식들 중에 하나입니다. 그것은 보통 불에 구운 양념 소고기입니다. 맛있는 불고기를 만들기 위해서는 미리 두 시간 이상 양념에 재워야 합니다. 이 양념에 재우는 과정은 소고기에 훌륭한 맛을 더합니다. 양념장은 간장, 설탕, 파, 마늘 등으로 만듭니다. 한국인들이 불고기를 먹을 때 그들은 쌈을 싸는 것을 좋아합니다. 쌈은 말 그대로 '보자기에 싼'이라는 뜻을 갖고 있습니다. 고기와 밥을 싸기 위해서 상추, 깻잎과 같은 잎채소가 사용됩니다. 마늘, 양파, 쌈을 위한 특별한 소스, 쌈장이 자주 수반됩니다. 이 모든 채소들과 함께 먹는 불고기는 건강에 아주 좋은 음식입니다.

영 어

Bulgogi is one of the most delicious food in Korea. It is usually grilled marinated beef. To make a delicious Bulgogi, beef needs to be marinated for over 2 hours beforehand. This marination process adds great flavor to beef. Marinade is made with soy sauce, sugar, green onion, garlic, etc.
When Koreans eat Bulgogi, they love to make Ssam. Ssam means 'wrapped' literally. Leafy vegetables like lettuce and sesame leaves are used to wrap the meat and rice. Garlic, onion, green pepper and Ssamjang(the sauce for Ssam) are often involved. With all these vegetables, Bulgogi is a very healthy food.

중국어

烤肉是在韩国最美味的食物之一，它通常是用火烤的腌制牛肉。为了甜美浓香的味道，肉需要提前腌制两个小时以上。这个腌制的过程使牛肉更加鲜嫩多汁，耐人回味。腌料一般由酱油、白糖、葱和大蒜等来制造。
韩国人吃烤肉时，喜欢包着吃，包饭就顾名思义是'包在包布里'的意思。为了包烤肉和米饭还需要生菜、苏子叶等叶菜，在这基础上加上大蒜、洋葱、特制包饭调料－包饭酱。之所以烤肉对身体健康很好，是因为烤肉跟很多蔬菜一起吃。

プルコギは韓国で最もおいしい食べ物の中の一つです。これは通常、火で焼いた味付け牛肉です。おいしいプルコギを作るためには事前に二時間以上、調味料に漬け込む必要があります。この調味料に漬けて寝かせるプロセスは、牛肉の美味しさを引き出します。調味料には醤油、砂糖、ネギ、ニンニクなどが入ります。

韓国人がプルコギを食べるとき、彼らは野菜に包んで食べる方法を好みます。「風呂敷に包んだ」という意味を持つサムと呼ぶ方法で食べるため、肉とご飯を包むレタス、ゴマの葉のような葉野菜を準備します。ニンニク、タマネギ、ソース、味噌ソースと一緒によく出てきます。こうして野菜と一緒に食べるプルコギは非常に健康的な食べ物です。

미역국에 대해 이야기해 보시오.

➤ Tell me about Miyeokguk.
➤ 请讲述一下海带汤。
➤ ワカメスープについて話しなさい。

한국어

미역국은 해조류로 만든 국의 일종입니다. 한국에서 그것은 전통적인 생일음식이지만 사람들은 일반 식사로도 미역국을 먹습니다. 예로부터 출산 후에 여자들은 미역국을 먹어야 한다고 믿어져 왔습니다. 안에 들어있는 해조류인 미역은 혈액 정화, 변비해소, 해독작용과 같은 효능들이 있습니다. 그것은 또한 아이를 키우는 여자들이 건강한 모유를 생산하도록 도와줍니다. 이런 이유들 때문에 출산한 여자들은 삼 주만큼 오래 매 끼니에 미역국을 먹도록 권해집니다. 생일에 미역국을 먹는 것은 어머니의 출산의 노고를 기억하기 위한 것입니다.

영 어

Miyeokguk is kind of seaweed soup. In Korea, it is a traditional birthday dish, but people also eat Miyeokguk for regular meals. From old times, it has been believed that women after giving birth have to eat Miyeokguk. Miyeok, the seaweed in it, has healing properties such as blood purification, constipation relief and detoxification. It also helps nursing women to produce healthy breast milk. For these reasons, women after childbirth are advised to eat Miyeokguk every meals for as long as three weeks. Eating Miyeokguk on birthdays is to remember mother's hard work of childbirth.

중국어

海带汤是用海藻类做的一种汤，在韩国这是一种传统的生日食物，不过人们在日常吃饭时也会吃海带汤。自古以来韩国就有产妇坐月子时要吃海带汤的习俗。海带具有净化血液、解除便秘、解毒等作用，而且有助于产妇的母乳喂养。因在上面阐述的理由，产妇们被推荐从生下孩子后长达三个星期，每顿都要吃海带汤。而生日当天吃海带汤都是为了牢记母亲出产的劳苦。

PART
03

ワカメスープは、海藻類で作った汁物の一つです。韓国では伝統的に誕生日に食べる料理ですが、普通の食事にもワカメスープをよく飲みます。昔から出産後の女性は、ワカメスープを飲まなければいけないと信じられてきました。中に入っている海藻類のワカメは、血液浄化、便秘解消、解毒作用などの効能を持っています。また、子供を育てる女性が健康的な母乳を作り出すのに良いと言われています。このような理由から、出産した女性は3週間ほど、毎食ワカメスープを飲むように勧められています。誕生日にワカメスープを飲むのは、母親の出産の苦労を忘れないようにするためです。

우리나라 전통술 중 한 가지를 외국인에게 소개한다면?

> What kind of Korean traditional wine do you want to introduce to a foreigner?
> 如果需要给外国人介绍韩国的传统酒，你会推荐哪个？
> 韓国の伝統酒の中から一つを外国人に紹介するならば？

한국어

막걸리는 한국 고유의 술입니다. 그것은 쌀, 밀가루, 보리와 같은 곡물들로 만드는데 그래서 그 색깔이 우윳빛입니다. 막걸리는 영양가 있는 술입니다. 다른 술들과 비교했을 때 그것은 알코올 함량이 적습니다. 대신 단백질, 비타민, 식이섬유와 유산균이 많이 들어 있습니다. 막걸리는 특히 농부들에게 인기를 얻어 왔습니다. 농부들이 허기로 지칠 때, 그것을 음식처럼 마시고 에너지를 얻습니다. 오늘날 막걸리는 한국인들에게 널리 사랑받고 있습니다.

좋은 막걸리는 단맛, 쓴맛, 신맛이 훌륭하게 조합된 맛이 납니다. 거기다가 감칠맛과 시원한 맛을 가지고 있습니다. 막걸리의 맛은 인생의 맛과 같습니다. 한국인들은 기쁘거나 슬플 때 그것을 마시고 감정을 표현해 왔습니다. 막걸리는 한국인의 삶과 밀접하게 연관되어 있습니다.

영 어

Makgeolli is an alcoholic beverage native to Korea. It is made from grains like rice, wheat, or barley, which make its color milky. Makgeolli is a nutritious liquor. Compared to other liquors, it contains low alcohol. Instead, it contains a lot of proteins, vitamins, dietary fiber and lactic acid bacteria. Makgeolli has been popular especially among farmers. When farmers feel exhausted from hunger, they drink it like food and get energy. Today, Makgeolli is widely loved by Korean people.

Good Makgeolli tastes like the excellent combination of sweetness, bitterness and sourness. In addition, it has savory and refreshing tastes. The taste of Makgeolli are like those of life. Korean people have drunk it and expressed their emotions when they felt either happy or sad. Makgeolli is closely related to lives of Korean people.

马格利酒是韩国固有的酒，是由米、面粉、大麦等谷物来酿成的，所以显出乳白色。米酒是营养丰富的酒。跟其他酒相比，马格利酒的酒精含量较少。不过马格利酒含有大量的蛋白质、维生素、膳食纤维和乳酸菌。一直以来马格利酒深受农夫们的喜爱，当农夫们饥饿疲劳时，把马格利酒当成食物来喝，并从此获取了能量。如今，马格利酒依然广泛备受韩国人的喜爱。

优质马格利酒具有甜、苦、酸味完美结合起来的味道，此外还有浓香、清爽的味道。马格利酒的味道就像人生一样。韩国人在快乐或悲伤时喝其酒之后表达了自己的感情。马格利酒跟韩国人的生活密切相关。

マッコリは韓国固有の酒です。これは米、小麦、大麦などの穀物で作るので、色が乳白色です。マッコリは栄養価の高いお酒です。他のお酒と比較した時、マッコリはアルコールの含有量が多くありません。代わりにタンパク質、ビタミン、食物繊維と乳酸菌が多く含まれています。マッコリは特に、農民たちから人気を得ていました。農夫が空腹で疲れたとき、食事の代わりにマッコリを飲んでエネルギーを補充します。今日マッコリは韓国人に広く愛されています。

良いマッコリは甘味、苦味、酸味がうまく混ざった味がします。その上にコクとすっきりした味を持っています。マッコリの味は人生の味と似ていると言います。韓国人は嬉しい時も、悲しい時も、マッコリを飲んで感情を表現してきました。マッコリは韓国人の生活と密接に繋がっています。

백쌤의 TIP

한국 전통술은 인위적 가공품이나 합성첨가물이 들어가지 않은 자연발효에 의한 술입니다. 대표적인 전통술인 막걸리에는 효모균(유산균)이 들어있어 갈증을 달래고, 신진대사에도 도움을 줍니다. 그럼 막걸리 제조법을 간단히 알아봅시다. 먼저 쌀을 불린 후 쪄서 익힌 뒤 알맞게 식으면 발효제인 전통 누룩을 넣고 잘 섞습니다. 이 누룩밥을 독이나 항아리에 넣고 잠길 정도의 물을 붓고 27~28도의 온도를 유지하여 보관합니다. 5~7일이 지나면 술을 걸러서 시원한 곳에 두고 저온숙성시킵니다.

문배주에 대해 이야기해 보시오.

➤ Tell me about Munbaeju.

➤ 请对文梨酒(又称文杯酒)进行一下讲述。

➤ ムンベ酒について話しなさい。

한국어

문배주는 남한에서 생산되는 한국의 전통술입니다. '문배'는 야생 배를 의미하고 '주'는 술을 의미합니다. 문배주는 배가 전혀 사용되지 않았는데도 문배의 향이 납니다. 고려시대에 그것은 왕에게 바치는 귀한 술이었습니다. 원래는 평양에서 생산되었는데 6·25전쟁 후 남한에서 생산되어 왔습니다. 2000년 남북정상회담에서 북한 최고수령 김정일에게 접대되었고 그 술은 극찬을 받았습니다. 이제 문배주는 남북정상회담과 국제행사에 사용되는 공식 술로 여겨집니다.

영 어

Munbaeju is Korean traditional liquor produced in South Korea. 'Munbae' means wild pear and 'ju' means alcohol. Munbaeju has a fruity scent of the wild pear, although pear is not used at all. In the Goryeo Dynasty, it was a rare liquor that was delivered to the king. It was originally produced in Pyeongyang but after the Korean war, it has been produced in South Korea. In the Inter-Korean Summits in 2000, Munbaeju was served to the Supreme Leader of North Korea, Kim Jong-il and it received much praise. Now Munbaeju is considered as an official drink for the Inter-Korean Summits and international event.

중국어

产自于南韩的文梨酒是韩国的传统酒。'文梨'意味着野生梨，而'酒'意味着酒精。尽管它不使用梨，但酿造的酒散发文梨的香味。在高丽时代这个酒是献给国王的珍贵的酒。文梨酒最初产于平壤，但爆发6·25朝鲜战争以后一直在南韩酿造了它。文梨酒在2000年南北首脑会谈中，为了接待朝鲜最高领袖金正日时被使用且受到了最高赞赏。现在文利酒已成为南北首脑会谈和国际活动时被使用的官方酒。

ムンベ酒は韓国で生産されている韓国の伝統酒です。「ムンベ」とは野生の梨を意味しています。ムンベ酒には梨がまったく使われていないのにムンベの香りがします。高麗時代には王に捧げる貴重なお酒でした。もともとは平壌で生産されていましたが、朝鮮戦争後韓国で生産されるようになりました。2000年の南北首脳会談で、北朝鮮の最高主席金正日に接待され、絶賛を受けました。現在ムンベ酒は、南北首脳会談や国際的なイベントに使用される公式酒として考えられています。

참고 문배주 양조원 홈페이지(www.moonbaesool.co.kr)

탈춤에 대해 이야기해 보시오.

➤ Tell me about Talchum.

➤ 请介绍一下假面舞。

➤ タルチュム(仮面舞踊)について話しなさい。

한국어

탈춤은 2022년 유네스코 인류무형문화유산으로 지정되었습니다. 탈춤은 민간의 놀이로 전승된 민속극입니다. 특이한 건 무대가 없이도 어디에서나 공연될 수 있다는 점입니다. 탈춤은 사람들에게 둘러싸여 바닥에서 공연되기 때문에 배우와 관객 사이에 경계가 없습니다. 탈춤 속의 배우를 탈꾼이라고 부르는데 탈꾼들은 가면을 쓰고 노래하고 춤추면서 몸짓과 재담을 보여 줍니다. 탈꾼들은 자주 관객에게 말을 걸고 공연에 참여하도록 부추깁니다. 관객들은 때로는 연극에 야유를 하기도 하고 '얼쑤'라는 추임새를 넣으며 동조를 하기도 합니다. 공연 뒤풀이에서는 관객들이 탈꾼들과 함께 뛰어놀 수도 있습니다.

탈춤은 장소와 상관없이 상황에 따라 이루어지는 거리극입니다. 탈꾼은 재담과 몸짓을 통해 극에서 필요한 시간과 장소를 즉석으로 만들어 낼 수 있습니다.

탈춤은 사회의 부조리에 대한 풍자와 유머를 담고 있으며 그 시절 평민들의 생각과 감정을 반영합니다. 소재는 양반에 대한 반감, 계층 사이의 갈등, 처첩 사이에서 발생하는 가정문제, 요망하고 간사한 귀신을 물리치는 의식 등에 대한 것입니다.

영어

Talchum was designated as the Intangible Cultural Heritage of Humanity by UNESCO in 2022. Talchum is Korean traditional mask dance, passed down as a folk play. What is unusual is that it can be performed anywhere even without a stage. Talchum is performed on the ground surrounded by people so it has no barrier between actor and audience. An actor of Talchum is called Talggun, who wears a mask, sings and dances with funny talks and jokes. Talgguns often talk to audiences and encourage them to participate. Audiences sometimes hiss at the play or express their agreement with chu-imsae 'Eolssu'. In the after-party, they can also run around with talgguns.

Talchum is the situational street performance happening irrespective of places. A talggun can make the necessary time and place spontaneously through jokes and gestures.

Talchum contains satire and humor about social irregularities, representing common people's idea and emotion back then. Its subject matter is about the hostility toward yangban, conflicts between classes, home problems between wife and concubine, ceremonies to beat the wicked and sneaky demons, etc.

중국어

假面舞于2022年被联合国教科文组织列入人类非物质文化遗产。假面舞是作为民间游戏传承下来的民俗剧。其特别之处在于哪怕没有舞台也可以在任何地方演出。假面舞是被人们团团围住所进行的地面表演，演员和观众之间没有界限划分。假面舞中的演员被称为假面人，假面人带着假面，载歌载舞，尽情展现其身姿和口才。假面人经常会向观众搭话，诱导观众参与到演出中。观众有时会发出嘘声揶揄演出，有时也会发出'哎嗨'等应和声表示赞同，也有观众会在演出后的欢庆活动中和假面人一起玩耍。假面舞是与场所无关，视情况而定的街头剧。假面人通过口才和身姿可以随时出创造出假面舞所需要的时间和场所。

假面舞包含了对社会荒谬的讽刺和嘲笑，反映了当时老百姓们的思想和情感。其素材来源于对官僚层的不满、阶级矛盾、妻妾之间的家庭问题、击退怪诞诡谲的鬼怪的意识等。

일본어

タルチュムは2022年にユネスコの人類の無形文化遺産に指定されました。タルチュムは民衆の遊びとして伝承された民俗劇です。特異な点は舞台がなくても、どこでも公演できるということです。タルチュムは人々に囲まれて屋外の地面で上演するため、俳優と観客の間に境界がありません。タルチュムを踊る俳優をタルクンと言いますが、タルクンは仮面をつけて歌い踊りながら仕草と漫才を見せてくれます。タルクンは観客によく話しかけたり、公演に参加するように誘います。観客はたまに演劇にやじを飛ばしたり、'オルッス'という合いの手を入れながら同調したりします。公演の打ち上げでは、観客がタルクンと一緒に遊ぶこともできます。

タルチュムは場所に関係なく、状況によって行われる路上劇です。タルクンは、漫才と仕草を通じて劇で必要な時間と場所をその場で作り出すことができます。

タルチュムは社会の不条理に対する風刺とユーモアが込められており、その時代の庶民の考えと感情を反映しています。素材は両班に対する反感、階層間の葛藤、妻とめかけの間で発生する家庭問題、ずる賢くて邪な鬼を追い払う儀式などに関することです。

추석에 대해 설명하시오.

➤ Tell me about Chuseok.

➤ 请对中秋进行一下讲述。

➤ 秋夕(チュソク)について説明しなさい。

한국어

추석은 추수감사절과 비슷합니다. 음력 8월 15일에 사람들은 고향에 가서 부모님과 친척을 만나고 그 해의 수확을 축하합니다. 그들은 한국의 전통의상인 한복을 입고 조상들에게 차례를 지냅니다. 또한 성묘를 가서 벌초를 하고 조상에게 절을 합니다. 밤에는 보름달을 보면서 소원을 빕니다. 달빛 속에서 여자들은 단체로 노래하고 춤추고 노는 강강술래를 합니다.

추석에 먹는 특별한 떡은 송편입니다. 송편은 보름달을 상징합니다. 그것은 깨, 콩, 밤과 같은 속이 들어가 있습니다. 여자는 예쁜 딸을 가지기 위해 예쁜 송편을 만들어야 한다고 합니다. 한국인들은 송편의 모양을 이야기하면서 함께 송편을 만드는 것을 즐깁니다.

영 어

Chuseok is similar to Thanksgiving Day. On 15th day of the 8th lunar month, people go to their hometown and meet their parents and relatives to celebrate the year's harvest. They wear Korean traditional clothes, Hanbok, and hold memorial service to their ancestors. They also visit their family grave sites, mow the grass and bow to their ancestors.

At night, they pray for their wish, looking at the full moon. In the moonlight, they do Ganggangsullae in which females sing, dance and play in groups. Special rice cake for Chuseok is Songpyeon. Songpyeon stands for the full moon. It has the filling of sesame, beans or chestnuts. It is said that women need to make pretty Songpyeon to have a pretty daughter. Koreans enjoy making Songpyeons all together discussing the shapes of Songpyeon.

PART
03

中秋节类似秋收感恩节，每到农历8月15日人们就回故乡与父母、亲戚团聚并庆祝该年的丰收。这一天他们穿上传统韩服祭拜祖先，还去祖坟割草并祭拜祖先。到了晚上看着满月许愿，在月光下女性们聚集在一起手挽着手唱歌、跳舞着举行江江水月来。

中秋节吃的特别的糕点就是松饼，这个松饼象征着满月亮，松饼里面有芝麻，豆类，栗子等材料。有一句俗语说女人能包出好看的松饼，就可以生一个漂亮的女儿。韩国人边包松饼，边探讨松饼的模样，享受着包松饼的过程。

秋夕は秋收感謝節と似ています。旧暦8月15日に人々は故郷に帰り、両親や親戚に会ってその年の収穫を祝います。彼らは韓国の伝統衣装である韓服を着て先祖の前で儀式を行います。また、お墓参りに行って草刈りをし、先祖に礼を捧げます。夜には満月を見ながら願い事を祈ります。月の下で女達は団体で歌って踊って遊ぶ、カンガンスルレをします。

秋夕に食べる特別なお餅は松葉餅です。松葉餅は満月を象徴しています。ゴマ、大豆、栗などのアンが入っています。女性は可愛い娘を産むためには松葉餅をきれいに作らなければいけないとされています。韓国人は松葉餅の形の話をしながら皆で一緒に作るのを楽しみます。

사물놀이에 대해 설명하시오.

> Give the explanation of Samul nori.
> 请对四物表演进行一下说明。
> サムルノリについて説明しなさい。

한국어

사물놀이는 전통 한국 타악기 음악의 한 장르입니다. 사물이란 단어는 '네 가지 물체'를 의미합니다. 사물놀이는 풍물에서 유래되었습니다. 풍물은 농촌마을에서 공연되었습니다. 그것의 또 다른 이름은 농악인데 '농부들의 음악'이라는 뜻입니다. 많은 종류의 악기들이 풍물에 사용됩니다. 풍물은 대개 야외에서 공연되었습니다.

풍물을 극장에서 공연하기 위해서 네 가지 중요한 타악기가 뽑혔습니다. 그들은 징(징), 꽹과리(또 다른 류의 징), 장구(모래시계 모양의 머리가 둘인 북)와 북(통 모양 드럼)입니다. 그 악기들은 사물놀이의 역동적인 리듬과 강한 비트를 만들어 내면서 청중들에게 이완이나 긴장의 느낌을 줍니다.

영어

Samul nori is a genre of traditional Korean percussion music. The word Samul means 'four objects'. Samul nori derived from Pungmul. Pungmul was performed in farming villages. Its another name is Nongak, a term meaning 'farmers' music'. Many kinds of traditional instruments are used in Pungmul. Pungmul is usually performed outside.

To perform Pungmul in a theater, 4 important percussion instruments were picked. They were Jing(gong), Kkwaenggwari(another kind of gong), Janggu(drum with two hourglass-shaped heads) and Buk(barrel-shaped drum). Those instruments make dynamic rhythms and strong beat of Samul nori, which give the audience the feelings of relaxation or tension.

PART
03

四物表演是韩国传统敲击乐中的一种流派。四物意味着"四种物体"，来自于风物。以前风物在村庄举行，风物又被称为农乐，其意为"农夫的音乐"。风物表演通常在野外举行，而且表演中使用很多种乐器。

为了在剧场里面进行风物表演，人们选出了四种重要的打击乐器。它们分别是铜锣（锣）、京锣（另一种锣）、长鼓（呈沙漏计模样的两面鼓）和鼓（呈圆筒形的鼓）。这些乐器在四物表演中演奏出一个强烈的节奏和韵律，同时给予听众一个延缓或紧张的感觉。

サムルノリは韓国の伝統打楽器音楽のジャンルです。サムルという単語は「4つの物体」を意味します。サムルノリは風物遊びから由来しました。風物は農村で公演されていました。もう一つの名前を農楽と言いますが、「農夫たちの音楽」という意味です。多くの種類の楽器が風物に使用されます。風物は大体屋外で公演されました。

風物を劇場で公演するために4つの重要な打楽器が選ばれました。それらはジン(鑼)、ケンガリ(別の類の鑼)、チャング(砂時計形で両面を打つ太鼓)とブク(筒状のドラム)です。その楽器らは、サムルノリのダイナミックなリズムと強いビートを作り出し、見る人に弛緩と緊張感を与えます。

강강술래의 유래를 설명해 보시오.

➤ Explain the origin of Ganggangsullae.

➤ 请说明一下江江水月来(又称韩国圆圈舞)的由来。

➤ カンガンスルレの由来を説明しなさい。

한국어

강강술래는 2009년 유네스코 인류무형유산으로 지정되었습니다. 강강술래는 여자들이 보름달 아래에서 노래하고 춤추며 노는 전통 한국 무용입니다. 그래서 특히 대보름과 추석에 행해집니다. 전라남도는 강강술래의 본거지입니다.

강강술래는 긴 역사를 가지고 있지만 그것의 기원은 불분명합니다. 강강술래의 기원에 대한 두 가지 대표적인 이론이 있습니다. 하나는 그것이 밝은 보름달을 축하하고 풍년을 비는 민속놀이 라는 것입니다. 다른 하나는 임진왜란 동안 이순신 장군이 일본 군대를 속이기 위해서 지역의 여성들에게 강강술래를 하도록 명했다는 것입니다. 많은 여자들이 모닥불 주변에서 노래를 하 고 춤을 추었고 그것은 일본 군대에게 겁을 줄 수 있었습니다.

확실한 것은 그것이 집단으로 행해졌던 한국의 민속 예술이었고 한국인의 정신을 잘 담고 있다 는 점입니다.

영 어

Ganggangsullae was designated as the Intangible Cultural Heritage of Humanity by UNESCO in 2009. Ganggangsullae is a traditional Korean dance in which women sing, dance and play under the full moon. So, it was performed especially in Daeboreum and Chuseok. Jeollanam-do is home to Ganggangsullae.

Ganggangsullae has a long history but its origin is obscure. There are two representative theories about the origin of Ganggangsullae. One is that it is a folk game to celebrate the bright full moon and wish for a good harvest. The other is that during the Iimjin war, Admiral Yi Sun-sin ordered the local women to do Ganggangsullae to deceive the enemy. A lot of women sang and danced around a campfires and it could intimidate the Japanese troops.

The surest thing is that it was the Korean folk art that was performed in groups and it contains the spirit of Korean very well.

江江水月来在2009年被联合国教科文组织指定为人类非物质文化遗产。它是女性们在满月下跳舞玩乐的韩国传统舞蹈。因此一般在正月十五和中秋等特别节日举行该仪式。江江水月来的流传根据地是全罗南道。

江江水月来有着悠久的历史，但它的起源尚不明确。关于江江水月来的起源有两种代表性的理论。其一是，它是一个庆祝明亮的满月和期望丰收的民间游戏。而另一种是，壬辰倭乱时期李舜臣将军为了欺骗日本军队，命令妇女们围着篝火唱歌跳舞，其结果能够吓唬了日军。

可以肯定的是，它是集体举行的韩国民间艺术且蕴含着韩国人的精神。

カンガンスルレは、2009年にユネスコ人類無形遺産に指定されました。カンガンスルレは、女性達が満月の下で歌って踊って遊ぶ伝統的な韓国舞踊です。特に小正月とお盆に行われます。全羅南道はカンガンスルレの本拠地です。

カンガンスルレは、長い歴史を持っていますが、その起源は不明です。カンガンスルレの起源と言われる2つの代表的な理論があります。一つは、それが明るい満月を祝い、豊作を祈る民俗遊びだということです。もう一つは、壬辰倭乱の時、李舜臣将軍が日本軍を欺くために地域の女性たちにカンガンスルレをするように命じたという事です。多くの女性たちが焚き火の周りで歌を歌って踊り、それが日本軍に恐怖を与えたと言うのです。

確かなことは、それが集団で行われる韓国の民俗芸術であり、韓国人の精神を含んでいるという点です。

남사당놀이에 대해 이야기해 보시오.

> Tell me about Namsadang nori.
> 请讲述一下男寺党表演。
> 男寺党遊びについて話しなさい。

한국어

남사당놀이는 유랑극단에 의해 공연되었던 한국 민속 공연입니다. 남사당은 마을을 이리저리 떠돌며 노래, 춤, 묘기와 다른 다양한 재주들을 공연하였던 남자 예능인 단체였습니다. 그들은 엄격한 훈육 아래서 노래, 춤과 다른 공연기술들을 연마하였습니다. 남사당놀이에는 여섯 가지 공연이 있습니다. 그들은 풍물놀이, 버나놀이, 살판, 어름, 덧뵈기와 덜미입니다.

풍물놀이는 음악과 춤과 상모놀이(좁고 가느다란 띠가 달린 모자 공연)를 포함합니다. 버나놀이에서 연기자는 막대기 모양의 물체 위에 버나를 돌립니다. 버나는 접시나 대야 같은 다양한 물체가 될 수도 있습니다. 살판은 곡예 공연입니다. 어름은 줄타기 공연입니다. 줄타기 연기자는 3미터 높이의 줄 위에서 춤추고 노래하고 공중곡예를 합니다. 덧뵈기는 탈놀이이고 덜미는 인형극입니다. 연기자들은 광대들과 재치 있는 입담을 주고받으면서 다양한 재주를 보여 줍니다. 그것들은 사회에 대한 풍자와 그들의 고단한 삶을 이겨 내기 위한 유머를 담고 있습니다. 남사당놀이는 한국인의 해학적인 정신을 잘 보여 줍니다.

영 어

Namsadang nori is a traditional Korean folk performance that was played by itinerant troupes. Namsadang was a group of male entertainers who used to wander about villages and performed singing, dancing, acrobatics and other various talents. They improved their skills under a strict discipline. There are 6 kinds of performances in Namsadang nori. They are Pungmul nori, Beona nori, Salpan, Eoreum, Deotboegi and Deolmi.

Pungmul nori includes music, dance and Sangmo nori(streamer hat performance). In Beona nori, the performer spins Beona on a stick-shaped objects. Beona could be various objects like dish or basin. Salpan is acrobatics performance. Eoreum is tightrope performance. A tightrope performer dances, sings and does aerial stunts on the 3-meter high rope. Deotboegi is mask dance drama and Deolmi is puppet play.

Performers show their various talents exchanging witty talks with clowns. They include the satire against the society and humors to overcome their tough life. Namsadang nori reflects the humorous spirit of Korean very well.

男寺党表演是由流浪艺术团体来带领演出的韩国民俗表演。男寺党团体由数多男民间艺人来组成，在一名领头人的带领下，穿梭于集市和村落间，以表演杂耍、技艺为生，足迹遍布全国。他们通过严格的培训下不断磨练歌曲、舞蹈以及其他表演技艺。男寺党表演由"风物"、"Beona"、"Salpan"、"Eoreum"、"Deotboegi"、"Deolmi"等6种表演形式来构成。

"风物"包括音乐、舞蹈和象毛表演(粘着细窄纸带的帽子表演)。"Beona"表演中表演者将碟子放在木棍或竹棒上旋转。"Beona"可成碟子、大盘子之类的多样的物体。"Salpan"是杂技表演。"Eoreum"是空中走绳表演，表演者在三米高的绳子上跳舞、唱歌来做空中曲艺表演。"Deotboegi"是假面具表演。"Deolmi"是布偶戏。演员和民间艺人通过风趣、滑稽的口才展现各种才技，这些表演包含着对社会的讽刺和为了战胜他们艰苦生活的幽默。男寺党表演很好地显现出了韩国人的滑稽的精神。

男寺党遊びは流浪劇団によって公演される韓国の民俗公演です。男寺党とは村をあちこち流れ歩きながら歌、踊り、妙技など様々な芸を公演していた男達の芸能団体でした。彼らは厳格なしつけの下で歌、踊りなどの公演技術を琢磨しました。男寺党遊びには、6つの公演があります。それらはプンムル(農楽)、ボナ(皿回し)、サルパン(とんぼ返り)、オルム(綱渡り)、トッペギ(仮面劇)とトルミ(人形劇)です。

プンムルは、音楽と踊りと帽子遊び(狭くて細い帯がついた帽子の公演)が含まれています。ボナで演技者は棒形の物体の上で皿を回します。ボナは、小さな皿からたらいまで様々な形のものを回します。サルパンは、アクロバットショーです。オルムは綱を渡る公演です。オルムの演技者は、3メートルの高さの綱の上で踊って歌って空中曲芸をします。トッペギは仮面を使った劇であり、トルミは人形を使った劇です。演技者たちは道化ととんちの効いた会話をしながら様々な芸を見せてくれます。それらは社会への風刺と、彼ら自信の疲れた人生を勝ち抜くためのユーモアが込められています。男寺党遊びは韓国人のおどけた精神をよく見せてくれます。

외국인에게 소개하고 싶은 축제나 관광지에 대해 이야기해 보시오.

▶ Describe the festival or tourist attraction that you want to introduce to a foreigner.

▶ 请介绍一下你想推荐给外国游客的节庆活动或旅游景点。

▶ 外国人に紹介したい祭りや観光地について話しなさい。

한국어

■축 제

부산에는 매년 다양한 축제가 열립니다. 부산바다축제는 부산에서 가장 유명한 축제들 중의 하나입니다. 그것은 8월에 해운대, 광안리, 송도, 송정, 다대포 해수욕장에서 열립니다. 부산바다축제는 1996년 이래로 열렸습니다. 방문객들은 다양한 문화예술행사를 체험할 수 있습니다. 국내 최대 규모의 해변 콘서트와 비키니 축제, 마술축제, 살사 공연 등 이색적인 체험행사가 있습니다.

부산 국제 영화제는 아주 유명합니다. 그것은 매년 10월에 열립니다. 상영작과 참가국의 수는 매년 늘어나고 있으며 부산은 세계적으로 유명해졌습니다. 부산 세계불꽃 축제도 부산에서 놓치지 말아야 할 볼거리입니다. 배경음악에 맞추어 수만 발의 불꽃놀이와 멋진 레이저 쇼가 열립니다.

■관광지

저는 전주한옥마을을 추천하고 싶은데 그곳은 한국의 전통과 문화가 아주 잘 보존되어 있는 곳입니다. 저는 외국 관광객들이 그곳에서 멋진 경험을 할 수 있을 것이라고 확신합니다.

첫째, 그들은 한국 전통가옥인 한옥을 체험할 수 있습니다. 일제강점기 동안에 전주 사람들은 한국 주택의 위상을 보여 주고 싶어서 한옥마을을 조성하였습니다. 기와지붕의 우아한 선들은 정말 아름답습니다. 관광객들은 전주한옥체험관의 한옥에서 묵을 수도 있습니다.

둘째, 그들은 다양한 한국 전통 생산품들을 볼 수 있습니다. 전주 전통술박물관에는 한국 전통술이 관련된 정보와 함께 전시되어 있습니다. 유명한 전주막걸리인 모주도 팝니다. 전통 한지원을 방문하면 그들은 한지를 만드는 과정을 볼 수 있습니다. 다른 집에서는 전통한지 부채, 천연염색 제품들과 손으로 만든 액세서리 같은 수공예품들도 볼 수 있습니다. 만일 그들이 운이 좋다면, 길에서 한지 위에 글씨를 쓰고 있는 서예가를 만날 수도 있습니다.

PART
03

셋째, 그들은 다양한 전주 향토음식을 맛볼 수 있습니다. 전주비빔밥, 전주콩나물국밥과 한정식은 대표적인 전주음식입니다.

저는 여행자들이 밤에 막걸리 골목을 방문할 것을 추천합니다. 막걸리 한 주전자를 주문하면 반찬으로 가득한 상이 막걸리와 함께 나옵니다. 저는 전주한옥마을을 방문하는 사람은 누구든 즐거운 경험을 할 수 있을 거라고 믿습니다.

영 어

▌Festival

Various festivals are held in Busan every year. The Busan Sea Festival is one of the most famous festival in Busan. It is held in August in Haeundae, Gwangalli, Songdo, Songjeong and Dadaepo Beach. The Busan Sea Festival has been held since 1996. Visitors can experience various culture and art events. There are the nation's largest beach concert and unusual experience events like bikini festival, magic festival and salsa performance.

The Busan International Film Festival is really famous. It is held in October every year. The number of entries and participant countries is increasing year by year and Busan has become famous worldwide. The Busan International Fireworks Festival in October is also a must-see in Busan. Tens of thousands of fireworks and splendid laser show take place along with background music.

▌Tourist Attraction

I want to recommend Jeonju Hanok village, where Korean tradition and culture are preserved very well. I'm sure foreign travelers will be able to have wonderful experiences there.

First, they can experience Korean traditional house, hanok. During the Japanese occupation, Jeonju people wanted to show the pride of Korean houses and formed hanok village. Elegant lines of tiled roofs are really gorgeous. Travelers can stay in hanok in Jeonju Hanok Living Experience Center.

Second, they can see various Korean traditional products. In Jeonju Traditional Wine Museum, Korean traditional wines are displayed with related information. The famous Jeonju rice wine, Moju is sold, too. If they visit traditional hanji house, they can watch the procedure of making hanji. In other houses, they can find handicrafts such as traditional hanji fan, naturally dyed products and handmade accessories. If they are lucky, they could meet a calligrapher who is writing letters on hanji in the street.

Third, they can taste various Jeonju local foods. Jeonju bibimbap, Jeonju Bean Sprout Soup with Rice, and Korean Table d'hote are the representative Jeonju foods.

I recommend travelers to visit Makgeoli alleys at night. If you order one kettle of Makgeoli, a table full of side dishes is served with Makgeoli.

I believe whoever visits Jeonju Hanok Village will have a pleasant experience.

중국어　**▮节庆**

每年，各种庆典在釜山举行。釜山海洋节是最有名的庆典之一，这个庆典一般8月份在海云台、广安里、松岛、松亭、多大浦海水浴场等地区举行，釜山海洋节从1996年开始年年举行，游客可以体验各种文化和艺术活动。国内最大规模的海边音乐节、比基尼沙滩节，魔术节，萨尔萨表演等各种异国风情的庆典均可体验。

釜山国际电影节也非常有名，每年10月份举行一次，上映的电影作品数量和参与国每年都在增加，在全世界名声大振。釜山世界烟花节也是必看之一，数万激光和烟花根据音乐自由绽放、盛开。

▌旅游景点

我想推荐全州韩屋村，此地方是一个非常完好地保存了韩国传统文化的地方，我能保证外国游客有一个美好的感受和体验。首先，游客们可以体验到韩国传统屋－韩屋。在日本殖民统治期间，全州人为了显现韩国住宅的威严，而建立了韩屋村。韩屋村的屋檐线条非常优雅、美丽。游客们还可以在全州韩屋体验馆的韩屋里留住。其次，游客们可以看到韩国传统产品。在全州传统酒博物馆里游客们可以欣赏展览的韩国传统酒以及相关信息，在里面还可以购买品尝著名的全州马格利酒－母酒。访问传统韩纸园可以观赏韩纸制作的全过程，在其他地方可以看到传统韩纸制作的扇子、天然燃料制作的产品以及手工制作的工艺品等。幸运的话，在路上还可以遇到在韩纸上书写艺术的书法家。第三，游客们可以品尝到当地的各种乡土饮食。全州拌饭、全州豆芽汤饭和韩定食是代表全州的饮食。我建议游客们晚上去马格利酒胡同，只要点一壶马格利酒，各式菜肴就会摆满桌面。我相信来到全州韩屋村的所有游客们都将会有一个愉快的经历。

일본어　▌祭り

釜山では毎年様々な祭りが開かれます。釜山海祭りは、釜山で最も有名なお祭りの一つです。それは8月に海雲台、広安里、松島、松亭、多大浦海水浴場で開かれます。釜山海祭りは、1996年から開催されています。訪問客は様々な文化芸術などの行事を体験することができます。国内最大規模のビーチコンサートとビキニ祭り、マジックフェスティバル、サルサ公演など異色体験ができる行事が行われます。

釜山国際映画祭は非常に有名です。これは毎年10月に開かれます。上映作品と参加国の数は毎年増えており、釜山は世界的に有名になりました。釜山世界花火祭りも

釜山で必ず見逃すことのできないイベントです。音楽に合わせて数万発の花火と素敵なレーザーショーが開かれます。

▮観光地

私は全州韓屋村を勧めたいのですが、そこは韓国の伝統と文化が非常によく保存されています。私は外国人観光客たちがそこで素晴らしい経験をすることができると確信しています。

まず、彼らは韓国の伝統家屋である韓屋を体験することができます。日帝強制占領期間、全州の人々は、韓国の住宅の誇りを見せたくて韓屋村を作りました。瓦屋根の優雅な線は本当に美しいものです。観光客は、全州韓屋体験館の韓屋で泊まることもできます。

第二に、彼らは様々な韓国伝統産物を見ることができます。全州伝統酒博物館は、韓国の伝統酒が関連情報と共に展示されています。有名な全州マッコリである、母酒も売られています。伝統韓紙院を訪問すれば、彼らは韓紙を作る過程を見ることができます。他の家では伝統韓紙の扇子、天然染色製品と手作りアクセサリーなどの工芸品も見ることができます。もし運が良ければ、道で韓紙に文字を書いている書道家に出会うこともできます。

第三に、彼らは様々な全州の郷土料理を味わうことができます。全州ビビンバ、全州もやしクッパと韓定食は、代表的な全州の食べ物です。

私は旅行者に夜にはマッコリ路地を訪問することを勧めます。マッコリをやかん一杯注文すると、マッコリと一緒におかずが食卓いっぱいに出てきます。私は全州韓屋村を訪れる人は誰でも楽しい経験をすることができると信じています。

백쌤의 TIP

자신이 가장 좋아하면서도 외국인들이 좋아할 만한 관광지를 골라서 답변을 만들도록 합니다. 그 관광지에 대한 중요하고 흥미로운 점들을 소개하고 그곳을 여행하면서 즐거웠던 점들을 떠올리면서 답변을 작성합니다. 면접관이 그 관광지를 방문해 보고 싶다는 느낌이 들 정도로 흥미롭게 설명해야 합니다. 예를 들어, 부산 광안대교를 설명할 때 부산 수영구와 해운대구를 해상으로 연결하는 국내 최대의 해상 복층 교량이라고 설명하는 것도 좋지만, 주변경관이 빼어나고 다리의 화려한 조명으로 인해 다리가 너무 아름다워서 다이아몬드 브릿지(Diamond Bridge)라는 영어 애칭이 있다고 설명을 하면 기억에 더 잘 남겠지요.

어떤 곳을 설명할지 모르겠다면 서울에 있는 대중적인 곳을 설명하는 것도 좋습니다. 창덕궁이나 경복궁, 북촌, 인사동, 동대문 등 잘 알려진 곳도 추천할 만합니다. 단, 틀에 박힌 설명보다는 재미있는 내용 중심으로 답변을 구성하세요. 한옥마을을 소개할 경우 한옥의 장점과 온돌에 대해 설명하라는 꼬리질문이 나올 수도 있습니다.

거문고와 가야금을 비교하여 설명하시오.

➤ Explain the comparison between Geomungo and Gayageum.
➤ 请比较说一下玄鹤琴和伽倻琴。
➤ コムンゴと伽倻琴を比較しなさい。

한국어

가야금과 거문고는 한국 전통 현악기들입니다. 그들은 모두 울림판과 실크 줄로 되어 있지만 두 악기는 다릅니다.

가야금은 12개의 줄로 되어 있습니다. 줄은 손가락으로 튕기며, 그것은 조용하고 부드러운 소리를 냅니다. 삼국사기에 따르면, 가야금은 가야국의 가실왕에 의해 만들어졌습니다. 그는 우리 고유의 악기를 만드는 데 관심이 있었습니다. 그의 곁에는 우륵이라는 이름의 음악가가 있었습니다. 가실왕은 우륵에게 가야금을 위한 음악을 작곡하도록 명하였습니다.

한편, 삼국사기에 따르면, 거문고는 고구려 왕산악에 의해 만들어졌습니다. 그것은 6개의 줄로 되어 있습니다. 줄은 '술대'라고 불리는 짧은 대나무 막대기로 튕기며, 그것은 깊고 장중한 소리를 냅니다. 가야금과 비교했을 때 거문고는 힘 있고 에너지가 넘치는 소리가 납니다. 그래서 거문고는 남성적인 소리가 나고 가야금은 여성적인 소리가 난다고 자주 말합니다.

영 어

Gayageum and Geomungo are Korean traditional string instruments. Both of them have soundboard and silk strings but they are different.

Gayageum has 12 strings. They are plunked with fingers and they make quiet and smooth sounds. According to the Samguk Sagi, Gayageum was made by King Gasil of Gaya Kingdom. He was interested in making our own instrument. By his side, he had a musician named Ureuk. King Gasil ordered Ureuk to compose music for Gayageum.

On the other hand, according to the Samguk Sagi, Geomungo was created by Wang San-ak of the Goguryeo Kingdom. It has 6 strings. They are plucked with a short bamboo stick called 'Suldae' and they make deep and solemn sounds. Compared to Gayageum, Geomungo sounds powerful and energetic. Thus, It is often said that Geomungo sounds masculine and Gayageum sounds feminine.

伽倻琴和玄鹤琴是韩国的传统弦乐器。他们都是由响板和丝绸弦来组成，但两种是不同的乐器。

伽倻琴有12条弦，手指轻弹弦，可发出平稳柔和的声音。据三国史记，伽倻琴是由伽倻国嘉实王制成的，他对制造自己国家的乐器很感兴趣。嘉实王身边有音乐家于勒。嘉实王命令于勒为伽倻琴音乐作曲。

而另一方面，据三国史记，玄鹤琴是由高句丽王山岳来创制的。玄鹤琴由六条弦来组成，用竹制拨片(又称匙)弹拨琴弦，这发出的声音深沉、庄重。比起伽倻琴，玄鹤琴能够发出强有力并充满能量的声音。所以，人们经常说到，玄鹤琴发出男人般的声音，而伽倻琴发出女人般的声音。

伽倻琴とコムンゴは、韓国の伝統弦楽器です。それらはすべて響板とシルクの弦で出来ていますが、二つの楽器は異なります。

伽倻琴は、12の弦でできています。弦は指ではじき、静かで滑らかな音を出します。三国史記によると、伽倻琴は伽耶国の嘉実王によって作られました。彼は独自の楽器を作ることに興味を持っていました。彼のそばには于勒という名前の音楽家がいました。嘉実王は于勒に伽倻琴のための楽曲を作曲するように命じました。

一方、三国史記によるとコムンゴは、高句麗の王山岳によって作られました。それは6つの弦でなっています。弦は「スルテ」と呼ばれる短い竹の棒ではじきながら演奏し、深くて荘重な音を出します。伽倻琴と比較するならば、コムンゴは力がありエネルギッシュな音がします。そのためコムンゴは男性的な音がし、伽倻琴は女性的な音がするとよく言われます。

고려청자와 조선백자의 차이점을 설명하시오.

➤ Describe the difference between Goryeo Cheongja and Joseon Baekja.

➤ 请说明一下高丽青瓷和朝鲜白瓷的差别。

➤ 高麗青磁、朝鮮白磁の違いを説明しなさい。

한국어

고려청자는 세계에서 가장 뛰어난 자기들 중의 하나입니다. 그것은 아름다운 비취색으로 유명합니다. 그 색깔은 철을 포함하고 있는 유약 때문입니다. 고려청자의 아름다움은 질 좋은 흙과 유약과 상감기법으로부터 옵니다. 상감기법은 표면에 무늬를 조각하고 다른 종류의 흙으로 그것을 채우는 것입니다. 그것은 고려 도자기공들만 사용했던 유일하고 독창적인 기법이었습니다. 고려청자의 화려함은 고려왕조의 풍요롭고 귀족적인 문화를 반영합니다.

한편, 조선백자는 조선시대의 흰색 자기입니다. 그것은 순수하고 단순한 아름다움을 가지고 있습니다. 그 흰색은 백토와 투명한 유약에서 비롯됩니다. 조선백자는 특별한 장식적 요소가 없습니다. 하지만 그것이 조선백자가 고려청자보다 못하다는 것을 의미하는 것은 아닙니다. 백자의 순수한 흰 빛깔을 만들기 위해서는 더 발전된 기술이 필요했습니다. 조선백자는 절제와 검소함과 같은 한국의 유교적 윤리를 나타냅니다.

영 어

Goryeo Cheongja is one of the most excellent porcelains in the world. It is famous for the gorgeous jade green color. The color is because of the glaze containing iron. The beauty of Goryeo Cheongja is from high quality of soil and glaze, and inlaying technique. Inlaying technique is to carve patterns on the surface and fill them with other kind of soil. It was a unique and creative technique that only Goryeo potters used. The splendor of Goryeo Cheongja reflects the rich and aristocratic culture of the Goryeo Dynasty.

On the other hand, Joseon Baekja is white porcelains of the Joseon Dynasty. It has pure and simple beauty. Its white color comes from white soil and transparent glaze. Joseon Baekja doesn't have special decorative elements. However, that doesn't mean Joseon Baekja is inferior to Goryeo Cheongja.

To make the pure white color of Baekja, they needed more developed technique. Joseon Baekja represents Korean Confucian ethics such as modesty and frugality.

高丽青瓷是在世界上最杰出的瓷器之一，它以美丽柔和的翡翠色而有名。包含铁的釉药使瓷器能显现出这种青翠绿色。高丽青瓷的高雅、美感来自于优质的泥土和釉色的象嵌技法，象嵌技法是先在表面上刻画出花纹图案，再用不同种类的泥土堆填图案的技法，这是只有高丽陶工才使用的独特和有创造性的技法。高丽青瓷的华丽、高雅体现了高丽王朝的富丽堂皇的贵族文化。

另外，朝鲜白瓷是朝鲜时代的白色瓷器，它具有简洁、单纯的美感。白瓷的白色取决于白土和透明的釉药。朝鲜白瓷并没有特别的装饰元素。但这并不逊色于高丽青瓷，只是为了制造出一个纯白色的瓷器颜色需要更高级的技术而已。朝鲜白瓷体现了清高、节俭、朴实的韩国儒教伦理。

高麗青磁は世界で最も優れた磁器の中の一つです。それは美しい翡翠色を持つことで有名です。鉄が含まれた上薬から色が出ます。高麗青磁の美しさは、質の良い土と上薬と象嵌技法から出ます。象嵌技法とは、表面に模様を彫刻してそれを他の種類の土で埋めるやり方です。それは高麗の陶磁器工だけが使っていた唯一で独創的な手法でした。高麗青磁の華やかさは、高麗王朝の豊かで貴族的な文化を反映しています。

一方朝鮮白磁は、朝鮮時代の白い磁器です。それは純粋でシンプルな美しさを持っています。その白い色は、白土と透明な上薬から来ています。朝鮮白磁は特別な装飾的な要素はありません。しかしそれが朝鮮白磁が高麗青磁より劣るという意味ではありません。白磁の純粋な白い色を作り出すためにはより高度な技術が必要でした。朝鮮白磁は節制と倹約のような韓国の儒教的倫理を表しています。

PART
03

작은 기회로부터 종종 위대한 업적이 시작된다.

– 데모스테네스 –

부 록

모범답안을 위한
필수상식 /
핵심기출 플러스

참고사항

■ 부록에는 이 책의 개정기간인 2024년 3~5월의 최신 관광동향이 들어가 있습니다.
■ 이외의 관광상식과 관광동향은 참고문헌에 실린 사이트를 참고하여 수험에 대비하시기 바랍니다.

01 | 모범답안을 위한 필수상식

---

01 | FIT

- 'Foreign Independent Tour'의 축약어
- 인솔자나 안내원의 동행 없이 개인적으로 자유롭게 여행하는 형태
- 개별자유여행이라고도 하며 해외여행 경험자들이 늘어남에 따라 증가 추세에 있음

---

02 | FET

- 'Foreign Escorted Tour'의 축약어
- FCT(Foreign Conducted Tour)라고도 함
- 인솔자가 딸린 해외여행 형태
- 해외여행에 익숙하지 않은 여행자는 현지사정에 어둡고, 해외에서의 의사소통 문제가 많으므로 인솔자나 현지 안내인의 동행을 필요로 함

---

03 | GIT

- 'Group Inclusive Tour'의 축약어
- 소속이나 직장이 같은 혹은 다른 여러 명의 여행자들이 그룹으로 여행하는 형태

---

04 | LCC

'Low Cost Carrier'(저가항공)의 축약어

예 진에어, 제주항공, 티웨이항공, 이스타항공, 에어부산, 에어서울 등

05 | FOC

- 'Free of Charge'의 축약어
- FOC 티켓이라 해서 10~15여 명 이상의 인원이 동시 출발하는 단체 여행의 경우 무료 항공권이 1장씩 발권됨

06 | KATA, PATA, WTO

- KATA – Korea Association of Travel Agents(한국여행업협회)
- PATA – Pacific Asia Travel Association(아시아태평양관광협회)
- WTO – UNWTO ; World Tourism Organization(세계관광기구)

07 | No Show

비행기 여행에서 항공권 예약을 해 놓고 사전 통보 없이 항공편에 탑승하지 않은 것 또는 호텔예약을 해 놓고 예약취소 없이 호텔숙박을 이행하지 않은 경우, 혹은 그런 승객이나 고객을 부르는 말

08 | Go Show

여행자가 항공권을 예약하지 않고 공항에 나가서 예약취소나 No Show로 인해 나오는 항공권을 구매하려고 기다리는 경우, 혹은 호텔에 빈 객실이 없을 경우 예약취소나 No Show로 인해 나오는 빈 객실을 구하려고 기다리는 경우

09 | 대한민국의 행정구역은?

17개의 광역지방자치단체로 다음과 같이 구성되어 있음

- 1개 특별시 – 서울특별시
- 6개 광역시 – 부산광역시, 대구광역시, 인천광역시, 광주광역시, 대전광역시, 울산광역시
- 1개 특별자치시 – 세종특별자치시
- 6개 도 – 경기도, 충청북도, 충청남도, 전라남도, 경상북도, 경상남도
- 3개 특별자치도 – 제주특별자치도, 강원특별자치도, 전북특별자치도

10 | 대한민국의 인구수는?

51,285,153명(2024년 4월 기준)

참고 행정안전부 주민등록 연구통계

11 | 서울특별시의 면적과 인구수는?

• 면적 : 605.24km^2

• 인구수 : 9,378,269명(2024년 4월 기준)

참고 행정안전부 주민등록 연구통계

12 | 외래 관광객 주요 현황

단위(명)

구 분	2019년	2020년	2021년	2022년	2023년
총 관광객 수	17,502,756	2,519,118	967,003	3,198,017	11,031,665
중국인 관광객 수	6,023,021	686,430	170,215	227,358	2,019,424
일본인 관광객 수	3,271,706	430,742	15,265	296,867	2,316,429

부록

참고 관광지식정보시스템(www.tour.go.kr)

13 | 대한민국 국민의 4대 의무는?

국방의 의무, 납세의 의무, 근로의 의무, 교육의 의무

14 | 대한민국 5대 국경일은?

3·1절(3/1), 제헌절(7/17), 광복절(8/15), 개천절(10/3), 한글날(10/9)

15 | 신라의 여성 왕 3인

선덕여왕, 진덕여왕, 진성여왕

※ 선덕여왕(632~647)과 진덕여왕(647~654)은 신라 전기에 해당하고 진성여왕(887~897)은 신라 후기에 해당. 특히 진성여왕 시기에 신라 분열이 심해져서 후삼국시대가 재촉되었음

16 | 신라 왕호의 변천사는?

• 신라는 중국식 명칭 '왕'을 사용하지 않고 오랜 기간 독자적인 왕호를 사용함

• 거서간 – 차차웅 – 이사금 – 마립간 – 왕

• 각각 군장, 제사장, 계승자, 우두머리 등의 의미를 가진 이 왕호들을 사용하다가 지증왕 때 왕이라는 칭호가 처음 사용됨

17 | 한국의 근대 정치 역대 대통령

이승만 정부 – 박정희 정부 – 전두환 정부 – 노태우 정부 – 김영삼 정부 – 김대중 정부 – 노무현 정부 – 이명박 정부 – 박근혜 정부 – 문재인 정부 – (현재) 윤석열 정부

18 | 국가지정유산의 종류는?

국보, 보물, 사적, 명승, 천연기념물, 국가무형유산, 국가민속유산

19 | 국가무형유산으로 지정된 농악은?

강릉농악, 구례잔수농악, 이리농악, 임실필봉농악, 진주삼천포농악, 평택농악

20 | 우리나라 국보는?

• 서울 숭례문

• 서울 원각사지 십층석탑

• 서울 북한산 신라 진흥왕 순수비

- 여주 고달사지 승탑
- 보은 법주사 쌍사자 석등(통일신라시대의 석등, 사자를 조각한 석조물 가운데 가장 오래됨) 등

21 | 우리나라 보물은?

- 서울 흥인지문
- 옛 보신각 동종
- 서울 원각사지 대원각사비
- 안양 중초사지 당간지주(통일신라시대에 만들어진 당간지주, 절에 행사가 있을 때 절 입구에 당(幢)이라는 깃발을 달아 두는데, 이 깃발을 달아 두는 장대를 당간(幢竿), 당간을 양쪽에서 지탱하는 두 기둥을 당간지주라 함)
- 여주 고달사지 원종대사탑비 등

참고 문화재청 홈페이지(www.cha.go.kr)

22 | 서울 사대문은?

동대문(흥인지문), 서대문(돈의문), 남대문(숭례문), 북대문(숙정문)

부록

23 | 경복궁의 4대문은?

경복궁의 남문이자 정문인 광화문(光化門), 동문인 건춘문(建春文), 서문인 영추문(迎秋門), 북문인 신무문(神武門)

24 | 악귀를 쫓는 4방의 신?

- 청룡(동), 주작(남), 백호(서), 현무(북)
- 고대 중국에서 사방의 성좌들을 상상 속의 동물의 모습과 연관지어 배치한 것

25 | 단청의 색깔?

단청의 색은 청색, 백색, 황색, 적색, 흑색의 오방색(五方色)을 기본으로 함

26 | 제주도 삼다(三多)와 삼무(三無)는?

• 삼다는 바람, 돌, 여자. 삼무는 도적, 거지, 대문

• 삼무는 제주 주민들의 근면절약하고 상부상조하는 삶을 상징함

27 | 객사(客舍)란?

객관(客館)이라고도 했는데, 고려와 조선시대에 각 고을에 설치했던 관사로 지방을 여행하는 관리나 사신의 숙소로 사용되었음

28 | 금강산의 계절별 이름은?

금강산(봄), 봉래산(여름), 풍악산(가을), 개골산(겨울)

29 | 반도호텔

1936년, 상용여행자(일반대중)를 위해 지어진 우리나라 최초의 상용호텔(Commercial Hotel)

30 | 3 · 1운동에 대하여

• 3 · 1운동의 의의 : 계급, 종교, 지역, 남녀노소의 구분 없이 전 민족이 참여한 한민족 최대 규모의 비폭력 평화 만세시위

• 3 · 1운동의 배경

 – 미국 윌슨 대통령의 민족자결주의 주장

 – 1919년 2월 8일 일본 도쿄에 있던 조선 유학생들의 2 · 8독립선언

 – 고종황제 서거

• 3 · 1운동의 영향

 – 일제 통치방식이 문화통치로 변화

 – 독립운동의 분수령 역할을 하여 독립운동이 활성화됨

 – 1919년 4월 11일 대한민국 임시정부 수립의 계기가 됨

 – 당시 열강의 지배를 받던 약소민족의 독립운동에 영향을 줌(인도 간디의 무저항 비폭력주의, 중국 5 · 4운동)

02 | 핵심기출 플러스

01 | 투어 에스코트(Tour Escort) 기출 13

- 해외여행자들과 동행하는 관광가이드
- 짐을 부치고, 탑승권을 받고, CIQ통과를 도우며 여행지에서의 호텔, 식당과 관광지에서의 모든 상황을 처리함

02 | 팸투어(Fam Tour) 기출 10 · 11 · 12 · 13 · 14 · 15 · 18

- Familiarization Tour의 약자로 여행사 직원이나 언론인들을 초청하기 위해 기획된 여행
- 새로 만든 여행상품 체험과 홍보 목적

03 | 센딩 서비스 기출 12

- 관광객이 공항에서 출국절차를 밟는 걸 도와주는 서비스
- 짐 부치기, 좌석 지정, 탑승권 받기 등을 도와줌

04 | SIT 기출 10 · 11 · 12 · 14 · 17 · 18 · 19 · 20

- 특수목적관광(Special Interest Tourism)
- 문학, 예술, 역사처럼 특별한 목적이나 테마가 있는 여행

05 | FIT 기출 10 · 11 · 12 · 14 · 17 · 18 · 19 · 20

- Foreign Independence Tour의 축약어
- 인솔자나 안내원의 동행 없이 개인적으로 자유롭게 여행하는 형태
- 개별자유여행이라고도 하며 해외여행 경험자들이 늘어남에 따라 증가 추세

06 | 1330 기출 11 · 12 · 18

- 한국관광공사(KTO)의 한국여행 상담 전화
- 여행관련 정보와 서비스를 제공
- 통역서비스와 채팅 서비스 제공

07 | 호텔 룸의 종류 기출 11

- 싱글 룸 – 일인용 침대 한 대
- 트윈 룸 – 일인용 침대 두 대
- 더블 룸 – 이인용 침대 한 대
- 스위트 룸 – 응접실과 침실 등 여러 개의 방, 다른 룸보다 가구가 더 갖춰져 있음

08 | 오버부킹(Over Booking) 기출 11 · 18 · 23

- 호텔이 제공 가능한 객실 수보다 더 많은 숙박권을 파는 것
- 노쇼나 예약취소 상황에 대처하려는 목적
- 오버부킹 비율은 누적된 노쇼와 취소율에 따라 결정

09 | 베니키아(BENIKEA) 기출 10 · 12 · 16

- 한국관광공사가 운영하는 비즈니스호텔 체인
- '한국에서의 최고의 밤'(Best Night In Korea)의 약어
- 목적 – 합리적인 가격에 품질 좋은 숙박을 제공하여 관광산업의 경쟁력을 높임
- 가맹점이 되기 위한 심사기준과 서비스 유지 – 직원교육, 설문조사, 점검

10 | 서비스란 무엇인가? 기출 11

- 고객을 만족시키는 모든 일 예 작은 미소, 말과 행동
- 진심에서 우러나야 함 – 기계적, 형식적인 것 지양
- 보상을 기대하지 않으며 희생이 수반되기도 함

11 │ 한국 드라마의 해외 인기 요인

표면적으로 드러난 재미있는 이야기와 장면뿐만 아니라 드라마 속 장면과 에피소드에 녹아 있는 한국 문화 때문
㉘ 스마트폰 문화, 음식 문화, 한국의 생활방식, 한국 역사 등 다양한 한국 문화를 드라마를 통해 접할 수 있음

12 │ 관광과 여행의 차이점 [기출] 11

• 둘 다 이동을 뜻하지만 목적이 다름
• 관광 – 특정한 방문 목적이 있음 ㉘ 휴양, 회사 업무, 건강관리, 종교적 임무 등
• 여행 – 편안한 여행보다는 새로운 것을 배우고 경험하려는 목적
  ㉘ 안 먹어 본 향토 음식을 시도해 보고 필요하다면 히치하이킹을 하는 것, 힘들거나 번거로워 보여도 기억에
    남는 경험을 하는 것 등
• 하루는 관광객이 되었다가 하루는 여행자가 되는 등 상황에 따라 변할 수 있음

13 │ 기술의 발달이 관광산업에 미치는 영향 [기출] 13

• 정보화 관광 – 여행을 빠르고 편리하게
  ㉘ 컴퓨터 예약, 전자여권, GPS 여행가이드 앱 등 사용
• 관광업의 시장구조 변화 – 인터넷 광고, SNS 마케팅 등 중요
• 온라인 고객 관계 중요 – 트위터, 페이스북 등으로 관광객들과 소통

14 │ 잡상 [기출] 10 · 14

• 궁궐 지붕 마루 위에 있는 작은 동물모형
• 중국 송나라에서 전래
• 원숭이, 돼지, 상상 속 동물들은 중국 문학 고전소설 '서유기'의 캐릭터 손오공, 저팔계, 사오정에서 옴
• 목적 – 악귀나 귀신으로부터 건물 보호
• 특징 – 3 · 5 · 7 등 홀수로 올라감, 중요한 전각일수록 수가 많음
  ㉘ 경복궁 경회루 11개, 근정전에는 7개가 있음
• 잡상 – 순우리말로 '어처구니'라는 뜻을 지님 – 지붕에 어처구니 올리는 걸 잊으면 그 건물은 미완성이 됨
  ㉘ 어처구니 없다(Ridiculous) – 황당하고 터무니없는 상황을 의미

15 | 에밀레종(성덕대왕 신종) 기출 13

• 한국 현존 가장 큰 종

• 신라 경덕왕이 아버지인 성덕왕의 공덕을 널리 알리기 위해 만듦

• 신라시대의 발달된 기술과 예술 감각

• 별칭 1 봉덕사 종 – 처음에 봉덕사에 설치되었다가 이전되었기 때문

• 별칭 2 에밀레 종 – 종을 만드는 데 아이가 희생됐다는 설화[종 울림소리 엠-이-레(엄마를 뜻하는 한국 고유
  어와 유사)]

• 아름답게 오래 지속되는 울림 – 1200년 보존된 종이 여전히 소리를 내는 놀라움

16 | 서울의 역사 기출 12 · 14

• 선사시대부터 인류가 살아옴, 백제 왕국의 수도, 한반도 많은 왕국의 수도였음

• 위례, 남경, 한양, 경성 등 많은 이름을 지님

• 지리적 이점 – 농경사회의 수량 공급, 외부 침입 방어, 수운을 통한 물자공급

• 삼국시대 – 백제 · 고구려 · 신라가 번갈아 차지, 한강을 차지하면 전성기를 맞이함

• 현재 서울은 과거와 현재가 공존 – 전통궁궐, 역사유적과 빌딩, 아파트, 쇼핑몰 공존

• 서울 팽창 – 조선시대의 수도였을 때는 북악산, 인왕산, 남산에 둘러싸인 종로구와 중구만 해당, 다리가 만들
  어지고 강남이 개발된 후 한강이 포함되었음

17 | 남산(N서울)타워 기출 13

• 서울의 상징, 서울의 전망을 볼 수 있음

• 시초 – 수도권의 텔레비전과 라디오 방송을 위한 송신탑으로 지어진 이후 전망대를 만들어 대중에게 공개함

• 남산케이블카, 사랑의 자물쇠, N서울타워 회전레스토랑, 미디어아트 등

18 | 우리나라에 있는 유명한 온천 `기출` 13

• 온양, 수안보, 유성, 부곡, 이천 등

• 온양 온천(충남 아산) – 알칼리성 온천, 문헌상 국내에서 가장 오래된 온천(백제시대부터)

  조선 태조가 머무르며 국정을 다스림, 세종이 눈을 고치기 위해 머무름

• 수안보 온천(충북 충주) – 우리나라 최초의 자연 온천, 유황과 라듐 풍부, 조선 태조가 피부병 치료를 위해

  자주 방문, '왕의 온천'이라 불림

• 유성 온천(대전광역시) – 라듐 풍부

19 | 청계천 `기출` 11 · 12 · 14

• 조선시대 명칭은 개천(開川) : '하천을 파내다'라는 의미, 개천의 범람과 위생관리는 조선의 중요과제였음,

  풍수학상 명당수였지만 생활하천으로 쓰였음

• 일제강점기에는 방치되어 오염 극심

• 1950년대 어려운 경제 상황 속 복개공사 – 하천을 복개하고 고가도로와 상점 조성

• 2005년 청계천 복구 – 예전 상태의 청계천으로 물이 흐르게 함, 조선시대 대표적인 돌다리인 광통교 복원,

  서울이 자연친화적인 도시로 거듭남, 매년 12월 청계천 물길을 따라 '서울 빛초롱 축제' 개최

"오늘 당신의 노력은 아름다운 꽃의 물이 될 것입니다."

그러나, 이 꽃을 볼 때 사람들은 이 꽃의 아름다움과 향기만을 사랑하고 칭찬하였지, 이 꽃을 그렇게 아름답게 어여쁘게 만들어 주는 병 속의 물은 조금도 생각지 않는 것이 보통입니다.

아무리 아름답고 어여쁜 꽃이기로서니 단 한 송이의 꽃을 피울 수 있으며, 단 한 번이라도 꽃 향기를 날릴 수 있겠는가? 우리는 여기서 아무리 본바탕이 좋고 아름다운 꽃이라도 보이지 않는 물의 숨은 힘이 없으면 도저히 그 빛과 향기를 자랑할 수 없는 것을 알았습니다.

- 방정환의 우리 뒤에 숨은 힘 중

참고문헌

- 곽철환, 〈시공불교사전〉
- 곽희정, 〈관광국사〉
- 김용만, 〈지도로 보는 한국사〉
- 김종성, 〈철의 제국 가야, 잊혀진 가야왕국의 실체〉
- 김태식, 〈미완의 문명 7백년 가야사〉
- 김태훈 외, 〈고등 셀파 한국사〉
- 노태돈, 〈단군과 고조선사〉
- 이이화, 〈고구려 백제 신라와 가야를 찾아서, 한국사 이야기 2〉
- 조법종, 〈이야기 한국 고대사〉
- 한국역사교사모임(한국)·역사교육자협의회(일본), 〈마주보는 한일사 Ⅰ, Ⅱ〉
- 한일관계사연구회, 〈독도와 대마도〉
- EBS, 〈한국사능력검정시험〉

참고사이트

- 관광지식정보시스템(www.tour.go.kr)
- 국가문화유산포털(www.heritage.go.kr)
- 국가법령정보센터 홈페이지(www.law.go.kr)
- 국립공원공단 사이트(www.knps.or.kr)
- 국립중앙박물관(www.museum.go.kr)
- 경주문화관광(www.gyeongju.go.kr)
- 남산골 한옥마을 홈페이지(www.hanokmaeul.or.kr)
- 남한산성 세계유산 센터(www.gg.go.kr/namhansansung-2)
- 네이버 지식백과(terms.naver.com)
- 동아일보(www.donga.com)
- 다음백과(100.daum.net)
- 대한민국 구석구석(korean.visitkorea.or.kr)
- 디지털강릉문화대전(gangneung.grandculture.net)
- 라이프 인 코리아(www.lifeinkorea.com)
- 문배주 양조원 홈페이지(www.moonbaesool.co.kr)
- 문화재청(www.cha.go.kr)

- 문화재청 경복궁 사이트(www.royalpalace.go.kr)
- 문화체육관광부 도란도란 문화놀이터(blog.naver.com/mcstkorea)
- 베니키아(www.benikea.com)
- 부산문화관광축제조직위원회(www.bfo.or.kr)
- 서울시설공단 홈페이지(www.sisul.or.kr)
- 서울시티투어버스 홈페이지(www.seoulcitybus.com)
- 서울특별시 홈페이지(www.seoul.go.kr)
- 세계일보(www.segye.com)
- 유네스코와 유산(heritage.unesco.or.kr)
- 유네스코 한국위원회(www.unesco.or.kr)
- 유엔교육과학문화기구(en.unesco.org)
- 위키백과(ko.wikipedia.org)
- 외교부 여권안내 홈페이지(www.passport.go.kr)
- 인천공항(www.airport.kr)
- 인터내셔널 택시(www.intltaxi.co.kr)
- 조달청 나라살림 희망샘터 블로그(blog.naver.com/ppspr)
- 조선통신사 역사관(www.tongsinsa.com)
- 전주한옥마을 – 전주시 문화관광(tour.jeonju.go.kr)
- 전통문화 종합정보(www.culture.go.kr)
- 제주의 소리(www.jejusori.net)
- 천재학습백과(koc.chunjae.co.kr)
- 통계청 국가통계포털(www.kosis.kr)
- 투어코리아(www.tournews21.com)
- 한국관광공사(www.visitkorea.or.kr)
- 한국관광공사 영문판(english.visitkorea.or.kr)
- 한국교통안전공단(www.kotsa.or.kr)
- 한국국제협력단(www.koica.go.kr)
- 한국면세점협회(www.kdfa.or.kr)
- 한국민족문화대백과사전(encykorea.aks.ac.kr)
- 한국슬로시티본부(www.cittaslow.kr)
- 한국콘텐츠진흥원(www.culturecontent.com)
- 한국관광 품질인증(koreaquality.visitkorea.or.kr)
- 한식 세계화 홈페이지(www.hansik.or.kr)
- 해외문화 홍보원(www.kocis.go.kr)
- Dale's Korean Temple Adventures(koreantempleguide.com)
- https://www.viator.com

우리 인생의 가장 큰 영광은
결코 넘어지지 않는 데 있는 것이 아니라
넘어질 때마다 일어서는 데 있다.

- 넬슨 만델라 -

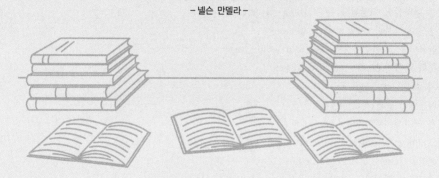

2024 SD에듀
관광통역안내사 2차 면접 핵심기출 문제집

개정10판1쇄 발행	2024년 07월 15일 (인쇄 2024년 05월 24일)
초 판 발 행	2014년 09월 05일 (인쇄 2014년 07월 28일)
발 행 인	박영일
책 임 편 집	이해욱
저 자	백문주
편 집 진 행	김은영 · 이찬
표지디자인	박종우
편집디자인	장하늬 · 채현주
발 행 처	(주)시대고시기획
출 판 등 록	제10-1521호
주 소	서울시 마포구 큰우물로 75 [도화동 538 성지 B/D] 9F
전 화	1600-3600
팩 스	02-701-8823
홈 페 이 지	www.sdedu.co.kr

I S B N	979-11-383-7219-0 (13320)
정 가	30,000원

SD에듀와 함께하는
50일의 기적

50일 만에 끝내는
중국어 관광통역안내사 2차 면접

김미숙 | 27,000원

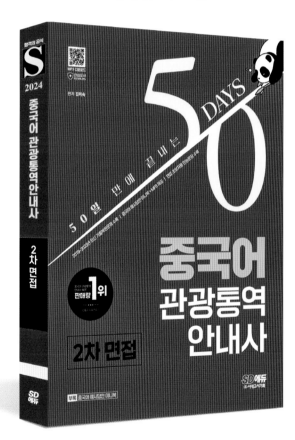

▶ 5개년(2019~2023년) 최신 기출복원문제 수록

▶ 중국어 예시답안 미니북 + MP3 제공

▶ 면접 초보자용 만능문장 제공

▶ [부록] 중국어 예시답안 미니북

나는 이렇게 합격했다

당신의 합격 스토리를 들려주세요
추첨을 통해 선물을 드립니다

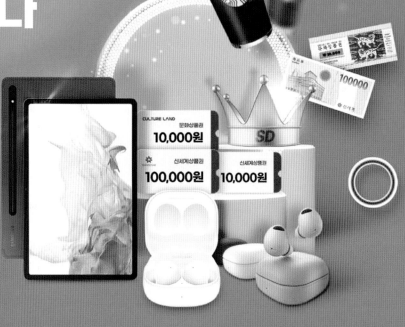

베스트 리뷰
갤럭시탭 / 버즈 2

상/하반기 추천 리뷰
상품권 / 스벅커피

인터뷰 참여
백화점 상품권

이벤트 참여방법

합격수기

| SD에듀와 함께한 도서 or 강의 **선택** | ▷ | 나만의 합격 노하우 정성껏 **작성** | ▷ | 상반기/하반기 추첨을 통해 **선물 증정** |

인터뷰

| SD에듀와 함께한 강의 **선택** | ▷ | 합격증명서 or 자격증 사본 **첨부**, 간단한 소개 **작성** | ▷ | 인터뷰 완료 후 **백화점 상품권 증정** |

이벤트 참여방법
다음 합격의 주인공은 바로 여러분입니다!

QR코드 스캔하고 ▷ ▷ ▷ ▶
이벤트 참여하여 **푸짐한 경품받자!**

합격의 공식
SD에듀